사랑하고 존경하는 **5**남매의 어머니,
曺正熙 女士의 여든 星霜을 感祝드리며...

공간의 시학과 무욕의 상상력

L'espace poétique bachelardien et l'imagination du désintéressé

L'espace poétique bachelardien et l'imagination du désintéressé

바슐라르와 더불어 네모난 시대를 둥글게 살아가기

공간의 시학과 무욕의 상상력

박치완 · 김윤재

HUEBOOKs

약어표

가스통 바슐라르의 주요 저서는 각주에서 다음과 같이 약어로 표시하며, 인용 페이지는 숫자만 괄호 안에 표시했다.

· PF: *La psychanalyse du feu*, Gallimard, 1938.
· ER: *L'eau et rêves*, J. Corti, 1942.
· TV: *La terre et les rêveries de la volonté*, J. Corti, 1948.
· TR: *La terre et les rêveries du repos*, J. Corti, 1948.
· AS: *L'air et les songes*, J. Corti, 1943.
· PE: *La poétique de l'espace*, P.U.F., coll. 《Quadrige》, 1984(1957).
· PR: *La poétique de la rêverie*, P.U.F., 1961.
· DR: *Le Droit de rêver*, P.U.F., 1970.

글 싣는 차례

프롤로그

새로운 시대는 늘 우리 삶의 근본 조건을 변화시킨다. 컬러 화면으로 먼 곳의 소식을 전하는 텔레비전을 놀라워했던 우리는 어느덧 지하철과 버스에서의 무료한 이동 시간을 스마트 기기로 송출되는 화면을 통해 달래고 있다. 비용으로 인해 쉽지 않았던 해외에 있는 친지들의 소식을 이제는 메신저, 인터넷 무료 전화로 얼마든지 묻고 들을 수 있게 되었다. 현대의 통신 기술은 원거리(tele-)의 인간들을 특정한 방식으로 연결해주는 단계를 넘어서 어디에 있든 서로를(inter-) 연결하며, 손편지를 수신하고 답신하는 시간은 즉각적으로 확인하고 답할 수 있도록 압축되었다. 시공간이 스마트 기기 안에 한 점으로 표시되는 시대가 된 것이다.

이처럼 인류에게 물질적 풍요로움을 허락한 기술은 이제 인간 상호 간의 연결에서 다양한 편의를 제공하며, 이것이 현재 삶의 근본 조건이 되었다. '지금 이 순간', 우리는 이 모든 것에 어떤 경이로움이나 위화감도 느끼지 않는 이유는 이 조건을 너무나 당연하게 받아들이고 있기 때문이다. 새로운 기술이 인간성에 가한 영향은 그것이 익숙해졌을 때 비로소 파악된다. 새로운 기술에 익숙해졌다는 것은 그 기술이 삶의 조건이 되었음을 의미한다. 삶의 양식과 욕망 역시 새로운 기술에 맞추어 재편되고 있다. 서로를 연결하고 소통하는 기술은 이제 우리 삶과 분리해 생각할 수 없다.

현대인은 길거리에서든 대중교통 안에서든 다른 어느 곳의 누군가와 항상 연결되어 있다. 현대인의 의식은 이렇게 '다른 곳'으로 향한다. 스마트 기기를 이용한 통화, 메신저, 스트리밍, 이 모든 것들은 실시간(real-time)이거나 그에 가깝게 즉각적이다. 현대인의 의식은 늘 지금 여기가 아닌 다른 곳을 향해있고, 그럴 수 있는 모든 수단들이 구비돼 있다. 이제 특정한 공간에 머무르는 사람들을 정감을 주고받는 특정 관계나 단일하고 특정한 요구를 주장하는 군중이라 볼 수만은 없어 보인다. 그들이 서로 스쳐가기 때문만이 아니다. 그들의 의식과 욕망은 언제나 다른 어떤 곳을 향해 있고, 모든 조건은 구비돼 있다. 길거리의 카페나 대중교통 안에서 시간을 보내는 연인들, 가족들이 서로의 스마트 기기에 시선을 빼앗기고 있는 모습은 그리 놀라운 것이 아니다. 그들은 서로에게 어느 정도 이방인이다.

여기서 우리는 이와 같은 아이러니한 현대인의 자화상을 가능케 한 요인을 두 가지 정도 생각해볼 수 있을 것 같다. 먼저 편리를 제공한 기술의 본성 자체가 첫 번째 요인이다. 아날로그

(analogue)로 이루어진 인간의 세계는 현대 기술의 도래와 함께 디지털(digital) 방식으로 전환되었다. 디지털은 손가락과 0부터 9까지의 숫자를 의미하는 라틴어 〈dígĭtus〉에서 연원한 것이다. 연속된 세계는 디지털 기술에 의해 셀 수 있는 단위로 분할되고 재구성된다. 예컨대 아름다운 풍경, 소중한 순간들을 스마트 기기에 기록하고 보관하는 것은 디지털 신호로 구성된 데이터로, 그것을 재구성한 결과다. 물론 이 자체가 지금 시대의 현실이며 조건이기에 이에 대해 부정적으로 생각할 필요는 없으며, 그럴 수도 없다. 소중한 순간을 기록한 디지털 사진을 다른 이에게 보이기 위해 가볍게 보정하는 것을 누구도 비난하지 않는다. 흥미로운 것은 셀 수 있는, 달리 말해 측정할 수 있는 방식을 통해 삶의 특정한 순간을 재구성하는 데에 우리는 이미 익숙해져 있다는 사실이다.

그런데 이러한 익숙함을 현대인의 관계와 함께 생각해볼 수는 없을까? 달리 말해 현대인은 기술을 통해 삶의 순간을 기기에 보관하는 것뿐만 아니라 삶 자체를 재구성하는 것에도 익숙해진 것이 아닐까? 어떤 철학자들은 우리들 각각이 고유하다는 것을 우리가 맺고 있는 관계들이 교차하는 지점에 있기 때문이라고 설명한다. 우리들 각자는 상이한 관계들을 맺고 있기에 교차점은 각기 다를 수 있다. 우리는 이런 방식으로 자신의 고유한 삶을 살아간다. 현대인에게 많은 관계들은 기술이 제공하는 수단을 통해 연결되고 유지된다. 그런데 이 수단은 현대인의 모든 것을 측정할 수 있는 디지털 방식으로 재구성하는 것이다.

이러한 변화는 그저 관계를 매개하는 기술적 수단이 개입된 것으로만 보아야 할까? 그렇다면 우리의 관계 유지는 더욱 편리해지고, 풍요로워져야 한다. 인간관계의 유지가 편리해진 것은 분명하다. 메신저를 통해 언제든 소식을 묻고 전할 수 있으며, 감정을 표현하는 이모티콘의 등장과 다양화는 단순히 메시지를 전달하는 것을 넘어서 개인의 감정 상태를 꽤 유사한 정도로 표현할 수 있게 되었다. 그런데도 관계를 통해 주고받는 모든 것들이 풍요로워졌는지 묻는다면, 이에 동의하기 쉽지 않을 것이다. 양적인 측면에서는 언제든 얼마든 전달될 수 있는 기술적 조건이 갖추어졌음에도, 질적인 측면에서는 그렇지 않아 보이기 때문이다. 연인과 가족, 친지들과 얼마든지 많은 메시지를 전달하고 전달받을 수 있지만, 피상적인 경우가 많고 내밀한 교감을 형성하는 경우는 적기 때문이다.

이에 근거해 현대의 인간성이 급작스럽게 이기적으로 변화했다는 진단을 내려야 할까? 물론 그럴 수도 있다. 그런데 또 하나 간과하지 말아야 할 측면은 많은 현대인이 관계 자체를 유지하는데 피로감을 느낀다는 사실이다. 관계를 유지하기 위해서는 의식을 집중해야 한다. 현대인들은 바로 여기에서 피로를 느낀다. 기묘한 모순을 만난 것 같다. 기술은 우리에게 편의를 제공했으며, 시간적·공간적 한계에서 자유롭게 했고, 많은 노동력을 경감시켜주었다. 그런데 이러한 기술의 열매가 여유를 허락하기보다는 피로를 준다는 것을 그렇다면 어떻게 이해해야 할까?

아마 여기서 두 번째 요인을 생각해볼 수 있겠다. 이는 기술에 의한 것이 아니라 우리가 살아가는 현대를 규정하는 경제체제 전반과 밀접히 관련되어 있다. 말하자면 자본주의에 입각한 효율성의 추구와 이에 따라 각박해진 경쟁의 논리가 문제라는 것이다. 기술의 혁신은 우리의 삶에 편리와 여유를 선물했다. 그러나 지금의 경제체제는 이익의 추구를 위해 더 효율적일 선택을 할 것을 늘 강요한다. 여기서 그 이익이 과연 누구를 위한 것인지를 묻는 것은 중요하지 않다. 현대인이 사회에서 생존하기 위해서는 그 시스템에서 일정한 역할을 수행할 수 있다는 것을 스스로 입증해야 하며, 이를 위해서는 효율성을 추구하는 시스템에 자신을 맞춰야 하기 때문이다. 물론 이것은 현대 기술이 의도한 바는 아니며, 그 책임을 기술에 전가하는 것은 다소 가혹한 일일 수 있다. 그러나 그 기술이 제공하는 편의와 여유마저 장악할 수 있는 시스템이 현대사회를 규제하고 있다는 점은 그런데도 부인할 수 없다. 그래서 우리는 더욱 효율적으로 움직이고 살아가야 한다? 정감을 주고받는 이들, 설사 이들과 함께 있을 때도 자신을 끊임없이 계발하고, 자신의 능력을 입증해야 한다? 모두가 성공만을 꿈꾸는 가운데 도태된 이들은 이방인이 되며, 이방인은 곧 사회에서 부차적인 고려 대상이 된다.

여유로움의 시간마저 무언가에 쫓기기에 타인과의 새로운 관계를 맺은 것은 물론, 기존의 관계 유지 역시 힘든 일이다. 동시에 휴식의 시간마저 효율적으로 관리해야 하기 때문이다. 그렇기에 현대인에게 관계의 유지는 늘 피로를 동반한다. 현대인은 비록 정감을 주고받는 관계라 하더라도 서로 암묵적인 협약을 염두에 두고 있다. 함께함에도 적당한 거리를 유지하기, 개인사에 개입하지 않기, 취향과 의사의 존중이라는 이름으로 서로의 피로감을 자극하지 않기, 서로에게 적대자가 되지 않기 위해 이방인으로 남기!

홍미롭게도 현대의 자본주의 시스템은 이 모든 것을 기획한다. 모든 것을 상품화시켜 무엇인가를 소비하면서 피로감을 달래게 한다. 기술은 이를 실시간으로, 즉각적으로 제공한다. 현대의 소비자본주의는 인간을 특정한 모양의 공간 안에 가두고 그곳에서 자신을 발견하게 한다. 그 공간은 당연히 둥글지 않고 모난 것일 거다. 시간의 지연을 초래하는 곡선 대신 즉각 우리의 눈앞에 자신을 드러내는 직선, 물건을 용이하게 정돈할 수 있게 구획된 사각, 이는 분명 현대의 기술-자본의 이미지이며, '각이 진 네모'가 곧 현대인의 자화상이 아닐까.

네모의 시대. 우리의 인간성과 삶의 모습을 바꿔놓은 현대 기술 문명과 소비 자본주의가 주도하는 현대를 우리는 이렇게 정의할 수 있을 것 같다. 네모는 이 두 요소가 탄생시킨 도시 문화를 이끄는 주요한 기하학적 양식이자 규약이다.

네모는 도시에서 살아가는 많은 현대인에게 심리적 안정과 만족을 주는 공간이다. 우선 매끈한 직선과 직각으로 마무리된 모서리는 단정함을 느끼게 한다. 현대인들에게 자신의 공간은 그것이 거주를 위한 공간이든 자신만의 내적 보호를 위한 심리적 공간이든 곡선이나 불분명한 경계를 좀 채 허용하지 않는 경향이 있다. 타원구로 된 옷장을 반길 사람은 그리 많지 않을 것이다. 이는 네모난 공간에서 심리적 안정과 만족을 주는 두 번째 이유와 직결되어 있다. 네모의 공간은 매우 효율적이다. 그런데 타원구의 옷장은 주지하듯 수납의 기능을 수행하는 데 있어서 비효율적이다. 반면 네모의 공간은 물건들을 빈틈없이 밀착시켜 정돈하기에 용이하다. 사각이 정확하게 마름질 된 상자와 같은 공간은 다양한 상자들을 최대한도로 배치하기에 수월하다. 현대인들이 비용을 지불하는 대부분의 공간 역시 네모이다. 버스, 지하철, 기차, 비행기와 같은 운송수단의 내부는 모두 네모다. 효율적인 수용에 적합하게 분할된 공간, 이러한 목적에 곡선은 부합하지 않는다.

거주하는 공간 역시, 실제로 살아가는 물리적 공간이든 심리적 공간이든, 현대인들은 자신에게 무한대의 공간이 주어질 수 없다는 사실을 잘 알고 있다. 물리적 공간이라면 한정된 비용 내에서 선택할 것이고, 심리적 공간이라면 사회 속에서 활동이 가능한 조건을 충족하며 원하는 것을 누릴 수 있을 것을 말할 것이다. 따라서 어느 공간이 되었든 가능한 효율성이 선택의 기준이 된다. 하지만 이 네모의 공간은 현대인에게 여유를 허락하는 대신 피로감을 달래는 공간에 그친다. 단지 자신을 보호하기 위한 공간이자 소외감을 경감시키기 위한 공간일 뿐이다. 기술을 수단화한 자본은 이 공간에서 이루어지는 활동들을 세심하게 파악하고 장악하려 한다. 피로감을 달래고 소외감을 경감시키는 모든 수단은 상품화될 수 있기 때문이다. 이 지점에서 기술은 자신의 역량을 마음껏 발휘한다. 현대인의 시각을 유혹하고, 욕망을 자극하는 영상들을 무한히 제공하는 것은 기술이 없다면 불가능하다. 그리고 현대인들은 자신을 자극하는 것을 여러 방식을 통해 소비하면서 잠시나마 위로와 안정을 찾는다.

현대인들의 피로감은 달랠 수 있고, 소외감은 경감시킬 수 있는 삶, 이것은 소비를 통해서만 가능하다는 주장은 다소 과한 주장이라 할 수 있다. 그런데 많은 철학자는 현대를 살아가는 우리가 자주 처하는 심리 상태를 '권태'라고 말하곤 한다. 대다수 현대인의 삶의 양식은 그들의 의지로 선택한 것이 아니기 때문이다. 구체적인 직업이나 가족을 말하는 것이 아니다. 곳곳에 있는 경쟁자, 적대자와 거리를 유지하는 이방인들로 이루어진 이 삶의 양식을 말하는 것이다. 경쟁으로 인한 소모의 피로감이 가득하더라도 현대인들은 결코 그러한 삶의 양식을 벗어나거나 그만둘 수 없다. 현대사회는 바로 이 양식을 따르는 것이 생존의 문제와 직결되어 있다고 느끼게끔 그 양식들을 만들었기 때문이다. 그렇기에 현대인은 역설적으로 자신의 의지가 이러한 삶을 선택했다고 믿으려 하며, 이를 위해 자신을 끊임없이 자신을 설득시키고 스스로 되뇐다. 바로 여기에서 근본적인 분열 의식이 생긴다. 자신의 의지로 이 삶을 선택했다고 믿는 자신과 피로감 속에서 마멸되어가는 자신 사이의 분열, 이 둘은 너무 동떨어져 있어 본인이 자각하지도 못한 채 지속하는 게 일반적이다. 끊임없이 경쟁의 상태로 내모는 현대가 이 사실을 깨달을 여유를 허락할 리 없다. 권태로움은 바로 이러한 분열 의식에서 싹튼다. 자신에게 하나의 선택지밖에 주어져 있지 않기에 선택할 수밖에 없는 삶의 양식은 자신의 의지에 따른 선택이 아니다. 그렇기에 일상은 단조롭고 오늘과 다름없는 내일이 권태를 유발한다. 그래서 우리는 일상과 다른 무엇인가를 하려고 결단한다. 그러나 그 결단이 일탈적일수록 우리의 삶이 권태롭다는 방증이다. 그 결단은 완전한 이탈로 이어지지 못하고 다시금 일상적 삶을 견딜 잠시 동안의 인내를 줄 뿐이다. 아마도 이국적인 지역으로의 여행에서 느끼는 신선함도 오래지 않아 금방 싫증나는 이유는 여기에 있지 않을까? 그곳이 삶의 자리로 자리 잡는 그 순간 신선함은 권태로움으로 뒤바뀌기 때문이다. 네모의 시대는 이런 식으로 현대인의 전반적인 삶을 더욱 규격화하면서 더욱 속박한다.

그렇다면 이러한 네모난 삶의 양식을 전면적으로 바꿀 방법은 없는지 자문해볼 필요가 있다. 물론 이를 개선하기 위한 사회적·제도적 차원의 노력도 수반되어야 할 것이다. 그러나 이는 충분한 사회적 공감대 속에서 실현되어야 할 과업이며, 편리를 제공하는 기술을 수단 삼아 현대인들을 더욱 쥐어짜 내는 사회·경제 시스템을 고려할 때 그리 쉽지만은 않아 보인다. 그렇다고 해서 지금의 삶의 양식을 뒤바꾸기 위해 현대 사회 전체를 부정하는 것은 가능한 일이 아니다. 따라서 우리는 다른 방식으로 현대인들의 삶에 접근해볼 필요가 있다. 네모의 시대에 각지고 소외된 인간성에 다른 가능성은 없는지 말이다. 말하자면 매끈하게 적대자와 분리된 직선 대신 타자와 내밀하게 교감하고 소통할 가능성, 자신을 가두고 침범하는 이에게 날카로운 공격성으로 표출되는 모서리, 직각을 완만하고 둥글게 바꾸는 삶, 네모의 시대를 둥글게 살아갈 가능성?

철학의 역사에서 근대 이후 이성은 공고한 지위를 유지해왔다. 이성은 세상의 참된 이치를 파악하는 능력이자 인간을 여타 동물들과 구분하는 본질로 이해해왔다. 이성은 물론 현대에도 여전히 유효한 인간의 능력이며, 문명적 풍요로움을 선물한 장본인이라는 것을 부인할 수 없다. 이성에 의해 기획되고 생산된 지식이 현대의 기술 문명을 형성했다는데 이의를 제기할 사람은 없을 것이기 때문이다. 이성은 이렇듯 인간만이 갖는 '특유한 능력'이다.

주지하듯 이성의 라틴어 어원인 〈rátĭo〉는 계산, 수량, 비례, 출납부 등을 의미한다. 물건들을 셀 수 있는 방식으로 줄 세우고 수량을 따져 꼼꼼하게 기록하고, 이를 통해 매매 가격을 결정하는 상인을 떠올려보자. 이 기준에 따르면 이성은 결국 오늘날의 네모의 시대를 연 것이며, 이성을 통해 둥글게 살 가능성을 찾는 것은 결국 어려워 보인다. 그렇다면 인간에게 주어진 또 다른 능력에서 그 가능성을 찾아야 하지 않을까? 흥미롭게도 이성을 중시하는 도도한 사상의 흐름 속에서 나름의 역할은 인정받아왔지만, 종종 잘못된 판단을 내리게 하는 원인이기에 이성에 의해 규제되어야 한다고 이해되어온 '골칫덩어리'가 있다. 많은 철학자는 이를 '상상력'이라 명명했으며, 이 책에서 우리는 네모난 세계, 네모난 인간성을 둥글게 바꿀 가능성을 상상력에 대한 재평가를 통해 시도해보고자 한다.

1961년 12월 한 라디오 인터뷰에서 캡처 – 출처: ina.fr("Protrait d'un Philosophe")

철학의 역사를 펼쳐보면 상상력에 대한 다양한 논의들이 있지만, 이 책에서 우리는 가스통 바슐라르(Gaston Bachelard, 1884~1962)를 둥근 상상력의 길로 인도하는 안내자로 삼으려 한다. 그 이유는 바슐라르 본인의 사상적 여정이 곧 직선이나 네모보다 둥글게 확대되는 상상력의 개척자라 믿기 때문이다. 바슐라르는 아인슈타인으로 대표되는 새로운 과학을 형성하는 정신에 이끌려 과학철학자로서 출발했지만 예술과 문학을 창조하는 상상력에 매혹되어 시학(la poétique)의 집필을 멈추지 않았던 아주 특별한 사유 여정을 걸었던 학자다. 물리적 세계에 대한 객관적 인식을 획득하는 이성과 예술과 문학적 창조를 가능케 하는 상상력이라는 상반된 두 길을 그는 우리에게 남겨주었다. "연구를 위해서는 두 개의 어휘가 〔잘〕 조직되어야 하는데, 하나는 지식이고 다른 하나는 시(PR, 13)"라는 그의 말에서도 우리는 그의 삶과 사유의 여정을 짐작할 수 있다.

바슐라르는 과학 지식의 형성을 연구하면서, 인간에게 지식을 받아들이기 어렵게 만드는 장애에 대해 깊은 관심은 가졌다.

그리고 이것이 역설적으로 그를 상상력의 세계로 이끌었다. 지식의 차원에서는 정화되고 재구성되어야 할 오류들이 오히려 인간의 영혼을 풍요롭게 하는 창조적 울림을 줄 수 있다는 것을 스스로 체득한 것이다. 바슐라르에 대한 연구서를 펴낸 지네스티에의 다음 언급은 그의 삶을 정확히 요약하고 있다.

> "처음에는 과학자였으며, 다음엔 과학철학자였던 바슐라르는 시적 상상력의 철학자가 되었으며, 그 후 어떤 아름다운 평정에 의해 시인이 되었다."[1)]

이런 점에서 바슐라르의 상상력 연구는 이성의 고안에 의해 세워진 이 네모의 세계를 상상력을 통해 둥글게 살아갈 수 있는지 모색하려는 우리의 연구 목표에 부합하는 이정표라 할 수 있다. 바슐라르의 상상력 연구는 통상 시론(詩論), 시학(詩學)으로 불리기도 하며, 자신이 탐독했던 시인들의 시에 관한 연구는 『공간의 시학』 등에 집적되어 있다. 이런 그의 연구를 20세기 초중반의 시에 대한 비평 이론 정도로 혹자는 축소해서 이해할 수도 있다. 시에 대한 담론을 통해 어떻게 네모난 시대를 둥글게 살 수 있냐고 반문할 수도 있다. 그러나 바슐라르의 시론은 이 시대를 둥글게 살아가는 데 있어 매우 중요한 디딤돌을 놓고 있다. 그 삼중의 의미를 제시해보자면 아래와 같다.

---

1) P. Ginestier, *Bachelard*, Bordas, 1968, p. 17.

먼저 시대(時代)에 대한 진단으로서 시론(詩論)이다. 바슐라르는 양차 대전을 겪었던 철학자다. 시대의 전환기를 온전히 살아낸 그에게 새로운 시대에 대한 변화는 남의 일일 수 없다. 그는 특히 자신의 민감한 감수성을 발휘해 시대의 전환기에 나타난 인간성의 손상에 주목했다. 즉 '내밀한 삶'이 사라져가고 있다는 그의 시대 진단은 현대의 세태와도 크게 다르지 않다.

> "파리에는 집이 없다. 포개져 놓인 상자들 속에서 대도시의 주민들이 살아간다."(PE, 42)

바슐라르의 이러한 진단 현대를 살아가는 우리 모두에게 해당한다. 정곡을 찌르는 비판이다. "집이 없다"는 것은 무슨 뜻인가? 집은 육체적, 심리적 안정을 주는 공간을 말한다. 바깥에서 여러 가지 일에 치이고, 지쳐버린 몸과 마음을 위로하고 휴식할 취할 수 있는 공간, 새롭게 다시 나아가 노동할 용기를 북돋워 주는 공간이다. 그러나 아파트로 대표되는 현대인의 주거 공간은 일종의 기하학적인 장소로써 동호수와 층수로 표시되는 '몇 동, 몇 호'라는 위치로 표시될 뿐이다. 네모난 아파트는 가능한 효율적 수용을 위해 분할된 특정 공간의 좌표만을 일러준다. 그곳은 위층의 X와 아래층의 Y로부터 들려오는 소음, 도시의 인공물들이 내뿜는 잡다한 소리와 전혀 분리되어 있지 않다. 현대인들은 이와 같은 공간에서 쫓기듯 자신의 피로를 달랠 뿐이다. 바슐라르는 이러한 현대인의 자화상을 세심하게 읽어내면서 그 속에서 우리가 꿈꿀 수 있는 내밀(內密)한 세계를 회복해야 한다고 역설했다. 그리고 여기에서 상상력이 우리에게 주는 유익함이 무엇인지 본인의 영혼에 울림을 주었던 위대한 시들을 통해 제시하고 있다. 이런 점에서 바슐라르의 시론(詩論)은 이 시대를 살아내는 우리 모두에게 있어 일종의 '등대' 역할을 한다고 볼 수 있다.

두 번째는 새로운 삶의 시도(試圖)를 추동하는 담론으로서 시론(詩論)이다. 바슐라르는 인간의 상상력은 근본적으로 열망과 연관되어 있다고 말한다. 시인들은 우리에게 개념적으로 익숙한 대상들을 새롭게 바라보는 시선을 제공한다. 예컨대 서랍은 필요한 물건을 담는 뚜껑이 없는 상자를 가리키지만, 어떤 시인들은 그 물건들을 주목하라고 말한다. 서랍에는 언제든 사용할 수 있는 물건만을 놓아두는 곳만이 아니다. 그곳에는 자신의 잊고자 했던 과거, 혹은 이제는 흐뭇하게 웃으면서 바라볼 수 있는 추억이 담겨 있다. 이때 서랍은 더는 용도에 국한된 물건이 아니다. 프루스트에게 홍차에 적신 마들렌이 과거의 기억을 떠올리고 잃어버린 시간을 찾게 했듯, 우리의 서랍은 예기치 못하게 우리의 추억을 건드리고 또 그때로 우리를 안내하는 비밀의 장소이기도 한 것이다. 시가 우리에게 주는 것은 시인의 통찰력만이 아니다. 시인의 삶을 넘어서 나의 삶을 바꾸고 또 새로운 꿈을 꾸게 하는 자극이기도 하다. 바슐라르는 이것이 바로 상상력의 힘이라고 말한다. 즉 새로운 삶을 살고자 하는 열망을 실현해주고, 삶의 전환을 이룩하는 힘이 상상력 안에 있다는 것이다.

마지막으로 시(詩) 자체에 대한 담론으로서 시론(詩論)이다. 시대를 읽어내고 새롭게 살려는 삶의 시도가 곧 시라면, 시는 더 이상 문학의 한 장르나 표현 형식에 그치지 않는다. 이름하여 '시'는 현대인 누구나가 자신의 현재 모습을 자각하고, 새로운 삶으로 전환할 수 있는 계기를 부여한다. 우리 각자의 삶은 전적으로 다르며, 그렇기에 우리 각자의 삶을 일신시켜줄 시는 결코 같은 시일 수 없다. 바슐라르가 시를 읽으면서 써내려간 영혼의 울림은 우리 각자가 그 시를 읽어야 한다고 강요하지 않는다. 시는 '이렇게 이해해야 한다'고 말하지도 않는다. 그는 우리 각각의 영혼에 다가와 울림을 주는 자신만의 시를 찾고 그 시를 읽으며 꿈꾸라고 말한다. 이것이 곧 바슐라르가 말하고 싶은 '새로운 삶을 산다'는 것의 진정한 의미이다.

바슐라르의 시적 상상력의 철학 속에는 기본적으로 이상의 3의미가 교직되어 있다. 물론 바슐라르가 강조했던 시적 상상력이 네모나고 각진 삶의 모든 문제를 해결해줄 것이라 기대할 수는 없다. 이 시대를 살아가는 우리들 스스로가 만들어낸 문제들이 상상력의 발흥만으로 단번에 일소되리라 기대하지도 않는다. 그럼에도 불구하고 바슐라르는 네모난 시대 속에서 점점 고갈돼가는 상상력의 힘을 우리에게 일깨워주며 스스로가 자기 삶의 주인이 되라고 조언한다. 상상력을 통해 둥글게 살아가는 법을 익힌다는 것은 기본적으로 무의미해 보이기만 한 일상, 즉 자적으로서 대상들을 새롭게 바라본다는 것이며, 그 과정에서 자신의 삶을 전환하는 계기를 마련한다는 의미다.

이상과 같은 문제의식과 방향성을 가지고 집필된 이 책은 다음과 같은 내용으로 구성된다. 1장에서는 전체를 개괄하기 위한 출발점으로서 바슐라르를 읽는다는 것, 그리고 바슐라르와 함께 상상하고 꿈꾼다는 것의 의미를 '수필 형식'으로 소개해보았다. 네모난 시대에 부드러운 감성과 둥근 꿈이 우리에게 필요한 이유를 제시하고 바슐라르가 우리에게 주는 꿈을 공유하는 것은 그의 상상력의 여정에 동행하는 관문으로 적절하다고 판단해서다. 2장은 현대문명, 특히 기술과 자본이 이끌어가는 작금의 시대를 바슐라르가 생존해 있다면 과연 어떻게 바라보았을지에 초점을 맞춘 글이다. 3장과 4장에서는 바슐라르가 말하는 상상력 자체에 초점을 맞추었다. 3장에서는 특히 바슐라르가 중시하는 '일상적인 것'의 가치를 새롭게 해석하면서 그 의미를 되새겨보았다. 상상력은 이념화·추상화된 자연을 꿈꾸는 것이 아니다. 상상력은 무엇보다도 주변에 있는 일상적인 대상들과 꿈꾸는 것에서 시작되며, 나와 교감이 심화될 때 '존재의 전환'이 일어날 수 있다.

4장에서는 바슐라르가 의도하는 상상력의 본질이 무한(無限)-무욕(無欲)-무위(無爲)에 있다는 점을 밝혀보았다. 상상력은 유위(有爲)가 목표가 아니라 궁극적으로는 가없는 곳을 향한다. 특정한 개념틀에 갇히는 것도 아니다. 특정한 대상과만 교감하는 것은 더더욱 아니다. 그렇기에 우리는 상상력, 상상계의 범위를 제한해서는 안 된다. 새로운 삶의 비약은 유위(有爲)의 성취에 있는 것이 아니라 무욕의 상태에서 무한의 세계를 향유할 때 열린다.

5장과 6장 그리고 7장은 그의 시론과 적용을 중심으로 논의가 이루어진다. 5장에서는 바슐라르에게 있어 '시란 무엇인지?'를 구체적으로 다루어보았다. 6장과 7장에서는 바슐라르의 시론을 하이데거, 마그리트와 비교하면서 시간과 공간의 의미를 음미해보았다.

8장과 9장에서는 상상력이 우리의 네모진 삶을 어떻게 치유하는지를 살피고자 했다. 8장에서는 특히 대지(大地)에 대한 그의 두 편의 저서를 시학과의 관계를 통해 분석해보았고, 9장에서는 바슐라르의 4원소론 전체를 조망하면서 상상력이 현대인의 삶을 치유하는데 어떤 가능성을 갖고 있는지 모색하는 다소 '도전적인' 제안을 시도해 보았다.

바슐라르의 전체 사유에서 학교는 특권적인 위치를 차지하고 있다. 그는 현대 과학이 무엇인지, 당대가 요구하는 지식이 무엇인지를 이해하기 위해서는 끊임없이 '과학의 학교'로 돌아갈 것을 우리에게 요구했다. 반면 우리들이 행복한 상상과 꿈꾸기를 원한다면 '시인들의 학교'로 돌아가야 한다는 점 또한 역설했다. 이 책에서 우리는 그의 『공간의 시학』을 주 텍스트로 해서 주로 시인들의 학교에서 시간을 보냈기에 결과적으로 바슐라르의 사상을 절반만 소개하는데 그친 셈이다. 부족한 부분은 다음 기회를 기약할 수밖에 없지만, 솔직히 바슐라르의 시론과 상상력의 심대(甚大)한 깊이에 가닿기도 어려웠다.

이 책에 묶인 글들은 필자가 10여 년에 걸쳐 쓴 것들이다. 세월이 제법 흘렀다. 그래도 바슐라르는 필자에게 여전히 참 스승이다. 이 책을 계기로 바슐라르를 다시 읽는 기회를 가지며 마음 비우는 공부를 다시 시작해볼까 한다.

L'espace poétique bachelardien et l'imagination du désintéressé

제1장

바슐라르 읽기, 바슐라르와 더불어 꿈꾸기

제1장

바슐라르 읽기,
바슐라르와 더불어 꿈꾸기

1. 바슐라르와 함께 떠난 제주도 여행

몇 해 전 제주도를 다녀왔다. 첫 경험의 설렘은 곧 놀라움으로 바뀌었다. 생각했던 것보다 훨씬 큰 제주도의 덩치 때문이었다. 이렇게 제주도가 컸었나? 제주도가 서울의 세 배 크기고, 인구도 56만 명이나 된다고 하니… 제주시를 가로질러 남원으로 달리는 자동차 속에서 필자는 우리가 '제주도를 굳이 섬이라고 해야 하는가' 의구심이 들었다.

남원까지 가는데 바다는 보이지 않았고, 후박나무며 야자수가 곳곳에 널려 있고, 보이는 것은 귤밭이 전부였기 때문이다.

이렇게 필자에게 제주도는 예전에 상상하고 있었던 것과는 전혀 다른 '육지 같은 섬'이었다. 필자처럼 일기예보에서 본 제주도를 제주도로 알고 있는 사람이라면 꼭 한 번 그곳에 가보라고 권하지 않을 수 없다.

남원에 도착해선 맘껏 바다구경을 할 수 있었다. 꼭 인공도시처럼 주위환경은 더없이 깨끗했고, 바닷물도 맑기 그지없었다. 추체험을 통한 상상력이 다할 수 없는 부분을 이렇게 제주도를 직접 방문하게 됨으로써 새로이 알게 된 것이다. 귤 맛도 어느 군에서 난 것이냐에 따라 그 맛이 차이가 난다는 이야기도 들었다. 물론 남원 사람들은 남원산 귤이 최고라고 자랑했다.

상상력은 어디까지나 '있는 것', '본 것', 존재(存在)하는 것의 재창조이지 완전한 무(無知)로부터 그려질 수 있는 것은 아닌 모양이다. 여행서를 통한 간접 경험이 눈을 통한 직접 경험을 능가할 수 없는 것도 마찬가지 이치이리라. 결국 재창조(ré-création)는 있는 그대로의 자연사물을 호모 파베르(homo faber)로서 인간이 노력을 통해, 변형하는 활동이다. 그것이 물질적 변형의 시도이든 정신적 변형의 시도이든 인간의 노력이 없다면 자연사물은 자연사물 그대로 존재하는 것에 그칠 뿐이다. 인간이 교육받지 않으면 동물과 크게 다를 바 없듯이 말이다.

그렇다면 인간을 인간이게 하는 것이 무엇이겠는가? 그것은 바로 창조적 변형 능력 아니겠는가. 인간은 주위의 자연사물을 변형시킬 뿐만 아니라 자기 자신도 변화시킬 수 있다. 리쾨르의 말대로라면, "상상력을 변환시킴으로써 인간은 자신의 현존(現存)을 변화시킬 수" 있는 존재이다. 이는 곧 자신의 미래를 설계하고 꿈꾸는 인간이 아니고서는 자기 자신을 변화시킬 수 없다는 말과 같다. 이는 또한 자기변화의 시도는 진정으로 상상력이 발흥될 때 비로소 시작될 수 있다는 말이기도 하리라. 그러나 우리는 대개 자신이 처한 현재의 위치에 적응하는데 익숙하지 애써 변화를 꾀하려 하지 않는다. 상상력을 통해 새로운 미지의 세계를 모험하고 개척하려 들지 않는다. 그래서 상상력은 오래도록 망상과 동일시되는 경향이 없지 않았고, 미성숙의 대명사로 폄하되기도 했다.[1]

그런데 그렇지가 않다. 상상, 상상력은 인간의 전(全) 사유 활동과 삶의 근원이기 때문이다. 상상과 상상력이 없이는 자연사물의 변형은 물론 자기변화도 세계변혁도 불가능하다. 과학도 산업도, 문화도 모두 제자리걸음을 하고 있을 것이 뻔하다.

이런 점에서 아래에 있는 바슐라르의 인간에 대한 소박하나 정곡을 찌르는 언급은 우리에게 매우 유의미하게 다가온다 하겠다.

"인간은 물질(la matière)을 가지고 노동하고(travailler) 싶어 하며,

---

1) 상상력 개념은 사실 바슐라르 이전까지만 해도, 이에 대한 아무런 반성과 재평가를 수반하지 않은 채, "영혼에 대한 범죄(L. Brunschvicg)", "의식의 미성숙한 혼동의 단계(Alain)", "유령 같은 대상(J.-P. Sartre)" 등으로 가치 절하되어 전혀 제 지위와 제 목소리를 갖지 못했다 - G. 뒤랑, 『상징적 상상력』, 진형준 역, 문학과 지성사, 1990, pp. 30~32 참조.

> 이 물질을 변형시키고(transformer) 싶어 한다. 그러므로 인간은 더는 우주 앞에 존재할 뿐인 단순한 사색가가 아니다. 인간은 우주에 대항하고, 사물들의 〔고정된〕 물질성에 저항하는 지칠 줄 모르는 정신력의 소유자이다."

사물들의 물질성, 자연성에 저항하는 지칠 줄 모르는 정신력의 소유자 인간에게 '존재하는 것'은 결국 변형을 기다리는 상상의 재료라는 것이다. 이 상상의 재료를 가지고 인간은 노동하고 삶을 꾸리며 사고한다. '존재하는 것'을 그것과는 다른 차원이 되게 하는 것이다. 한마디로 말해, 바슐라르는 단지 '존재하는 것'을 있는 그대로 '인식'하는 데 그치지 않고 존재하는 모든 것을 자신의 상상력을 가미해 '재창조'하려 한 것이다.

재창조를 위한 상상, 상상력! 데카르트의 '사유하는 코기토(cogito pensant)'는 이런 이유로 바슐라르에 이르면 '꿈꾸는 코기토(cogito rêvant)'로 탈바꿈한다. 바슐라르는 꿈꾸는 코기토가 사유하는 코기토에 앞선다고 강조한다. 그가 "사유에 앞서 몽상이 있다"고 말했던 것도 아마 이런 맥락에서 이해해야 할 것이다. 바슐라르에게 있어서 상상과 몽상은 의식에 앞서는 무의식, 사유의 줄기나 가지에 자양분을 제공하는 근본 뿌리에 해당한다고 볼 수 있기 때문이다.

이런 이유로 바슐라르에게 딱딱한 논리나 이성이 주가 된 철학이나 과학보다 부드러운 감성이 주가 된 예술이나 문학, 미학이 더 간요(肝要)한 탐구대상이었다. "인간은 살균 처리된 세계에서 행복해질 수 없다. (…) 나는 시인들을 좇아 상상력의 문으로 들어갔다"는 고백은 왜 그가 초기의 과학철학에 대한 연구에서 시에 대한 연구로, 철학에서 예술로 방향을 전환하게 되었는지를 우리에게 잘 보여주고 있다.

바슐라르와 제주도? 여행이라기보다는 공무(公務)로 찾아간 제주도였기에, 가방 속에 잔뜩 챙겨 넣어간 바슐라르의 책들을 차분히 들출 시간은 솔직히 없었다. 그것들과 대화하며『세계의 문학』편집인이 필자에게 주문한 청탁서(우리 사회가 그의 이론을 받아들이게 된 맥락과 배경 / 수용 과정상의 문제점들 / 그의 이론이 갖는 현대성)와 나의 바슐라르에 대한 생각을 시소 위에 올려놓고 저울질해볼 짬이 도저히 나질 않았다. 원고 마감일에 쫓겨 마음만 밤나무 아래 있을 뿐 그렇다고 알밤을 직접 주울 수 있는 것은 아니었다. 바슐라르! 바슐라르? 그는 어느새 필자에게 보이지 않는 '혼령'이 되어 있었다.

모두가 강행군에 지쳐선지 잠자리에 들고… TV를 켜니 마감 뉴스가 막 끝나고 마침 일기예보가 나온다. "내일 날씨는 맑고 기온이 8도에서 20도"란다. 혼자 숙소에서 나와 바닷바람을 잠깐 쐬곤 남은 내일의 일정표에 따라 단체행동을 해야 하기에 억지로라도 잠을 청하지 않을 수 없었다. 10월의 마지막 날, 남제주군 남원읍 태흥리 17xx 번지. 파도 소리, 바람 소리 그리고 바슐라르와 나의 고민 사이에서 곤히 잠든 동료들. 귤 하나를 까먹으며 잡념을 쫓아냈다. 귤은 유난히 시고 달콤했다. 이제 잘까, 바슐라르가 그랬듯 나도 '행복한 꿈'이나 꾸어보게.

2. 늘 다른 곳을 주시하는 인간

밤새 뒤척였다. 악몽을 꾼 것이다. 훈련 중에 휴가를 나왔는데 휴가증도 소지하지 않았고, 손엔 총이 들려 있었다. 버스를 타고 휴가를 가는 것이 아니고 걸어서 집에까지 가야 하는 상황이다. 놀라서 깨었다. 군대를 갔다 온 지가 언젠데, 난데없이 이런 황당한 꿈을….

원고마감일에 시달린 게 원인일 것이다. 곧바로 일어나 나는 동료들 모르게 조용히 바닷가로 나왔다. 메모장을 꺼내 들었다. 최소한 제주도에서 서론에 대한 윤곽이라도 마무리 짓고 올라갈 생각이었기 때문이다. 문맥이며 논리는 나중에 손보기로 하고 일단 생각나는 대로 적어 내려갔다. 그때 파도 소리에 생각을 실어 필자가 적어놓은 내용을 여기에, 조금 수정을 가해, 옮겨보면 대강 아래와 같다.

제주도에 앉아서 제주도가 아닌 서울의 기상을 확인하는 것처럼 사람들은 늘 자신이 존재하는 곳이 아닌 다른 곳을 주시한다. 예컨대 필자는 일기예보를 보면서 서울의 내일 날씨만을 확인했지 정작 제주도의 내일 날씨와 기상에 대해서는 큰 관심을 두지 않았다. 그리고 그 사실을 놀랍게도 다음 날 아침에야 비로소 깨닫게 되었다.

이처럼 '다른 곳'은 인간의 욕망이 작동하며 향하는 곳이자 욕망이 덩어리진 곳이 아닐까? 사람들은 이렇게 자신이 머무르고 있는 현실과 자신도 모르는 사이 거리를 취한다. 우리의 시선은 언제나 다른 곳을 향할 준비가 되어 있다고나 할까. 그런데 문제는 그렇게 자신이 서 있는 현실 자체를 망각하게 된다는 데 있다.

바슐라르 탄생 100주년 기념 엽서와 우표 (1984년 6월 25일 발행)

욕망은 도가 지나치면 '사고'를 치게 된다. 급하게 말해, 지나친 욕망은 반자연적으로 돌변하며, 이기심의 발동으로 표출되기 쉽다. 사실 이기적이고 반자연적인 욕망의 늪에서 모든 현대인이 허덕이고 있는 것 아닌가. 나누기보다 더 갖기, 탐하기(貪)에 정신이 없는 것이 요즘 세태다. 그런데 그 탐함이 어리석기(癡) 그지없고 유치(恥)해서 우리 앞에 또는 곁에 있는 자연사물의 본래 성정(性情)을 해치는 것은 물론이고 이로 인해 자기 자신까지 해치게 된다. 상처를 사서 받는 것이다. 이러한 세태를 일찍이 개탄하고 우리에게 자연사물과 더불어 상상하며 살 것을 주장한 철학자가 있었으니, 그가 바슐라르이다.

바슐라르는 인위(人爲)와 반자연적으로 흘러가는 당시의 세태를 그 누구보다도 강하게 질타했고, 그러한 통찰력을 통해 인간을 다시 자연사물과 격의(隔意) 없이 만날 수 있는 길로 인도하고자 근 80평생을 바쳤다고 해도 과언이 아니다. 더는 인간이 문명이 제공하는 단물의 노예가 되어서는 안 된다며, 목청 돋워, 이미 반세기 전, 물질의 노예가 되어가는 유럽인들을 향해 외쳤던 것이다. 물, 불, 공기, 흙 등 자연사물과 상상력을 발흥해 새롭게 교제하고, 이를 통해 새로운 세계를 열어가지 않으면 안 된다고….

그의 목소리가 필자의 귓가에 생생하다. 현대가 바슐라르의 경고와는 정반대로 기계-문명에 친화적으로 바뀌어가고 있기 때문이며, 이기적 욕망으로 똘똘 뭉쳐 자기 자신은 물론 타인, 자연세계에게까지 막대한 피해를 주고 있다고 판단되기 때문이다.

《The Runner》 by Paolo Uberti

이기적 욕망에 휘둘려 급하게 앞으로 내달리지만 말고 우리가 자연사물과 다시 만나기 위해서는 자동차 바퀴에 의존하는 대신 두 발로 걸어야 하지 않을까? 서둘러 걷지만 말고 가끔은 가던 길을 멈춰 들꽃이며 돌, 풀, 흙 등과 교제하며 때로는 직접 이것들을 만져볼 필요가 있지 않을까? 손으로 만지며 그것들과의 내밀한 이야기를 나누며, 도시의 생존경쟁에 지친 자신의 육신에 정신적인 휴식을 제공해야 하지 않을까? 비(非)진리나 반(反)진리에 넋을 놓고 있는 현대인이 바슐라르에게서 배울 점이 있다면, 바로 이런 것들이 아닐까!

이 간략한 스케치가 과연 바슐라르의 상상력과 시론을 상찬(上饌)하는 자리에 적절할지 모르겠다. 그러나 메모장을 다시 펼쳐보니 필자가 하려고 했던 이야기의 줄기는, 아래에서 다시 보충하겠지만, 최소한 정리된 듯하다. 그리고 이상과 같이 일반적으로 '논문 쓰기'의 형식이 갖추어야 하는 요구사항을 탈피해 바슐라르를 정리한 데는 필자 나름의 이유가 있었다. 무엇보다도 상상력의 달인 바슐라르를 그의 책에 먼지를 털어가며 읽어야 하고, 이를 또 컴퓨터 앞에 앉아서 '이론적으로 소개'해야 한다는 강박관념으로부터 해방되어 보고 싶었기 때문이다. 아마 바슐라르라면 필자의 이와 같은 '자유로운 글쓰기'를 용인할 것이다. 그의 사상을 하나의 경직된 형식 속에 담는다는 것은 그를 위배하는 행위임을 아는 터라, 이렇게 전략을 짠 것! 이 전략은 무엇보다도 그를 제대로 소개하는 데 들여야 할 시간보다 그에 대한 필자 나름의 생각을, 비록 조야한 상태로나마, 기술(記述)해보는 것이 오히려 바슐라르식의 행복한 글쓰기(bonheur d'écrire)이고, 바로 그것이 필자를 위한 행복한 꿈꾸기(bonheur de rêver)로 여겨졌기 때문이다.

그러고 보니 필자 또한 제 꾀에 넘어간 꼴이 되고 말았다. 아니 기실은 자유로운 방식이 아닌 '결정된 형식'으로 글쓰기를 하고 있지 않은가? 그러나 이 글을 읽게 될 독자들이 필자의 글을 최소한 반자연적이며 이기적인 욕망이 작동된 것이라 힐난하지는 않으리라 확신한다.

3. 세계 속의 바슐라르와 '우리의' 바슐라르

정신을 가다듬고 본론으로 들어가 보자. 바슐라르의 사상은 크게 i) 과학-인식의 축, ii) 시-비평의 축으로 나눌 수 있다. 이 둘 사이에서 바슐라르의 사상은 춤추듯 왕래하며 비상한다. 그러나 프랑스에서 얼마 전 출판된 『세계 속의 바슐라르』[2]라는 책에서도 확인할 수 있듯, 바슐라르는 그 어떤 나라에서도 그가 공들여 개척해 놓은 두 갈래의 길이 형평을 이루어 소개되고 있지는 못한 형편이라는데 우리는 주목할 필요가 있다. 구체적으로, 미국과 일본, 영국과 이탈리아, 멕시코, 러시아 등에서는 바슐라르의 과학철학과 '새로운' 인식론에 지대한 관심을 보이며, 포르투갈이나 브라질, 아프리카의 여러 나라에서는 바슐라르의 교육철학(또는 교육공학)에 그리고 벨기에, 한국 등에서는 바슐라르의 시학이나 비평이론에 더 많은 관심을 보이기 때문이다.

바꿔 말해, 자신들에게 유용한 바슐라르만을, 경제학 용어를

---

2) *Bachelard dans le monde*, sous la dir. de J.-J. Wunenburger, P.U.F., 2000. 이 책은 1998년 3월(11일 ~ 14일) 프랑스 디종 소재 부르곤뉴 대학교에서 《바슐라르연구소 Centre Gaston Bachelard》 주최로 개최된 국제학술세미나의 발표문을 엮은 것이다. 〈바슐라르연구소〉에서는 그 밖에도 바슐라르 전문연구지인 *Cahiers Gaston Bachelard*를 발행하는 것을 비롯하여, 세계 상상학 연구자들의 연구업적은 *Bulletin de liaison des Centres de Recherches sur l'Imaginaire*를 통해 소개하고 있다. 한국의 경우도 〈서울상계계연구소 Centre de Recherches sur l'Imaginaire à Séoul〉가 홍익대학교 진형준 교수의 지도로 살림을 꾸려가고 있다.

빗대어 말하자면, 수요-공급의 원칙에 따라 전체가 아닌 부분을 소개하고 있는 상황이란 뜻이다. 이렇듯 현재 '세계 속의 바슐라르'는 철저히 내국의 관심도에 따라 그 연구 및 독서가 진행되고 있는 실정이다. 그렇다고 바슐라르에 대한 부분적 수용이 문제라거나, 그것이 바슐라르의 전체 사상을 곡해한 것이라고 생각하지는 않는다. 중요한 것은 현재 이 순간에도 어떤 식으로든 바슐라르가 다양한 루트를 통해 읽히고 있다는 점에 있으며, 필요에 따라 적극적으로 응용된다는 데 있다.

물론 '대한민국에서의 바슐라르'도 이런 전반적인 수용 경향에서 크게 벗어나지 못하고 있다. 국내에 그의 책이 10여 권 번역되어 있지만, 거의 모두가 상상력이론과 4원소론에 관한 것들이다. 80년대를 전후해 김현 교수나 곽광수 교수를 필두로 해서 바슐라르가 한국문학 비평계에 전격 소개된 지 어언 40여 년이 되어가지만 연구의 깊이나 폭 면에서 큰 변화를 보이지 않는다. 다시 말해, 80년대나 지금이나 여전히 국내에서 바슐라르는 과학철학자나 새로운 인식론의 개척자로서보다는 상상력의 대표 이론가로, 시적 몽상가로 또는 물질의 연금술사로 회자되고 있으며, 2000년대 초반에 번역되고 있는 책들도 이와 관련된 것들만이 (재)번역의 기회를 누리고 있다. 번역뿐 아니라 바슐라르에 대한 연구들도 문학비평이란 틀에서 크게 벗어나지 못하고 있다.[3]

---

3) 이지훈 박사는 바슐라르의 제자인 F. 다고녜의 지도로 1996년 파리1대학에서「이미지, 척도 그리고 커뮤니케이션」 박사학위논문을 받고 귀국하여 『예술과 연금술』(창작과

결국 국내에서 바슐라르의 사상은 불문학 관련 전공자들에 의해 소개·소비되고 있는 게 현실이며, 다른 한 축인 과학철학에로의 영역 확대는 아직도 멀게만 느껴진다. 철학계에서 보자면 바슐라르는 엄밀한 의미의 철학자라기보다는 문학비평가에 그칠 뿐이며, 철학과에서 그를 다룰 공간이 마땅치 않은 것도 그가 철학계에 제대로 소개되지 못한 게 이유가 될 것이다. '프랑스 현대철학' 강의를 예로 보자. 그 경우, 바슐라르는 데리다나 푸코 들뢰즈 등에 밀릴 수밖에 없으며, 과학철학의 경우에도 미국 주도의 과학철학자들에게 자리를 내어주어야만 하는 실정이다.

2000년 프랑스대학출판부에서 출간된 『세계 속의 바슐라르』 표지

그러나 필자와 같이 바슐라르의 철학 관련 책들을 먼저 접한 경우도 없지는 않을 것이다. 문학이 아닌 철학이 전공인 관계로 필자는 오히려 그의 『물과 꿈』[4], 『대지 그리고 휴식의 몽상』[5], 『공기와 꿈』[6] 등과 같은 문학비

비평사, 2004)을 출판했다. 경희대학교 홍명희 교수는 부르곤뉴 대학에서 1999년 J.-J. 뷔넨뷔르제의 지도로 「문학비평의 바슐라르적 접근」으로 박사학위논문을 받았으며, 『상상력과 가스통 바슐라르』(살림, 2005)를 출판했다. 이 2권의 책만 보더라도 바슐라르에 대한 국내의 관심이 어디에 있는지를 알 수 있다.

4) 이가림 옮김, 문예출판사, 1980.
5) 정영란 옮김, 문학동네, 2002.
6) 정영란 옮김, 이학사, 2000.

평서들보다는 『부정의 철학』[7], 『새로운 과학정신』을 데리다나 푸코의 책과 같이 읽었고, 프랑스에 유학 가서는 베르그송 연구로 학위를 준비하고 있었기 때문에 문자 그대로, 필요해서, 『상대성의 귀납적 가치』, 『지속의 변증법』이나 『순간의 미학』[8]을 탐독해야 했었다. 그런데 최근엔 '문학과 철학'이란 과목을 강의하면서 다시 『공간의 시학』[9]이나 『촛불의 미학』[10]등에서 많은 아이디어를 얻고 있다.

필자 역시 바슐라르 사상의 두 축을 오래 시간에 걸쳐 왕래하고 있지만 양쪽 모두에 부족한 편이다. 비지속적 왕래는 그에 대한 필자의 독서가 체계적이지 못한데 원인이 있다고 할 수 있겠다. 하지만 이런 제약들보다 필자에게 중요한 것은 오히려 바슐라르를 손닿는 대로 읽음으로써 많은 철학적 영감을 받았다는 것은 부인할 수 없는 사실이고, 특히 철학 텍스트들을 독서하는 것이 따분할 때면 종종 바슐라르를 읽으며 위안을 삼기도 했다. 그의 상상력이 펼쳐 보이는 순박함과 진지함, 구석짐과 광활함에서 고개를 숙일 때가 많았다. 그리고 그가 펼치는 세계에 몰입하여 같이 꿈꿀 때가 가장 행복했다. 이렇게 보면 바슐라르는, 물론 필자의 개인적 경험에 근거한 판단이지만, 철학서보다는 문학 비평서에서 우리에게 더 많은 감동을 주고 있는지 모른다. 실제 바슐라르 사상이 수용된 많은 나라에서도 확인할

7) 김용선 옮김, 인간사랑, 1991.
8) 이가림 옮김, 영언문화사, 2002.
9) 곽광수 옮김, 민음사, 1990(동문선, 2003.)
10) 이가림 옮김, 문예출판사, 1975.

수 있듯, 바슐라르는 한 사람의 철학자로서보다는 일종의 시인으로 더 많이 회자되고 있는 것도 우연은 아니리라.[11] 그만큼 바슐라르는 그를 접하는 많은 사람들에게 무궁무진한 상상력을 제공한다. 자신의 텍스트도 독자를 끌어들이지 않고 그를 읽는 독자 스스로가 상상하게 한다.

바슐라르의 과학-인식의 축과 시-비평의 축을 왕래하는 과정에서 필자가 최근 새롭게 발견한 제3의 바슐라르의 모습이 있어 여기 소개해볼까 한다. 그것은 다름 아닌 현대의 기계문명에 대한 그의 비판이다. 문학판에서의 연구역량이 지금보다 강화·확대되고 철학을 전공하는 사람들도 그의 상상력의 철학에 대해 관심을 갖게 된다면 언젠가는 그가 현대문명비평가로 회자될 날이 오지 않을까 싶다. 아래에서 우리는 그의 사상이 갖는 이러한 현대성을 살펴볼까 한다.

4. 이성과 과학의 횡포, 그리고 기계를 닮아가는 우리

이성에 대한 헛된 믿음과 과학의 진보에 대한 비(非)-반성적 추수[12]는 인간에게서 흙과 더불어 가능했던 휴식의 공간을 집어삼키고 있다. 휴식의 동산에 인정(人-情)이라곤 모르는 자본

11) *Bachelard dans le monde, op. cit.*, p. 6 참조.
12) 이에 대한 보다 상세한 논구는, A. Lalande, "Une fausse exigence de la raison", *Revue de la métaphysique et de morale*, n° 1, 1907 참조.

만이 활개치고 있을 뿐이다. "세상의 모든 것을, 심지어는 썩고 죽은 것까지 받아들이는", "짓밟아도, 짓밟아도 끝없이 용서하는", "볍씨가 떨어지면 벼를, 풀씨가 떨어지면 풀을 키우는 정직한" 대지에는[13] 거대한, 콘크리트 건물들로 가득 차 있다. 그리고 대지와 자연의 목자이자 주인이기도 했던 인간은 오히려 스스로가 자신의 편의를 위해 만들었던 기계들에 의해 되레 감시받고 통제받는 신세로 전락하고 말았다. 한마디로 기계에 손 내밀지 않고는 아무것도 할 수 없는 시대가 된 것이다.

벽은 두꺼워지고, 벽이 두꺼워질수록 세계와 인간은 단절되고, 하늘은 뿌옇고, 시야는 갑갑하며 인간들이 함께 설, 살, 움직일 땅은 점점 비좁아진다. 허공을 향해 치솟은 각진 네모꼴 세상엔 온통 찬란한 인조물들로 그 겉모습은 화려하나, 정작 그 속에는 '꿈꾸는 인간'이 확보할 수 있는 공간이 없다. 바슐라르의 경고대로, 그 결과 우리는 "집이 없는", "꿈꾸기가 불가능한" 거대 도시의 "포개어 놓은 상자들 속에" 유폐된 채 살아가야만 하는 사물-존재로 전락한 것이다. 어쩌면 우리는 스스로 자처해 단지 계산할 뿐인 기계, 사이보그라는 반인반기(伴人伴器)가 되어가고 있는 것인지도 모른다.

기계처럼 계속 움직여야만 간신히 생존이 가능한 현대인! 우리는 어느새 오로지 생존을 위해, 마치 에너지가 소진될 때까지 기계적으로 움직여야만 하는, 로봇이나 다름없는 기계-인간

---

13) 정채봉, 『멀리가는 향기』, 샘터, 1987, pp. 61~63.

으로 변해버렸다. 동일 공간 내에서 타자와 함께 존재해도 전혀 함께하는 것이 아닌 '묘한' 관계 속에서, 자연의 세계, 삶의 세계가 아닌 인공적인 세계를 끊임없이 헤매야 한다. 현대인은 늘 외롭다. 더는 자연과 같이하는 것이 아니라 무적의 기계 앞에 홀로 서 있기 때문이다.

이와 같은 기능적, 인공적 세계에서는 꽃이 필 수 없다. 새가 날지 않는다. 자연과 숲이, 인간이 휴식할 수 있는 나무 그늘이 존재하지 않는다. 대화할 수 있는, 흉금을 털어놓고 이야기할 수 있는 '동무'가 '내' 곁엔 없다. 이런 곳에는 색깔도, 향기도, 맛도 없다. 결국 바슐라르가 그토록 비판한 '살균 처리된 세계'에는 인간이 자유롭게 꿈꿀 수 있는, 자기 변화를 꾀할 수 있는 공간이 존재하지 않는다. 전시된 것은 오직 과학-기술의 산품(産品)들뿐이고, 이것들 간의 끝없는 흥정과 거래만이 있을 뿐이다.

이와 같은 '기술적 이성중심주의'를 과연 우리는 현대문명의 자랑거리라고 말할 수 있을까? 절제를 모르는 근대 기술인의 욕망은 이렇듯 기법(機法)으로 그 절대 마성(魔性)을 떨치고 있는데도 불구하고, 지금 이 순간에도 탐진치(貪塵恥)의 축제는 곳곳에서 계속되고 있다. 제 욕망에 타죽을 줄 모르고 돈이 보이는 곳, 돈이 불어나는 곳으로 떼를 지어 몰려다니며 자본의 노예가 된 불나비 같은 존재들, 김민기의 노래 가사에도 나오듯 "돈 벌어, 돈만 벌어", 라고 하니? 그래야 잘 살 수 있다고 하니? 그래야 잘 사는 거라고 하니….

이는 분명히 이 시대의 한 단면이요, 인문학이 제구실을 수행하기가 날이 갈수록 힘들어진, 모로 가는, 모로 사는, 극도로 도시화된 현대 문명의 현주소가 아닐 수 없다. 이름하여 무한경쟁 시대에 이기적이지 않고는 살아남을 수 없는, 인간의 탈을 쓴 채로라도 생존을 위해 버텨야 한다니![14] 아, 이 얼마나 비참한 형국인가!

이런 상황에 직면한 우리에게 자연적 감성과 상상력을 회복해야 한다고 역설하는 철학자가 있다면, 우리는 그를 시대착오적인 사람이라고 해야 할까? 오늘날과 같은 전자-정보시대에 《다크 시티》나 《제2의 르네상스》 같은 인공도시가 아니라 자연과의 관계 속에서 미래사회를 위한 대안을 찾고자 하는 그런 철학자가 있다면, 그는 정말이지 오늘날과 같은 기계 중심의 세계, 과다 이미지들에 종속되어 수동적으로 살아갈 뿐인 우리에게는 전혀 효용가치가 없는, 그래서 결코 박수례를 받기 어려운 사람일까?

그러나 필자는 감히 말할 수 있다. "그렇지 않다"고! 기차를 잘못 탄 상태로는 그 속에서 아무리 반대 방향으로 뛰어봐야 바뀌는 것은 하나도 없다. 되도록 빨리 그 기차에서 내리는 것이 상책이다. 인류의 미래를 걱정하는 자라면, 이성, 과학, 기계, 자본이 중심이 된, 자연, 인간이 배려되지 않은 시대에 매몰되어 그저 수동적으로 살아남기보다 이에 '응전'해야 마땅하다. 제 선 땅에서 거처 잃은 이방인으로 떠돌며 영혼 없는 시대의 거지로

---

14) R. 도킨스, 『이기적 유전자』, 홍영남 옮김, 을유문화사, 2002 참조.

방랑하기를 원치 않는다면 말이다.

방향 없이 방황함, 기웃거림은 현대의 기계화, 비인간화, 반자연화에 동조하는 것과 무엇이 다른가. 이런 소극적 태도로는 결코 "신까지 압살한"[15] 우리 시대의 흐름을 바꾸거나 근본을 무시하고 돈이면 다라는 왜곡된 세계관을 제자리로 돌려놓지는 못할 것이다. 아니, 바로 이런 이유 때문에 그 근본 원인을 찾아 치유하려는 노력이 요구된다. 우리가 바슐라르의 사상을 통해 현대문명의 그늘을 재고해 볼 수 있다고 앞서 말한 것도 바로 이런 이유 때문이다. 그는 분명 자본의 노예가 되어 촌농보다도 여유 없이 사는 도심(都心, 盜心)에 찌든 현대인들에게 지금 이 순간에도 저승에서나마 이렇게 외치고 있을 것이다: "지성·이성에 익숙해진 현대인들이여, 과학, 진보, 문명이라는 허념(虛念)의 환상에서 벗어나 자연과 대화하라!"고.

바슐라르의 충고대로, 우리는 우리 스스로가 눈먼 봉사가 되어 지나치게 가치를 부여했던, 현재에도 그렇게 하는, 자연과 인간이 전혀 그 속에 고려되고 있지 않은, 과학-기술-문명의 환상으로부터 깨어나야만 한다.

> "상상하기 위해 우리는 〔이제〕 올된 지적 성숙을 자랑하지만 말고 오히려 그것을 무너뜨려야 한다."

15) 뒤랑은 라크로와(J. Lacroix)를 인용해 우리 시대를 "신을 압살한 시대"라고 보고 있으며, 그 근본 원인을 실증주의에서 찾고 있다(G. 뒤랑, *op. cit.*, p. 27).

그렇지 못한다면 우리는 영영, 바슐라르의 직제자인 뒤랑도 『상징적 상상력』에서 잘 지적하고 있듯, "야만적 사고"[16]의 단계에서 한 발짝도 벗어나지 못할 것이다.

5. '부드러운' 감성과 '둥근' 꿈이 필요한 이유

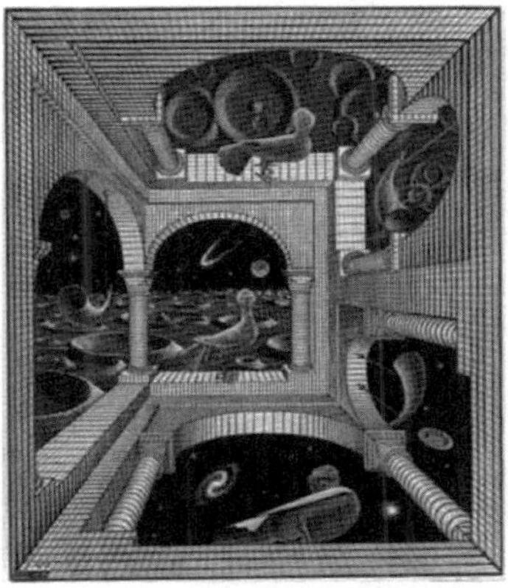

M. C. Escher의 《또 다른 세상》

이성과 과학의 서자인 기계주의자들이 꿈꾸는 인공낙원엔 '내'가 받을, '우리'가 서로 나눌 감동이 전혀 없다. 감동 없는 세계는 필경 인간을 죽음의 나락으로 몰고 갈 것이고, 그곳엔 사자(死者)들을 위한 지옥이 준비되어 있을 뿐이다. 설령 M. C. 에셔의 《또 다른 세상》에서처럼 새가 창가에 앉아 있다고 해도, 이 그림 속의 새는 이미 노래하는 새가 아니다. 사람 얼굴 형상을 한 하르퓌아, 세이렌이다.

신화가 말하듯, 이 인공새는 인간의 생명을 낚시걸이할 것이 자명하다. 이 사실을 우리는 왜 모르는 것인가! 아니, 모른 체하며 무관심으로 일관하고 있는 것인가!

16) *Ibid.*, p. 138: "〈야만적 사고〉란 〈야만인들〉만의 사고가 아니고, 그 심층을 잘 들여다보면, 오히려 과학에 의해 형성된 우리들의 모든 사고가 야만에 가까운 것이다."(부분 수정)

이와 같은 인공의 도시에는 기하학적으로 축조된 콘크리트 건물들만 즐비하지 바슐라르 같은 몽상가가 설, 우리 모두가 발붙일 땅이 없다. 비인, 트인, 열린 날 공간(l'espace cru)이 없다. 숲, 대-자연, 풍경이 없다. 그 결과, 바슐라르의 경고대로, 도시에서 우리는 더 이상 "지평선"을 볼 수가 없다. "포개어 놓은 상자들"처럼 아파트만 즐비하지, 불행하게도, 인간이 꿈꿀 수 있는 아담한 "집을 찾을 길이 없다." 설사 집이 있다고 치자. 그러나 이번엔 그 "집에 뿌리가 없다."(PE, 42)

그렇다면 결국 이런 도시에서 우리가 "하늘 가까이 산다는 것"이 무슨 의미가 있겠는가. 바슐라르의 말대로, 각자는 "한 층〔또는 한 칸〕 속에 박혀" 살아갈 뿐이다.

단적으로 "대도시에서 집들은 이젠 자연 속에 있지 않다. 거소와 공간의 관계는 (…) 〔모두〕인위적인 것일 뿐이다. (…) 거기서는 일체가 기계이고, 내밀한 삶은 어느 부분에서나 도망가 버린다."

어찌해야 하겠는가? 우리는 "너무나 일찍 인간으로서의 고유한 본질을 포기해"버리고서, "기계의 시중을 들며 기계나 조작하는데" 만족하고 있는 것은 아닌가? 현대의 이기적 문명의 소용돌이에 정신을 잃고서 회의주의자 피론(Pyrrhon)처럼 혹 잠을 청하고 있는 것은 아닌가?

역설적으로 말해, 정확히 이런 이유 때문에, 우리는 우리가 잃어버린, 잃고 사는 자연세계, 시원(始原) 세계를 모델 삼아 우리의 기술적 현대를 재평가해만 한다. 희망 없는, 대화가 단절된,

상상력이 마른, 단지 기계처럼 상대방에게 반응하는데 그치는, 세계에서 살기를 원치 않는다면, 모나지 않는 부드러운 감성으로 미래를 위한 꿈을 꾸어야한다. 바슐라르처럼 우리도 "감동한다"의 순수한 주어가 될 때, 비로소 우리는 "생각과 표현의, 사유와 꿈의 전인(全人)"(『공기와 꿈』)이 될 수 있기 때문이다.

바슐라르에 따르면, "꿈은 〔결코〕 사유의 포기가 아니다." "꿈은 이와 반대로 활동적이며 사유를 준비하는 힘이다." 그런데 상상력이 폄하되고 허황된 것으로 치부됨으로 인해, 인간들은 스스로가 만든 감옥, '네모난 세계'에 유폐되었다. 그룹 화이트의 노래가사가 새삼스럽게 필자의 가슴에 와 닿는 것도 이런 이유 때문이다.

> "네모난 침대에서 일어나 눈을 떠 보면 네모난 창으로 보이는 똑같은 풍경. 네모난 문을 열고 네모난 테이블에 앉아 네모난 조간신문을 본 뒤 네모난 책가방에 네모난 책들을 넣고 네모난 버스를 타고 네모난 건물을 지나 네모난 학교에 들어서면 또 네모난 교실. (…) 주위를 둘러보면 모두 네모난 것들뿐(…). 우리 사는 지균 둥근데 부속품들은 왜 다 온통 네모난 건지 몰라."

역설적으로, 우리가 사는 현실이 변화의 꿈이 마른 모난 세계이기에, 이제 '둥근' 꿈이, '절대적으로', 요청되고 있다는 것 아니겠는가! 우리가 둥근 꿈을 꾸게 될 때, 바슐라르의 몽상을 따라 우리 스스로가 네모난 세계에서 해방되어 자유롭게 꿈을 꿀 수 있을 때, 현대의 모르페우스(Morpheus)가 춤추며 지나갔던 그 길을 따라 갈 때만이, 이성과 감성이 하나 되는, 낮과 밤이, 시간과 공간이 악수하는, 선과 악이, 같음과 다름이, 질서와 무질서가 서로를 청(請)하는, 그렇게 둥글게 피어나는 꿈과 사유가 하나의 춤으로 종합되는, 또 그래서 온 우주가 상생(相生)의 리듬에 맞추어 한 판 거나하게 축제를 버릴 수 있는 세계, 바로 이런 세계에서만이 모든 것은 한데 어우러질 수 있고, 춤은 곧 우주의 리듬과 하나 된 신비한 음악이 되고 시가 되어 온 대지에 울려 퍼질 수 있지 않겠는가!

우리는 이 자리에서 왜 바슐라르가 『공간의 시학』 마지막 장에서 "존재는 둥글다", "인생은 아름다운 것이 아니고 둥근 것"이라고 강조했는지에 대해 그 진정한 의미를 되새겨볼 때가 되었다고 생각한다. 실제 인간이면 누구나 사고하며 동시에 꿈꾼다. 꿈꾸며 가시적인 세계와 비가시적인 세계를 자유롭게 넘나든다. 바로 그 넘나듦 속에서 우리는 각자가 무한 우주를 자신의 거소(居所)로 삼을 수 있는 법이다.

"바슐라르에게서 볼 수 있는 것처럼, 스스로 단어의 몽상가, 시의 몽상가, 신화의 몽상가"가 되어야 한다. "그 어느 때보다도 더욱 의식 없는 과학(la science sans conscience)", "시학이 결여된 과학"이 "우리 문명의 결정적인 몰락"을[17] 부채질하고 있기 때문이다. 바로 이런 이유 때문에, 우리에게 바슐라르가 역설한

17) G. 뒤랑, *op. cit.*, pp. 87, 142~43.

자연친화적 감성이 회복되어야 하고, 무한 우주를 향해 둥글게 확장되어 가는 꿈이 필요한 것이다.

6. 바슐라르에게 바친 시 한 편

1998년 3월 바슐라르는 필자에게 이런 시 한 편을 쓰게 했다.

(…)
오늘 당신을 위한 축제가 열립니다
당신의 이름으로 국제학술세미나가 열리는 첫 날입니다
〈세계 속에서의 바슐라르의 수용〉이란 주제로

이 세미나는 그대가 10년을 강의하기도 했던
부르곤뉴대학교에서 닷새간 개최될 것입니다
그런데 당신의 딸 수잔이 보이지 않는군요,
유감입니다
부르곤뉴대학교에 〈바슐라르연구소〉를 개원하기도 했던 뒤랑 역시
불참입니다,
유감이 아닐 수 없습니다
그대를 "우리들의 소크라테스"라 찬미했던 그였는데...

다고녜 교수가 개회사를 했지요

그대의 이름을 딴 〈대강당 바슐라르〉에서

그는, 내가 믿기로, 그대의 정신,

시와 과학, 상상력과 우주를 하나로 잇는 정신을

계승한 학자 중 한 사람이지요

그는 이렇게 그의 개회사를 끝냈습니다:

"바슐라르의 사유의 흔적은 이제 '대륙'이 되었고,

결국 끝없이 새로워질 것이다,

이것이 바로 그의 철학이 우주로 통하는 관문(關門)이란 증거다."

(…)

1998년 3월 프랑스 디종에 있는 부르곤뉴대학교(Univ. de Bourgogne)에서 나흘간에 걸쳐 바슐라르 국제학술세미나가 개최되었다.[18] 필자도 이 행사에 객이 아닌 주인으로 참여하고 싶은 마음에 이 시를 한 편 써서 그에게 바쳤다. 50여 명에 달하는 세계 각국의 바슐라르 전공자들이 한데 모인 학술잔치였다. 지금도 기억나는 것은 이런 저런 학술발표 내용보다는 바슐라르의 4원소론을 그림으로 형상화한 전시회와 스위스에서 참여한 두 분이 바슐라르의 『공간의 시학』을 한 사람은 10편의 시로 재구성해 낭송하고, 다른 한 사람은 그 곁에서 플루트를 연주했던 오프닝 행사였다. 바로 이것이 바슐라르 사상이 가진, 다른

18) 앞서 언급했지만 『세계 속의 바슐라르』라는 책에 그 발표 내용이 모두 소개되어 있다. 참고로, 이 세미나에는 진형준 교수가 초청되어 "L'influence de Gaston Bachelard dans le domaine de la littérature et de l'épistémologie en Corée"를 발표했다.

사상가들과 비견하기 어려운 매력이 아닌가 싶다. 바슐라르는 이렇게 우리에게 상상력을 하나의 이론으로 소개하기보다 창조적으로 널리 확대되기를, 그를 읽은 독자가 그와 같은 상상, 몽상의 산책에 동참하기를 간절히 원하고 있는지 모른다.

박사학위논문 발표를 자축하기 위해 만들었던 시집의 표지(2000년 7월 5일)

모든 자연인들의 벗이며, 인류의 미래를 꿈꾸는 자들의 영원한 훈장인 바슐라르와의 대화를 접으려하니, 갑자기 온통 소음뿐인 거대도시에서 TV, 광고 등과 함께 태어난, 철근 콘크리트로 된 담과 벽에 익숙한, 바퀴벌레만 보아도 놀라 펄쩍뛰는, 꿈속에서조차도 뱀이나 돼지, 닭이 아닌 로봇들과 더불어 게임하며 싸우는, 흙 밟기가 낯선 요즘 세대에게, 바슐라르와 더불어 꿈꾸기를 시도했던 이 글이 과연 어떻게 와 닿을지 궁금하다. 요즘 같이 그저 목소리가 높은 자가 행세하는 시대에 바슐라르의 진가를 알아볼 사람이 있을지, 필자에게는 그가 기계 문명에 현혹되어 휘둘리고 있는 현대인에게는 없어서는 안 될 등대와 같은 존재로만 보이는데...

L'espace poétique bachelardien et l'imagination du désintéressé

제2장

기술과 자본 중심의 현대문명과 '인간'의 자리

제2장

기술과 자본 중심의 현대문명과 '인간' 의 자리

1. 문명적 현대와 현대의 기술유토피아적 환상

'현대'라는 기호는 우리 앞에 눈이 부시게 번쩍거린다. 우리의 눈을 의심해야 할 정도로 끊임없이 변신하고, 자신을 복제하며 정체를 감춘다. 정체를 감춘 채 가능한 모든 것을 상품화하기에 혈안이 되어 있다. 상품들의 편리를 광고하며 우리의 정신을 마비시키는 것이다. 그럴수록 우리의 지각은 항원(抗原)을 상실한 채 분별력을 잃어간다. 한마디로 '현대'는 인간성(l'humanité)의 척도이기도 한 정신성(la spiritualité)이란 말을 낯설게 한지 벌써 오래다. 감각, 쾌락, 물질, 돈이 주인 행세를 하는 어처구니없는 시대에 우리는 살고 있는 것이다.

'정신없는' 자들의 가면극 놀이에 속고 있는 줄도 모르고 많은 사람들이 그 광경을 구경하며 넋을 놓고 있다. 되레 자신을 그 속에 숨기기 위해 자청해 가면까지 뒤집어쓰고서 철저히 시뮬라시옹 시대(J. Baudrillard)를 만끽하고 있다. 상황이 이러하기에 이미지를 사고파는 이미지 범람시대가 도래한 것이 우연이라고 할 수 없다.[1] 그러나 이를 수수방관만 할 수 없는 이유는 '이미지의 황홀경' 속엔 이미 인간이 배제되어 있고, 철저히 기술·기계에 의해 모든 것이 조작되어 있다는 점 때문이다.

이러한 조작의 결과 "근거 없는 이미지"에 의해 우리의 현실과 실재는 왜곡, 변형되고, 마침내는 현실/실재가 사라지는 지경에 이르게 되었다. 한마디로 이미지가 곧 힘인 세상, 이미지가 곧 현실이자 권력인 세상이 된 것이다.[2]

20세기를 줄곧 한 방향으로만 내달려온 '서구'문명의 '진보'라는 자화상이 심히 의심되고 또 의심되는 순간이다. 현실/실재는 물론이고 이제는 가상의 공간까지 지배하면서 현실/실재가 아닌 "가상을 믿으라"고 선전하고 있기 때문이다. 정체가 없는 유령들의 곡예를 우리는 그렇다면 눈 깜박이며 구경이나 해야 할까?

---

1) 홍명희, 「현대사회의 이미지의 위상」, 『프랑스학연구』 제26권, 2003 참조. 저자의 말대로, "현대 과학기술의 발달은 이미지의 대중적 확산을 가능하게 함으로써 인류의 역사상 오랫동안 억압당해 왔던 이미지의 힘을 재발견하게 해주었다. 그러나 현대사회의 모습은 단순히 이미지의 복권 차원을 넘어서 이미지 범람이라는 새로운 문제에 직면하게 되었다. 자연히 이에 따른 '이미지에 대한 새로운 정의'의 시도나 '이미지의 형성과 해체의 매커니즘에 대한 연구'의 필요성이 요구"(*ibid*, p. 277)되고 있는 현실이다. 보다 상세한 연구는, 유평근·진형준, 『이미지』, 살림출판사, 2001 참조.

2) 배영달, 「이미지와 기호」, 『프랑스학회 2005년 봄-학술대회보』 참조.

파스칼 브뤼크네르는 이런 일그러진 '서구적 현대'를 일러, "번영의 비참"이란 역설로 비꼰 바 있다. 그는 『번영의 비참』에서 이제는 우리가 서구적 패턴의 번영이라는 환상에서 깨어나야 할 때라고 경고한 바 있다.[3] 개발, 진보, 번영의 이데올로기로 인해 자연은 몸살을 앓고 있으며, 그로 인해 인간도 유례없는 고통을 받고 있기 때문이다. 인간은 자연의 지배로 인해 문화적 여유와 정신적 풍요를 누리게 된 것이 아니라 빈곤과 기아, 고통과 불행이라는 비용을 감당해야 하기 때문이다.

실제 수많은 현대인들이, 근대 산업화 시대의 사람들과 비교해 볼 때, 주어진 삶에서 만족을 얻지 못하고 있으며, 급변하는 시대로부터는 물론 자신보다 사회·경제적으로 비교 우위에 있다고 생각되는 타자들로부터도 소외받고 있다. 구비하고, 도전해 성취해야 할 것들이 예전 시대에 비해 훨씬 많아졌고, 소비해야 할 필수품목들이 늘어난 것이다. 그리고 소비는 인간에게 내적 여유와 정신적 풍요를 제공하기는커녕 사회적 소외를 가중시킬 뿐이다. 그리고 온갖 광고는 이를 더욱 부추긴다. 현대인들은 광고에 휘둘려 충동구매의 유혹을 떨쳐버리지 못한다.

그런데 많은 현대인들은 이러한 반자연적인, 무한 경쟁적인 사회·경제적 메커니즘 속에서 마치 불에 기름을 붓듯 자신의 욕망을 태운다. 이 욕망, 아니 채워지지 않는 욕구불만의 토로를 밥 먹듯 한다. 그럴 수밖에 없는 상황인가? 욕망(慾望)과 지족

3) 파스칼 브뤼크네르, 『번영의 비참』, 이창실 옮김, 동문선, 2003 참조.

(知足)은 반비례한다는 지혜를 깨닫지 못한 탓이다. 이들 문명의 노예들은 전혀 자기만족이란 걸 모른 채 자신의 욕망만을 무한 증식시키면서, 그 욕망의 늪에서 헤어나지 못하고 있다. 이들이 추구하는 욕망의 대상이라는 것들이, 필자가 보기엔, 삶에 있어 반드시 필요한 필수품(besoin élémentaire)이 아닌, 마치 디저트와 같이 '여분'의 것들인데도 말이다.

이제 호모 사피언스(homo sapiens)는 이미 '지혜를 가진 동물'과는 어울릴 수 없는 용어로 전락했다. 호모 루푸스(homo lupus)나 호모 데멘스(homo demens)로 이변(異變)된지 오래되었고, 자연 친화적이기만 했던 인간의 본래 모습은 점점 사막화되어가고 있으며, 그런 만큼 인간 관계 역시 날이 갈수록 피상적인 관계로 바뀌고 있는 현실이다. 이들 호모 루푸스의 후예들은 당연 평화보다 전쟁을, 나눔보다 자신이 타인보다 더 많이 소유하는 것을 미덕으로 여긴다. 횔덜린의 경고대로, "신이 떠나버린 궁핍한 시대"의 우리의 현주소가 이 지경에 이른 것이다. "신이 없는 인간의 비참"(Pascal)은 결국 기계·기술·자본이 신, 인간을 대신하면서부터 생긴 끔찍한 사건이다. '흉물스런 신기신(新機神)'이 등장하면서부터 자연계는 물론이고 인간계의 파멸이 가속화되고 있는 것이다.

인간들끼리도 같은 종족을 못 잡아먹어 안달이고, 식인귀처럼 오직 먹을 것, 팔아먹을 것만을 찾아 여기저기를 들쑤시고 다닌다. 살아남지 않고는 먹힐 것이니, 살아남기 위해서라도 더 많은 돈, 더 많은 정보를 소유해야 한다. 돈과 정보의 소유가 최

우선으로 추구되는 상황이다 보니, 윤리가 설 수 없다. 호모 루푸스들의 경쟁이 어느새 자기 방어라는 명분까지 갖게 되었다는 것이 이를 잘 방증한다.

이렇듯 우리는 삶의 기준을 '내가' 또는 인간이 자유와 책임을 다해 결정하지 못하고 오직 나를 지켜보는, 나를 직·간접적으로 감시하며 통제하는 타자, 기계-문명의 전도사들이 좌지우지하고 있다. 이런 상황에서 사람들은 삶의 주체, 세계의 주인인 자신을 들여다보지 않고, 오히려 타인, 이웃, 타국의 기색을 살피며, 우리를 위해서가 아니고 오히려 그들의 구미대로 살고자 하며, 그들이 만족하는 것에 '나'도, '우리'도 덩달아 장단을 맞추는 꼴이 되었다. 인간의 자연 본성을 파괴한 유령은 바로 '그들', 소위 슈퍼부르주아지이며, 이들 야만적 문명인들이 개발한 '그것들(IMF, OECD, WTO, MIS 등)'이고, '그들'의 가공할 프로젝트가 이 시대의 사방(十方)을 지배하는 절대 이데올로기로 군림하고 있다. 그 극단에는 '비트'며 '네트워크'라는 기술적 수단들이 있고, '그들'이 개발한 '거대' 전자망(des réseaux électroniques) 속에 갇히게 된 인간 존재는 사유하기를 멈추고 그저 기계에 반응하며, 자기 살 길, 갈 길을 찾기 바쁜 일종의 수동적 신세로 전락하고 말았다.[4]

"세계가 그저 괴물들의 모임처럼 보일 때가 있다"고 했던가. 디드로의 이 말은 그의 시대에 비해 오늘의 상황이 더하면 더했

---

4) 라도삼, 『비트의 문명, 네트의 사회』, 커뮤니케이션북스, 1999; 노르베르트 볼츠, 『구텐베르크: 은하계의 끝에서』, 윤종석 옮김, 문학과 지성사, 1999 참조.

지 결코 못하지는 않을 것이다. 이 세계가 괴물들의 모임이요, 집합소라? 늘 그렇지는 않지만 필자도 때론 디드로의 이 말에 동감한곤 한다. 실제 조금만 눈을 뜨고 주위를 둘러보면 우리는 인간의 탈을 쓴 괴물들이 심지어는 문화까지 상품화시켜가며 도처에서 그 위세를 떨치고 있다는 것을 발견하며, 기술적 유토피아(technopia)에 대한 환상이 극에 달해 있다는 것을 어렵지 않게 확인할 수 있다.

우리는 이러한 소위 '문명적 현대'에 대해 아무런 저항도 하지 않은 채 그저 거기에 수긍하며, 적응해야만 할까? 다양성을 무시하는 〈The One〉의 과학기술, 그것의 관리시스템 하에 기생하는 길만이 유일한 생존의 논리일까? 빛보다 빠르다는, 문명의 발전 속도에 대적할 수 있는 방법이 정말 없는 것일까? 낮도 밤도 없이 현대문명의 산품들(des produits purement techniques)이 자기를 팔기 위해 혈안이 되어 있는 곳, 인간까지도 물건이나 소비의 대상으로 취급하는 그런 곳에서[5] 각자는 그저 살아남기 위해 기(氣)를 써야할까? '매매의 코기토'가 활개를 치고 있는 이런 풍토에서 우리는 과연 웃어야 할지, 아니면 펑펑 울어야 할지?[6]

---

5) 드니 뒤끌로, 「자기 자신을 먹는 사회, 세기말의 거대한 편집증」, 『프리바토피아를 넘어서』, 최연구 옮김, 백의, 2003, pp. 132~144 참조. 뒤끌로는 이 글에서 현대의 자본주의 시스템을 일러 "자기 자신을 먹는 사회(autophage)라 정의하고 있다. 그에 따르면, 자기 자신을 먹는 사회의 특징은 이러하다: "기업들은 서로 합병하며, 시장들은 서로를 집어삼킨다. 시민들은 낡은 이윤법칙의 최종 단계인, 미쳐버린 체계순환의 결과들로 인해 고통받는다."

6) G. Deleuze, *Pourparlers 1972~1990*, Minuit, coll.《Reprise》, 2013, p. 186: "(…) 철학에는 늘 경쟁자가 있었습니다. 오늘날의 경쟁자는 '개념'이라든가 '창조적'이라는 말들을

2. 문명병의 치유와 '자연' 상상력

방법이 없지는 않아 보인다. 관건은 우리의 태도이다. 기계·기술·자본 중심적 문명의 노예나 정보를 구걸하는 거지로 살 것인가? 아니면, 이제라도 자신의 주체, 삶의 주인이 될 것인가? 결단해야 한다. 만일 스스로가 자신의 주체, 삶의 주인이 되기를 원한다면, 단언컨대 문명의 생산품들에 더는 침 흘리지 말아야 한다. 영영 채워지지 않을 욕망을 순간적으로나마 충족시키려고 시간 낭비할 때가 아니다. 괴물이 아닌 인간에게 주어진 천부의 자기변화, 자기창조의 능력을 귀히 여긴다면, 어떻게 사는 것이 진정 인간다운 삶인지를 조금이라도 반성하고 있다면, 소비상품들에 가려 위협받고 있는 우리의 본래 성정(性情), 자연 본성을 되찾아야 한다. 그러자면 필경 안팎으로 자연이 성(盛)하던 때의 기억을 되살려야 할 것이다.

결국 해법은 문명이라는 '숙주'에 기생하기를 그만두는 일에서부터 시작되어야 한다. 문명의 도그마가 더는 우리의 정신을 지배하지 못하도록 해야 한다. 우리의 생활공간, 사유공간까지 매매와 거래의 공간으로 황폐화되기 전에 서둘어야 한다. 자연과의 새로운 동맹관계(la nouvelle alliance avec la Nature)를 맺

흡수해가는 정보과학, 전달매체, 상업적 선전 등입니다. 이러한 개념들을 만들어내는 자들은 판매행위를 마치 최상의 자본주의적 사유인 냥, 매매의 코기토인 냥 서슴지 않고 말하는 뻔뻔스런 종족을 형성합니다. 이 같은 세력들 앞에서 철학은 왜소하고 외로워 보입니다. 하지만 철학이 만일 죽게 된다면, 그것은 웃다가 죽는 것일 것입니다."

는 일이 시급한 것도 이 때문이다.[7]

왜 자연과 새로운 동맹관계가 필요한가? 기계·기술·자본의 문명은 갈수록 더욱 강력한 수단을 동원해 자연을 지배하려 할 것이 빤하고, 문명의 이기를 통해 인간의 지성 능력을 마취시키려 할 것이기 때문이다. 문명의 단물에 마비되는 것은 일시적인 현상일 뿐이며, 아담 이래 인류가 줄곧 머물러 삶을 꾸려왔던 곳, 우리의 후손들이 머물러야 할 자리를 작금의 호모 데멘스(homo demens)에게 양보할 수는 없다. 왜 현실을 직시하지 못하는가. 죽은 눈들을 하고 거꾸로 가는 시대적 흐름에 무관심한가. 잠시 우리가 한 눈을 판 사이에 산업화라는 검은 연기가, 테크놀로지의 허위광고가, 세계화라는 수사학이, 문화의 민주화라는 유혹이 우리의 생명줄을 점점 죄어오고 있다는 사실을! 기억하자, 기억해내야 한다, '에덴' 동산을!

카뮈의 『최초의 인간』, 프랑스어판 표지

카뮈의 역설적 요구처럼, "아담은 〔이미〕 에덴을 떠났다. 그러므로 인류는 그곳으로 돌아가야 한다."[8]

'그곳', 카뮈가 요청하고 있는

7) 상세한 언급은 I. Prigogine & I. Stengers, *La nouvelle alliance. Métamorphose de la science*, Gallimard, 1986 참조.

8) A. Camus, *L'homme révolté*, Gallimard, p. 276.

'에덴'은 물론 기독교에서 말하는 의미와는 다르다. 카뮈는 이를 하나의 상징적 의미로 사용하고 있기 때문이다. 그에게 에덴이란 인간이 자연의 정복자로 군림하기 이전 상태의 자연 세계를 말한다. 역설적으로 말해, 인간이 자연의 정복자가 되면서부터 인류의 삶의 터전이었던 자연(지구환경)은 물론 인간의 자연 성정까지도 파괴되기 시작했다는, 문자 그대로 "죄를 짓기 시작한 것"이라는 함의가 카뮈의 이 역설적 확언 속에 숨어 있다.

굳이 강조할 필요도 없이, 자연 파괴의 대가를 치러야 하는 것은 이제 인류 공동의 운명이다. 그런데 사람들은 대개 이 문제에 대해 크게 관심을 두지 않는다. 자신과는 무관한 이야기로 생각하기 때문이다. 카뮈의 역설이 갖는 의미가 여기에 있다. 카뮈가 "그곳으로 돌아가야 한다"고 할 때 '그곳'은 상징적 의미의 아담만이 아닌 "저마다가 다 최초의 인간"으로 살았던 곳이라는 것을 상기해야 한다.[9]

바로 '그곳'에 카뮈가 꿈꾸는 낙원이 있고, "저마다"가 "최초의 인간(le premier homme)"으로 살며 아침저녁으로 세계의 경이에 눈뜨고, 미지의 세계를 하나, 둘 터득해가며, 자연을 삶의 터전으로 벗 삼았던 우리의 조상들이 있었다. 현대와 같은 욕망의 문화가 있기 전, 이기적 문명이 도래하기 전에 말이다. 그렇게 탁 트인 공간에서는 동물과 인간은 둘이 아니었고, 대자연이 곧 세계의 이법이었다. 대자연의 드라마 속에서 각자가 세계의 객

9) 이와 같은 카뮈의 철학은 그의 미완의 소설 『최초의 인간』(김화영 옮김, 열린책들, 2006)에 잘 나타나 있다.

이 아닌 주인공의 역을 맡았던 때다.

『최초의 인간』을 해설하며 김화영도 부기(附記)하고 있듯, 결국 카뮈가 말한 "최초의 인간"이란 과연 그런 인간이 인류의 역사 속에 존재했는가, 우리가 그곳으로 되돌아갈 수 있는가의 문제가 아니다. 중요한 것은 카뮈가 이런 식으로 "다시 태어나야 하는 인간"의 상(像)을 제시한 이유가 무엇인지를 정확히 파악해야 한다.[10] 다시 말해, 카뮈의 주장이 현대의 문화·문명적 사고 패턴에 부합하는 것인지 단언하기는 힘들다. 하지만 많은 사람들이 이와 같은 에덴의 기억을 실질적으로든 잠재적으로든 마음속에 간직하고 있고, 그 기억은 꺼지지 않는 불꽃처럼 우리 모두에게 살아 있다. 따라서 우리는 반자연적 문화·문명의 배에 탑승한 것에 대해 만족할 것이 아니라 '그곳'으로 귀항할 마음 자세를 갖출 필요가 있다.

샤갈의 그림에 실제 바슐라르가 비평문을 쓴 적도 있으며, 샤갈은 구약의 내용을 그림으로 많이 그린 것으로 알려져 있다.(M. Chagall, *Dessins pour La Bible*, Verve/Zwemmer, 1960)

10) *Ibid*, p. 389

바로 '그곳'에 온 인류의 현재적 삶을 반성케 하는 '거울'이 있기 때문이다. '그곳'에 현대의 기계권(mécanosphère)에서는[11] 찾아볼 수 없는 모든 인류의 유년기적 순수와 행복이 꿈틀대고 있기 때문이다. 상상력의 달인 바슐라르가 마르크 샤갈 그림을 분석하면서 강조하고 있듯, "우주는 (…) 모든 비참함을 넘어서 행복의 운명을 지니고 있다." 때문에 "인간은 〔그〕 낙원을 되찾지 않으며 안 된다."[12]

생각해보자. 이렇게 '되찾은(아니 되찾아야 하는) 낙원'에서 '다시 태어난 인간', '그곳'을 꿈꾸는 사람들이 어찌 카뮈와 샤갈, 바슐라르뿐이겠는가. 물론 현대문화·문명을 거부하는 것 자체가 비현실적인 주장이라고 비판할 수도 있다. 세계화가 곧 국가적 번영, 물질적 진보의 직접적 동인(動因)이라 주장하는 사람들도 더러 있다.[13] 이들은 문명에 대해 거부적 태도를 취하는 것 자체가 한낱 전근대적, 국부적 시각일 뿐이며, 때문에 현대의

---

11) '기계권'은 전자·정보·통신의 발달로 하나의 기계 시스템이 인간을 포함한 생물권 전체를 관장하고 있다는 의미에서 펠릭스 가따리가 사용한 용어이다 -「사회적 실천의 재정립을 위하여」, 『프리바토피아를 넘어서』, pp. 229~230 참조.

12) DR, 31.

13) 대표적으로 우리는 기 소르망을 들 수 있을 것이다. 그는 마치 '세계화'의 전도사라도 되는 냥 오직 번영, 진보만을 척도로 삼아 다음과 같이 세계화(미국화)를 두둔하고 있다: "경제 분야에 있어서 이렇게 많은 국가들이 번영한 적이 예전의 역사에는 결코 없었다. 자유로운 교역이 부유한 국가에서든 자원이 빈약한 국가에서든 물질적 진보의 동인이 되었다. 교역 덕분에 인도나 중국 같은 거대한 문화권이 자리를 잡아가고 있는 것을 보지 않은가. 아프리카 국가들처럼 침체에 빠진 국가들도 더러는 있는데, 그것은 불행스럽게도 아직까지 세계 무역에 편입되지 않았기 때문이다. 즉 그들이 세계화에 의존하기 때문이 아니라 세계화에서 고립되어 있기 때문이다. 그들은 희생자인 셈이다."(G. 소르망, 『진보와 그의 적들』, 이진홍·성일권 옮김, 문학과 인식, 2003, p. 251) 반면 우리가 앞서 인용한 『프리바토피아를 넘어서』라는 책에서는 세계화, 미국화, 정보화 시대에 대한 다양한 비판이 전개되고 있어, 이를 소르망의 의견과 비교한다면 보다 균형잡힌 시각을 갖게 되리라 생각한다.

과학기술, 매체, 미디어를 적극적으로 습득해 새로운 문화, 새로운 인간, 새로운 사회, 새로운 세계관과 국가관에 익숙해져야 한다고 강변하고 있다.[14] 그러나 '최초의 인간'의 보금자리인 에덴으로 돌아가자는 것이 설사 비현실적인 요구라고 할지라도, 문화화, 문명화, 세계화에 동참하는 것이 미래를 위한 유일한 길이라는 주장보다는 솔직히 더 설득력있지 않을까? 언제 문화·문명의 스모그가, 피의 향연이, 악취 섞인 대기가 온 세상, 온 우주를 뒤덮어버릴지 모를 상황이 눈앞에서 전개되고 있기 때문이다. 우리가 도구적·기계적 이성을 경계하는 것은 단순한 객기가 아니라 정당방위라는 것을 우리 모두는 명심할 필요가 있다.

필자의 이러한 반문명적, 아날로그적, 자연회귀적 태도가 물론 낡고 구태의연한 대처로 보일지 모르겠다. 그러나 사이버적, 디지털적 행위가 노정하고 있는 지금의 비윤리적, 반도덕적, 비인간적 행위는 '에덴'을 모델로 하는 '자연적 진리'가 널리 공유되지 않고서는, 물, 불, 공기, 흙과 함께하는 '자연' 상상력이 회생하지 않고서는 치유될 수 없을 것이다.[15] 자연적 진리의 회복을 위해 무소불위의 권력을 행사하는 문명권, 기계권에 저항해

14) 피에르 바뱅 外, 『느끼는 시대, 오늘』, 이화숙 옮김, 성바오로출판사, 1993, pp. 8~9 참조.

15) 오늘날 '상상력'이란 개념은 문학, 예술, SF 장르에 이르기까지 매우 다양한 영역에서 사용되고 있다. 때문에 필자는 물, 불, 공기, 흙과 함께하는 바슐라르적 의미의 상상력 개념을 '공상'이나 '허구', 즉 〈imaginarius〉와 구분하기 위해 '자연 상상력'이라 명명하고자 한다. 이에 대한 뒤랑의 설명는 이러하다: "물·대지·불·공기, 그리고 그것들의 모든 시적인 파생체들은, 상상적인 것이 직접적으로 감각과 접목하러 가게 되는, 가장 보편적인 제국에 다름 아니다. 우주론은 과학의 영역이 아니라, 철학적 시학의 영역이다. 그것은 세계관이 아니라, 세계 속의 인간의, 인간 주체의 표현이다."(G. 뒤랑, 『상징적 상상력』, 진형준 역, 문학과 지성사, 1990, p. 86)

과감히 '이건 아니'라고 말함으로써 사유의 전환을 도모해야 할 시점이란 뜻이다. 그 변화에 (최초의) 인간이 다시 등장하고, 새로운 문화에 훈훈한 인정이 넘칠 수 있는, 도구가 목적이 되어서는 안 되는, 기계·기술·자본 중심이 아닌 뭔가 새로운, 도그마도 아닌 이데올로기도 아닌 그런 나침판을 찾아야 한다는 것![16]

그런데 위에서 우리가 비판한 기계·기술·자본 중심적 세계로부터의 사유전환, 과감한 태도 변화를 통해 바슐라르가 다다른 곳, 그곳은 우리가 상식적으로 기대할 수 있는 장소는 아니다. 그가 새로운 사유의 거처로 삼은 곳이란 다름 아닌 상상력의 세계, 즉 예술(시)의 세계이기 때문이다. 그는 한 강의에서 자신이 그동안의 과학 교육과 철학 교육으로부터 행복감을 느끼지 못했던 단적인 이유를 다음과 같이 고백하고 있다.

> "그것은 하나의 계시였습니다. 인간이란 살균된 세계에서 살 수 없는 법이니까요. 거기에 생명을 끌어들이기 위해서는 세균들을 우글거리게 해야 할 것입니다. 상상력을 회복시키고, 시를 발견해야 하는 이유가 여기에 있습니다."[17]

---

16) 이성중심적 사유의 종점에 와 있는 현대, 소위 사이버·디지털 시대의 왜곡된 세계관 및 인간관에 대한 비판과 그 대안 마련에 대한 글로는 이기상, 「사이버 시대에서 존재중심의 사유 비판과 그 대안」, 『한국언어문화』 제25집, 2004 참조.

17) 소르본느에서 〈상상력의 형이상학(La métaphysique de l'imagination)〉이란 과목의 강의를 시작할 때 바슐라르는 이런 고백을 학생들 앞에서 했다 - P. Quillet의 *Bachelard*(Seghers, 1964)에 수록된 바 있다.

‘문명의 의사’[18]라고도 평가할 수 있는 바슐라르가 상상력의 회복을 통해 개척하고자 하는 사유의 새로운 길, 이는 에덴을 떠난 지 이미 오래인 우리에게는 멀고도 먼, 고통이 요구되는 ‘순례의 길’이 아닐 수 없다. 우리의 현재 삶이 이미 바슐라르가 우리에게 인도하려고 하는 ‘자연 상상력’의 세계로부터 너무나도 멀어져 있기 때문이다. 소위 문명인이란 자들은 그 누구도 이러한 바슐라르적 상상력의 길에 대해 전혀 가치를 부여하고 있지 않다. ‘자연과 함께 하는 상상력’이 21세기를 위한 지상 과제임에도 불구하고, 많은 사람들은 이를 대개는 평가절하하고 있다는 것은 불행 중 불행이 아닐 수 없다. 이런 맥락에서 그토록 과학적 사고에 탐닉했던 바슐라르가 왜 상상력을 하나의 ‘계시’로 받아들이게 되었다고까지 언급하는 것인지, 아래에서 그가 강조한 상상력으로 과연 현대의 ‘살균된 세계’를 치유할 수 있을 것인지를 탐색해볼까 한다.

3. 상상력: 현대문명에 대한 임상과 처방

1) 닫힌 공간에서 트인 공간으로

도구적·기계적 상상력은 철저히 목적 지향적이며, 인위적이고 조작적이다. 반면 우리가 이 글에서 함께 성찰해보려고 하는

18) 니이체는 본인이 소속된 당대의 징후를 읽어내고 치유하는 예술가와 철학자를 〈문명의 의사〉라 칭한 바 있다(G. Deleuze, *op. cit.*, p. 196 참조).

'자연스런', '본래적' 상상력은 자연 친화적이며 인간적이고, 무위적(無爲的)이다. 때문에 전자가 우리의 삶의 공간을 철저히 한정짓고 결정하는 것이라면, 후자는 우리의 삶의 공간, 의미의 공간을 새롭게 확장시켜줄 것이라 믿어 의심치 않는다. 또한 후자적 의미의 상상력은 인간을 욕망의 늪에서 해방시켜 타자(非我)에게로, 결국엔 자연에로 향하게 할 것이다.

타자와 더불어 우리 모두가 삶의 공간을 새롭게 일구기 위해서는 반드시 그 삶을 자연 가까이에서 경작해야 한다. 즉, 자연을 모태로 삼아야 한다. 이 때의 '자연'은 물론 카뮈가 위에서 말한 '최초의 인간'을 위해서 뿐만 아니라 현대의 우리에게도 역시 영원한 삶의 터전이자 휴식처요, 배경이다. 그리고 자연 속에서가 아니고서는 '자연' 상상력이 발흥될 수 없다. 즉, 인간의 상상력은 자연과 더불어, 자연 속에서가 아니고서는 무한히 열린 공간(l'espace ouvert)으로 나아갈 수 없다.

그런데 보라, 우리 주위를? 사방 10m, 넓어야 20m 안에 우리 모두는 갇혀 산다. 이는 분명 도구적·기계적 상상력이 무모하게 하늘을 찌른 결과요, 그 반작용으로 이제 우리 모두가 그것을 감당해야만 하는 죄과(罪過)를 떠안게 되었다. 거리에도, 삶의 공간에도, 심리적 공간에서까지도 자연의 흔적을 찾기가 힘든 현실이 이를 잘 반영한다.

이와 같은 환경에서라면 '자연' 상상력이 작동되기 힘들다. 말장난에 불과한 표현 같지만 '자연' 상상력이 '부자연'스러워질 수밖에 없다. 도구적·기계적 상상력의 산품들인 기계-문명에 의해 이렇게 철저히 차단된 외적 공간은 인간 상상력의 내적 공간마저도 가로막고 있다. 이처럼 모든 것이 가로막힌 공간에 자연 그대로의 풍경, 자연 풍경은 존재할 수 없다. 자연에 인공을 가미해 그 인공의 질서를 자연의 질서라 착각하는 곳, 모든 것이 인조(人造)되어 가는 곳, 그 문명 경쟁의 장(場)에선 바슐라르의 말대로 "세균들이 우글거릴 수"가 없다. 세균들이 우글거릴 수 없다는 것은 생명체가 없다는 말과 다르지 않고, 인간을 포함한 생태계 자체가 원활히 순환하지 못한다는 뜻이다. 이는 결과적으로 인간이 앞을 다투어 자연과 생명체를 죽이면서까지 기계화-문명화를 추구한 결과 자신의 본래적 자연까지 살균시키고 말았다는 뜻이다.

세균들이 없는 곳, 생명체가 없는 곳, 최근 SF 영화들에서 빈번히 그려지고 있듯, 인간이 기계의 지배를 받는 곳, 그런 세계에서는 인간도 기계적으로 말하고 '반응'할 뿐인 사이보그와 하등 다를 것이 없다. 현대의 무수한 정신 질환도 결국은 이러한 폐쇄적인 공간에 원인이 있다. 그러나 사실 사반세기 전까지만 해도 우리에게 삶의 공간은 자연과 밀접한 관련을 맺고 있었고, 비록 곤궁하긴 했으나 뒤처지고 있다는 불안감과 각박한 경쟁에서 느끼는 피로감이 덜했다. 인간이 자연의 품에서 행복했던 시절도 있었다는 뜻이다. 그런데 산업화, 도시화, 문명화라는 '서구의 악마'[19], 자본의 상품화 논리는 자연적 자연은 물론이고

19) 자연을 대하는 태도는 서구와 동양에서 상당한 차이를 보이고 있다. 와쓰지 데쓰로우에 따르면 그 차이는 사람들이 "자연에서 무엇을 구하는가?"를 잘 반영한다고 한다.

인간의 자연(본성, 자연친화적인 삶의 태도)까지 파괴시켰다. 아렌트도 적절히 지적하듯, 결국 자연, 타자와 더불어 사는 공존의 가치를 일개인의 욕망보다 하위에 놓는 그런 세태가 된 것이다.[20]

물론 사회가 요구하는 가치는 개인의 욕망 충족과 상충할 수 있다. 그렇다고 삶의 가치, 한 사회, 한 문화를 유지시키는데 필요한 공존의 가치가 무시되어도 좋다는 것은 어불성설이다. 개인의 욕망이 사회, 문화 밖에서 실현되는 것이 아니듯, 과잉 욕망이 불러올 화(禍), 타자에게 미칠 피해에 대한 사회·문화적 책임은 개인에게도 있다. 그 어떤 이유에서도 자연은 물론 스스로의 본성을 파괴시켜가면서까지 욕망을 충족하려는 것은 정당화될 수 없다. 욕망은 책임, 가치의 이름으로 규제되기 전에 본성(本性)의 명의(名義)로 자제되어야 한다. 대부분의 인간은 그런 능력을 충분히 구족(具足)하고 있다. 그런데 개인도, 사회도, 국가도 반자연적·비인간적으로 흘러가는 세태를 자각하지도 반성하려고도 하지 않는다. 자연, 자연 본성을 멀리하고, 스스로 자폐, 자기 파괴의 늪에서 신음하고 있을 뿐이다. 그런데 욕

서구(유럽)에서는 자연이 '정복되어야 할 것'이었다면 동양에서는 자연이 정복의 대상이 아니라 '거기에서 〔사람들이〕 위로와 구원을 구하는' 대상이었다고 한다. 결국 동양에서 자연은 인간이 다다를 수 없을 그런 무한한 깊이가 있는 것으로 취급되었으므로 많은 예술가들이 자연과 함께 살아가는 것을 목표로 삼았던 것도 우연이 아니며, 자연의 관조를 종교적 해탈의 목표로 삼기도 했다. 동양에서 자연의 경험은 이처럼 서구에서처럼 물질 연관적인 것이 아니라 철저히 정신 연관적인 것이었다 -『풍토와 인간』, 박건주 옮김, 장승, 1993, pp. 225~226 참조. 필자가 이글에서 (서구의)현대문명에 제동을 걸고 있는 것도 어쩌면 필자에게 동양적 유전자가 흐르고 있기 때문인지 모른다.

20) H. Arendt, "La conquête spatial et la dimension de l'homme", *La crise de la culture*, Gallimard, 1972 참조.

망이라는 올가미에 걸려 발버둥치는 것은 개인의 죽음은 물론 한 사회, 한 국가 전체의 죽음을 부른다. 때문에 이제 우리에게는 산업화, 도시화, 문명화라는 올가미에서 벗어나려는 노력이 그 어느 때보다 절실하다.

사실 이러한 노력이 그리 어려운 것만은 아니다. '문명의 단물'을 거부하기만 하면, 우리가 뛰어놀았던 바로 그 자연이 우리를 언제든 받아줄 것이다. 자연은 우리가 다가오기만을 기다리고 있다. 이 공간, 트인 공간만이 우리에게 휴식, 여유, 꿈을 제공한다는 것을 명심하자. 도구적·기계적 상상력의 상징인 사각의 냉혹함에서 탈피하자. "자연의 역동적 복합성"[21]을 이해하고 휴식, 여유, 꿈을 펼치자. 우리가 해야 할 산고의 노력은 그릇된 가치관을 유지·연장시키기 위해 필요한 것이 아니고, 어떻게 인간이 대자연의 품에 안겨 보다 조화롭고 보다 자유롭게 살 수 있을지에 투자되어야 한다.

바로 이것이 도구적·기계적 상상력과 다른 자연 상상력의 본래적 역할이고, 현대의 "의식 없는 과학(G. 뒤랑)", 그러한 과학이 일군 "산업적 구순기(口脣期)(이기상)"[22]에서 인간을 해방시

---

21) 장-자크 뷔넨뷔르제, 「철학의 유혹」, 『오늘의 프랑스 철학사상(1960~1985)』(크리스티앙 데깡 지음, 김화영 역), 책세상, 1991, pp. 262~263: "자연의 역동적 복합성은 어떤 질서와도 여전히 양립할 수 있다. (…) 〔이러한 기준에서 볼 때〕 자연의 상(像)을 조건지우는 물질주의적 가정은 재검토의 대상이 된다."

22) 이기상, *op. cit.*, p. 71: "마치 기계의 젖가슴에 안긴 어린애와 같이 현대의 외로운 은자들은 기계에 자기 자신을 전적으로 맡기고 주체할 수 없는 '자유 시간(여가)'을 기계가 해결해주기를 바라며 기다린다. (…) 인류가 이와 같은 '산업적 구순기'〔원문에는 '구두기'로 되어 있는데, 이는 '구순기'의 오기인 것으로 판단됨〕로 퇴행하는 것을 바라지 않는다면 우리는 한시바삐 지혜를 모아 대안을 찾는데 진력해야 할 것이다."

키는 바로미터이리라.

2) 네모의 감옥에서 동그라미의 원무로

닫힌 공간은 우리에게 문명의 상징인 네모의 감옥 안에서 만족하며 살기를 종용한다. 이 네모의 세계에서 인간은 본래 갖고 태어난 상상력을 등한시하게 되고, 이렇게 '자연' 상상력이 망각됨으로써 이미 네모의 세계로부터 빠져나올 수 있는 "가능성"마저 상실하게 되었다.[23] 살기 위해서가 아니고 살아남기 위해서 스스로가 네모의 수인이 되길 자청한 것이나 다름없다. 오직 사량(思量)하고, 분별(分別)하는 좌뇌만을 기형적으로 발달시켜 온 것이다.

R. 샤비냑의《Cirque》안내 포스터 (1967)

이렇듯 각(角)이 시퍼렇게 선 세계, 그 속에서 생명을 부지하고 사는 사람들에게는 효용성, 효율성, 경제성만이 유일·절대의 가치이다. 그 세계에선 심지어 인간도 물건이나 고깃덩이처럼 계량의 저울로 무게를 단다. 업적과 실적으

23) 리쾨르는 상상력에 대해 다음과 같이 강조하고 있다: "상상력은 인간의 가능성이라는 관점에서 관망하고 탐험하는 기능을 가지고 있다." 그런가 하면 그는 상상력에 구원론적 기능을 부여하기도 한다: "상상력을 변환시킴으로써 인간은 그의 현존을 변화시킬 수 있다."(K. J. Vanhoozer, *Biblical Narrative in the Philosophy of Paul Ricoeur*, Cambridge University Press, p. 24에서 재인용)

로 그 사람의 존재의 고뇌와 행복을 재는 시대가 되어버린 것이다. 우리는 재고 재이며 경쟁한다. 타인을 저울로 달고 자신도 저울에 달리며 곡예를 한다.

네모의 질서는 이성, 빛, 논리의 서자다. 문제는 이 문명 진보의 삼형제가 정작 우리 인간이 추구해야만 할 것들을 은폐시키고 있다는 사실이다. 그 결과 별 가치도 없는 것들이 삶의 가치, 의미를 죄다 휘어잡고 있다. 당연한 결론이 되겠지만, 감성이 마른, 어둠에 대한 고뇌가 없는, 상식이 무시되는, 궁극적으로 '자연' 상상력이 허용되지 않은 모진 세계에선 인간이 진정 인간으로 대우받지 못하게 된다.

모진 세계, 오직 성과만으로 사람을 닦달하는 사회에서 우리는 마치 중둥이 잘린 나무처럼 정신 '없이' 사는 수밖에 없다. 낮이고, 또 밤이고 일만 해야 하기에 휴식을 취할 수 없다. 뛰고 달리면서도 정작 자신이 광대가 되어 서커스를 하고 있다는 사실을 감지하지 못한다. 모든 사람들은 마치 그래야만 생존할 수 있는 것으로 알고 부산을 떨며, 타자보다 더 뛰고 더 빨리 달리려 안달이다. 우정도, 사랑도, 가정까지도 버려가면서 자신과 경쟁자하는 자보다 오직 업적으로, 성과로 한 발 앞서기 위해서다.

이들이 하는 일이란 물론 자기 창조를 위한 것이 아니고 철저히 물건을 더 소유하고, 더 소비하기 위한 것이다. 그러나 지칠 줄 모르고 돌아가는 생산라인, '정신 라인', 그 속에서 로봇처럼 움직이는 기계인간, 빛의 〈On〉, 막 〈Go〉!

이러한 노동의 결과로 쌓여가는, 넘쳐나는 것들이 대체 무엇인가? 도처에서 발견되는 과잉 생산된, 소비량을 초과한 쓰레기더미들이 아닌가? 우리의 삶과 휴식의 공간을 잠식해 들어오는 '문명'의 쓰레기

R. 샤비냑의《Aspro》광고(1963)

들, 산과 들과 강물과 파란 하늘과 함께 했던 상상력의 공간에는 이렇게 온통 숨이 턱턱 막히게 하는 것들뿐이다. 시야를 가리는 혼란스런 광고-전시물들뿐이다. 그 결과, 우리는 이제 별을 보기 위해서는 깊은 산골을 찾아가야 하고, 안심하고 마실 수 있는 물을 위해서 정수기가 필요한 시대에 살고 있다. 인간적 삶에 있어 필수적인 모든 것을 우리 스스로가 파괴시킨 결과다. '깊이의 자연 상상력'이 망각됨으로[24], 영혼까지 내팽개치고 감각의 자극에 매달리게 된 것이다. '네모난 세계'에 갇혀, 문자 그대로, 우울증을 앓지 않을 수 없는 상황이 연출되고 있는 것이다. 스스로가 만든 자폐의 공간, 그 '네모난 세계'에 유폐되어 그 누구와도 터놓고 대화하기를 꺼리는 상황이 된 것이다.

샤비냑의《부부》를 보라. 심지어는 부부 간에도 내밀한 대화가 부재할 정도다. 이 광고에서 부부는 각자 자신의 민트음료수를 마시고 있다. 상대와 눈맞춤하면서 열심히 상대에게 말하고

---

24) ER, 10: "상상한다는 것은 스스로를 버리는 것이고, 새로운 삶으로 깊이 빠져 들어가는 것이다." ; TR, 51: "깊이를 꿈꾸면서 우리는 우리의 깊이를 꿈꾼다. 실체의 은밀한 기운을 꿈꾸면서 우리는 우리의 은밀한 존재를 꿈꾼다."

있다. 오랜 시간 서로 지껄이고 있다. 그러나 그 수다는 결코 자신 앞에 있는 상대방을 위한 것이 아니다. 게다가 둘 사이엔 방음벽이 가로 막고 있다. 그렇다고 의사소통불능 때문에 이들이 괴로워할까? 아니다. 왜냐하면 이들이 이렇게 모노로그에 익숙해진 것은 이미 오래되었기 때문이다. 이들에게 괴로운 것은 차라리 말을 못하게 하는 것일 게다. 이들은 결코 타자와의 소통을 위해 한 자리에 같이 앉아 있는 것이 아니다.

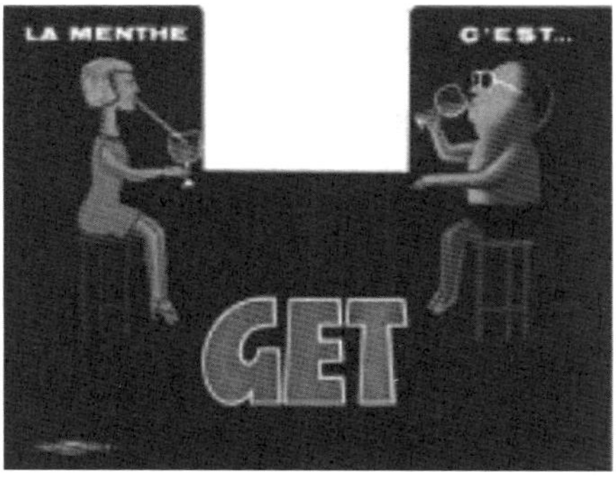

R. 샤비냑의《La menthe c'est Get Couple》 광고(1966)

《부부》가 잘 보여주고 있듯, 현대의 많은 사람들은 결국 혼자서 중얼거린다. 폐쇄된 공간에서 '말(parole)의 바벨탑'을 쌓는 일에만 열중한다. 이들에게는 자기 밖에 없다. 자기 밖이 없다. 그래서 엄밀히 말해 대화(dia-logue)를 필요로 하지 않는다고 보면 된다. 타자가 아닌 자신과 수다를 떨며 모든 괴로움, 모든 고통, 모든 고독을 잊고 달랜다. 모노로그로 대화 부재를 자위하기라도 하듯.

자연과의 관계가 단절된 이후 인간 간의 관계가 이렇게 무너진 것 아닐까. '네모의 감옥'이 원인이다. 모든 것이 사각 안에 갇혀 있음으로 당연 인간의 상상력도 네모화되고, 기계화된 결과다. 기계적 상상력의 세계(l'imaginaire techno-scientifique)는 이렇듯 철저히 네모에 의존하고 있다. 문제는 이렇게 인위적으로 구축된 네모의 공간 안에서 인간이 개성을 잃고 동질화, 등질화, 익명화되어 간다는 사실이다.

우리가 사는 현실이 꿈이 마른, 소통이 단절된 모난 세계이기에, 역설적으로 상상력을 통한 '둥근 꿈'이 필요한 것인지 모른다. 우리의 현실이 자연과 함께 꾸는 꿈을 거부하는 지경에 이르렀기에 '둥근 꿈'의 상상력이 필요하다는 말이다. 인간들이 '둥긂'을 꿈꿀 수 있을 때라야, 이성과 감성이, 낮과 밤이, 시간과 공간이 악수하는, 선과 악이, 같음과 다름이, 질서와 무질서가 서로를 서로에게 청하는 세계가 열릴 것이다. 꿈과 사유가, 예술과 철학이, 인간과 자연이 어울리는 가운데, 서로 다른 세계는 서로 투쟁하면서도 종국에는 화합하게 될 것이다. 또 그렇게 온 우주가 상생의 리듬에 맞추어 춤을 출 수 있을 때, 모든 것은 하나의 원무가 될 것이다.[25] 이 상생의 리듬이야말로 죽음의 엘레지가 아닌 삶의 찬가이며, 현재의 순간적 만족을 위한 것이 아닌 영원한 미래를 위한 서곡이 될 것이다.

이 자리에서 우리는 바슐라르가 『공간의 시학』 결론에서 왜 "존재는 둥글다(l'être est rond)"[26]고 강조했는지, 다시 한 번 그 의미를 되새겨볼 필요가 있다. 사각으로 모난 세계와 달리 바슐라르가 염원하는 둥근 세계엔 온갖 것들이 충돌하고 화합하면

---

25) 이런 이유 때문에 바슐라르는 *La dialectique de la durée*(P.U.F., 1950) §7에서 시가 궁극적으로 삶을 위한 하나의 모델이 되고 '리듬을 갖춘 사유(pensée rythmée)'의 모델이 될 수 있기 위해서는 '리듬분석 (rythmanalyse)'이 필요하다고 강조한다.

26) PE, 208~209.

서 하나의 감동을 만든다. 그곳은 아직 독성을 잔뜩 품은 이성에 의해 유형화되거나 배열화, 위계화되지 않은, 인간의 손때가 묻지 않은, 타락하지 않은, 자연과 자연 그대로의 인간의 원초적 감성의 세계가 꿈틀대고 있다. 그곳은 분명 인류의 시원과 긴 역사를 통해 우리의 기억 속에 살아 있는 카뮈가 말한 에덴임이 분명하다.

이성, 문명을 가능케 해 주었던 원시(原始)의 세계, 시원(時原)의 감성의 세계, 바로 이러한 상상력의 바다가 존재하기에 사실 우리 인간은, 감히 말하건대, 아직 '꿈꿀 권리'가 있다. 그리고 보들레르의 말대로, "꿈꾼다는 것은 〔곧〕 행복이다."[27] 우리는 바로 그러한 행복을 꿈꿀 권리를 가지고 있다.

그런바 '자연' 상상력은 "예술마저 방황하며 떠돌게 하는 과학(V. 위고)" 앞에 당당히 맞서 인류가 지향해야 할 미래의 길을 제시하는데 노력을 게을리 해서는 안 될 것이며, 서구의 철학이 전통적으로 의지해왔던 이성-중심의-합리성을 완전히 포기하지 않으면서도 새롭게 자신을 내적으로 승화시킬 수 있는 방법이 있다는 사실을 자각해야 한다.[28]

좌뇌만이 특출한 외눈 거인, '반 푼'의 인간들에게 상상력의 중

---

27) Ch. Baudelaire, *Oeuvres complètes*, coll.《Pléiade》, 1963, p. 1036.

28) 이에 대한 바슐라르의 직접적 설명은 *Le nouvel esprit scientifique*(P.U.F., 1934) 및 *Le rationalisme appliqué*(P.U.F., 1949)를 참조하기 바라며, 이 자리에서 우리는 뒤랑의 다음 해석으로 필자의 변을 대신하고자 한다: "이성적인 것과 상상적인 것 사이에는 단절이 존재하지 않는다는 것, 즉 이성적 합리주의는 이미지들이 구성하는 각 국면들 중에서, 특별히 한쪽에 치우친 구조에 불과하다(…)." - G. 뒤랑, 『상징적 상상력』, 진형준 역, 문학과 지성사, 1990, p. 97.

요성을 일깨워주어야 하는 것도 이 때문이다. 우리에게는 바로 이러한 바슐라르적 희망과 계시가 있어 상상력을 '하나'의 이론, '하나'의 논리에 종속시키지 않고 확대·발전시켜나갈 수 있는 것이다.

4. 상상력과 인문학의 새로운 영토

우리는 인간이 '사고하며 꿈꾸는 존재(l'homme pensant et imaginant)'라는 것을 잘 알고 있다. 그래서 인간은 동물 이상이며, 더더욱 기계 이상인 존재자들 중의 존재자이다. 가시적인 현실에만 얽매여있지 않고 초월적·비가시적인 세계를 자유롭게 넘나들 수 있는 존재도 인간 밖에 없다. 사고하며 꿈꾸는 인간, 그가 자신의 눈에 와 닿는 감각세계를 수동적으로 바라보는 데 그치지 않고 그 내부를 꿰뚫어볼 수 있는, 새롭게 자신의 창조할 수 있는 능력을 갖는 것도 논리적으로 사고하는 인간일 때가 아니고 영혼을 통해 상상하는 인간일 때 가능하다.

다시 말해, 상상하는 인간은 사고하는 인간처럼 감각적 현상들(des donnés sensibles)에만 얽매인 인간이 아니라 현상의 내부, 깊이를 탐방하는 일종의 탐험가이다. 상상력은 이런 점에서 수동적 인간을 사물 앞에서, 세계 앞에서 능동적 존재가 되게 한다는 특징을 갖고 있다. 특히나 현상의 내부로 육박하기 위해서는, 상상력이 필수적으로 요구된다.

바로 이 상상력 덕분에 우리는 잠재적인 것의 현시화(현실화)[29], 비가시적인 세계의 가시화[30]를 시도하고 체험할 수 있다. 물론 전자와 후자는 동일한 어떤 것의 정도에 따른(de degré) 차이이고 구별일 뿐이다. 다시 말해, 이 둘이 본성적으로(de nature)는 명확하게 구분되는 것은 아니다. 그리고 중요한 것은 이 둘이 물과 기름처럼 구별될 때가 아니고, 오히려 우유와 물처럼 명확히 구별되지 않은 상태일 때이다. 실제 우리는 현실 속에서 이 둘의 경계에 있는 많은 것들을 경험한다. 선명히 구분되지 않는 것들이 존재하고 있다는 것은 결코 우리 인식의 착오나 혼동의 결과가 아니라 '사실'이다. 그만큼 가시적인 것과 비가시적인 것, 현상과 본질, 물질과 정신, 시니피앙과 시니피에의 관계는 그 명확한 구획정리가 어려울 정도로 서로 의존해 있으며, 어느 한쪽만이 참이고, 그래서 다른 쪽이 참이 아니라고 말할 수 없다. 어느 한쪽만이 진리이고, 그래서 다른 쪽이 비진리라고 단언할 수 없다.[31]

전통적으로 객관적 사고, 과학적 학문을 중시한 철학자들은 이렇게 미분적 경계에 있는 것들, 이것들이 뒤섞여 있음을 좀처럼 인정하려들지 않았다. 어떻게든 이를 둘로 나누어 위계화시켜야만 직성이 풀렸기 때문이다. 이런 이유 때문에, 베르그송의

---

29) G. Deleuze, *op. cit.*, p. 93 참조.
30) M. Merleau-Ponty, *Le visible et l'invisible*, Gallimard, 1964 참조.
31) 그러므로 전자와 후자가 상반된 것이라고 할 이유가 전혀 없다. 문제는 오히려 이 둘을 어떻게 대화시킬 것인지에 있다. 라코르는 바슐라르나 칸트는 종합하려 했다고 지적한 바 있다. - B. Lacorre, *L'imagination, le jugement, l'idée*, Ellipses, 1995, pp. 22~23, 35 참조.

용어를 빌어 말하자면, '정도의 차이'를 '본성적 차이'로 착각하는 경우가 다반사였던 것이다. 이들이 추구하는 것은 상반되어 보이는 둘이 얽혀 있는 지점을 연구하는 것이 아니라 오직 전자(가시적인 것, 현상, 물질, 시니피앙), 아니면 후자(비가시적인 것, 본질, 정신, 시니피에)만을 선택해, 이를 지지했던 것이다. 그런데 바슐라르의 상상력 철학은 바로 이 두 상반된 것들의 교차점, 즉 공통토대 위에 철학적 깃대를 세운다. 이런 점에서 그의 철학은 미미 '反철학적'이며, 그런 점에서 '혁명적'이다. 바꿔 말해, 그의 상상력은 전통적으로 우리가 차이나고 구별된다고 믿었던 것들이 교차하는 공간을 자신의 주요 사유 무대로 삼았던 것이다. 그 이유는 무엇보다도 상상력이 이것들을 중개하고, 매개한다고 믿었기 때문이다. 상상력의 활동은 차이가 나고 구별된 것들이 특이성들의 비교와 교환임을 보여주기 때문이다. 부언컨대 상상은, 들뢰즈도 정확히 지적하고 있듯, "비현실(l'irréel)이 아니라 현실(le réel)과 비현실이 〔명확히〕 판별되지 않는 곳"[32]에 위치한다.

때문에 상상을 비현실적인 것, 공상, 환상으로 치부하는 태도에는 적잖은 문제가 있다. 바슐라르를 포함해 많은 상상력 연구자들이 상상의 세계는 감각 세계와 지성 세계의 중간에 위치한다고 강조하는 것도 역설적으로 그 동안 이 상상력의 권역이 얼

32) G. Deleuze, *op. cit.*, p. 93. 들뢰즈는 바슐라르처럼 〈상상력(imagination)〉을 직접 언급하지 않았지만, 상상계(imaginaire)에 대한 물음에 대한 응답에서 상상의 세계가 현실과 비현실을 식별할 수 없는 곳, 현실과 비현실이 서로의 식별가능성을 끊임없이 교환하는 곳에 위치하고 있음을 지적한 바 있다.

마나 오해받고 있었는지를 잘 반증한다.[33] 상상학자들의 이야기를 요약하면, 바로 이 중간 지대가 바로 인간의 감각만으로는 또는 지성만으로는 접근할 수 없었던 미지(未知)의 세계이자, 그래서 무한 세계인 것이다. 한마디로, 아직 인간의 사고, 논리에 의해 점령되지 않은 미지, 경계의 세계가 상상력이 확보하려는 세계라는 것이다.

이를 감각으로 바라 볼 때는 지성의 영역으로 보일 것이다. 또 지성으로 바라볼 때는 감성의 영역으로 보이기 쉽다. 그러나 상상의 세계는 어느 한 쪽, 다시 말해 전자에 의해서도 후자에 의해서도 한정되지 않으며, 이 둘의 중간, 즉 사이-세계를 가리킨다. 우리가 사는 현실세계도 이와 같은 상상계와 크게 다르지 않다. 인간은 사고하며 꿈꾸는, 꿈꾸며 사고하는 존재이기에, 상상력의 이름으로 자신 또한 '이중적'으로 다시 개발하지 않으면 안 될 운명인 것이다. 바꿔 말해, 상상의 세계는 '사이 존재'인 우리가 이제부터 개발해야 하는 새로운 사유 영역인 것이다.[34] 그러나 그동안 이에 친숙하지 않았던 사람에게 상상력의 세계를 탐사한다는 것은 결코 쉬운 일이 아니다. 지네스티에가 잘 적고 있듯, "상상력은 고행"을 동반한다. "잘 상상하기 위해서는

---

33) 장-자크 뷔넨뷔르제, *op. cit.*, p. 267 참조. 보다 구체적인 입문서로는 *L'imaginaire des philosophes*, Textes rassemblés par B. Curatolo et J. Poirier, L'Harmattan, 1998 ; 뤼시앵 보이아, 『상상력의 세계사』, 김웅권 옮김, 동문선, 2000 참조.

34) 이기상은 앞의 논문에서 인간을 "사이에 내던져진 존재"로 정의하고 있다. 그에 따르면, "인간의 '있음'은 (…) 다양한 사이들을 '잇는' '잇음(이음)'〔사이-이음〕이고 다양한 사이로서 '있음'〔= 사이-임〕이고 다양한 사이를 다른 사이에 있는 것들과 나눔〔사이-나눔〕이다(p. 81)."

스스로를 망각해야 하고, 스스로를 포기해야 하기"[35] 때문에 고행인 것이다.

고행을 동반한다는 것은 진정한 상상력의 발홍을 위해서는 무엇보다 빈 마음, 아무런 사심(邪心, 私心)이 없는 순수한 마음(無心)이 요구되기 때문이다. 결국 우리가 무언가를 하나의 목표로 정해놓았다거나 또는 개념으로 붙잡고 있는 한, 그것을 놓지 않으려고 발버둥치는 한, 바로 이 '상상력'을 온전히 발휘되기 힘들다는 뜻이다. 때문에 고행을 동반해야 하는 상상력은 계량적·과학적 논리를 앞세운 비오류적 세계만을 우리에게 가르쳤던 이른바 '도려내는 사유(la pensée tranchante)'와 구분될 필요가 있다.[36] 오류를 도려내는 사유에 의해 배제된, 그래서 아직 사유된 적이 없는 세계를 복원시키는 일이 결국 상상력의 몫인 것이다.

이런 점에서 상상력의 철학은 앎(知)의 흐름을 과거의 이성에로 복귀시키거나 현재의 감각에 머무르게 하지 않고 철저히 "미래를 시험"[37]하게 된다. 바슐라르가 철학-예술, 시-과학이라는, 문자 그대로, 중간지대를 개척했던 것도 그의 미래지향적 상상력, 변증법적 상상력의 노작(勞作)이 아닐 수 없다. '사드적', '오캄적' 구분에 의해 주변으로 밀려나 있는 것들을 사유의 무대 위에 되돌려놓는 일이 역설적으로 말해 상상력의 진정한 역할이

---

35) P. Ginestier, *Bachelard*, Bordas, 1968, p.153.
36) J.-J. Wunenburger, "La pensée tranchante", *Revue de l'enseignement philosophique*, n° 6, 1988 참조.
37) PR, 7.

고, 배타적인 이원적 구조에 갇힌 서구의 철학을 한 단계 도약시키기 위해서 필요한 것도 바로 상상력이다. 우리가 지적 모험을 걸어야 하는 곳이 바로 이 미개척지이다.

바로 이 미지, 미개척지가 우리가 개척해야 할 인문학의 새로운 영토다. 이 새로운 영토는 동일성의 논리도 차이의 논리도 놓친 곳이기에 "제3의 시선"이 요구된다.[38] 제3의 시선은 앞서 우리가 살펴본 이원적으로 대립된 것들 '사이'를 밝히는 작업에 그 핵심이 있으며, 그 '사이'에서 다양성, 다원성, 복수성, 복합성을 읽어내야 한다. "분야와 범위가 넓고, 외관상 드러나는 이질성 때문에 종합이 용이하지 않는" 것은 사실이지만 "상상력의 세계는 모든 분야에 침투하고 있고"[39], 모든 분야에서 꿈틀대고 있다. 이를 담아내는 용기가, 가장 범위를 넓게 잡았을 때, 인문학이리라. 작금의 일그러진 인문학의 초상(肖像)이 위기 담론의 굴레를 벗어나 자연적 자연과 인간의 본래 성정을 재성찰하며 꿋꿋하게 제 길을 가야하는 이유 또한 여기에 있다.

---

38) G. 뒤랑, 『상상력의 과학과 철학』, 진형준 옮김, 살림, 2003, p. 35.
39) L. 보이아, *op. cit.*, pp. 16, 15.

제3장

일상적 대상과 주체의 상호적 교감으로서 상상력

제3장

일상적 대상과 주체의 상호적 교감으로서 상상력

> "돋보기를 든 인간은 〔자신에게〕친숙한 세계를 지워버린다. (…) 〔객관성을 기준으로 내세워〕상상력의 모든 몽상을 막아버린다." / "하잘 것 없는 것들의 커다란 박물관〔집〕 앞에서 감동을 얻기 위해서는 아마도 〔우리는〕몽상의 끝까지 가야 하리라." - 『공간의 시학』

1. 현대의 소비사회와 무화된 개인 그리고 일상, 일상적인 것의 지위

원자화된 현대인, 도시의 문명인들은 자신에게 아직 익숙하지 않은, 다시 말해 자신에게 아직 덜 길들여진 최신 전자기기들과 그 속의 낯선 기호와 암호들, 메시지나 기의와 무관하게 과잉 포장된 이미지·광고들, 무한 욕망을 자극하는 스펙터클들로 인해 속앓이를 하고 있다고 해도 과언이 아니다. 현기증을 일으킬 정도로 겉만 화려한 상품들 앞에 호출되어 이것들을 구매하도록 강요받고 있는 상황이 전개되고 있다고나 할까.

그래서 사람들은 서로 경쟁하듯 소비하는 것일까? 소비하며 자신의 욕망을 그렇게라도 충족시켜보려는 것일까?[1] 당장 쓸모(사용가치)도 없는 것들을 사재기하며 타인과 차별화(교환가치)되기 위해 자신을 과시하며 발보이는 것인가?

그러나 그럴수록 도시의 문명인들에게는 불만족과 소외만이 가중될 뿐이다. 그리고 그럴수록 자신의 삶(la vie)과 일상(le quotidien)으로부터 멀어질 뿐이다.[2] 결국 일상으로부터의 일탈은 자기소외의 원인이라 할 수 있고, 소외의 과정이 심화될수록 현대인들은 자기정체성을 상실한 채 욕망을 자극할 뿐인 이미지들이나 스펙터클들에 의해 거대 소비사회의 이방인 또는 주변인으로 밀러날 수밖에 없다.

여기서 우리가 주목해야 할 것이 하나 있다. 유행은 물론 삶의 양식과 기호(嗜好)마저도 현대 소비자본주의에 의해 철저히 계획된 것이란 사실이다. 부연하자면 자본주의는 이윤 이외의 것을 목표로 하지 않는다. 그렇다면 오직 이윤만이 목표인 자본,

---

1) J. 보드리야르, 『소비의 사회』, 이상률 옮김, 문예출판사, 2002, p. 283 참조. 보드리야르는 우리의 입장과 달리 "소비의 시대는 근원적인 소외의 시대(*ibid.*, p. 297)"라고 일별하며, 이를 극복하는 방법은 "소비의 신화를 받아들이는 길 밖에 없다"고, 다시 말해 "'더 소비하는 일' 밖에 없다"고 역설한다. 그는 K. 마르크스나 G. 드보르의 '소외' 개념을 하나의 구시대적 '망령' 정도로 생각하며, 소비사회에 대한 비난 자체가 "현대 소비사회 신화의 일부(*ibid.*, p. 304)"일 뿐이라고 단정하고 있다.

2) 우리는 〈le quotidien〉을 〈일상〉, 〈일상적인 것〉, 〈매일 반복되는 것〉, 〈평범한 것〉, 〈진부한 것〉 등으로 번역할 수 있다. 여기서 우리는 〈일상〉을 뒤의 4번역어에 대한 하나의 공통 개념으로, 그리고 〈일상적인 것〉은 일상생활(la vie quotidienne)에서 우리가 다양하게 접하는 것들을 통칭하는 의미로 쓰고자 한다. 이 주제에 대해 참고할 만한 책으로는 일상적인 것과 상상적인 것의 연계를 통해 현대사회를 새롭게 분석해내고 있는 M. 마페졸리, 『현대를 생각한다』(박재환·이상훈 옮김, 문예출판사, 1998)를 비롯하여 H. 르페브르, 『현대세계의 일상성』(박정자 옮김, 기파랑, 2005) 그리고 R. 바네겜, 『일상생활의 혁명』(주형일 옮김, 2006) 등이 있음.

자본가에게서 우리가 인간적인 것을 요구하거나 기대할 수 있겠는가? 자본가는 이러한 사회적 요구나 기대에 대해 추호도 괘념치 않는다. 결국 현대판 소비자본주의는 보드리야르가 예측한 것과는 정반대로 현대인에게 무경계의 세계를 선사하기는커녕 오히려 "의미 상실의 대이변(catastrophe de la perte du sens)"을 떠넘긴 것이다. "왜 이것을 사람들은 아직도 이해하지 못한단 말인가!"[3)]

우리가 일상, 일상적인 것에 대해 논하는 자리에서 현대의 소비자본주의를 이렇게 도마 위에 올려놓는 이유는 현대의 소비사회가 일상 파괴의 주범이고, 인간의 개성, 욕구마저 균등화시켜버리는 장본인이기 때문이다.[4)] 조작과 현혹의 효과가 강하면 강할수록, 이에 비례하여 더 많은 부(富)를 창출할 수 있도록 구조화되어 있는 것이 현대의 소비 자본주의라고 말하면 과장된 표현일까. 이 소비자본주의는 우리 각자가 사는 일상의 곳곳은 물론이요 전 세계를 하나의 무대로 삼아 종횡무진하며 온갖 비윤리적인 방법까지 동원해 이윤을 극대화시키는데 혈안이 되어 있다. 그 과정(mondialisation, globalization)에서 진리, 윤리는 점점 설 자리를 잃어가고 있다.[5)] 이것이 바로 이 시대의 현주

---

3) Ch. Descamps, *Les idées philosophiques contemporaines en France(1960~1985)*, Bordas, 1986, p. 68. 특히 저자는 보드리야르의 이론을 십분 인정하면서도 그의 이론 속에 "더 나은 현실(실재)의 재구성(reconstruction d'un réel autre, meilleur)"에 대한 고민이 전혀 없는 점, 돌려 말해 "현실을 파악하는 양식들 모두를 중성화된 순수 기호로 소멸시키려 하는" 보드리야르의 니체적인 태도를 의문시하고 있다.

4) 홍명희, 『상상력과 가스통 바슐라르』, 살림, 2005, p. 91 참조.

5) 참고로 보드리야르는 『소비의 사회』에서 진리, 윤리 등이 소비사회에서는 단지 "교환과 소비의 용구"일 뿐이라고 언급하고 있다(*ibid.*, p. 267).

소라고 말하는 것 또한 과장된 표현일까.

현대의 자본과 소비의 논리는 이렇듯 분명 현대인들에게서 삶의 자율권, 일상 위에서의 자립권을 탈취해가고 있다.[6] 많은 현대인들이 자기 자신이 선 곳, 즉 일상에서 부유(浮遊)하는 이유도 이러한 상황에서 파생된 것이라 볼 수 있다. 그런데 이러한 변화가 자연스러운, 수용가능한 차원이 아니라 '강요된' 것이라는데 문제가 있다. 이런 점에서 J. 데리다나 M. 푸코, G. 들뢰즈, J.-F. 리오타르 등과 같은 철학자들과 H. 르페브르나 J. 보드리야르, M. 마페졸리나 V. 플루서 등과 같은 사회학자들이 이렇게 변화된 세계에 대해 "보편적 관심"[7]을 보인 것은 주목할 만 것처럼 보인다. 하지만 문제는 그들의 관심이 기본적으로 우리가 3장의 화두로 삼고 있는 일상, 일상적인 것에 있지 않다는데 있다. 오히려 그들은 일상의 파괴 위에 세워진 세계를 전통적인 위계, 경계가 와해된 결과로 진단하고 있다. 근대의 보편, 동일성, 질서, 중심 등과는 다른 사유패턴이 필요한 시대라며 상대성, 차이, 무질서, 탈중심 등을 주장하고 있다. 결국 그들이 내세우는 것, 그들이 제시하는 세계상은 일상과 현실을 진지하게 재고하거나 재건하기 위한 것이 아니라 역으로 붕괴·해체시키려

---

6) 현대의 소비문화는 물론 전통적인 생활양식을 비성찰적으로 대하는 태도에 문제가 있기도 하지만, 이보다 더 심각한 문제는 삶을 기획하며, 개성과 스타일에 대한 감각을 (문화)상품, 의복, 액세서리 등 외양적인 것에 집중시켜 획일화시킨다는데 있다. 다시 말해, 획일적이고 몰개성적인 소비문화를 조작해가는 거대다국적기업에서 기획했던 특정 상품들과 생활양식이 일반 소비자들의 소비욕을 '결정'한다는데 문제가 있다 - M. 페더스톤, 『포스트모더니즘과 소비문화』, 정숙경 옮김, 현대미학사, 1999, p. 136 참조.

7) *Ibid.*, p. 25.

한다는 데 있다.

감히 이와 같이 판단을 하는 이유는 이들 대부분의 학자들이 표면적인 것, 외양, 깊이 없는 것, 무의미한 것, 탈역사 등을 찬미하고 있다는 점 때문이다. F. 제임슨도 정확히 짚고 있듯 이런 까닭에 "포스트모더니즘은 사회영역이 없는 괴상한 문화적 확장, 사회생활의 모든 것이 문화적이라고 할 정도로 다국적 자본주의, 탈중심화된 세계적 네트워크에 핵심적인 재생산 역할"[8]을 넘겨주었다는 비판을 피해갈 수 없는 것인지 모른다. 역으로 말해 이들의 '새로운 사유패턴'이 진정한 의미의 새로운 세계상, 대안적 가치라고 생각하기에는 부족해 보이는 이유가 바로 여기에 있다. 우리의 일상이 날이 갈수록 붕괴되어 가고 있는 현실에서 설상가상으로 어떤 이론가들은 소비자본주의적 흐름을 방조하고 있거나, 사회나 국가가 해체 일로에 있는 상황에 대해 걱정하기보다는 오히려 이론적 중립을 취하고 있기 때문이다.

요인즉 일상, 일상적인 것의 지위는 20세기의 급속한 근대화와 도시화 그리고 21세기의 컴퓨터의 발달 등에 힘입은 정보화, 세계화 시대에 즈음하여, 마치 개인의 지위가 사회나 국가에서 미미한 것으로 변모하였듯, 그저 호무(豪無)한 것쯤으로 치부되고 있다. 일상, 일상적인 것은 예나 지금이나 이렇게 학문적 차원에서의 주요 연구범주나 본격적 탐구주제에는 속하지 못하고 있는 현실이다. 왜 일상, 일상적인 것은 늘 이렇게 참구(參

---

8) F. Jameson, "Postmodernism: or the Cultural Logic of Late Capitalism", *New Left Review* 146, 1984, pp. 85~87 참조 -『포스트모더니즘과 소비문화』, p. 26에서 재인용.

究)의 대상이 아니라 탈출(脫出), 초극(超克)의 대상이라고만 여겨진 것일까?

아래에서 우리는 이러한 물음을 가지고 일상적인 것의 시학화(la poétisation du quotidien)를 통해, 앞서 우리가 언급한 일상의 의미를 재고하지 않는 이론들과는 다른 차원에서, 우리에게 진정한 삶의 깊이와 내밀성, 개인의 행복을 일상에 밀착해서 찾고 있는 바슐라르의 입장을 검토하면서 일상적인 것이 왜 복원되어야 하며, 또 어떻게 복원될 수 있는지에 대해 살펴보고자 한다.

우리에게 "일상은, 도처에 그 의미를 풀어내야 하는 것으로 가득 찬 하나의 거대한 사회적 상징의 장(場)이다."[9] 일상을 연구주제로 삼아온 한 학자의 이와 같은 주장 속에서 우리는 일상이 파괴된 곳에서는 개인의 존재 의미와 삶의 가치가 있을 수 없다는 것을 충분히 유추해볼 수 있다.

일상적인 것이 무화(無化)된 곳에서는 그 어떤 사람도 행복의 문에 진입할 수 없다. 일상의 문화가 건강해야 개인, 사회가 안정되고 한 나라의 역사도 제대로 뿌리를 내릴 수 있다. 우리가 이 장의 마지막을 일상 파괴의 주범이라고 판단되는 범(pan-)자본주의, 범(pan-)기술주의, 범(pan-)소비주의에 대한 비판적 성찰로부터 열게 된 이유가 여기에 있다.

9) 김무경, 「왜 일상에 주목하나 - 무의미한 일상을 '사회적 상징의 장'으로 인식하자」, 『조선일보』, 2004년 11월 11일자 A10면 참조.

2. 바슐라르와 일상적인 것

만약 바슐라르가 살아 있다면, 그는 현대사회를 분명 위험 수위가 극에 달한 사회라고 진단했을 것이다. 끝없는 지식 체계의 교정과 인식틀의 확장을 외쳤던 그에게 현대의 자본·기술·소비 중심의 사회는 비판과 저항의 대상이었을 것이다. 그의 '새로운 과학정신'이 추구했던 것과는 정반대로 현대사회는 삶의 균등화와 균질화를 조장해가고 있기 때문이다.[10)]

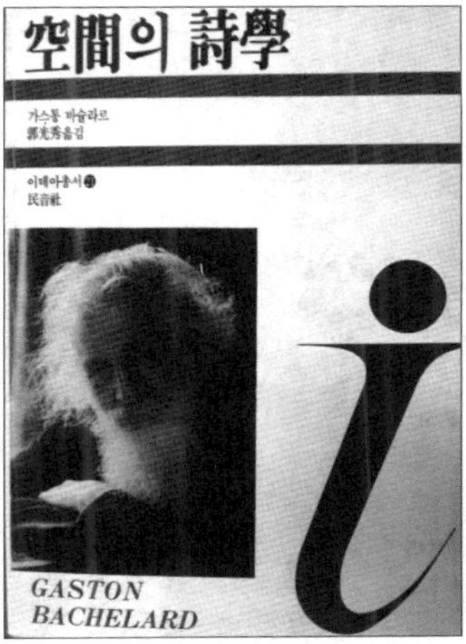

바슐라르의 『공간의 시학』 한국어판 표지(민음사, 1990)

바슐라르의 입장에서 볼 때 현대사회가 위험 상황에 처해있다는 것은[11)] 곧 그 속에서 삶을 영위해가는 인간이 위험에 처해 있다는 말에 다름 아니다. 현대는 이렇게 "인간과 세계가 공통의 위험 가운데(163)" 처해 있으며, 이와 같은 상황이 도래한 원인을

---

10) G. Bachelard, *Le nouvel esprit scientifique*, P.U.F., coll.《Quadrige》, 1991 참조. 이 책에서 바슐라르가 주장하는 새로운 과학 정신은 곧 새로운 경험, 새로운 사실들을 적극적으로 수용하는 정신으로, "지식(체계)의 교정과 인식틀의 확장(une rectification du savoir, un élargissement des cadres de la connaissance)"(*ibid.*, p. 177)에 그 목표를 두고 있다. 그리고 특히 복합성(complexité)을 적극적으로 재고하여 열린 합리주의(le rationalisme ouvert)를 단초(端初)지으려는 것이 이 책의 핵심 주장이라 할 수 있다.

11) 바슐라르의 제자인 뒤랑의 분석에 따르자면, 실증주의로 무장한 왜곡된 과학·기술관이 그 일차적 원인이라고 할 수 있다 - G. 뒤랑, 『상징적 상상력』, 진형준 옮김, 문학과 지성사, 1990, 제1장 참조.

바슐라르는 "서로에 의해서(163)"라고 진단하고 있다. 바슐라르의 진단대로 만일 인간과 세계가 공통의 위험 가운데 처해 있다면, 그 해법은 무엇일까?

주지하듯, 이러한 상황을 극복하기 위해 바슐라르가 제시한 해법은 창조적 상상력이다. 바슐라르는 창조적 상상력을 발동시켜 일상적 대상들을 새롭게 일구어내야 한다고 강조한다. 그저 '거시기' 정도에 해당하는 일상적인 것들에 새 생명을 불어넣으면서 바슐라르는 위에서 우리가 거명한 바 있는 일상방치주의자들이나 낭만적 수준의 일상수용론자들과 달리[12] 그만의 독특한 대상(사물)관 및 인간관, 세계관, 우주론을 제시한다.

사실 우리는 일상적인 것들을 대개 "의미 없는 것(77)"이거나, "하잘 것 없는 것(135)"이라고 치부하는 경향이 강하다. 그러나 바슐라르는 이 일상적인 것들에 대해 그의 고유한 상상력의 촉수를 들이대 완전히 새로운 대상으로 승격시키는데 전력한다. 『공간의 시학』 '집과 세계'라는 제목으로 할애된 지면에서 그가 일상적인 것들에 대해 얼마나 세심한 관찰과 배려를 하고 있는지 그 단적인 예를 소개해볼까 한다.[13]

---

12) 아마 H. 르페브르가 이 그룹에 속하지 않을까 싶다. 우리의 이와 같은 판단은 그의 다음 언급에 기초한 것이다: "도시에는 일상생활이 있지만, 그러나 일상성은 극복된다. (…) 도시사회는 일상성을 상상 속에서 변형시키지도 않고, 일상성을 다른 빛으로 조명하는데 만족하지도 않는다. 도시생활은 일상성 그 자체에서부터 일상성을 변화시킨다."〔르페브르(2005), *op. cit.*, p. 336〕 부언컨대 르페브르는 '도시적' 일상성 자체에 대한 구체적인 반성이나 숙고 없이 그저 "도시에서 일상성이 극복된다"고 공언(空言)하는 수준에 머물러 있다. "일상의 한 가운데서 (…) 일상을 극복하고" 그렇게 변형된 "일상을 언어로 표현하여" "문화혁명과 문화창조"(*ibid.*, pp. 340, 352, 355)를 실현할 수 있다는 그의 믿음이 공허하게 느껴지는 것도 이 때문이다.

13) 『공간의 시학』 첫 장의 주제는 '집'이다. 집에 관해서도 바슐라르는, 집안의 살림살이들이

일반적으로 집 안에는, 그것이 누구의 집이랄 것도 없이, 무수히 많은, 다양한 살림살이들로 가득 차 있다. 집주인에게 그 중 과연 어떤 것이 더 가치가 있는 것일까? 너무 많아 딱히 '이것'이라고 정할 수 없다고 해야 할까? 아니면 그와 반대로 그 어떤 것도 그저 '거시기' 정도라고나 할까? 아마 최근 가장 값비싸게 장만한 물건에게 가장 소중한 가치를 부여할 수도 있다. 그런데 문제는 이 값비싼 물건이 그 주인에게 정말 긴요한 것이냐는 것이다. 그럴 수도 있지만 그렇지 않을 수도 있다. 그 물건이 값비싸기 때문에 어쩌면 그렇게 소중하게 여겨질 가능성이 높다는 뜻이다. 만일 집 안이 온통 값비싼 살림살이들로 가득 차 있다고 가정해보자. 그 때는 십중팔구 그 물건들이 그 물건들의 주인보다 더 중요한 지위를 차지하게 되는 것은 아닐까?

바슐라르가 볼 때는 바로 이러한 가치의 전도, 즉 집안의 살림살이가 주인보다 중요한 위치를 점할 수 있는 상황, 이것이 현대의 자본·기술·소비 중심의 사회의 대표적인 특징이라는 것이며, 문제는 바로 그 양상이 '위험' 수위에 다다랐다는 지적이다. 물건을 사용하는 것이 아니라 섬겨야만 하는 주인의 처지를 한번 상상해보라. 이러한 상황에서라면 집 안에 거주자는 없고 단

그렇듯, 인간이 집과 맺었던 최초의 유대관계가 깨졌다고 진단한다: "집이란 (…) 우리들의 최초의 세계(le premier univers)이다. 그것은 정녕 하나의 우주이다. 우주라는 말의 모든 뜻으로 우주이다(Un cosmos dans toute l'acception du terme). (…) 〔그런데〕 어른이 된 우리들의 삶은 최초의 재보들(premiers biens)(집의 우주성과 원초성)을 너무나 빼앗겨버려서, 그 삶에서 우주와 인간의 유대(liens anthropocosmiques)는 너무나 풀어져버려서, 사람들은 집의 우주에서 그 유대가 최초로 연결된 상태를 이젠 느끼지 못한다(PE, 24)."

『공간의 시학』 속지와 바슐라르의 사인

지 물건들이 모든 공간을 독점하게 되지 않을까? 그리고 모든 가치가 물건의 용도와는 상관없이 단지 가격 또는 유명 브랜드에 의해 매겨질 것이다. 바슐라르는 바로 이와 같은 상황에 대해 우리가 무관심해서는 안 된다고 말한 것이다.

그렇다면 바슐라르가 중요하게 여긴 것은 어떤 것일까? 그는 그 물건이 과연 주인으로부터 얼마나 '아낌을 받는 대상들'인지를 살핀다. 비록 값싸고 낡은 것이라고 할지라도 주인이 아끼는 대상들이야말로 "내밀의 빛에서 태어난(74)" 것들이라고 바슐라르는 말한다. 그리고 이렇게 내밀의 빛에 의해 재탄생된 것들은 이제까지의 단순한 물건에서 마침내 "인간적 품위를 가진 물건(la dignité humaine d'un objet)"으로 그 가치가 격상된다. 집주인이라면 최소한 자신이 소유한 살림살이들 각각에 대해 이렇게 내밀의 빛을 부여하여 이것들을 "인간이 사는 집(la maison humaine)의 호적에 등기(73)"시킬 의무가 있다는 것이 바슐라르의 입장이다.

바슐라르가 새로운 값비싼 가구를 들여놓는 것보다 "낡은 가구를 〔정성을 다해〕 닦는 것"이 더 중요하다고 본 이유가 여기에 있다. 그에 따르면 이렇게 집주인으로부터 아낌을 받는 대상들만이 "무관심한 대상들, 기하학적 현실에 의해 정의되는 대상들보다 한결 높은 차원의 현실로 솟아오른다(73).”

> “〔그렇게 주인으로부터 아낌을 받는 대상들은〕 하나의 질서 속에 제 자리를 차지할 뿐만 아니라, 질서의 공동체를 형성한다. 한 대상에서 다른 대상으로 옮겨가면서 살림살이의 정성(soins ménagers)은 방안에서, 아주 오래된 과거를 새로운 날에 이어주는 유대를 형성한다. 이렇듯 주부는 잠들어 있는 가구들을 깨어나게 하는 존재다(74).”

바슐라르에 따르면 이렇듯 잠들어 있는 가구들을 깨어나게 하는 주부의 역할이 한 집안에서 차지하는 비중이 매우 크다.[14] 바슐라르로서는 인간의 ‘물건적’ 품위보다 중요한 것이 물건의 ‘인간적’ 품위였던 것이다. 한 인간이 소유한 물건의 양보다 그 인간이 정성을 들인 물건이 중요했던 것이다. 만일 우리 모두가 바슐라르의 주문대로 이렇게 집안의 살림살이들 각각에 대해 따스한 시선과 정성의 손길로 “털고”, “쓸고”, “닦고”, “윤낸다면”, 그 때는 그 집 전체가 “정성으로 빛나는 집”이 될 것이고, 겉이 화려한 집이 아니라 당연 “내부로부터 재건축된”, “내부를 통해 새로워지는 집”, “내부의 나라”가 될 것이다(74). 다시 말해, 값비싸고 화려한 가구들로 가득 찬 집이 아닌 정성으로 낡은 가구들이 새롭게 빚어진 새로운 집이 될 것이다.

이렇듯 바슐라르는 『공간의 시학』 전편에 걸쳐서 그가 접한

14) 반면 바슐라르는 “남자들은 집을 외부로부터 지을 줄만 안다(PE, 74)”고 적고 있다.

일상적인 모든 것들의 가치를 새롭게 재건하는데 진력(盡力)하고 있다. 삶의 지고한 행복이 어떤 것인지, 어떻게 사는 것이 행복한 것인지를 우리에게 조언하고 있다. 특히 "건축물로서의 집이 아니라 거처로서의 집(78)"이 무엇인지 강조하는 2장의 통찰은 이를 방증한다. 현대 철학자들 중 어떤 이가 이렇게 일상적인 것들에 대해 의미와 가치를 부여한 적이 있는지 생각해 본다면 쉽사리 떠오르지 않는다. 과연 철학적 개념들의 사생아 축에도 못 끼는 일상적인 것들을 통해 철학의 새로운 길을 모색한 적이 있었던가?[15]

> "아! 매일 아침 집안의 모든 물건들이 우리들 자신의 손으로 다시 만들어져 우리들 자신의 손에서 '탄생되어 나올' 수만 있다면, 우리들의 삶은 얼마나 위대한 삶이 되랴!(75)."

바슐라르는 이렇듯 많은 철학자들이 관심을 두지 않았던 아주 사소하고 하찮은 것들에게 따스한 시선을 보내고, 이들에게 다가가 삶의 의미와 행복의 원천을 찾는다. 이는 역설적으로 우리가 얼마나 우리 가까이에서 접하고 있는 대상들에 대해 무관심한지를 반성케 하는 바슐라르 특유의 '도덕적·교육적' 차원의

---

15) 물론 최근 출판된 R.-P. 드루아의 『사물들과 철학하기』(박선주 옮김, 동문선, 2005) 같은 책에서는 개념, 분석, 실증 등에만 익숙한 우리들에게 매우 유의미한 반성거리를 제공하고 있다. 그가 다룬 '사물들' 중 몇 개만 소개하면 다음과 같다: 사발, 클립, 소금통, 기차표, 선글라스, 스펀지, 쓰레기통, 낫, 면도기, 파리채 등.

충고가 아닐까 싶다.[16]

바슐라르에게 있어서는 실제 모든 대상들이 의미 있는 대상들이다. 하잘 것 없는 대상들이 처음부터 하잘 것 없는 것은 아니었다는 뜻이다. 반복컨대 그에게는 모든 것이 유의미하고 가치 있는 대상들인데, 단 전제조건이 하나 있다. 그것은 "인간이 어떻게 사물들에게 스스로를 내어주고, 스스로에게 사물들을 내어줌으로써 그것들의 아름다움을 완성할 수 있느냐(75)"에 달려있다.[17] 다시 말해 인간이 먼저 자신 앞에 주어진 대상들을 향해 따스한 시선을 가지고 관심을 보일 때, 설령 그것들이 사소한 것일지라도, 그 대상들이 그에게 건네는 가치와 의미를 전혀 다른 차원에서 얻을 수 있다는 뜻이다. 바슐라르가 "일반적으로 사실은 가치를 설명하지 못한다(161)", 또는 "세계는 상상력에게는 하나의 〈가치〉를 중심으로, 그것의 인력으로 도는 것이다(158)"고 말한 이유가 여기에 있다.

---

16) 물론 바슐라르는 '도덕'의 정의는 물론, 공동체의 도덕에 대해 구체적으로 논한 바가 없는 것으로 안다. 하지만 우리는 바슐라르 나름의 도덕, 즉 개인이 어떻게 하면 자신의 삶의 현장에서 상상력의 발동을 통해 '더' 행복해질 수 있는 지에 대한 논의를 넓게 보아 "개인적 차원의 '도덕'"이라고 칭해보고자 한다 - M. Voisin, "Bachelard moraliste", *Gaston Bachelard. L'homme du poème et du théorème*, E. U. de Dijon, 1986 참조. 엄밀히 말해 공동체의 도덕이란 행복을 추구하는 개인적 차원의 도덕에 의해 재구성된 것에 불과하다. 전통의 도덕에서처럼 '위(국가, 통치자)로부터의 강요'에 의해서가 아니라 '각 구성원의 자발적 참여'로 형성된 '사회적인 것(le social)'이 바로 현대가 요구하는 도덕(정확히는 '윤리')의 장이란 뜻이다. 사회적 그물망으로서의 윤리 개념을 세움에 있어 상상력과 일상적인 것의 중요성에 대해서는 『현대를 생각한다』, p. 10 참조; "사회적 그물망은 단지 먼 장래의 궁극적인 목적이나 도달해야 할 유토피아, 실현해야 할 계획으로부터 이루어지는 것이 아니다. 그와는 정반대로 가까이 있는 물질적 삶, 일상적이며 구체적인 일들로부터 구성되고 이루어진다. 그리고 이 사회적 그물망에서 의미, 감정, 감동이 관계되는 것이다(*ibid.*, p. 176)."

17) 전문은 다음과 같다: "(…) on peut sentir comment un être humain se donne aux choses et se donne les choses en parachevant leur beauté."(PE, 75)

"사실은 가치를 설명하지 못한다." 이게 무슨 말인가? 상상력은 사실을 오직 사실로만 인식하려는 인식론적·철학적 태도와는 다른 방식으로 대상에 접근한다는 말이다. 하나의 예로, 사실의 영역에서 열쇠는 문을 여는 도구일 뿐이다. 손잡이도 많은 사람들이 문을 닫기보다 여는 것이라 믿는다. 그러나 가치의 영역에서 열쇠는 여는 것보다 닫는 것일 수 있고, 손잡이도 얼마든지 다른 의미로 해석될 수 있다.[18] 논리학자나 인식론자라면 이러한 바슐라르의 주장을 우스갯소리로 받아들일 것이다. 뿐만 아니라 철학자들도 대개는 주어진 대상을 '확실하게' 인식하는 것을 목표로 할 뿐, 그 이상에 대해서는 침묵한다. 혹은 대상이란 주체에 의해 인식되고 의미가 결정되는 것이라고 착각한다. 대상 자체는 고려하지 않고 주체 중심의 시나리오만을 쓴다는 것이다.

하지만 바슐라르의 생각은 다르다. 그에게 대상은 그 어떤 것이라도 결코 주체의 인식의 영역에만 종속되는 것이 아니다. 그래서 바슐라르는 데카르트 식의 코기토가 '자신'이라는 늪에서 벗어날 수 있는 길, 즉 코기토로부터의 탈출(la sortie du *cogito*)을 모색했던 것이고, 대상의 깊이와 내밀성에서 자신의 고유한 몽상의 길을 개척했던 것이다.[19] 물론 바슐라르에게 있어 이 양자, 즉 주체와 대상을 매개하는 것은 다름 아닌 상상력이다. 철학자의 삶과 시인의 삶, 사실을 다루는 지성의 영역과 가치를

18) PE, 78 참조.
19) PR, chap. IV: Le cogito du rêveur 참조.

부여하는 상상력의 영역이 어떻게 그리고 얼마나 다른 것인지 '구석'을 다룬 한 장을 귀결하면서 제시하는 그의 성찰을 통해 확인해보자.

> "말이라는 집(la maison du mot)에서 층계를 올라간다는 것은, 단계적으로 추상(抽象)한다는 것이며, 지하실로 내려간다는 것은, 꿈꾼다는 것이고 불확실한 어원의 먼 복도 속에서 헤맨다는 것이자, 말 가운데 희귀한 보물들을 찾는다는 것이다. 말 자체 속에서 오르내리는 것, 그것이야말로 시인의 삶이다. 너무 높이 올라가는 것이나 너무 깊이 내려가는 것이나 시인에게는 허락되어 있는데, 그는 이리하여 대지적인 것과 공기적인 것을 잇는다. 오직 철학자만이 그의 동료들에 의해 언제나 일층에서 살도록 선고받은 것이 아닐까(139)?"

바슐라르는 왜 '구석'을 다룬 장을 의문의 형식으로 끝맺고 있을까? 본인의 주장을 유보하기 위해 이런 선택을 한 것일까? 아니다. 이 의문 속에는 철학자만이 아니라 우리 모두가 이러한 경향이 있지 않느냐는 그의 비판이 숨어 있다. 왜 눈앞의 것, 보이는 것, 표면적인 것, 만져지는 것만을 중요하게 여기냐는. 역설적으로 말해, 그 때문에 가치를 중시하는 상상력의 의미를 회복할 필요가 있다는, 상상력의 의미를 회복하기 위해서는 반드시 일상적인 것 자체의 가치를 새롭게 할 필요가 있다는.

상상력의 진정한 역할이 바로 여기에 있다. 상상력이 작동하지 않으면, '사실'은 "사실의 '단순 재현'"에 그칠 뿐 '새로운 사실', 즉 가치로 변모될 수 없다. 바슐라르에게 있어 〈사실에서 가치로〉, 〈현상계에서 이상계로〉 우리가 건너갈 수 있는 것은 사실 그 자체나 그것을 인식하는 주체 때문이 아니고 가치를 창조하려는 인간의 '꿈들'이 작용하기 때문에 가능한 것이다.[20] 그에 따르면 인간의 꿈은, 다시 말해 상상력은 이렇게 두 세계를 동시에 넘나들며, 서로를 매개한다. 따라서 우리는 사실의 논리만을 중시할 게 아니다. 가치를 확장시켜주는 상상력, 꿈에 대해 '철학적 이성'은 이제 겸손을 보일 때가 되었다. 그 이유는 "상상력이란 결코, 어떤 것을 두고 그것 밖에 없다고 말하지 않기" 때문이요, "그것보다 언제나 더 있는 것(89)"을 말하기 때문이다.[21]

바슐라르에 따를 때, 일상적인 것에서 우리가 가치 부여해야 하는 것이 바로 이것, 즉 〈더(plus)〉로 나타난다. 다시 말해 그 〈더〉로 인해 우리는 어떤 대상을 그 이상의 것으로 향유하게 된다. 어떤 대상을 유사 대상으로 대체하지 않고도 그것과 더불어 새로운 세계를 체험할 수 있다는 것이다.

---

20) PE, 70 참조.
21) 전문은 다음과 같다: "Jamais l'imagination ne peut dire: ce n'est que cela. Il y a toujours plus que cela. Comme nous l'avons dit plusieurs fois, l'image d'imagination n'est pas soumise à une vérification par la réalité."(PE, 89)

3. 비밀의 축연(祝宴): 일상적인 것 속에 감추어져 있는 것

바슐라르에게 있어 일상적인 것들의 가치화는 형식이 아닌 내용, 외부가 아닌 내부, 표면이 아닌 깊이를 통해 추구된다. 『공간의 시학』의 거의 모든 장(章)이 바로 이 일상적인 것들의 가치를 극대화하기 위해 기술되었다고 해도 과언이 아니다. 여기서 중요한 내용은 바슐라르가 일상적인 것들을 탐험하면서 동시에 본인 스스로도 깊이를 갖게 되었다고 술회한 점이다. 앞 장에서도 언급한 바 있지만, 그가 이렇게 대상에 스스로를 내어줌으로써 대상에게서는 물론이고 본인 스스로에게서 깊이를 수득(修得)했다는 것이 중요하다. 이것이 바슐라르가 『공간의 시학』에서 빈번히 강조하고 있는, 소위 '현상학적 탐구'라는 표현의 진의(眞意)이다.

일상적인 것 속에 감추어져 있는 비밀의 축연(祝宴)에 동참한 바슐라르, 그에게 일상적인 것은 그 때문에 전혀 일상적인 상태로만 머물러 있지 않다. 바슐라르의 심의(心意)를 더 추적해보기 위해 서랍, 상자, 장롱을 다루는 3장의 언급을 통해 이를 살펴보기로 하자.

> "장롱과 그 선반들, 책상과 그 서랍들, 상자와 그 이중바닥 등은 비밀스런 심리적 삶의 참된 기관들(véritables organes)이다(83)."

우리가 일상 속에서 만나는 것들 중 사실 서랍, 상자, 장롱 등도 역시 우리가 앞에서 살펴본 집안의 살림살이들 중 하나이다. 그런데 바슐라르는 이것들에 대해 비밀스런 심리적 삶의 참된 기관들로 비유하고 있다. 그런가 하면 이것들이 없다면 "우리들의 내밀한 삶은 내밀함의 모델을 결(缺)할 것(83)"이라고까지 적고 있다. 요인즉 이것들 속에 우리들의 비밀이 간직되어 있다는 것이고, 그런 점에서 이것들은 바슐라르에게 있어 "대상임과 동시에 주체"인 것이며, 주-객의 내밀함이 "혼합된 대상(83)"라 할 수 있다. 바슐라르의 언급대로라면, 이것들 모두가 "우리들처럼, 우리들에 의해서, 우리들을 위해서 내밀함을 간직하고 있는 것이다(83)."[22]

여기서 우리는 바슐라르가 일상적인 것, 더 구체적으로 말해 그가 자신의 살림살이들 속에서 발견한 것은 다름 아닌 그 대상들 속에 감추어진 내밀함이자 동시에 인간(바슐라르 자신)의 내밀함이기도 하다는 것을 알 수 있다. 그러니까 그 두 내밀함이 혼화(混和)되어야 우리가 가까이 두고서 사용하는 것들에서 사실 이상의 가치를 발견했다고 말할 수 있는 법이다.[23] 대상과 주체가

---

22) 전문은 다음과 같다: "Sans ces 〈objets〉 et quelques autres aussi valorisés, notre vie intime manquerait de modèle d'intimité. Ce sont des objets mixtes, des objets-sujets. Ils ont, comme nous, par nous, pour nous, une intimité."(PE, 83)

23) 여기서 우리는 사회학자 마페졸리가 〈일상적인 것〉을 〈손에 닿는 것 = 가정적인 것 = 가까이 있는 것〉이라고 정의한다는 데서〔마페졸리(1998), *op. cit.*, p. 97〕 바슐라르와 많은 부분 의견 일치를 보이고 있다는 것을 확인할 수 있다. 그리고 무엇보다도 마페졸리는 일상, 일상적인 것을 "한정된 지식인 사회에서 〔이를〕 다소 유희적으로 다루는"(*ibid.*, p. 90) 것에 대해 비판적이다. 이 자리에서 상론할 기회는 없지만 마페졸리에게 있어 일상, 일상적인 것은 "전 사회적 관계의 원인이자 결과", "삶의 구체성이 체험되는 장", "한 시대의 스타일", "사회 전체를 구성하는 존재방식과 행동 및 사유 방식", "전체 안에서만 의미를 갖게 되는 미묘하고 복잡한 그물"이다. 부언컨대, "이런 의미에서 일상생활은 우리가 거기에 대해 주의를 기울이지 않을 수는 있어도 부정할 수도 망각할 수도 없는 것이며, (…) 모든 개인적

혼화될 수 있는 길이 상상력에 의해 열린 것이고, 상상력이 곧 대상과 대상을 바라보는 주체에게 새로운 세계를 제공한 것이다.

"유일하게 상상력만이" 이렇게 "우리에게 다른 시선을 제안한다."[24] 한 번 우리들 자신의 서랍과 안방의 장롱을 한 번 열어보면 어떨까 싶다. 무엇이 과연 어떤 상태로 그 속에 보관되어 있는가? 그 속에 과연 바슐라르가 말하는 '내밀함'이 존재하는가? 서랍과 장롱이 어떻게 정리되어 있느냐는 서랍과 장롱의 주인이 무엇을 하는 사람인지, 대체 어떤 것을 중요하게 여기는 사람인지, 그 집안이 어떤 역사를 가지고 있는지 등을 보여줄 것이다. 아니 R.-P. 드루아라면, 서랍과 장롱의 상태가 곧 그 주인의 상태라고 단도직입적으로 말할 것이다.[25]

> "장롱 속에는 오직 보잘 것 없는 영혼을 가진 이들만이 아무 것이나 넣을 수 있을 것이다. 아무 가구에나, 아무렇게나, 아무 것이나를 집어넣는다는 것은, 거주의 기능의 현저한 허약성에 대한 표징이다. (…) 장롱 속의 질서는 집안의 이야기(l'histoire de la famille)를 기억하고 있다(83)."

삶이 거기서부터 성장해가는 부식토가 되는 그러한 (…) 절점이다(*ibid.*, pp. 90~93)."

24) A. Jacquard, *Petite philosophie à l'usage des non-philosophes*, Calmann-Lévy, 1997, p. 86. 이런 이유 때문에 자카르는 상상력과 이성을 습관적으로 구분하기만 했던 과거와 달리 〈상상력-이성〉을 하나로 묶어 사용할 것을 제안한다. 그에 따르면 상상력은 한마디로 인간의 인식 능력의 무능(impuissance de connaître)을 보충하기 위해 반드시 요청해야만 하는 것으로, 바로 이 상상력에 의해 실재에 대한 새로운 시선(nouveau regard sur réel)이 가능하다고 평가한다(*ibid.*, pp. 86~87 참조).

25) R.-P. 드루아, *op. cit.*, p. 221: "당신은 사물들이 어떠한지 알고 싶은가? 매우 간단하다. 그것들은 당신 자신이 지내는 상태와 같기 때문이다. 그리고 역으로 당신은 사물들의 상태와 같은 것이다."

장롱은 이렇듯 바슐라르의 말대로 한 집안의, 안방에서 그 중심을 차지하고 있는 가족의 역사이자 동시에 가족의 기록이다. 장롱은 또한 온 가족의 추억과 꿈의 저장소이기도 하다. 바로 이런 간단한 이유 때문에 장롱은 단순히 가구에 그치지 않는다. 어쩌면 그래서 장롱을 아무나 열 수 있는 것이 아닌지 모른다. 그렇다. 그리고 "그것은 매일 열리지〔도〕 않는 것이다(84)." 때문에 랭보가 《고아들의 새해 선물》에서 적고 있듯, "열쇠가 없어" "그 목제(木製)의 몸통 속에 자고 있을 신비에 대한 생각에" 잠 못 이루는 가족 구성원도 있기 마련이다.

장롱 속에 대체 무엇이 있을까? 그 속에 대체 어떤 비밀이 간직되어 있는 것일까? 장롱의 내밀함은 이렇게 마치 비밀문서와도 같이 아주 특별하게 간수되며, 언제나 "보살핌의 대상(85)"이다. 주지하듯, 안방마님이 결국 그 "내밀한 부(富)를 소유하고 있는 존재(85)"라는 것을 모르는 사람은 없을 것이다. 그런데 그녀마저도 바슐라르는 "약간 몸을 떨지 않고는 장롱을 열지 못한다(85)"고 적고 있다. 그 정도로, 아니 바로 그럴 때라야 진정한 신비와 내밀함이 장롱 속에 존재한다고 말할 수 있다는 것이다.

즉 바슐라르가 서랍, 상자, 장롱를 통해 강조한 내밀함이란 "단순히, 아끼는 물건을 잘 간직한다는 것만이 문제가 아니(85)"고, 그것들 속에 얼마나 많은 주인의 내밀한 삶의 비밀, 몽상의 깊이가 숨어 있느냐이다. 이렇듯 대상과 주체가 동시에 간직하고 있는 이중의 내밀함은 바슐라르가 "유혹적인 심리적 입구(85)"라고 표현한 '자물쇠'에 의해 마침내 열리게 되고, 그것들 속에서 우리는 “과거, 현재, 미래가 응집되어 있는(88)” 집안의 역사를 목격하게 된다는 것이다.

내밀함은 이렇듯 우리에게 “의지력과 기억력의 종합을 경험하게(88)”하며, “우주의 부(富)를 응집(87)”해 놓은 채 우리를 맞이하고 있다. 여기서 우리는 “내밀성의 가치의 관점(89)”에서 우리가 서랍, 상자, 장롱 등과 같은 일상적인 대상을 접할 때, 그때 그것은 이미 “일체가 새로움에, 놀라움에, 미지의 것에 〔의해〕지배(88)”되고 있다는 것을 알아야 한다. 내밀성의 가치의 관점은 결국 대상을 소유한 주인에게 “무한의 것(89)”을 선물하며, 그 때문에 자물쇠와 열쇠, 안과 밖, 주체(주인)와 대상 간에 놓인 경계는 사라지게 된다.

바슐라르가 말한 상상력이 언제나 제 경계들을 초월하고, 종국에는 무한에로까지 확대되기를 꿈꾼다고 말할 수 있는 이유가 여기에 있다. 재삼 강조하지만, 무한을 지향하는 상상력은 모든 경계를 초월한다. 그래서 바슐라르의 말대로, “언제나, 상상함이 삶보다 더욱 위대한 법이다(Toujours, *imaginer* sera plus grand que *vivre*)(90).” 상상력을 통한 사실의 가치화가 요구되는 것도 이 때문이다. 일상적인 것의 내부에 감추어진 비밀을 열어 제치고, 그 과정에서 우리들 속에 감추어진 비밀을 일깨우기 위해서 말이다!

그런데 바슐라르는 이 두 비밀, 즉 “인간 속에 숨겨져 있는 것과 사물 속에 숨겨져 있는 것”이 각각 “최상급”인 한 “단 하나의 장소만이 존재한다"고 융을 인용해 강조하고 있다.[26] 그 장소란 다름 아닌 시(詩)로 형상화되고, 시는 이 두 비밀의 최상급, 절대 비밀이 교호하는 상상력의 진정한 보고(寶庫)이다. 이 절대 비밀을 진정으로 '맛보기' 원한다면 무엇보다도 '분석가의 실증적인 시선'으로 일상적인 것들을 유용성에 맞추어 배열하고 재배열하는 습관부터 버려야 할 것이다. 이는 "실제적인 것을 떠나 상상적인 것에 이르렀을(91)" 때가 아니고서는 시인이 일상적인 것을 승화시켜 놓은 새로운 우주에 다가설 수 없다는 말과도 같다.[27]

4. 일상적인 것의 시학화와 시인의 역할

바슐라르에게 있어 일상적인 것은 이렇듯 언제나 일상적으로 우리 곁에 머무는 동시에 일상적인 것 이상, 즉 새로운 가치를 우리에게 선물한다. 앞에서 우리는 늘 접하는 그것들이 어떻게 일상적인 것 이상의 가치를 획득할 수 있는지에 대해 간략히 살펴보았고, 상상력이 여기서 매우 중요한 역할을 담당하고 있다는 점을 강조했다.

---

26) C. G. 융, 『심리학과 연금술 *Psychologie und Alchemie*』 - 『공간의 시학』, p. 221에서 재인용.

27) 전문은 다음과 같다: "Pour entrer dans le domaine du superlatif, il faut quitter le positif pour l'imaginaire."(PE, 91) 원문의 〈le positif〉의 의미를 적극적으로 살리기 위해 '분석가의 실증적인 시선'이란 설명을 필자가 추가했음을 밝힌다.

이렇듯 바슐라르에 따르면 우리는 상상력을 발휘해 항상 사실 이상의 것, 즉 주어진 것 이상의 것을 향해 끝없는 모험을 시도해야 한다. 그 과정에서 사실로 주어진 것은 그 이상의 것으로 거듭날 수 있고 급기야는 최상의 가치를 지닌 것이 될 수도 있다. 그런데 만일 어떤 한 순간에 자족하게 되면, 다시 말해 상상하기를 멈추게 되면 "최상급을 〔득(得)한 것은 급기야〕비교급으로 다시 추락시키는" 결과가 되고 만다(91).

바슐라르는 비교급의 전사로 심리학자, 철학자, 정신분석가, 해석가, 비평가 등을 거명하고 있다. 이들과 달리 최상급의 전사는 현상학자이고 시인이다. 현상학자 바슐라르가 비교급의 전사들의 작업을 못마땅해 하면서 유독 시인들에게 존경을 표하는 이유가 여기에 있다. 그의 말대로, 우리가 만일 일상적인 것들을 최상급화시키기를 원한다면, "시인들의 말을 들어야 한다(Il faut écouter les poètes)(91)."

이렇듯 바슐라르는 주체와 대상 각각에 숨겨진 비밀, 최상의 비밀을 절대적 상상력을 통해 포착해내는 시인들을 존앙(尊仰)한다. 그에게 시인들은 자신의 전(全)존재를 상상력으로 살아가기 때문이다. 이러한 삶은 시인에게서 끝나는 것이 아니다. 그는 시인들의 시를 읽는 독자에게 존재의 전환이 가능하다고 강조한 바 있다.[28] 이 전환은 시인들의 창조를 통해 이뤄진다. 그래서 바슐라르는 "시인의 삶에는 배아(胚芽)가 아닌 것이 없다(75)"

28) PE, 65 참조

고 말한다. 즉 시인의 시작(詩作) 활동, 그의 영혼에서 모든 것이 '새로이' 태어난다는 것이다. 그 때문에 시인에게서 일상적인 것들은 결코 무가치하다거나 하찮은 것으로 치부되지 않는다. 그것들은 항상 시인에게 시작(詩作)을 위한 일차적 재료이고, 시인은 그것들을 주어진 상태 이상의 것으로 변모시킨다.

시인의 상상력은 사물의 지배를 받지 않고 언제나 새로운 가치를 지향한다. 시인에게 가치는 사물이 재현된 결과가 아니라 사물이 새로운 차원으로 변모한 성과이다.[29] 결국 기존의 모든 가치들을 진동시켜 얻어낸 '새로운 가치'가 곧 시인이 추구하는 가치라는 것이 여기서 중요하다.[30] 그리고 바로 이와 같은 이유 때문에 바슐라르는 우리가 〈시인의 말을 들어야 한다〉고 역설(力說)하고 있는 것이며, 나아가 그는 시인이 "우리들의 스승들(65)"이라고 찬탄하는데 주저하지 않는다.

물론 바슐라르도 시인들이 철학자들처럼 말의 뜻을 정확하게 견지하려는데 신경을 쓰기보다는 대개는 암시적인 표현을 즐겨 사용한다는 것을 익히 인지하고 있다.[31] 그럼에도 바슐라르는 "시인들의 무모함에 놀라고(138)", "시인은 바로 암시적일 권리를 가지고 있다"고 강조한다. "그리하여 암시에 속하는 역동성을 따라 독자는 더 멀리, 〔그리고 경우에 따라서는〕너무 멀리 갈 수〔도〕 있다(63)"고까지 언급하면서, 철학자들이나 과학자

29) PE, 100 참조. 〈머리말〉에서도 바슐라르는 '산출하는 상상력'과 '재현하는 상상력'을 구분하면서 후자를 전자의 산문(散文)이라고 평하고 있다.

30) PE, 67 참조.

31) PE, 63, 138 참조.

들보다는 시인들 편에 서보고자 한다. 그 이유는 바슐라르가 볼 때 "사고의 명확성"보다는 "통합적 감수성"과 시를 통해 "예기치 못한 몽상에로의 빠져드는 것"이 우리에게 훨씬 더 중요하다고 생각했기 때문 아니겠는가!

바슐라르가 "〔인간이 꿈꾸는 것이 아니라〕언어가 꿈꾼다(138)"며, 시인의 언어가 우리를 꿈꾸게 한다고 강조한 이유가 여기에 있다.[32] 일찍이 하이데거가 그랬듯, 바슐라르 역시도 인간은 단지 언어의 사용자일 뿐이며 언어가 우리에게 무한의 내밀함을 선사한다고 굳게 믿고 있었던 것이다. 이 때 '언어'는 당연 시인에 의해 창조된, 다시 말해 일상어가 시화(詩化)된 것이다. 그렇다면 이렇게 '시화된 언어'는 일상어와 다른 유(類)의 언어일까? 상식적으로 우리는 그렇게 생각하기 쉽다. 그러나 바슐라르는 아니라고 말한다. 다음 인용문에서 우리는 그의 언어관이 기본적으로 일상어에 뿌리를 두고 있다는 것을 확인할 수 있다.

> "모든 말들은 일상생활의 언어 가운데서 정직하게 그들의 맡은 바를 이행한다(78)."

요인즉, 바슐라르는 시화된 언어를 일상어를 굳이 구별하지는 않았다. 기본적으로 바슐라르는 시화된 언어든 일상어든 중

---

32) 참고로 바슐라르는 『공간의 시학』 제4장 〈새집〉에서 보리스 파스테르나크를 인용해 "인간은 벙어리이다. 말하는 것은 이미지이다(PE, 242)라는 통찰을 전하고 있다.

요한 것은 각기 제 역할을 정직하게 수행하는데 있다고 보았다. 바로 이런 대전제 하에서 언어가 지나치게 도구화·수단화되는 것을 바슐라르는 문제시했던 것이다. 바슐라르가 말한 도구화·수단화된 언어란 기표의 논리(문법)를 강요하며, 의미나 메시지 전달만을 중시하는 언어이다. 하지만 시어는 이러한 기표의 어법에 의해 유폐당하지 않는다. 시화된 언어 속에는 일상어로는 설명하기 힘든 많은 부분이 있다. 일상어로 설명하기 힘든 부분이란 다름 아닌 시인에 의해 가치화된 다양한 기의들을 말한다. 시작품에서 언제나 내밀성, 깊이, 소우주를 읽어내는데 익숙한 바슐라르가 시화된 언어를 '조건적으로' 강조한 이유가 여기에 있다. 그가 "시적 이미지는 언어의 떠오름이며, 언제나 의미하는 언어보다 약간 위에 있는 것이다. 따라서 시 작품을 읽으며 그것을 살(體驗) 때, 우리들은 삶에 이로운, 떠오름을 경험하게 된다(10)"고 말한 것도 같은 맥락에서 이해할 수 있다. 뿐만 아니라 바슐라르는 시작품들의 경우도 수준 차이가 있음을 인정한다. 내면적 깊이나 영혼의 울림을 선사하는 시와 달리 표면적 수사만을 중시하는 시도 있다는 것이다. 이러한 시는 독자에게 시인 개인의 표현과 삶을 강제한다. 반면 위대한 시는 독자를 시적 밖, 즉 자유 공간, 무한 공간으로 인도한다.

> "위대한 한 시행은 그것이 속하는 언어의 영혼에 큰 영향을 줄 수 있다. 그것은 잊혀진 이미지들을 다시 일깨워 놓는다. 그리고 동시에 말의 예측불가능성을 인가(認可)한다. 말을 예측 불가능한 것으로 〔인

가〕한다는 것, 그것은 바로 자유를 갈고 닦는 게 아니겠는가? 시적 상상력은 표현에 대한 검열을 무시해버리는데 얼마나 큰 매력을 느끼는가!(10)"

이런 까닭에 바슐라르는 시를 통사법은 물론 시작법의 검열까지도 거부할 수 있는 "하나의 〔예측 불가능한〕 자유 현상"으로 파악한 것이며, 바로 이런 이유 때문에 그에게 시는 기표의 놀이를 의미하지 않는다. 다시 말해 "실용적인 언어의 통상적인 선(10)"을 벗어난다. 때문에 시는 "지식에 이르는 길을 지나지 않는 힘을 가진(5)" 것이다. 사실 비평가들이란 늘 지식의 눈으로 시를 접하지만, 시가 결코 하나의 분석 대상에 그쳐서는 안 되는[33] 이유가 여기에 있다. 시적 표현이 설명의 명확성이나 인과적 필연성은 가지고 있지 못하면서도 우리의 "삶을 튼튼하게 하는(10)", "잘 사는 것의 한 요소(10)"인 것도 마찬가지 이유에서다.

재삼 강조하지만, 바슐라르가 우리에게 〈시인의 말을 들어야 한다〉고 역설한 이유가 어디에 있겠는가. "말들의 호랑을 돌아다니는 고독한 답사자(J.-B. Pontalis)"인 시인이 시 속에 "전적으로 스스로를 던져 넣지 않는다면, 그는 이미지의 시적 공간에 들어가지 못한다(11)." 그 때문에 모든 위대한 시인들의 작품은 곧 "그 사람 전체(11)"라고 바슐라르는 강조한 것이다. 시인 전

33) PE, 7~8 참조.

체, 그가 말하는 것의 전체를 "단순한 장난, 덧없는 장난, 공허한 장난(12)" 등과 혼동해서야 되겠는가. 무릇 시인이란 시에 온 몸을 던져 그 속에서 자신이 절대적으로 승화되기를 바라는 순수한 존재다.

> "시인은 할머니의 옛날이야기들을 되풀이하는 게 아니다. 그는 과거를 가지고 있지 않다. 그는 새로운 세계에 존재하는 것이다. 과거와 이 세계의 사물들에 대해 그는 절대적인 승화를 실현한다(157)."

이렇듯 시인은, 주부가 집안의 잠들어 있는 가구들을 깨어나게 하듯, 안방마님이 장롱의 내밀함을 고수함으로써 한 집안의 기억과 역사를 보존하고 지키듯, 일상적인 것들에 새로운 가치의 빛과 생명을 부여하며 사는 장인들이다.

"큰 것은 작은 것에서 태어난다(145)"고 했던가. 그렇다. 바슐라르에게 있어 시인의 역할은 바로 작은 것에서 큰 것을 태어나게 하는데 있다. 일상적인 것의 진정한 가치를 아는 시인만이 일상적인 것을 일상적인 것 그 이상의 차원으로 끌어올릴 수 있는 유일한 자라는 것이다. 바슐라르가 일상적인 것의 시학화(poétiser)라는 소임을 시인의 창조 작업을 통해 학습하고 실현해야 한다고 본 이유는 바로 여기에 있다.

5. 일상의 시인 바슐라르에게 비친 현대, 현대인

바슐라르는 '상상력의 철학자'라는 우리의 그동안의 평가에 대해 만족할까? 아마도 그는 이러한 우리의 진부한 평가에 대해 그리 탐탁해 하지 않을지도 모른다. 상상력의 철학자보다 시인이란 호칭에 그가 더 만족해할 것이란 뜻이다. 여러 측면에서 우리는 그를 '충분히' 시인이라 부를 수 있다. 글쓰기 형식에 있어 비록 시(쓰기)와 바슐라르의 시 비평문이 다를 수 있지만, 그 역시 시인과 다름없이 "말 자체 속에서 오르내리는" 것은 물론이고 인간적인 것과 초월적인 것을, "대지적인 것과 공기적인 것을 연결(139)"하는데 자신의 온 정력을 그가 인용하고 있는 시인들 이상으로 투자하기 때문이다. 위에서 우리가 이미 살펴보았듯, 그렇게 함으로써 바슐라르는 『공간의 시학』 전편에 걸쳐 모든 작은 것, 덧없는 것, 하찮은 것, 무가치한 것으로 평가절하된 것들에 대해 새 생명을 부여하였다.

왜, 굳이, 일상적인 것을? 그것은 일상적인 것만큼 보통 사람의 삶을 대변하는 것이 없고, 이것들보다 더 구체적으로 모든 사람들에게 생생하게 체험된 것이 없기 때문 아니겠는가. 그런 점에서 우리는 이 시대의 "마지막 연금술사"[34]인 바슐라르를 호모 코티디아누스(homo quotidianus)로서 시인이라고 부르고자 한다.

---

34) C. Backès & B. Pinaud, "Le dernier alchimiste", *Bachelard, L'Arc,* 1990 참조.

바슐라르는 '상상력'을 "'처음으로'라는 말을 써서 제기할 수 밖에(147)" 없다고 고백하고 있다. 처음으로, 상상력을? 그 정도로 실제 그가 추구하고자 하는 내밀성과 무한 상상력의 전개 앞에는 넘어야 할 장애물들이 많이 버티고 있었던 것이다. 그러나 온갖 장애물들에 굴하지 않고 그는 호모 코티디아누스의 사자(使者)답게 일상에 깊이 뿌리를 두고 아주 소박하게, 고향의 산천에서 그가 직접 체험한 사물들과의 대화 속에서[35], 그의 생의 절반에 해당한다고 볼 수 있는 철학과 과학을 탐구하던 습관에서 과감히 벗어나[36], "아는 것에 앞서 상상하는 것을, 검증하는 것에 앞서 꿈꾸는 것을 묘사해야(19)" 한다며 사유의 전환을 시도했기에, 본인에게도 그 전에는 자신에게 수면상태로 머물러 있던 감성이 되살아났을 것이고, 그를 읽고 논하는 우리에게도 그의 호소가 여실히 전달되는 것이리라.

"상상력은 낫질을 하고 밭을 갈기도(30)" 한다는 바슐라르의 언구(言口)를 제대로 이해하지 못한 자들은 오늘날에도 여전히 상상력을 허구, 지적 유희, 무익한 것의 대명사로 폄하할 것이다. 그러나 우리에게 '상상력' 개념은 이제 더 이상 '무익'이나 '허구'란 폄하로 그 의미가 약화되지 않을 만큼 사람들 사이에서 그 필요성이 긴요하게 요청되고 있고 또 그만큼 상상력이란 개념

---

35) PE, 172: "나로서는 내 고장의 사물들 밖에 명상할 수 없다."

36) 『공간의 시학』 첫 문장에서 바슐라르는 이 점을 명시적으로 밝히고 있다: "과학철학의 근본적인 주제들에 전념하며 자신의 전 사상을 형성해 온 철학자, (…) 만약 그가 시적 상상력(imagination poétique)이 제기하는 문제들을 연구하기를 원한다면, 그는 그가 그동안 터득한 지식을 잊어버려야 하고, 모든 철학적 연구의 습관들과 단절해야 할 것이다."(PE, 1)."

의 활용도도 커졌다. 뿐만 아니라 상상력은 일상과 일상적인 것들이 무화(無化) 일로에 처한 오늘날과 같은 도시공간에서 더없이 중요하다는 것을 인지하지 못한 사람도 없는 듯하다.[37] 사실 이 모든 것이 바슐라르의 공과(功課)다. 필자가 바슐라르가 말한 상상력의 세계가 아무런 내밀성, 깊이라곤 없이 공룡처럼 거대화되기만 한 현대사회를 위해 '치유적' 기능은 물론 '저항'의 역할까지 담당해야 한다고 보는 이유도 여기에 연유하고 있다.[38]

날이 갈수록 "인간의 적의와 세계의 적의가 쌓여가는(26)" 공간, 즉 도시의 문명화된 공간은 백화점, 아파트, 빌딩 숲으로 기하학적으로 정돈되어간다. 이와 같은 공간 안에 이름 없이, 얼굴 없이, 국적 없이 내팽개쳐진 현대인들! 그들의 살림살이들! 그들에 의해 과잉 소비·소모되고 있는 여분의 것들![39] 이런 현

---

37) 이런 점에서 보이아의 상상력의 세계에 대한 다음 정의는 우리에게 매우 시사적이다: "상상력의 세계는 동질적이지도 한결같지도 않으며 삶처럼 다양하다. (…) 상상력의 세계를 통한 유희도 존재하며, 허구로 생각되고 느껴지는 상상력의 세계도 있다. 그러나 어떤 것도 근거 없는 것은 아니다." - L. 보이아, 『상상력의 세계사』, 김웅권 옮김, 동문선, 2000, p. 48.

38) 마페졸리에 따르면, "어느 누구도 더 이상 꿈꿀 수 없거나, 꿈꿀 줄 모르거나, 꿈꾸려는 엄두도 내지 못할 때, 권력은 평화롭게 잠잔다〔M. 마페졸리(1998), *op. cit.*, p. 9~10〕"고 강조한다. 역설적으로 말해, 그래서 상상력의 역할이 중요하다는 것 아니겠는가. 상상력에 있어 '저항의 역할'은 이런 마페졸리의 말에 빗대어 필자가 임의적으로 사용한 것이다. 그런가 하면 A. 자카르도 우리가 앞서 인용한 글에서 상상력에 행동과 저항 권력의 의미를 부여하며, 만일 상상력에 이러한 힘이 없다면 우리는 허구 속에(dans l'irréel) 처해 있을 수밖에 없고, 우리의 내일이란 오늘의 결과와 하등 다를 것이 없을 것이라고 강조하고 있다(*ibid.*, p. 89).

39) 참고로 보드리야르는 소비와 소모를 구분하면서 소모는 "초과분과 여분의 소비", "생산적 낭비"와 같은 뜻으로, "합리주의자와 경제학자가 만들어낸 효용"이라는 개념보다 훨씬 더 현대사회를 설명하는데 있어 "긍정적 기능"을 하는 "사회적 논리"라고 주장하고 있다(J. 보드리야르, *op. cit.*, p. 43 참조).

대의 기계문명, 기계를 신으로 착각하는 인간들을 겨냥해 바슐라르는 일찍이 우리에게 "시적 공간을 가꾸라"고, "꿈꿀 권리를 누리라"고 권고했다.[40]

꿈을 꾸는 힘은 호모 사피언스만으로는 촉발되지 않는다. 꿈꿀 권리는 일상적인 것들 속에서도 나름대로 꿈틀거리고 있다. 바슐라르가 꿈꾸는 시적 공간은 인간과 일상적인 것이 상호적으로 내밀함을 공유할 때 밀도를 가질 수 있다. 그런데 오늘날 우리는 일상적인 것으로부터 너무 멀어져 있다. 아예 일상의 삶으로부터 밑동이 잘려나갔다고나 할까. 일상, 일상적인 것으로부터 뿌리가 뽑혀있다 보니 사람들은 자신이 머물고 있는 곳이 행복의 보금자리인줄 모른다. 이런 조건 속에서 현대인은 범람하는 이미지, 시뮬라크르, 스펙터클들에 의해 정신을 잃게 되었다.[41] 자기성찰보다는 장소와 공간을 바꾸어가며 자신에게 부여된 꿈과 행복의 전당인 집을 떠나 그저 배회하는 것이다.

바슐라르의『꿈꿀 권리』 한국어판 표지 (동문선, 2008)

40) '꿈꿀 권리(Droit de rêver)'는 사후에 출판된 바슐라르의 책 제목이기도 하다(P.U.F., 1970).
41) G. Durand, *L'imaginaire. Essai sur les sciences et la philosophie de l'image*, Hatier, 1994, p. 77 이하 참조. 이미지 범람 시대에 대한 보다 구체적인 비판 작업은 J.-J. Wunenburger, *La vie des images*(P.U. de Strasbourg, 1995), chap. 12("La crise des images contemporaines"), pp. 137~145 참조.

그렇게 떠도는 자들은 예외없이 남들이 만들어 놓은 잣대에 맞추어 자신의 행복을 갈구하며, 조용히 거울을 바라보며 자신을 응시하는 대신 거리의 쇼윈도 주위를 그저 멍하니 바라보는 것이다.

물론 일상은 반복되며, 그것이 일상성의 본질이기도 하다. 하지만 중요한 것은 그 누구도 이 바로 이 일상, 일상성으로부터 벗어날 수 없다는데 있다. 그리고 바로 그곳이 인간 실존의 장(場)이자 사회적 삶의 토대이다. 때문에 우리는 마페졸리의 주장대로, 그곳에 "주의를 기울이지 않을 수는 있을지는 몰라도 이를 부정하거나 망각해서도 안 된다."[42] 다시 말해 일상을 비판·극복의 대상(H. Lefebvre)이나 물상화의 대상(G. Lukàcs)으로 치부해서는 곤란하다.[43] 왜냐하면 일상은 우리 모두를 위한 삶의 영원한 토양이자 사유의 절대 거울이기 때문이다. 베르그송이 "모든 진리는〔지성의 질서에 의해 구축된 것이 아니라〕현실을 통해 난 길이다"[44]라고 말했던 것도 같은 맥락일 듯하다.

일상의 현실은 우리가 제아무리 애를 쓴다고 해도 벗어날 수 없고, 운명과도 같이 맞이해야 하는 장소이다. 비록 그곳이 습관적 지성의 눈으로 볼 때는 어수선하고 무질서하게 보일지 몰라도, 어떻하랴 일상 자체가 그러한 것을! 일상의 흐름이란 게

---

42) M. 마페졸리, *op. cit.*, p. 93 - 일부 수정.

43) *Ibid.*, p. 175 참조. 구체적으로 언급할 공간은 없지만, 하이데거 역시도 일상성을 〈잡담, 애매함, 호기심〉 등의 대명사로 파악하고 있으며, 그런 점에서 르페브르나 루카치와 동일한 입장을 취하고 있다고 볼 수 있다 - M. 하이데거, 『존재와 시간』(이기상 옮김, 까치, 1998), 제35~36절 참조.

44) H. Bergson, *La pensée et le mouvant*, P.U.F., 3e éd., coll.《Quadrige》, 1990, p. 249.

본래 유동적이고 복잡다단한 것을! 그 때문에 그 유동적 흐름과 무질서를 두뇌로 이해하려고 하기에 앞서 가슴으로 느껴야 하는 것을![45] 그러한 일상을 만일 가슴으로 느끼고 받아들인다면, 책을 통해 배운 자, 머리만으로 세계를 이해한 자는 일상에서 분명 '다시' 더 배워야 할 것이다.[46] 돌려 말해, 일상은 삶의 지평에서 반쯤 떠 있는 자들이 반드시 회귀해야 할 삶의 진정한 거처이다. 비록 그곳에서 오늘날과 같은 기술문명시대에 우리가 바슐라르가 생존했을 때처럼 "낫질을 하고 밭을 갈기도(30)" 할 수 있는 기회는 주어지지는 않겠지만!

45) *Ibid.*, pp. 250~251 참조.

46) 이런 점에서 바슐라르의 『부정의 철학』은 우리에게 시사하는 바가 크다. 왜냐하면 그가 말한 〈부정(non)〉은 D. 질도 강조하고 있듯 결국 〈다시(re)〉를 의미하기 때문이다 - D. Gil, *Bachelard et la culture scientifique*, P.U.F., coll.《Philosophies》, 1993, pp. 70~72 참조.

L’espace poétique bachelardien et l’imagination du désintéressé

제4장

무위-무한-무욕의 사고실험으로서 상상력

제4장

무위-무한-무욕의 사고실험으로서 상상력

"사람들은 존재를 확정하고 싶어 하고, 존재를 확정함으로써 모든 상황들을 초월하여 모든 상황들의 상황을 제시하고 싶어 한다. / 〔그렇게〕 모든 것이, 심지어는 무한(無限)까지도 형상화된다." -『공간의 시학』

"상상력은 끊임없이 상상하고, 새로운 이미지들로써 스스로를 풍요롭게 한다. 우리가 탐구하려는 것은 바로 이와 같이 상상되는 존재의 풍요로움이다." -『공간의 시학』

1. 들어가는 말: 유위(有爲)의 상상력에서 무위(無爲)의 상상력으로

바슐라르가 『공간의 시학』 머리말에서 강조하고 있는 바와 같이, 우리는 상상력의 끝, 즉 한계를 어느 한 지점에 고정시킬 수 없다. 왜냐하면 상상력의 본의(本意)는 "끊임없이 상상"하는 데 있기 때문이다. 끝없는, 끊임없는 상상, "가늠을 허락하지 않는"[1], 상상! 이는 곧 '무한 상상'의 다른 표현이며, 이렇듯 인간은 바슐라르의 말대로 표점(標點)이 고정되지 않은 상상력의 전개를 통해 자신의 존재를 풍요롭게 하며 확장시켜간다고 할 수 있다. 부언컨대 바슐라르에게 있어 '상상'이라는 시니피앙은 그 어떤 하나의 시니피에에 의해 의미가 확정될 수 없다. 모든 지식의 한계들을 초월하여 무한 속에서 자기를 종으로 또는 횡으로 확장시켜나가는 것이 곧 바슐라르가 말하려고 하는 상상력의 본지(本旨)인 것이다. 보이아는『상상력의 세계사』에서 이와 같은 바슐라르의 입장을 보다 명시적으로 제시하고 있다: "상상력의 세계가 지닌 영역은 무한을 갈망한다."[2]

그렇다, 상상(력)은 무한을 그 본질로 한다. 즉 무한이 상상력의 진정한 영토요, 궁극 놀이터라는 것이다. 이런 이유 때문에 우리가 상상력에 대해 언급하거나 논할 때 주의해야 할 것이 있다면, 그것은 분명 '무엇'에 상상력 개념을 고정시키려는 성급한 태도에 있지 않나 싶다. 이는 분명 상상력 개념을 아주 초라하고 볼품없는 수준으로 축소시켜, 다시 말해 수단이나 도구로 사용한 경우라 할 수 있다. 수단이나 도구로 사용된 상상력은 A를 A'로 변형시킨 것 내지 가공한 정도의 것, 다시 말해 A의 단순재현에 그친 것을 입론화하는데(analyser, critiquer, interpréter) 그칠 뿐이다.

허나 상상력은 재삼 강조하지만 주어진 대상 및 세계를 중단

---

1) PE, 160.
2) L. 보이아,『상상력의 세계사』, 김웅권 옮김, 동문선, 2000, p. 250.

없이 상상하고 또 그렇게 상상하는 자가 대상은 물론 자기 자신의 존재를 풍요롭게 하며 확장시키는데 그 목표가 있을 뿐만 아니라 그 "분야와 범위가 넓고, 외관상 드러나는 이질성 때문에 종합이 용이하지 않다"[3]는 점도 기억할 필요가 있다. 그 정도로, 아니 그 때문에 상상이나 상상력 개념을 어느 특정 영역의 전유물로 고착시키려 해서는 곤란하다. 상상력은 어느 특정 개인이나 특정 학문 분야만의 독점물이 아니라 모든 사람에게 있어, 학문의 제 영역에서 각기 나름의 역할을 수행하고 있기 때문이다. 한마디로 말해, 인간의 (정신) 활동에 있어서 상상력보다 더 보편적이고 더 초역사적인 것이 없다고 해도 과언은 아닐 것이다.

결국 '무한 상상력'의 관점에서 보자면 심리학자, 인류학자, 사회학자, 철학자, 과학자, 예술가, 비평가 등은 다분히 유위(有爲)적이고 영역적인 상상력을 통해 "나름의 이득"[4]을 취할 뿐이다. 이들은 상상력의 무한성과 창조성을 각자의 학문 영역 내에서 편리한 방식으로 차용한 것일 뿐이며, 이는 '그들'이 상상력 '위'에 있다는 것과 다르지 않다. '그들' 각자가 상상력의 '주인'이라 착각하고 있는 것이다. 그러나 상상력의 본질은 결코 인간이 설정한 유위의 범주나 경계 안에 갇혀 있지 않고 무위(無爲)를 지향한다는 점을 잊어선 안 된다.

여기서 우리는 '무위'를 아무 것도 하지 않는 것 또는 유유자적

3) *Ibid.*, p. 16.
4) *Ibid.*, p. 17.

(悠悠自適) 등과 혼동해서는 곤란하다. 왜냐하면 무위는 모든 것을 겉으로 표가 안 나게 행하는 것이자 또한 모든 것을 거침없이 행하는 것이기도 하기 때문이다. 그리고 무위의 상상력은, 바슐라르가 그의 작업들을 통해 잘 밝히고 있듯, 어떤 '무엇'에 한정되지 않기 때문에 단순 사물에서부터 무한 우주까지를 자유롭게 넘나든다는 특징이 있다.

이런 이유 때문에 우리는 상상력을 기본적으로 '무엇'과 '나'라는 객(客)-주(主)의 도식 안에 유폐시키려는 태도를 지양할 필요가 있다. 상상력은 베르그송의 운동체(le mouvant)와 같은 의미라고나 할까.[5] 상상력은 인간을 인간이게 하는 호르몬이자 동시에 인간이 자신을 초탈할 수 있게 하는 에너지이기도 하다. 이런 점에서 상상력의 진정한 역량은 유위가 전부가 아니라는 것을 자각하고 무위를 삶의 목표로 하는 사람이 아니고서는 그 무한성, 가없음에 가 닿기 힘들 것이다. 바슐라르를 좇아 상상력에 대한 이해를 무한(무한대)에로까지 확장시켜야 하는 이유가 바로 여기에 있다.

재삼 강조 하지만, 상상력의 발홍은 무엇을 꾀함, 무엇을 만들어냄에 있는 것이 아니라 어떻게 무한에 다다를 것인지에 있다. 무한은 인간이 자신들을 위해 조작한 제 사유의 개념들, 범주들, 이론들 밖을 향해 항상 열려 있는, 문자 그대로 '미지의 공

---

5) 〈운동체〉는 H. 베르그송의 고유 개념이다. 그의 마지막 저서라고 할 수 있는 『사유와 운동체』에서도 강조되고 있듯, 베르그송에게 있어 운동체는 곧 사유함이 지향해야 할 목표이며 지속, 변화, 연속성의 동의어이기도 하다.

간'이다. 그렇다면 그 미지의 공간 속으로 진입하기 위해서 우리는 어떻게 해야 할까? 먼저 대상을 내 앞으로 끌어와 세우는 것, 즉 내 방식대로 대상을 표상하는 것이 세계인식의 전부라는 착각에서 벗어나야 할 것이다.[6] 이와 같은 세계인식 과정에서 대상은 단지 표상적(구성적) 주체의 포획물에 그친다. 이와 반대로 상상은 대상을 있는 그대로 놓아둔다. 아니, 주체가 대상을 포획하기를 삼가하고 대상에로 순수하게 다가가 대상과 마침내 둘이 아닌(不二的) 관계를 형성하는 것을 목표로 한다. 이는 데카르트의 자아(인간) 중심적 코기토가 해체되지 않고는 불가능한, 새로운 대상 경험이다. 바슐라르가 역설한 상상의 경험이란 바로 이와 같은 경험을 말한다. 역으로 말해, 주체가 늘 그래왔듯 이기적으로 대상을 포획하고 개념화하는 한 대상과의 새로운 관계 형성은 기대할 수 없다.[7] 다시 말해, 코기토가 '늑대'로 존재하는 한[8] 대상과의 관계 개선은 영영 불가능하다. 바슐라르가 만년에 행한 라디오 강연에서 "생각하기보다 상상하기

---

6) M. 하이데거, 『세계상의 시대』, 최상욱 옮김, 서광사, 1995, p. 37 참조. 하이데거에게 있어 '표상'은 곧 '존재자의 대상화'를 뜻하며, 그는 데카르트의 형이상학(『성찰』)에 의해 처음으로 존재자가 표상의 대상성으로 규정되었고, 진리가 표상의 확실성으로 자리잡게 되었노라고 이 책에서 강조한다.

7) 대상(l'objet donné)은 그 어떤 철학적 명목으로도 해체될 수 없는 성질을 갖고 있다고 J.-J. 뷔넨뷔르제는 강조한다. 그에 따르면 우리에게 주어진 대상 모두가 그 속에 가시적인 것과 비가시적인 것, 현상적인 것과 본체적인 것, 실현된 것과 잠정적인 것을 함께 지니고 있는 총체(totalité)란 뜻이다. 우리의 경험 속에 주어진 것들을 따라서 '설명'하거나 '개념화'한다는 미명 하에 유리(isoler), 분해(décomposer), 파편화(morceler)하려는 시도를 자제하고 어떻게 대상에 대한 통합적 이해를 꾀할 것인지에 대해 고민할 필요가 있다 - J.-J. Wunenburger, *La vie des images*, P.U. de Strasbourg, 1995, pp. 40~41 참조.

8) M. Serres, *Hermès IV: La distribution*, Munit, 1977, pp. 89~104 참조. 세르는 〈늑대의 게임〉이라는 이 장에서 특히 데카르트의 1인칭 단수로서의 코기토 개념을 라퐁텐의 우화에 나오는 늑대에 비유하고 있다.

가 더 어렵다"고 말한 이유는 여기에 있지 않았을까.

왜 생각하기보다 상상하기가 더 어렵다고 한 것일까? 그것은 우리가 아마 지성·이성에 의해 '애늙은이'가 되고나서부터가 아니겠는가? 다시 말해 감성과 상상력의 순수 역할을 몰각(沒却)하고 지성·이성 작용만을 앎의 바로미터로 받아들이면서부터 어려움은 시작된 것이다. 지성·이성은 근대 이후 거의 모든 학문 영역에서 청구하고 있는 사유의 잣대이자 기준이다. 이런 점에서 지성·이성 중심의 편협한 사유습관의 팽배가 상상력 폄하의 주범이라고 할 수 있다. 상상력을 공상이나 환상과 같은 주관적인 치기(稚氣) 정도로 여기는 고질적인 선입견도 문제다. 이러한 선입견이 감성과 상상력은 지성·이성의 심급을 거쳐야 한다는 논리를 만든 것이다.

그런데 과연 감성과 상상력은 지성·이성의 심급을 거쳐야 하는 것일까? 4장에서 우리는 바슐라르의 『공간의 시학』을 중심으로 이러한 선입견에 대한 나름의 반론을 제시해볼까 하며, 특히 바슐라르의 상상력은 '무욕의 상상력'에 다름 아니라는 새로운 해석을 시도해볼까 한다.[9] 무욕의 상상력은 앞서 상상력에 대해 언급하면서 밝힌 바 있는 〈상상력 = 무한 속에서의 자기 전개, 무위(를 행함)〉라는 명제로부터 그 의미가 그려볼 수 있

9) 실제 바슐라르가 〈무욕의 상상력〉이란 용어를 사용한 적은 없다. 그런데 필자가 여러 해 동안 바슐라르에 관심을 갖고 독서하면서 직관적으로 받은 인상은 그가 말하고자 하는 상상력이 결코 '유위의 상상력' 수준에 그치는 것은 아니라는데 생각이 미치게 되었고, 그렇다면 그것은 필경 '무위의 상상력'이라 할 수 있고, 궁극적으로는 바슐라르가 '무욕의 상상력'을 전개한 것이라는 확신을 갖게 되어 본장의 논의가 구상되었다.

다. 무욕의 상상력은 기본적으로 물질적·세속적 욕념(欲念)을 초월한 상태에서만 전개될 수 있으며, '자유 해탈'이 아마 그 유일한 비유가 될 듯하다. 바슐라르에게 상상력의 최종 목표는 우주와 하나가 되는데 있다.

2. 무한 상상력과 둥긂의 질서

상상력은 〈무한(l'immensité, l'infini) 속에서의 자기 전개〉이다.[10] 무한이란 어의(語義) 그대로 설명하자면 일차적으로 '한정된 것이 없는 것(無-限定)'을 뜻하며, 또한 '무한히 큰 것(無限-大)'을 일컫는다. 무한은 이렇게 보면 유한한 인간의 '영원한 타자'라 여길 수도 있다. 하지만 그럼에도 불구하고 무한의 세계가 인간과 완전히 동떨어진 것은 아니다. 바슐라르도 강조하듯, 상상력의 진정한 거울이 바로 이 무한이고, 인간은 이를 꿈꾸는 존재이기 때문이다. 상상력의 영토로서 무한은 경계가 '아직 정해져 있지 않은 상태(l'indéfini)'이다. 때문에 무한은 유위적 인간에 의해 정복되었다고 할 없다. 무한은 분명 존재한다. 단지 유위적 인간에게만 미지(未知) 상태인 것일 뿐이다.

---

10) 참고로 바슐라르는 무한 상상력을 이야기할 때 공간적 무한(l'immensité)과 수적 무한(l'infini)을 거의 구분 없이 사용하고 있는 듯하다. 필자도 이글에서 이 두 개념을 혼용할 때가 종종 있다. 바슐라르의 상상력에 〈한계가 없다〉는 점도 중요하지만(그럼에도 후자는 어감(語感) 상 어쩐지 '외적 무한'처럼 느껴질 수 있다), 그가 특히 강조하고 있는 〈내적(내밀의) 무한〉에 이르는데 핵심이 있다는 것을 잊어선 안 된다.

이렇게 보면 무한은 영원히 인간의 타자라거나 인간에 의해 접근 불가능한 곳은 아니라는 것을 알 수 있다. 무한은 언제나 꿈꾸는 인간, 몽상가의 대화 상대자로서, 늘 '거기'서 우리가 다가오기만을 기다리며 손짓하고 있기 때문이다. 돌려 말해 "상상력의 무한은 바로 이 세계(le monde réel)가 초대한 여행의 끝에 나타나는 것"[11]이기에, 오히려 문제는 이러한 무한을 인지하지 못하는, 거부하는 인간에게 있지 않을까.

> "우리들은 무한한 세계 속에서 꿈꾼다. 무한은 움직임 없는 인간의 움직임이다. 무한은 조용한 몽상의 역동적인 성격 중 하나이다(343)."

바로 이런 까닭에 만일 우리가 유위의 감옥으로부터 벗어나기를 원한다면, 무한을 향해 상상의 나래를 펴야하는 것, 아이처럼 순수하게 무한을 갈구해야 하는 것인지 모른다. 요는 유위적 지상계, 지성계에 유폐된 채 그것을 삶의 전부로 착각하지 말라는 것이다. P. 알베르-비로의 표현대로, "세계의 주인"은 경계 안에서 목을 메는 인간이 아니라 "경계를 초월한 인간"이라 할 수 있으므로(169)!

여기서 우리는 '무한'을 철학에서 일반적으로 말하는 하나의 관념으로서 무한과 혼동해서는 곤란하다. 왜냐하면 바슐라르가 말하는 무한은 어디까지나 "존재의 팽창과 결부된(169)" "시

11) 곽광수, 「바슐라르와 상상력의 미학」, 『바슐라르 연구』(곽광수· 김현 공저), 민음사, 1976, p. 22.

적 상상력의 한 범주(181)"이자 "몽상의 한 철학적 범주(168)"이기 때문이다. 그의 말대로, "몽상은 몽상가를 가까이 있는 세계 밖에 놓고, 무한의 표징(le signe d'un infini)을 지니고 있는 세계를 대면케 한다(168)." 무한을 상상하고, 무한의 밭(田)을 개척하기 위해 몽상하는 인간, 그에게 상상력은 결국 그를 무한으로 안내하는 유일무이(唯一無二)한 길이다. 바슐라르가 수직적 상상력을 통해 도달코자 했던 것도 바로 이 무한의 세계다. 바슐라르는 뭇 사람들에게 '아직'인 무한을 자신만의 우주적 상상력(imagination cosmique)을 통해 '벌써'로 개척한 것이다.

사실 상상력과 관련한 그의 모든 저술들이 바로 이 무한 세계에 대한 '비상'의 실례(實例)들이라 해도 지나친 말은 아닐 것이다.[12)] 바슐라르는 자신의 상상력의 전개를 통해 우리가 어떻게 무한의 세계와 대면하고 다다를 수 있는지를, 즉 상상력을 통한 비상의 길을 우리에게 예시하고 있는 셈이다. 수평적 상상력을 통해 바슐라르가 일상에서 만난 대상들의 내밀함과 깊이를 우리에게 선사했다면, 수직적 상상력을 통해서는 가없는 무한 우주에로 우리를 인도하고 있는 것이다.

결국 바슐라르는 무한이란 미지(未知)의 공간 속에서 수직적 상상력과 수평적 상상력을 통해 인간이 세계 내 존재라는 실존적 족쇄, 유한한 존재라는 존재론적 구속으로부터 벗어나 우주와 소통하는 길을 제안한 것이다. 그 무한 공간에서 바슐라르는

12) 참고로 바슐라르는 『공기와 꿈』에서도 상상력을 "무한의 나라로의 여행"이란 표현을 쓰고 있다(AS, 17 참조).

당연 그가 세속에서 배워 알게 된 모든 것을 포기하지 않을 수 없었을 것이고, 또 그 어떤 욕심이나 집착도 과감히 버려야 했을 것이다. 왜냐하면 데카르트의 '코기토'나 훗설의 '의식'을 놓아 버린 상태, 무아무심(無我無心), 망아(忘我)의 상태에 이르지 못한 단계에서는 기본적으로 그가 새롭게 접한 대상들과 자연스럽게 한 몸이 될 수 없었을 것이기 때문이다.

이렇게 바슐라르는 우리들에게 아직 미지인 무한 세계의 비밀을 몸소 맛보며(體驗) 자연의 비밀, 우주의 신비에 심취할 수 있었을 것이다. 유위를 기준으로 한 세속적 의미의 대상 구분이며 과학주의적 방법, 철학적 이론체계 등은 무한을 추구하려는 인간에게는 무의미하다. 바슐라르가 판단하기에 이것들은 단지 인위적인 산물, 순전히 인간 중심적인 분류법에 따라 응고된 지식만을 양산시킬 뿐이다.[13] 그리고 결국 이것들이 무위(無爲)에 유위(有爲)를 덧씌우려 할 것임은 불 보듯 자명하다.

인위적인 것은, 구태여 길게 설명할 것도 없이, 자연을 거스르는 반자연적 행위에 해당하며, 무지와 편견에 뿌리를 둔 인간 욕망의 파생물이다. 급하게 표현해, 유위와 인위는 바슐라르가 볼 때는 무한 상상력의 '적'이며, 인간적이고 사회적인 갈등과 분쟁을 낳는 고통의 원인이기도 한다. 무한 상상력의 발흥을 통해 우리가 유위를 경계(警戒)하고 무위를 회복해야 하는 이유

13) G. 비뇨, 『분류하기의 유혹』, 임기대 옮김, 동문선, 2000 참조. 비뇨에 따르자면, 철학(사유하기)은 기본적으로 대상들의 분류에 따른 개념화나 범주화 그리고 체계화에 다름 아니라고 한다. 결국 분류하기의 유혹이 대상들에 대해 편견을 갖고 접근하게 하는 주범이라 할 수 있다.

가 바로 여기에 있다.

상상력을 통한 무위의 회복은 자연을 살리고 동시에 인간을 되살릴 수 있다.[14] 운명적으로 인간과 자연이 공생해야 하듯, 상상력도 이제는 유위를 경계하고 무위와 손을 잡지 않으면 안 될 시점에 이르렀다. 그리고 상상력이 무위를 지향할 때, 상상력은 비로소 인간을 무한의 세계, '무경계'의 세계에로 안내해줄 것이다. 우리는 인간이 자연, 그리고 무한의 세계와 하나가 되기 위해서는 무엇보다도 바슐라르식의 무위적 꿈꾸기가 필수적이라는 것을 명심할 필요가 있다.

자연과 하나가 된 인간은 그 스스로가 곧 자연일 것이다. 인간과 자연은 하나의 동일한 생명체를 이루고 있기 때문에 상호간의 생사존망(生死存亡) 문제는 언제나 상의상관적(相依相關的)이다. 다시 말해 인간만이 번성하거나, 또는 자연만이 홀로 존재할 수는 없다. 인간이 '잘 살기' 위해서는 자연을 '같이' 살려야 하고, 그 역도 마찬가지란 뜻이다. 즉 자연과 인간은 하나의 운명공동체라는 사실이다. 이런 이유 때문에 자연이 파괴된 곳에서 인간은 제대로 상상력을 발휘할 수가 없다. 바슐라르가 상상력의 공간이 "자연의 장소(168)"일 때, "우리들의 존재의 자연적 활동(l'activité naturelle)이 회복(169)"되고, "그것은 무한한

---

14) K. 윌버의 말대로라면, 모든 경계는 실재(實在)의 산물이 아니라 실재를 작도하고 편집한 방식의 산물, 즉 환상이다. 그런데 문제는 이러한 경계(긋기), 즉 자연에 대한 인간의 지배력의 행사가 기술적인 힘과 정치적인 힘을 수반하는가 하면 동시에 소외, 단편화, 갈등을 조장한다는 점이다. 역설적으로 말해, 인간은 '지식'으로 자연을 지배한다는 미명하에 자기 자신을 자연으로부터 근본적으로 분리해낸 것이다 - K. 윌버, 『무경계』, 김철수 옮김, 무우수, 2005, pp. 63~69 참조.

것이 된다(168)"고 말한 까닭이 여기에 있다.[15)]

이렇듯 바슐라르에게 있어 자연(Nature)은 i) 상상 활동의 일차적 질료요, ii) 상상력이 발현되는 직접적이고 장소이자, iii) 인간이 무위의 공간에서 새롭게 거듭날 수 있는 원천이다.[16)]

바슐라르는 이렇게 자연과 더불어, 자연 속에서만 인간은 그동안 인위의 폐단으로 인해 파괴되고 또 그렇게 인간에 의해 파괴된 것들을 회복시킬 수 있다고 본 것이다. 바슐라르에게 있어서 상상력은 결국 크게 보아 무한 세계 속에서의 꿈꾸기라고 할 수 있겠지만, 좁게는 자연의 장소에서의 인간의 자연적 본성(nature)의 회복, 자연적 휴머니즘의 부활에 주된 목표가 있기도 했던 것이다.[17)] 바로 여기에 바슐라르의 상상력론이 갖는 현대의 반자연적 기술문명을 치유할 수 있는 기능과 역할이 있지

---

15) 바슐라르는 『공간의 시학』보다 14년 전에 출판한 『물과 꿈』에서 이미 상상력은 "자연 속에 깊이 자리잡을 필요"가 있다고 강조한 바 있다(ER, 33). 주지하듯, 이렇게 자연 속에 촉수를 뻗은 바슐라르의 상상력을 우리는 일반적으로 '물질적 상상력'이라 칭하며, 그의 물질적 상상력은 주지하듯 4원소론으로 완성된다.

16) 서양 철학에서는 일반적으로 자연이 창조자(신), 인간과 함께 삼위일체를 이루는 것으로 파악했다. 즉 상호간 보편적 조화를 줄곧 강조해온 것이다 - J. Caïn, "La nature n'a pas de sens", *Topique*, n° 54, 1994, p. 260. 그런데 오늘날 현실은 이러한 이념에 역행하고 있고, 역설적으로 그 때문에 바슐라르의 주장이 고전성을 면치 못하고 있다는 비판도 받을 수 있다고 생각한다. 참고로 J. 카인은 이 논문에서 반자연(contre-nature)의 중요성에 대해서도 이제는 우리가 관심을 가질 때가 되었다고 말하면서 자연과 반자연은 둘이 아니라고 강조한다. 결국 〈자연은 의미가 없다〉는 그의 논제는 〈자연만이 의미가 있는 것은 아니다〉라고 이해하면 될 성싶다.

17) 바슐라르에게 있어 '휴머니즘'이란 용어는 일반적인 인간중심주의 개념과 혼돈해서는 곤란하다. 왜냐하면 그는 기본적으로 이 용어를 통해 인간이 상상력을 통해 잃어버린 본성을 되찾아야 한다고 강조하고 있기 때문이다 - 이 점에 대해서 바슐라르는 만년의 라디오 강연, "La poésie et les éléments" - Université Radiophonique Internationale(fin 1952), "Dormeurs éveillés" - Paris-Inter(le 19 janvier 1954) 참조. 바로 이런 이유 때문에 G. 뒤랑은 바슐라르의 휴머니즘을 '새로운 휴머니즘'이라 정의하게 된 것이리라 - G. Durand, *L'âme tigrée. Les pluriels de psyché*, Denoël/Gonthier, 1980, pp. 36~39 참조.

않나 싶다.[18)]

현대의 문명은 철저히 자연과 절연(絶緣)된 인위적 기술의 위용만을 뽐낼 뿐이다. 이 인위적 기술들이 근대 이후 자연 세계를 사각의 면(面) 안에 구축, 재구축하기를 계속해왔다. 인공 세계를 구축하기 위해 테크닉은 자연을 임의로 선별해 절연하고 재구성해온 것이다. 이에 따라 곡선, 둥긂으로 상징되던 자연은 점점 그 원시성, 신비성을 상실하게 되었고, 직선과 사각의 면에 갇힌 현대인들은 이와 같은 상황에서도 자신의 욕념(欲念)을 자연에 계속 투여하고 있다. 자연 세계를 인위적으로 작도(作圖)하기 위해 자연을 계속 유용성을 기준으로 재단하며 득이 있는 것과 득이 없는 것, 소위 문명·문화적인 것과 야만적인 것을 경계 긋기 시작한 이래 자연에 대한 폭력의 행사는 오늘날도 계속 확대되고 있는 실정이다.[19)] 그렇게 자연 세계를 지배할 수 있다고 믿으며 헛된 투쟁을 벌여온 것이 근대 이후의 호모 파베르이고, 도구와 기술 위주로 변모된 현대의 세계관이다.

이렇게 근대 이후 인간은 오직 '직선'으로 상징되는 지식만을 과시하면서 곡선과 둥긂으로 상징되는 자연 속에서의 거주함의 행복을 스스로 부정하는가 하면 전통과 역사를, 고유한 과거의 유산들을 하나 둘 기억에서 지워가고 있다. 보이아의 진단이

---

18) 이에 대한 보다 상세한 언급은 제9장: 바슐라르와 상상력의 치유(학) 참조.

19) G. 뒤랑, 『상징적 상상력』, 진형준 옮김, 문학과 지성사, 1990, p. 138: "야만적인 사고란 (…) 야만인들의 사고만이 아니고 보다 심층부에서는 오히려 과학〔기술〕에 의해 형성된 우리들의 사고에 가까운 것이며, 과학〔기술〕이 발달하지 못해 더듬거리고 있는 상태를 가리키는 것은 아니다."

옳다면, 계몽의 세기가 시작되면서부터 "물질의 힘은 정신의 힘을 대체했다. 우주의 법칙은 신의 자리를 차지했다. 인간 역시 일종의 기계나 거대한 우주 기구의 한 톱니바퀴가 되어버렸다. 신비하고 초자연적인 것, 신성한 것은 자연에서 철수되었다. 천체들의 움직임과 인간 행동까지 모든 것은 물리학이나 역학에 의해 설명되어야 했다."[20]

반면 바슐라르는 모든 각진 세계들이 폐치(廢置)된 둥긂의 세계를 자연과 함께하는 상상력의 이상으로 제시한다. 둥긂이 의미하는 것은 그것이 너울져 사방팔방으로 퍼져나간다는데 의의가 있다. 반면 직선과 사각은 기본적으로 단절의 대명사이다. 여기서 단절은 자연과의 단절일 뿐만 아니라 자기 자신과의 단절을 의미한다. 또한 타자와의 단절일 뿐만 아니라 세계와의 단절을 의미하기도 한다. 반면 둥긂은 자연과 자기 자신, 타자와 세계를 무경계로 넘나들며 서로 한데 어울려 종국엔 원무(圓舞)를 이루게 될 것이다.

여기서 자연과 인간이 원무를 이룬다는 것은 기본적으로 자연과 인간이 적대자가 아니라는 동반자라는 말과 같다.[21] M. 꽁쉬의 이야기대로라면, 바로 이 상황에서 "존재하는 것은 자연밖에 없다(Il n'y a rien d'autre qe la Nature)."[22]

---

20) L. 보이아, *op. cit.*, p. 77.

21) 인간과 자연의 새로운 동맹 관계의 회복이 필요하다는 보다 상세한 연구는 I. Prigogine et I. Stengers, *La nouvelle alliance. Métamorphose de la science*, Gallimard, 1986 참조.

22) M. Conche, "Penser la Nature", *Revue philosophique*, n° 3, 2000, p. 291 - 필자 강조. 꽁쉬에 따르면, 대자연(Nature)은 인간과 자연(nature), 삶과 죽음을 한데 어우르는 포괄자(l'Englobant)이다. 돌려 말해, 자연(Nature)이 "모든 사물들의 전체"(*ibid.*, p.

이런 측면에서 바슐라르에게 있어 둥긂, 즉 원(圓)의 의미는 그가 무한의 미지 공간을 여행한 후 우리에게 최초로 제시한 세계상이라 할 수 있다. 원은 "상상력의 자유로운 작용은 더 이상 무질서한 혼란이 아니라는(67)" 점을 우리에게 보여주기 위해 제시한 '형태'라는 것이 더 정확한 표현일 것이다. 역설적으로 말해, 바슐라르에게 있어 상상력의 경계라는 것이 만일 존재한다고 하면, 그것은 필경 둥근 원일 수밖에 없다는 뜻이다.

3. 내밀의 공간 확장과 '둥근' 존재

바슐라르가 『공간의 시학』의 마지막 챕터의 제목을 '원(圓)의 현상학'으로 붙인 것도 이렇게 보면 결코 우연한 시도라 할 수 없다.[23] 카알 야스퍼스, 반 고흐, 죠에 부스케, 라 퐁텐느의 글을 인용하며 〈원의 현상학〉에서 바슐라르가 강조하려 했던 것은 그렇다면 구체적으로 어떤 것일까? 아래에서 우리는 이를 요약·

---

277)라는 것이 꽁쉬의 입장이다. 때문에 그에 따르면 "존재하는 것은 자연밖에 없으며", "초월자 없이(sans au-delà) 존재하는 보편적 포괄자(l'Englobant universel)"(*ibid.*, p. 289)가 자연이다. 자연이 초월자(예를 들어 서양철학에서의 '신'과 같은) 없이 존재한다는 것은 곧 자연이 무한자(l'Infini)라는 뜻이다. 그리고 자연이 무한자라는 것은 자연이 기본적으로 인식과 이해에 갇혀 있는 철학의 대상일 수 없다는 뜻이다(*ibid.*, p. 282). 이런 점에서 꽁쉬는 바슐라르보다 더 적극적으로 자연의 의미를 확장시키고 있지 않나 싶다.

23) 참고로 바슐라르는 '구석'을 다루는 부분에서 곡선에 '따뜻함'과 '우아함' 등의 의미를 부여하고 있다. "곡선의 우아함은 거주에의 초대이다. 되돌아올 희망 없이 거기에서 빠져나올 수는 없다. 사랑받는 곡선은 보금자리의 견인력을 가지고 있다. (…) 오직, 곡선의 고리를 바라보며 스스로 몸을 둥글게 하는 몽상가만이, 이 소묘된〔피에르 알베르 비로의 시에〕 휴식의 단순한 기쁨을 아는 법이다 (PE, 138)."

소개해볼까 한다.

i) 무엇보다도 둥긂은 경험이나 지각, 의지나 의식의 대상이 아니다. 단적으로 말해, 둥긂은 사유의 대상이 아니다. 결국 둥긂은 기존의 사유틀(관조, 관찰 등) 내에서는 깊이 성찰된 바 없다는 바슐라르의 입장이다.

ii) 그의 설명대로라면, 야스퍼스, 고흐, 부스케, 라 퐁텐느의 글에 나타난 둥긂, 즉 원의 이미지들은 모두가, "우리들 자신을 응집시키고 우리들 자신에게 최초의 구성을 부여"한다. 그렇게 둥긂은 "우리들의 존재를 내밀하게, 안을 통해 확립시키는데" (210) 기여한다.[24]

iii) 이렇듯 둥긂에 대한 새로운 해석으로 통해 바슐라르는 마침내 〈존재는 둥글다〉는 결론에 이른다. 그리고 일체의 외부적인 중개자 없이 둥긂, 즉 〈rond〉의 세계를 직접 체험할 것을 우리에게 권한다. 둥긂의 이미지들은 "〔기존의〕세계를 지워버리고, 과거를 가지지 않는다. 그것들은 어떤 앞선 경험에서 오는 게 아니다. (…) 만약 우리들이 그것[이미지]들을 그것들의 느닷없음 속에서 파악한다면, 우리들이 그것들만을 생각하며 우리들 전체가 그 표현들의 존재 속에 들어가 있음을 깨닫게 된다. 만약 우리들이 그러한 표현들의 최면적인 힘에 복종한다면, 금방 우리들 전체는 존재의 둥긂 속에 들어 있게 되며 (…) 삶의

24) 구체적으로 바슐라르가 인용하고 있는 이들의 글은 다음과 같다: "모든 현존재는 그 자체에 있어서 둥근 듯이 보인다(야스퍼스, 『진리에 관하여』).", "삶은 아마도 둥글 것이다(고흐).", "사람들은 그〔고흐〕에게, 삶은 아름다운 것이라고 말했다. 천만에! 삶은 둥근 것이다(부스케, 『달의 인도자』).", "호두는 나를 (…) 둥글게 만든다."

둥긂 속에서 살게 된다. 철학자와 화가와 시인과 우화 작가는 우리에게 순수한 현상학의 자료를 준다. 이젠 우리들이 그것을 활용하여 존재의 중심에서 존재의 응집을 배울 차례이다(209)."

iv) 결국 〈원의 현상학〉에서 바슐라르가 말하자 하는 바의 핵심은 우리 각자가 존재의 둥긂 속에서 보다 응집력 있게 나날을 살 수 있기를 바라는 것이고, 그 때문에 그 둥긂은 우리가 예측할 수 있는 "일체의 현실적인, 심리적인 혹은 정신분석적인 의미의 원(212)"이나 수학적·기하학적 원 등과 혼동돼서는 곤란하다고 강조한 것이리라. 왜냐하면 바슐라르는 이미 이것들과는 그 차원이 다른, "둥근 삶"[25]을 제시하면서 각자가 스스로 하나의 "가득 찬 둥긂"[26]을 이루기를 제안하고 있기 때문이다.

v) 바로 이 "가득 찬 둥긂"이 바슐라르에게는 "존재의 모델(212)"이다. 삶의 통일성도 바로 이 "가득 찬 둥긂"에 의해 부여된다.[27] 바슐라르가 〈원의 현상학〉에서 뿐만 아니라 『공간의 시학』 전체를 통해 밝히고자 했던 내용의 핵심이 여기에 있다.

vi) 이렇듯 바슐라르에게 있어 '무한'은 부득이 "둥긂이라는 '질서'"를 취하며[28], 그 속에서 인간 존재가 모든 인위의 구속과

25) PE, 210~211 참조.

26) PE, 211~212 참조.

27) 바슐라르는 J. 미슐레가 그의 『새』에서 시화(詩話)한 "새는 거의 전적으로 구형(球形)이다"는 말에 대해 다음과 같이 해석하고 있다: "미슐레는 새의 존재를 그것의 우주적인 상황 가운데 삶의 응집으로 파악했다. 그리고 그 삶이란 생명의 공간 속에 에워싸여 사면(四面)으로 보호되어 있고, 따라서 최대한의 '통일성'에 이르러 있는 그런 삶이다. 다른 모든 이디지들은 형태에서 오는 것이든, 색깔에서 오는 것이든, 움직임에서 오는 것이든 간에, [이] 절대적인 새, 둥근 삶의 존재라고 불러야 할 것 앞에서 상대성에 떨어져 있다(PE, 408)."

28) 사실 바슐라르는 『공간의 시학』 9장 〈안과 밖의 변증법〉에서 논리학자는 말할 것도 없고 철학자, 심지어는 형이상학자까지도 "선을 그어 사유하며", "심지어는 무한까지도", 마치

족쇄로부터 벗어나 자연의 생명체로 거듭나 삶을 영위하게 될 때, 바로 그 때 그의 무위의 상상력은 완성된다고 볼 수 있다. 바슐라르에 따르면 존재가 "최대한의 통일성(212)"을 이룰 수 있는 것도 바로 이 때이다.

바슐라르가 이와 같이 자신이 꿈꾸는 세계를 제시하는데 있어 장애물이 버티고 있다는 것을 모를 리 없다. 그런데 그가 내린 처방은 의외로 간명하다.

첫째, 우리 스스로가 교양으로부터 비롯될 수 있는 모든 오판의 유혹을 떨쳐버리고, 비록 오랜 검토를 통해 얻어진 철학적 확신들, 개념들이라고 할지라도 이것들을 과감히 폐기처분하고(se déphilosopher), 정신분석 따위를 멀리할(se dépsychanalystiquer) 것.[29]

둘째, 우리 스스로가 당장 미슐레나 릴케와 같은 시인이 될 수 없다면, "언제나 약간 시인들(25)"인 우리가 최소한 그들 곁에서 그들의 시를 즐겨 읽을 것.

특히 바슐라르는 첫 번째 조치가 만일 실천되기 어렵다면 두 번째 조치만으로도 충분하다고 역설(力說)한다. 그의 확신대로라면, "세계는 둥근 존재 주위에서"도 충분히 "둥근 것(214)"일 수 있다. 무한의 세계에 최초로 말을 건넨 자, "말(parole)의 몽상가(213)"인 시인의 역할이 얼마나 바슐라르에게 중요하고 긴요한 것인지, 이 자리에서 우리가 굳이 재론하지 않아도 충분하

지도제작자가 지도를 그리듯, "그려지고 있다"고 비판하고 있다(PE, 192 참조).

29) PE, 211 참조.

리라 본다. "말의 시적 실체를 믿는 철학자〔바슐라르 자신〕가 이런 것 또한 말해둬야 하는 것(213)" 아닌가라는 고백 속에서 우리는 바슐라르가 얼마나 시인들을 흠앙(欽仰)하고 있었는지 충분히 짐작할 수 있기 때문이다.[30] 그리고 바슐라르가 이렇게 무한 세계, 무경계의 세계를 상상력의 놀이터로 삼은 이유도, 앞에서 누차 강조했듯, 상상력의 경계는 결코 유위로 제한되지 않는다는 믿음 때문이라고 할 수 있다.

유위는 주지하듯 오욕락(財色食睡名)의 대명사라 할 수 있으며, 대상의 소유에 집착하는 것이 일반적이다. 반면 무위는 오욕락을 이미 내려놓은(滅)은 상태이기 때문에 대상 자체에 집착하지 않는다. 오욕락을 멸하고 대상을 초월함으로써 바슐라르는 결국 자신의 무한 상상력을 한껏 발휘할 수 있었던 것이고, 현실적이고 물리적인 공간만이 전부인 것으로 착각하고 살아가는 인간 존재에게 경종을 울린 것이다. 요인즉 바슐라르처럼 그렇게 자신의 존재를 무한히 확대할 수 있는 자만이 물리적 공간과 그 속에서의 대상들에 대한 인지적 소유로부터도 자유로울 수 있는 것이다.

바슐라르의 무한 상상력을 논하면서 우리가 놓쳐서는 안 되는 것이 하나 있다. 그것은 다름 아닌 외적 공간으로의 자기 확대, 즉 물리·기하학적인 공간의 소유보다 중요한 것이 내면의

---

30) 제7장 〈세미화(細微畵)〉에서도 우리는 유사 언급을 발견할 수 있다: "우리는 '문학적' 요술을 옹호할 것이다. 요술쟁이의 행위는 〔철학자의 행위와 달리 나를〕 놀라게 하고, 즐겁게 한다. 〔반면〕시인의 행위는 꿈을 꾸게 한다. 그런데 나는 전자의 행위를 살고(體驗), 되살 수 없으나 시인의 글은 내가 몽상을 사랑하기만 하면 나의 것이다 (PE, 148)."

공간, 내밀성의 공간 확장이라는 사실이다. 바슐라르가 궁극적으로 추구하고자 했던 것은 그러니까 물리적·기하학적인 외부 공간이 아니라 인간의 내면·내밀성의 공간에서 무한의 세계, 즉 자신의 잃어버린, 우리 모두가 잃고 사는 자연 세계를 되찾고자 함이다.

바슐라르가 "무한은 우리들의 내부에 있다(169)"고 말한 의미를 놓쳐서는 안 되는 이유가 여기에 있다. 무한은 전적으로 우리들의 내부에 있는 공간이다. 바슐라르가 강조한 '둥긂의 질서' 또는 '존재의 통일성'도 결국은 '우리들 내부'에 터 잡고 있는 인간 존재의 원초성, 자연성의 회복에 그 목표가 있다.

그렇다면 바슐라르가 이제까지 우리가 살펴본 자신의 무한 상상력을 접거나 한 발 양보한 것인가? 결코 그렇지 않다. 바슐라르는 최소한 내적 공간에서 상상력이 발아되고 열매를 맺어야만 외적 무한 공간으로까지 확장될 수 있다고 본 것이다. 그가 "공간은 시인에게 동사 〈펼쳐지다(déployer)〉, 〈커지다(grandir)〉의 주어로서 나타난다(183)"고 말한 이유 또한 여기에 있다. 바슐라르에게는 이렇게 시적으로 "가치화된 공간"은 곧 "동사인 것(183)"이며, 동사는 주지하듯 둥긂으로 상징화된다. 그의 언급대로, "동사는 끝없이 커진다." 상상력처럼 새로운 주인(시인)에게서 새로운 주어(시어)를 만나 종극(終極)을 모른 채 둥글게 확대된다. 어디까지 확대될지 그 경계를 가늠할 수 있는 사람은 아무도 없다. 역설적으로 보일지 모르지만, 따라서 무한은 "우리들의 내부에서나 외부에서나" "결코 〈대상〉

일 수 없다(183).”

그렇다. 바로 그 때문에 무한은 우리의 인식 또는 사유 대상으로 한정될 수 없다. 그렇다면 바슐라르가 이렇게까지 술회하면서 우리에게 궁극적으로 전달하려는 메시지가 무엇일까? 그것은 “내밀의 공간과 세계의 공간, 이 두 공간이 어울리게 되는 것은 그들의 무한에 의해서(183)”라는 데 있다. 결국 서로 분리된 두 공간의 경계를 자유롭게 넘나들 수 있는 것은 무한이 매개될 때라는 것이다. 바슐라르가 ‘안과 밖의 변증법’에게 부연하고 있듯, “안과 밖은 둘 다 〈내밀〉하다. (…) 〔그런데〕 만약 어떤 안과 어떤 밖 사이에 경계가 되는 면이 존재한다면, 그것은 양면으로 고통스러울 것이다(196).”

이런 까닭에 우리는 바슐라르의 무한 상상력을 안과 밖 중 어느 한 곳만을 지향한다고 오판하거나 특정 이론 속에 가두려고 해서는 곤란하다. 그 이유는 바슐라르가 자신의 무한 상상력의 전개를 통해 우리에게 예비해 놓은 자리, 돌려 말해 기심(機心)에 찌든 현대인 모두가 추구해야 할 가치로 요청한 것이 안 또는 밖이 아닌 무한이라는 점 때문이다. 돌려 말해 바슐라르에게 있어서는 안과 밖의 공통분모가 바로 무한인 셈이다.

바로 이 무한으로 말미암아 안과 밖은 서로 “현기증을 교환(199)”할 수도 있고, “서로 도치되고 〔심하게는〕 서로의 적의를 교환(196)”할 수도 있다. 하지만 바슐라르는 그 어떤 경우에도 무한이 어느 한 축으로 고정하는 것을 동의하지 않았으며[31] 오히려 "안과 밖의 변증법이 수없이 많아지고 수없는 뉘앙스들로 다양화(195)"되기를 바랐던 것이다.

결국 우리가 바슐라르의 지도대로 둥근 삶을 살기를 희망한다면, 무한을 자신의 내면에 뿌리내리게 해야 하고 동시에 이를 외부로 무한히 넓혀가야 한다. 이렇게 "그 두 무한이 맞닿는(184)", 상호 작용하는 곳에서 인간이 꿈꿀 때, 바로 그것이 바슐라르가 말하는 진정한 의미의 시적 몽상이고, 그러한 몽상을 통해 마침내 바슐라르적 인간은 '둥근 존재'로 거듭날 수 있게 된다. "외부의 우주와 인간 영혼의 깊이(181)"의 수렴자인 둥근 존재가 바슐라르가 추구하는 진정한 인간상이자 휴머니즘의 새로운 형태인 것이다.

4. 영혼의 울림이자 구원자로서 시: 상상력의 새로운 지평과 존재의 전환

『공간의 시학』을 통해 바슐라르가 "시에 대한 현상학적 탐구(6)"를 추구했다는 것은 널리 알려져 있는 사실이다. 그렇다면 시에 대한 현상학적 탐구를 통해 바슐라르가 궁극적으로 꾀하려는 것은 무엇일까? 그것은 앞에서 우리가 살핀 무한 상상력을

31) PE, 197 참조.

통한 인간 "존재의 전환(6)"에 그 목표가 있다.

그렇다면 어떻게 이와 같은 존재의 전환이 가능할까? 바슐라르에 따르면 존재의 전환이 가능하기 위한 전제조건은 먼저 우리가 시를 읽고서 '영혼의 울림'이 수반되어야 한다. 그는 단순히 "감정적인 반향"을 일으킬 뿐인 시들과 달리 영혼의 울림이 있는 시는 "우리들로 하여금 우리들 자신의 존재의 심화에 이르게 한다(6)"[32]고 강조한다.

그렇다면 영혼의 울림이 있는 시란 대체 어떤 종류의 시를 말하는가? 그에 따르면, 영혼의 울림이 있는 시란 X나 Y란 시인의 a나 b와 같은 시와는 전혀 차원이 다른 시이다. 바슐라르에게 있어 a나 b와 같은 시는 우리에게 단지 그 시가 갖는 "정신의 표면적 풍요로움(7)"만을 전시할 뿐이다. 반면 영혼의 울림이 있는 시는 "우리들 전체를 온통 사로잡는(6)", "순간의 결빙(結氷)(49)"과도 같은[33] 그런 매우 '특별한 시'이다.

이와 같이 "그〔독자〕의 존재에게 기원의 힘을 되돌려주는(32)" 시에 사로잡힌, 시에 홀린, 시에 흠뻑 빠져버린 독자는 그가 읽은 시와 당연 둘일 수 없다. 그리고 이와 같은 시를 접한다는 것 자체가 그 독자에게는 더할 나위 없는 행운이고 희락(喜

32) 바슐라르는 〈반향〉과 〈울림〉을 다음과 같이 구분하고 있다: "반향은 세계 안에서의 우리들의 삶의 여러 상이한 측면으로 흩어진 반면, 울림은 우리들로 하여금 우리들 자신의 존재의 심화에 이르게 한다. 반향 속에서 우리들이 시를 듣는다면, 울림 속에서는 우리들은 우리들 자신의 시를 말한다. 그때에 시는 우리들 자신의 것이기 때문이다.(PE, 6)"

33) 이 인용은 Ch. 바뤼코아가 "순간의 결빙(結氷)에 사로잡힌 수인(囚人), 별이여"라고 표현한데서 따온 것이다. 이를 바슐라르는 다음과 같이 해설하고 있다: "이와 같이 이미지들에 있어서는 하늘의 별들이 땅에 내려와 살고 있는 것처럼 여겨진다. 인간의 집들은 지상의 성좌(星座)들을 형성하는 것이다(PE, 49)."

樂)일 것이다. 왜냐하면 이와 같은 시를 읽고 감동함으로써 비로소 그는 자신의 "존재의 원초(7)"에 닿을 수 있기 때문이다. 사실 바슐라르가 바로 그렇게 시를 읽은 독자 중 한 사람이 아닐까!

영혼의 울림을 선사하는 시에 있어서는 이렇듯 '독자인 나'와 '시' 사이에 가로놓인 거리가 완전히 무화(無化)된다. 둘 사이에는 오직 한 영혼(시인)과 다른 영혼(독자) 간의 울림만이 있을 뿐이다. 시인과 독자의 영혼 간의 끊임없는 대화, 두 영혼의 자연적 교합(交合), 이렇게 형성된 "영혼의 공동체(77)"가 바로 바슐라르가 꿈꾸는 인간 공동체이다.

바슐라르가 꿈꾸었던 공동체는 시가 온 세상에 울려 퍼지는 시인들의 공화국이다. 이 곳에서 한 독자의 영혼에 울림을 주는 시는 곧바로 독자인 '나의 시'가 되고, 이미 그 시는 '나 자신'이기도 하며, 따라서 '나의 존재'와 전혀 구분되지 않게 된다. 이 때 '나'와 그 시는 많은 철학자들이 입버릇처럼 말하는 주-객이라는 상충관계의 도식을 초월해 서로 '하나'가 되고[34], 현상학적으로 빗대어 말해, '지향성의 완성'을 이룬다고 볼 수 있다.[35]

---

34) 바슐라르에게 의식은 "언제나 커져가는 의식이고, 우리의 존재를 크게 만드는 의식"이다. 이것이 바슐라르가 말한 '몽상하는 의식'이다. 이런 이유 때문에 우리는 바슐라르에게 전통적인 주-객 대립의 도식을 적용하기 힘들다. 그에게 몽상가는 "더 이상 주체도 아니고 대상도 아니다. 그는 주체와 대상의 융합이다." 바슐라르에게 "주체와 대상은 더 이상 존재하지 않는다" - 홍명희, 『상상력과 가스통 바슐라르』, 살림, 2005, pp. 56~57 참조.

35) 바슐라르가 여러 저서들에서 즐겨 사용하고 있는 〈현상학, 현상학적〉이란 용어를 그렇다고 훗설과 직접 연결시키는 것은 상당한 무리가 따른다. 바슐라르에게 의식은 훗설에서와 달리 '순수 의식'이 아닌 '상상하는 의식'이고, 그 대상도 훗설에 있어서와 같이 불특정의 무엇(chose)이 아닌 구체적 대상(objet), 즉 시, 시적 이미지이기 때문이다. 결국 바슐라르는 지향성, 다시 말해 주관과 객관 사이의 지향 관계를 훗설과 다른 관점에서

결국 바슐라르가 시를 현상학적으로 탐구하고 독서해야 한다고 강조한 것은 단지 반향만 있을 뿐인 시와 영혼의 울림이 있는 시를 구분할 필요가 있다는 것을 우리에게 양언(揚言)하기 위해서이다. 영혼의 울림이 있는 시를 통해 바슐라르는 스스로도 분명 그가 원하는 존재의 전환을 이루지 않았을까?

영혼의 울림이 있는 한 편의 시, 아니 "단 하나의 시적 이미지(7)"를 통해 존재의 전환을 성취한 바슐라르와 같은 이에게 그의 영혼을 흔들어 놓은 시는 단순한 언어의 조합물에 그치지 않을 것이다. 왜냐하면 그것은 분명 그의 "존재를 〔새롭게〕창조한 것(7)"이기 때문이다. 우리는 이와 같은 바슐라르의 언급을 가볍게 여겨서는 안 될 듯하다. 한 편의 시 속에 새롭게 창조된 세계에 의해 그것을 감상하는 인간 존재가 거듭날 수 있기 때문이다.

'특유의' 시는 이렇게 독자가 어떤 시를 통해 받는 감성적인 반향, 즉 일시적이고 표피적인 감동을 전달하는 시와 달리 독자의 "내면을 건드리는(7)" 시이다. 그리고 마침내는 그 시가 독자의 "내부에 뿌리를 내리게 되고(7)", 급기야는 이렇게 독자의 내부에 뿌리를 튼 시가 결국은 "독자를 시인으로 만들게(8)" 된다. 이 때 시는, 바슐라르에 따르자면, "표현의 생성인 동시에 우리들의 존재 생성이기도 하다. 이 경우 표현이 바로 존재를 창조하는 것(7)"이다. 바슐라르가 『공간의 시학』의 머리말에서 우리

정립했다고 볼 수 있다.

에게 환기시키는 핵심적 내용은 한 편의 시를 통해 인간이 얼마든지 새롭게 거듭날 수 있다는 점이다. 바로 이것이 바슐라르가 본 "시적 이미지의 본질적 새로움(8)"이자 "로고스의 사건(7)", 즉 언어의 사건으로서 한 편의 시가 갖는 위력이자 동력이다. 그리고 바로 이 사건으로 인해 "시적 이미지들이 기원적 가치를 드러낸다(8)"고 바슐라르는 강조한다.

바로 이와 같은 이유 때문에 바슐라르는 기존의 '분석'이나 '비평' 또는 '해석'의 대상으로 시를 논의하는 것에 맞섰던 것이다.[36] 재삼 강조하지만 바슐라르에게 있어 시는 X나 Y란 시인이 선보인 a나 b와 같은 시와 차원이 다르다. 존재를 생성하고 창조하는 시란 "전(前)언어활동을 뒤흔들어(7)" 탄생한 것이기 때문이다. 그렇기에 이러한 시는 '전적으로' 새로운 것이며, 또 바로 그 때문에 유위적(有爲的)인 접근, 비평적·이론적 검열의 눈을 초월해 있다. 따라서 우리가 어떤 시 작품의 내면(signifié), 즉 무한 깊이와 우주성에로 육박하기를 원한다면 결코 시의 표면(signifiant)에 집착해서는 안 된다. 지성(정신)을 통해 "지식에 이르는 길(5)"을 과감히 접어야 하며 영혼의 울림에 의탁(依託)해야 한다. 영혼의 울림에 자신을 맡길 때, 오직 그 때가 아니고서는 "시적 몽상 속에서" 우리의 영혼은 "긴장 없이 (…) 맑게

---

36) 이에 대한 바슐라르의 직접적 비판을 보라: "비평가가 취하는 '객관적인' 태도는 '울림'을 짓눌러 버리며 (…) 심리학의 경우에는 반향에만 사로잡혀 계속 그[심리학자]의 감정만을 '묘사'하려 한다. (…) 정신분석학자는 심리학자보다 [시를] 더 깊이 이해하지만, 그러나 그야말로 그것은 '이해'할 따름이다. (…) 이미지를 해석함으로써 그는 그것을 시적 로고스가 아닌 다른 언어로 번역해버린다(PE, 7)."

깨어 활동(6)"할 수가 없다.

이런 이유 때문에 바슐라르는 "영혼의 참여(5)"를 무엇보다 중요하게 생각했던 것이고, "영혼의 완성(6)"을 시읽기의 목표로 삼았던 것이다. 요인즉, 바슐라르에게 있어 시인과 독자 사이에는 오직 "하나의 영혼의 움직임(6)"이 전제돼 있을 뿐이다. 그의 언급대로 한 편의 시 속에서 우리의 영혼이 "거기에 살며 기뻐하는(6)" 경우, 즉 그 시 속에서 독자가 자신을 예전과는 전혀 다른, 새로운 존재로 전환된 것을 몸소 체험한 경우, 이 때 그의 "영혼은 근원적인 힘"(6)"을 회복한다. 때문에 바슐라르에게 있어서는 이렇게 "영혼의 구원자"[37]로서 역할을 하는 시가 결국에는 "잘 삶의 한 요소(10)"이자 동시에 "행복한 인간(12)"의 원형이기도 한 것이다.

이상에서 살펴보았듯, 바슐라르는 울림이 있는 시의 향유를 통해 궁극적으로 인간 존재의 전환을 추구했다. 존재의 전환을 성취한 자에게 있어 이제 '유위의 나'는 중요하지 않다. 대상을 인식, 지각, 표상하는 나는 사라지고 오직 여여(如如)한 세계만이 존재할 뿐이요, 오욕락을 멸한 상태의 그윽한 마음(幽居), 있는 그대로를 직지(直知)하는 일만이 남아있다. 바슐라르가 〈내밀의 무한〉을 논하는 자리에서, 가스통 루프넬을 인용해 "숲은 나에 앞선 것(avant-moi)이자 우리들에 앞선 것(avant-nous)이다(172)"고 언급할 수 있었던 것도 실은 바슐라르 스스로가 이

37) PE, 5 참조.

미 유위의 동굴에서 빠져나왔기에 가능한 표현일 것이다. 모든 유위를 버리지 않고는 숲(대상)이 나와 함께(avec-moi), 우리와 함께(avec-nous) 존재할 수 없다. 그것이 나와 우리에 앞에 존재하는 것이라고 감히 말할 수 없다. 이런 까닭에 무위의 상상력은 바슐라르를 이해하는데 있어 핵심적이라는 것이 필자의 주장이다.

무위의 상상력이 동작할 수 있기 위해 우리가 먼저 해야 할 일은 자신의 코기토를 버리는 일이다. 바슐라르에 따르면 코기토가 바로 유위의 소인(素因)이다. 이어서 해야 할 일은 분별심을 없애는 것이다. 분별심이란 기본적으로 우리의 정신이 대상을 있는 그대로가 아니라 자신의 관점에서 대상의 위치를 고정시키고 조작할 때 작동한다. 때문에 바슐라르는 우리에게 이러한 고질적인 사유 습관을 따르는 대신 우리의 영혼을 최대한 이완시키라고 주문한 것이다.

> "명상하고 꿈꾸는 이완된 영혼 가운데서 무한은 이미지들을 기다리고 있다. 정신은 대상을 보고 또 본다. 반면, 영혼은 한 대상 가운데 무한의 둥지를 발견한다(174)."

인용문에서 확인할 수 있듯, 바슐라르에게 있어 영혼, "대상 가운데 무한의 둥지를 발견한" 영혼은 지식의 성(城)을 쌓는데 전념하는 지성, 이성이 매달리는 것을 좇지 않는다. 달리 말해 지성이나 이성의 관점에서 보자면 영혼은 일종의 비지식(le non-savoir)을 추구하는지 모른다. 더 정확히 말하면, 영혼은 지식 따위에 연연하지 않는다. 소위 '객관적이고 보편적인 지식'까지도 과감히 놓아버리는 것이 영혼이다. 심지어 바슐라르는 "합리적 인간"이 만들어 놓은, 인위적으로 조작해 놓은 "생각들의 조직"을 "순수한 상상력의 이론에서는 다룰 필요가 없다(202)"고까지 역설한다. 그래서 그는 "상상력의 문제들은 '처음으로'라는 말을 써서 제기할 수밖에 없다(146)"고 술회한다.

바슐라르에게 "비지식이 무지가 아니라 앎의 초월(15)"인 이유가 여기에 있다. 돌려 말해, 존재의 전환은 모든 그럴듯한 교양과 합리적 지식 체계를 넘어섬 없이는 완수될 수 없다는 뜻이다. 무한 상상력을 위해서는 '비지식'도 '비합리'도 우리가 극복하지 않으면 안 되는 하나의 '문턱'인 셈이다.[38] 그것을 넘어서지 않고서는 바슐라르가 말한 무한 세계의 체험도 존재의 전환도 불가능하다. 비지식과 비합리를 기꺼이 자신의 상상력론 안에 통합한 바슐라르이기에 그는 "논리를 초월"한 세계, "지식의 분류표, 도표들"로부터 벗어나 상상력의 새로운 지평을 열 수 있었던 것이다.[39]

38) PE, 141 참조.
39) PE, 143 참조.

5. 바슐라르의 상상력론: 무위, 무한, 무욕의 협주

바슐라르의 상상력 연구에 대한 평가는 다양하다.[40] 신비평, 이른바 테마 비평의 이론적 근거라는 주장에서부터 4원소론, 이미지 현상학, 이미지의 존재론, 원형론, 시론(詩論), 예술심리학, 교육학 등에 이르기까지. 물론 이와 같은 일반적 평가와 해석은 바슐라르가 펼쳐 놓은 상상력의 세계를 사람들에게 널리 안내하고 소개하는 중요한 역할을 수행한다고 본다. 그런데 이 모든 것들 각각이 바슐라르가 펼쳐 놓은 상상력의 세계의 주요 이정표가 될 수는 있을지언정 정작 그의 상상력론의 전체를 아우르고 또 그 근본을 파악했다고 하기에는 불충한 것이 아닌가 생각된다. 이는 바슐라르가 정신분석가가 시를 분석하는 작업을 "꽃을 두엄거름으로 설명(12)"하는 것이라 비판했듯, 어쩌면 우리 역시 동일한 실수를 바슐라르의 상상력을 논하면서 번복하고 있는 것이 아닐지 염려되기도 한다.

바슐라르의 상상력 이론의 전체 윤곽과 근본 자리를 우리는 어디서 찾아야 할까? 곽광수의 지적대로, "바슐라르를 운위하는 〔국내의〕 비평가들이 바슐라르를 안다고만 했을 뿐 바슐라르적 비평을 훌륭하게 적용한 평문을 써내 놓지는 못한"[41] 원

---

40) 이는 어쩌면 당연한 귀결인지 모른다. 바슐라르에게 있어 상상력은 근본적으로 다기능성(multifonctionnelle)을 근간으로 삼기 때문이다(TR, 3 참조).

41) 곽광수, 「바슐라르의 象徵論史」- 이 글은 그가 번역한 바슐라르의 『공간의 시학』에 대한 해설이자 바슐라르 전체 사상에 대한 것이며(G. Bachelard, 『공간의 시학』, 곽광수 옮김, 민음사, 1990, pp. 11~73), 이를 통해 그는 바슐라르에 대한 국내 학자들의 "터무니없는 인상주의(*ibid.*, p. 32)"를 비판하고 있다.

인도 사실 이 근본 자리 찾기에 대한 고민을 게을리 했기 때문에 생긴 것이리라. 물론 곽광수의 비판 자체가 다소 무리한 감은 없지 않지만, 그의 진지한 문제제기는 적극적으로 수용할 필요가 있다고 판단된다. 이는 우리가 그동안 바슐라르가 여러 방식으로 이야기한 것(des dits), 즉 그의 텍스트에만 주의를 기울였을 뿐, 그가 궁극적으로 우리에게 제시하고자 했던 것(le dire)을 도외시한 결과라 할 수 있다. 머리말에서부터 강조했듯, 유위의 눈으로 그의 상상력의 담론들을 덥석 붙들어, 이를 가지고 소금엣밥을 만들어 소개하려는 성급함에 그 원인이 있지 않나 싶다. 물론 소금엣밥만으로도 바슐라르의 상상력 이론에 대해 궁금해 하는 독자의 갈증을 일정 정도는 해갈시켜줄 수 있으리라. 하지만 그렇다고 해서 바슐라르의 상상력 이론의 근본이 무엇인지에 대한 고민을 게을리 해도 된다는 뜻은 아니다. 필자가 그의 상상력 이론의 요체가 무위-무한-무욕의 협주일 것이라는 나름의 가설을 세워본 이유가 여기에 있다.

무위, 무한에 대해서는 앞서 어느 정도 설명했다고 믿기에 아래에서 우리는 바슐라르의 무욕의 정신을 중심으로 논의를 전개해볼까 한다. 바슐라르의 글에서 그의 무욕의 정신을 읽어낼 수 있는 구절들은 많다. 편의를 위해, 『공간의 시학』의 세 문장만을 간추려보기로 하자.

① "말로써 충분하지 않고, 생각으로써도 충분치 않다. (…) 우리들은 시인의 도움을 받아 공간을 전도시켜야 하고, '묘사하고'

싶은 것에서 떨어져 나와야 한다(205).”

② “명상하는 인간을 사로잡는 (…) 몽상들 가운데서는 세부 사항들은 지워지고 현란한 색채는 바래며, 시간은 더 이상 종소리를 내지 않고 공간은 한없이 펼쳐진다. 이러한 몽상들에 정녕 우리들은 무한의 몽상이라는 명칭을 부여할 수 있을 것이다(172-173).”

③ “몽상가가 정녕 ‘무한’이라는 말을 살(體驗) 때(quand il vit vraiment le mot *immense*), 그는 그의 근심에서, 그의 생각에서 자신이 해방됨을, 그의 꿈에서 자신이 해방됨을 본다. 그는 더 이상 그의 무게 속에 갇혀 있지 않다. 그는 더 이상 그 자신의 고유한 존재에 사로잡혀 있지도 않다(178).”

우리는 이 세 문장만으로도 충분히 바슐라르의 무욕의 정신을 엿볼 수 있다. 그가 비록 자신의 상상력론을 위해 무수히 많은 시편들을 인용하고는 있지만, 우리가 상식적으로 생각해봐도, 그가 도달하기를 희망하는 무한의 세계가 언어를 통해서는 정복될 리 없다. 시인은 바슐라르가 도달하고자 하는 ‘그곳’을 현실적인 공간의 전도라는 방식을 통해 우리에게 암시하고 있을 뿐이다. 이런 점에서 바슐라르의 지적대로 “시인의 도움”이 절대적으로 필요하지만, ‘그곳’은 분명 우리 같은 평범한 범부들이 반고반락(半苦半樂)하며 살아가는 이곳(ici-bas)과는 분명 다른 저곳(là-bas)이다. 이를 바슐라르가 몰랐을 리 없다. 그리하여, 하나의 역설과도 같지만, 바슐라르는 ①에서 그의 독자들에게 '그곳' 자체를 묘사하고픈, 형상화하고픈, 언어로 표현하고픈 욕심을 버리라고 말한 것인지 모른다. 이는 궁극적으로 사회적 언어체계를 버리라는 주문이다.[42] 이렇게 주문함으로써 우리를 사회적 언어체계 밖으로 안내하려는 것이 바슐라르의 숨은 의도이다. 그렇지 않다면 사회적 언어체계 안에 상상력이 갇히는 상황이 발생하기 때문이다. 이것이 우리가 해독해낸 무욕의 정신을 드러내는 첫 번째 징표이다.

바슐라르가 지성, 이성이 지배하는 세계로부터 "떨어져 나와야" 비로소 경험할 수 있다고 강조한 '그곳'은 이런 이유 때문에 결코 인위적 접근이나 사회적 언어체계를 통해서는 도저히 가닿을 수 없는 그런 곳이다. 이렇게 바슐라르는 '그곳'이 언어적 '묘사'나 '표현'에 의해 '그려지는' 것을, 다시 말해 인위에 의해 오염되고 소유되는 것을, 설사 그것이 시인의 고통을 동반한 작업의 결과라고 할지라도, 내심 경계(警戒)할 필요가 있다고 느끼지 않았나 싶다. 바꿔 말해, 바슐라르는 결국 '그곳'이 언어라는 형식을 빌려 인위의 감옥 안에 갇히는 것을 원치 않았던 것이다. 따라서 무한은 불가불 '그곳'이라 부를 수밖에 없다. 결국 '그곳'은 인위로 무장된 정주민들에게는 접근불가능한 공간으로, 무위의 삶을 살아가는 시인-유목민들에게 고유한 공간이다.

---

42) 이런 이유 때문에 바슐라르는 〈집과 세계〉에서 일반적인 의미의 독서, 즉 '사회적 독서'와 자신의 '우주적 독서'를 구분하고 있는 것인지도 모른다(PE, 58 참조).

우리는 바슐라르가 말한 '그곳'의 진정한 탐험가가 되지 않고서는 바슐라르가 왜 전통의 지식을 등지고 사유습관을 버려야 한다고 강조했는지 이해하지 못할 것이다.[43] 만일 우리가 '그곳'의 진정한 탐험가라면, 더더욱 '그곳'이 언어로는 정복 불가능하다는 필연성의 역설을 감내하지 않을 수 없을 것이다. 바슐라르처럼 '그 곳'을 개척해가야 하는 것이 우리에게 주어진 필연적인 운명이라면, 우리는 "자신의 존재를 잃어버린 채" "크게, 더 크게 꿈꾸는" 수밖에 없다.[44] 바슐라르가 강조한대로, "무한의 몽상"은 이렇게 "한없이 전개된다"는데 그 의의가 있다. 이것이 바로 『공간의 시학』에서 우리가 해독해낼 수 있는 '무욕의 정신'의 두 번째 징표이다.

생각해보자. 지식, 사유습관이 작동되고 무분별한 욕념(欲念)이 행작(行作)하는 한 우리는 결코 상상력을 무한히 전개시킬 수 없다. 이런 상황에서라면 우리는 대상의 외형은 물론 대상 자체로부터도 구속을 받게 될 것이다. 그런데 무욕의 상상력은 우리에게 대상의 외형은 물론 대상 자체에 대해서까지도 무심(無心)해야 한다고 강조한다.[45] "그 자체 이외에는 다른 배경이 없는 무한(Baudelaire)"의 근원적 가치는 이렇듯 오직 무욕과만 그 의미를 공분(共分)한다. 바슐라르에게 보들레르는 무욕의

43) PE, 1 참조.

44) G. Bachelard, *La flamme d'une chandelle*, P.U.F., 1964, p. 4 참조.

45) 참고로, 불교에서 무심(無心)은 무분별심(無分別心), 즉 분별이 없는 마음을 뜻한다. 분별심이 모든 것을 따지고 계산하는 번뇌심의 일종이라면, 무분별심은 이해득실(利害得失)을 떠난 깨달은 자의 맑고 밝은 마음을 가리킨다.

정신의 전형이자 생각함에 있어서는 물론 상상함에 있어서도, 의식의 차원에서는 물론 무의식의 차원에서까지도 완전히 해방된 '새로운 인간상' 자체였다.

> "그〔보들레르〕는 더 이상 그의 무게 속에 갇혀 있지 않다. 그는 더 이상 그 자신의 고유한 존재에 사로잡혀 있지도 않다."

보들레르에 대한 이 언급이야말로 바슐라르가 우리에게 보여준 무욕의 정신의 백미(白眉)가 아닐까 생각한다. 그 어떤 것에도 '갇혀있지 않은', '사로잡혀 있지 않은', 모든 것으로부터 '떨어져 나와 있는' 보들레르, 바슐라르가 아니고서 어떻게 감히 보들레르가 보여준 시적 경지에 대해 이와 같은 해석을 할 수 있겠는가. 결국 이는 바슐라르 본인이 보들레르와 한 몸이 되지 않고서는 불가능한 형언(形言)이다.

이상과 같은 점을 미루어 볼 때 필자는 감히 바슐라르가 무욕의 선사(禪師)와 같은 반열에 오른 자라 평가하고 싶다.[46] 바슐라르와 같은 무욕의 선사에게 있어 시는 이제 단순히 분석, 비

---

46) K. 윌버의 다음 글에서도 확인할 수 있듯, 우리가 이글에서 바슐라르를 불교적 시각으로 해명한 것이 결코 무리한 시도가 아니라고 생각한다: "서양과학이 이 문제〔세계가 하나의 거대한 유기체라는, 무경계의 세계라는〕를 우연히 발견하기 훨씬 이전부터 동양인들은 이러한 사실을 알고 있었는데, 그것은 동양인들이 한 번도 경계라는 것을 심각하게 받아들인 적이 없었기 때문이다. (…) 동양인들에겐, 인간이 만든 경계 투성이인 지도 밑에 잠복해 있는 전체성을 시사하는 오직 하나의 길(Way), 도(Tao), 법(Dharma)만이 있었다. 실재가 비이원(非二元)이고, 둘이 아니라는 사실을 알고 있었던 동양인은 모든 경계가 환상이라는 사실을 알고 있었다. 그렇기 때문에 그들은 지도와 영토, 경계와 실재, 상징과 사실, 이름과 이름 붙여진 것을 혼동하는 오류를 결코 범하지 않았다." - K. 윌버, *op. cit.*, pp. 76~77.

평, 해석의 대상에 그치지 않는다. 그리고 그 때문에 분석, 비평, 해석에만 능한 그런 서양인의 시선으로 시에 접근해서는 바슐라르가 말한 의미의 시의 깊이가 충분히 해명되지 않을 가능성이 매우 높다. 이런 까닭에 부득불 불교적 시선으로 무애승(無碍僧)의 반열에 오른 바슐라르가 강조한 시 세계를 해명할 필요가 있다고 필자는 판단했다.

재삼 강조하지만, 바슐라르에게 있어 시는 결코 자기표현의 수단이나 도구가 아니다. 바슐라르는 시를 마치 시인처럼 참구(參究)했다.[47] 그에게 있어 "시는 모든 것의 시작이다."[48] 이렇게 바슐라르는 시를 일종의 자기수련의 과정으로 참구했던 것이며, 애써 위대한 시인들의 시를 소개하면서 스스로 깨달은 오도송(悟道頌)의 경지를 우리에게 보여준 것이다.

오도송, 선시(禪詩)는 일반적으로 언어를 부정하는 불립문자(不立文字)를 전제한다. 바슐라르가 위 인용문 ①에서 언어(묘사)로부터 '떨어져 나와야'한다고 말한 것의 진정한 의의가 여기에 있다. 그런데 현실은 어떤가? 대부분의 선시들 역시 거의 예외 없이 언어를 빌려 개오(開悟)의 경지를 어떤 식으로든 표현하고 있지 않은가? 이 또한 부인할 수 없는 사실이다. 그러나 선시에서의 언어적 표현은 언어의 일반적 기능인 의미나 메시지의 전달과는 다른 비언어적 기능으로서 '언어'이다. 다시 말해, 불립문자를 전제로 하고 있지만, 그것은 단지 방편으로 언

47) J.-L. Backès, "Sur le mot 〈continuité〉", *Bachelard, L'Arc*, n° 42, 1990, p. 73.
48) G. Bachelard, *op. cit.*, p. 72.

어의 형식을 빌린 것뿐이다. 때문에 선시에 있어서는 사실 언어가 최대한 절제되며 응축적으로 표현된다. 단적으로, 그 속에 의미나 메시지가 아닌 깨달음을 담는 것!

선시는 이런 이유 때문에 부득불 문자화된 것이다. 그러나 중요한 것은 선(禪)에 있어서도 시(詩)에 있어서도 그 핵심은 모두 깨달음에 있다는 점을 이 자리에서 우리는 기억할 필요가 있다. 이런 이유 때문에 "선이면서 그것이 선이라고 편을 가르지 않아야 진정 시가 되는 것이요. 시이면서 시라고 폼을 잡지 않는 것이 마땅히 참 선인 것이다(禪而無禪便是詩, 詩而無詩禪儼然)."[49]

결국 이렇게 정리하고 보면 선시는 선과 시의 이상적 만남이 아닐 수 없다. 바슐라르는 바로 이러한 세계를, 그의 저서에서 이와 같은 불교적 언어관, 시관(詩觀)이 구체적으로 등장한다고 말하기는 어렵지만, 나름대로 제시하고 있는 것이다. 특히 ③에서 바슐라르는 선의 수행을 통해서나 체득(體得)할 수 있는 물심일여(物心一如)의 경지에서 자신마저도 놓아버린 자유인의 경계를 우리에게 한껏 드러내고 있다. 이는 바슐라르가 모든 것을 비운 곳에 모든 것이 새롭게 채워질 수 있다는 이치를 몸소 터득했기에 가능한 언급이라고 할 수 있겠다. 이것이 바로 필자가 바슐라르와 더불어 강조하려는 무욕의 정신의 핵심이다.

49) 석지현, 『禪詩鑑賞辭典』, 민족사, 1997 참조.

필자의 판단에 따르며, 바슐라르는 이미 산이 물이요, 물이 산이라는 불교적 지혜를 터득하고 있었던 것 같다. 불교에서의 대선사들처럼 다시 산은 산이고, 물은 물이라는 것을 뭇 독자들에게 깨우쳐주기 위해서 말이다. 그런데 현실적으로 우리는 언어와 문자를 떠나서는 살 수 없다(不離文字). 때문에 우리는 언어와 문자를 일방적으로 거부할 수 없다. 또한 "말할 수 없는 것에 대해 침묵하라"는 비트겐슈타인 식의 언어에 대한 회의주의적 입장도 정당한 주장이라 할 수 없다. 언어적 표현이 불가능한 세계, 언어와 문자로 담을 수 없는 세계는 존재한다. 해서 우리는 이에 도전하는 것이고, 이는 불립문자(不立文字)라는 모토만큼이나 간과해서는 안 되는 언어관이다. 불립문자는 불리문자와 구분될 수 없다. 중요한 것은 인언현리(因言顯理)이다. 부언컨대 언어와 문자를 '제대로 사용'하는 것이 관건이다. 때문에 우리는 불립문자만을 선(禪)의 배타적 모토로 내세울 것이 아니라 오히려 언어와 문자의 표현 가능성을 극대화하려는 노력을 해야 하며, 그 유일한 방법이 시일 것이다.

물론 모든 시들이 이렇게 언어의 표현 가능성을 극대화한 것이라 할 수는 없다. 바슐라르도 정확히 파악하고 있듯, "이러한 시는 드물다(14)." "드문 것, 예외적인 것이 통상적인 규칙으로 확립될 수 없다(14)"는 바슐라르의 결론은 따라서 너무도 당연하다. 바슐라르가 쥬브(P. J. Jouve)를 인용해 강조하듯,

> "절대적 창조가 없다면, 시란 없는 것이다."

실제 바슐라르가 『공간의 시학』에서 시에 관한 논의를 전개해나가면서 적극 활용한 시편들 모두가 바로 이렇게 드물게 창조된 시편들임에 틀림없다. 이렇게 시에 대한, 시인에 대한 새로운 해석을 통해 바슐라르는 무명업상(無明業相)의 동굴에 갇혀 모든 것을 유위사심(有爲私心)으로 바라보는 인간들에게 무위무사심(無爲無私心)할 것을 제안하고 있는 것이다. 그리고 이에 기초하여 바슐라르 자신 역시 무위-무한-무욕에 의해 빚어진 지고한 시의 경지를 거침없이 넘나들며 우리에게 그가 직접 체험한 무한의 세계, 무경계의 세계를 마음껏 펼쳐 보여주고 있는 것이다. 필자가 이 자리에서 새삼 강조하고자 하는 바인즉, 바슐라르의 "새로운 시학 정신"[50]은 유위적(有爲的) 시각에 매몰된 자들을 위한 농구(弄具)로 전락해서는 안 된다는 것이다.

6. 무한 상상력을 통해 비상하기

범부들이 사는 현실에서 산은 산이고 물은 물이다. 그런데 산이 물이요, 물이 산이라고 표현함으로써 시인들은 "현실과 비현실을 한데 짜서 의미와 시의 이중적 활동으로 언어를 역동화(17)"한다. 때문에 하나의 대상을 역동적 언어로 (재)창조한 시

50) M.-G. Bernard, "L'imagination parlée", Bachelard, L'Arc, n° 42, 1990, p. 89.

는 분명 현실에 닻을 내리고 있으면서 동시에 '현실의 초월'을 지향한다고 볼 수 있다. 이것이 바로 바슐라르가 말한 상상력의 활동이 갖는 두 기능이다.[51)]

현실과 비현실(현실의 초월)의 중간 지대에 거(居)하는 인간(독자) 역시 자신의 삶의 의미를 현재의 상태보다 배가시키기를 원한다면, 이와 같은 상상력의 두 기능에 대해 깊이 고민할 필요가 있다. 현실만이 전부라거나 비현실은 단순한 공상이나 망상에 불과하다는 이분법적 편견이 문제라는 것이다.[52)] 이러한 이분법적 편견을 일소(一掃)시켰을 때에만 우리는 바슐라르가 말한 상상력이 작동되는 공간 내로 초대받을 수 있고, 그곳은 현실과 비현실, 현실계와 상상계가 서로 '섬세한 관계' 속에서 교환되고 대화하는 곳이자 충돌하고 대립하는 곳이라는 것을 비로소 이해할 수 있다.[53)] 이렇게 서로 상대편에서 자신에게 보완해야 할 것을 기꺼이 구하고, 그런 과정에서 종합(융합)을 이루어가는 것이 상상력의 핵심인 것이다. 현실과 비현실, 즉 두 상반된 영역의 존재는 상호협력, 즉 병력(竝力)에서 그 진정한 존재 가치, 즉 탈이분법적 가치, 자기초월적 가치를 발휘할 수 있게 되는 것이다.[54)]

---

51) 홍명희, *op. cit.*, p. 44: "현실과 비현실, 이 두 세계는 서로 독립적으로 존재하면서도, 서로를 필요로 한다. 비현실의 세계는 현실 세계의 미래를 제시한다. 비현실의 세계가 없다면 현실 세계는 방향성이 없는 우연성의 세계에 지나지 않을 것이다."

52) L. 보이아, *op. cit.*, p. 20 참조.

53) *Ibid.*, pp. 34~35 참조. 보이아는 기본적으로 이 두 영역이 서로 '섬세한 관계'를 이룬다고 파악하고 있다.

54) PE, 67 참조.

이런 점에서 특히 한 편의 시 속에 "현실과 비현실을 한데 직조하는" 시인들의 역할은 오늘날과 같은 현실에서도 여전히 중요하다고 감히 말할 수 있다. 바슐라르의 표현대로라면, 그래서 그들은 "우리들의 스승들(65)"인 것이다. 이는 무엇보다도 시인들이 '새로운 세계'를 창조하고 "현실 세계의 미래 방향"을 제시하기 때문이다. 창조는, 모든 예술 활동에서 그렇듯, 시작(poétiser)에 있어서도 하나의 근본적인 조건이다. 시작(詩作)에 의해 결국 세계가 새롭게 시작(始作)될 수 있고, 바슐라르의 표현대로, 시인의 삶에는 모든 것이 새롭게 시작(詩作, 始作)될 수 있는 배아(胚芽)를 갖추고 있다.[55]

그렇다면 상상력은 시인들만의 전유물이란 뜻인가? 그렇지만은 않다. 바슐라르에 따르면 상상력은 "인간 실존 그 자체(W. Blake)"이며[56], "인간 활동 가운데 마땅히 자신에게 돌아와야 할 자리, 첫 번째 자리"이다.[57] 그리고 "〔모든 인간에게 있어〕 있을 수 있는 가장 자연적인 기능(202)"이 바로 상상력이다. 특히 이 마지막 언급에서 알 수 있듯, 상상력이 어떤 특별한 능력을 가진 사람에게만 부여된 것이 아니라 인간이면 "'누구나' 가지고 있는 능력"이다. 대개의 경우 사람들은 자기 앞에 주어진 일상의 것들에 자연스럽게 다가서지 못하고 습관적 지성으로 재단

55) "몽상가가 그의 정성으로 마술처럼 변화시키는 한 대상에서 출발하여 세계를 재건조(再建造)할 때, 우리들은 시인의 삶에서는 배아(胚芽)아닌 것이 없다는 것을 확신하게 된다(PE, 195)."

56) AS, 8.

57) TV, 63.

하기 일쑤다. 한마디로 일상의 것들에 인식의 그물망을 던져 포획하는데 익숙해져 있다. 사물, 대상, 세계는 그렇게 인간의 포획물이 되고, 또 그렇게 인간의 도구로 쓰여 왔다. 그것들을 있는 그대로 받아들이자면 최소한 상상력의 '순간'이 필요한데도 그 짬, 그 여유가 우리에게 전혀 없다는 것이 문제이다.[58] 그 정도로 현대인들은 자신의 삶에 쫓기며 근본 없이 떠돈다. 마치 실험용 쥐처럼 사각의 공간을 정신없이 오가며 '그저' 목숨을 연명한다고나 할까.

그뿐 아니다. 꽃의 향기를 맡을 시간도 넉넉하지 않은 것이 현대 도시의 직장인들이다. 물론 도시의 직장인들에게 흙을 만질 시간이 주어지지도 않는다. 설상가상으로 흙을 밟지도 않고 하루를 보낼 수 있는 것이 빌딩 숲에 갇혀 사는 현대인들의 초상이다. 도시엔 흙이 없다. 사각의 사무실에 시가 있을 수 없다. 이들이 하루 종일 '투쟁'하는 것이 무엇인가? 그것은 숫자고 이미지뿐이다. 현대기술문명의 상징인 숫자와 이미지가 결국 상상력의 자연적 기능을 인간에게서 탈취해간 것이다. 이것이 소위 현대문명사회의 그늘이고, 우리의 엄연한 현실이다.

물론 적지 않은 사람들이 "이렇게 살아도 되나?"라고 자문하리라. 그런데 아무도 자신에게 주어진 모순적 현실에 대해 저항하지 않고, 아무도 자기 존재의 전환을 시도하지 않는다. 그저

58) 바슐라르는 사물, 대상, 세계 또는 그것들을 창조한 시적 이미지는 "초-상상력의 행복한 시간을 가지기도 해야 한다(PE, 204)"고 강조하고 있다. 이는 그 정도로 우리가 상상할 여유가 없다는, 도대체가 상상할 줄을 모른다는 반증이 아니고 무엇이겠는가.

주어진 현실에 순응하며 살아가는 자들, 이들은 삼독기법(三毒機法)에 빠져 다람쥐 쳇바퀴 돌듯 현실에 안주한다.[59] 상상하는 것은 물론 심지어는 고개를 들고 하늘을 바라보는 것마저도 힘들고 귀찮아한다. 이런 이유 때문에도 우리 모두에게 바슐라르가 강조한 상상력의 현실 초월적 기능과 자연적 기능을 회복하는 일이 시급하지 않나 싶다. 상상력이야말로 퇴화되어버린 인간의 감성을 회복시켜주며, 외부적인 것들에 의해 좌지우지되어 내적으로 균열된 삶을 살아가야 하는 현대인에게 유일한 치유책이라 믿기 때문이다.

상상력은 이제 길 잃은 현대인에게 있어 일시적 피난처가 아닌, 그곳에서 모든 것이 비롯되고 생명을 득하는 삶과 사고의 원천이어야 한다. 삶의 질과 깊이를 위한 상상력, 무한에로까지 확대될 수 있지만 우선 먼저 일상적인 대상들에서부터 행복의 씨앗을 뿌리는 인간과 함께 하고 함께 태어나는 상상력!

이렇게 보면 바슐라르의 상상력론은 우리에게 분명 하나의 '윤리적 제안'을 하고 있는 셈이다.[60] 바로 이 화두를 몸소 실천하기 위해 바슐라르는 이성을 통해 고민하기보다 이성에 의해 아직 알려지지 않은 미지의 세계를 향해 상상하기를 새로운 사

---

59) 박치완, 「삼독기법으로부터 벗어나는 길 - G. 바슐라르의 상상력의 철학이 주는 교훈」, 『불교평론』 제5권 제4호, 2003 참조.

60) M. Voisin, "Bachelard moraliste", *Gaston Bachelard. L'homme du poème et du théorème*, E. U. de Dijon, 1986 참조. 이 글에서 저자는 바슐라르의 『공기와 꿈』을 인용해 '도덕적 상상력' 개념을 새롭게 부각시키고 있다. 그가 볼 때 바슐라르의 상상력은 기본적으로 '인간의 미래(le devenir de l'homme)'를 구상하고 있는데, 바로 그것이 인간의 '도덕적 완성'을 지향하기도 한다고 본다.

유의 길로 택했던 것이고, 상상력이 궁극적으로 지향해야 하는 바가 무엇인지를 우리에게 직접 보여주기 위해 스스로 "뻐꾸기"를 자처하는가 하면[61], "시끄러운 바다", "도시〔파리〕"에서 "삶의 폭풍우"를 견뎌내야 하는 "가여운 철학자(43)"로 자신의 처지를 한탄하기도 하며, "시의 함정에 즐겨 사로잡히기(137)"를 마다하지 않았던 것이다. "진동하지 않는 가치는 죽은 가치이다(67)", "세계는 끊임없이 변화한다(129)", "인간 존재는 정착되지 않은 존재이다(193)"라고 외치며 상상력을 사유의 새로운 이정표로 삼기 위해서 말이다!

여기서 중요한 것은 우리가 과연 바슐라르가 제시하는 '상상력의 학교'에 들어갈 준비가 되어 있느냐이다. 그는 우리를 상상력이라는 '사고의 에덴'으로 초대하고 있다. 그런데도 우리는 여전히 자신의 죄를 가중시키며 머뭇거리고 있다. 어떤 죄인가? 그것은 우리가 사고의 에덴을 모르기 때문에 우리 가까이 존재하는 사물, 대상, 세계와 더불어 상상하는 것을 멀리하고 있는 죄이다. 자연을 멀리하고, 우리 자신의 자연(本性) 또한 거스르면서 말이다. 우리가 이시영의 〈내가 언제〉라는 시를 음미하며 4장을 마무리하려는 이유가 여기에 있다.[62]

---

61) 바슐라르의 다음 언급에서 우리는 충분히 그가 하고 있는 작업이 곧 뻐꾸기의 습성, 부정의 정신의 발현일 수도 있다는 점을 읽어낼 수 있다: "상상력은 어떤 예외라도 예외를 앞에 두고서는 발분(發憤)되는 법이다. 상상력은 (…) 〔다른 새들의 집에 들어가 자신의 알을 낳는〕 불법거주자 뻐꾸기의 습성에다, 짓궂은 이야기들을 갖다 붙이며 즐거워한다(PE, 122)."

62) 이시영, 『이슬 맺힌 노래』, 들꽃세상(들꽃세상시집 4), 1991.

시인이란, 그가 진정한 시인이라면

우주의 사업에 동참할 수 있어야 한다

그러나 내가 언제 나의 입김으로

더운 꽃 한 송이 피워낸 적 있는가

내가 언제 나의 눈물로

이슬 한 방울 지상에 내린 적 있는가

내가 언제 나의 손길로

曠原을 거쳐서 내게 달려온 고독한 바람의 잔등을

잠재운 적 있는가, 쓰다듬은 적 있는가

우리가, 언제, 과연 이(李) 시인처럼 일상에서 접하는 것들에 대해 이렇게 따뜻한 시선을 가져본 적이 있던가. 우리 스스로를 이렇게 되돌아보는 것만으로도 면죄부가 된다면, 우리는 지금 당장 유위와의 무익한 투쟁을 접고 무위(無爲), 무욕(無欲)의 자세로 임해야 할 것이다. 무한(無限)의 바다 위에서 자신의 꿈을 전개시키는 '호기심 많은'[63] 어린이로 거듭나야 할 것이다. 현대처럼 "어른이 된 우리들의 삶(24)"이 "어린 시절의 왕국(25)"에 비해 결코 낫다거나 행복하다고 장담할 수 없다면!

63) 바슐라르에 따르면, 호기심이 발동되지 않으면 기본적으로 상상력이 발흥될 수 없다. 어린 아이들이 자신이 가지고 노는 장난감을 부수어 그 속에 무엇이 있는지를 확인하는 것처럼, 우리가 최소한 겉으로 드러난 것과 다른 것을 보기 위해서라도 사물들에 대해 호기심을 갖고 그 동안의 '봄의 수동성(la passivité de la vision)'을 교정할 필요가 있을 것이다(TR. 8~10 참조).

제5장

시(詩): 순간의 형이상학과 우주를 향해 열린 창

제5장

시(詩): 순간의 형이상학과 우주를 향해 열린 창

1. 순간의 형이상학으로서 詩와 새로운 우주에로의 여행

바슐라르는 플라톤처럼 철학을 위해 예술(특히 詩)을 멀리 하거나 버리지 않고 오히려 그와 반대로 시와 함께하는 철학(une philo-poétique), 상상하는 사유(pensée imaginante), 인간에게 무한 우주를 꿈꿀 수 있도록 미지의 영토를 확장한 철학자다. 철학의 사생아로서가 아니라 적자(嫡子)로서의 시, 형제로서의 시학, 그가 볼 때 시와 시학은 이렇듯 인간과 자연, 인간과 인간을 매개하는 최고의, 최상의 방편이었다. 단적으로, 그에게 포에지(poésie)는 미물에서 우주까지를 연결시켜주는 존재의 끈이자 인간이 우주와 비로소 하나 될 수 있게 하는 생명줄, 인간이 곧 우주가 되는 유일무이한 소통의 통로, 비밀의 문이었다.

이런 이유 때문에 그의 시학을 펼쳐든 독자들은 그의 안내를 받으며 아주 생소하고도 독특한 세계를 경험하게 된다. 그 이유는 그의 자유로운 상상력의 세계에의 동참이 '나'의, '우리'의 삶과 직접 맥이 닿아 있기 때문이요, '나'의, '우리'의 행복과 뿌리가 연결되어 있기 때문이다. 그의 휴식은 '나'의, '우리'의 휴식이며, 그의 상상력과 꿈은 '나'의, '우리'의 상상력과 꿈으로 전이된다. 그가 전개해가는 새로운 인문학적 향연은 이렇듯 독자들을 유혹하기에 충분한 것들로 가득 차 있다.

이처럼 바슐라르의 시론, 시학을 읽는다는 것은 한마디로 이성에 짓눌려 있는 감성이 깨어나게 하는 일과 깊은 관계가 있다. 그의 시론, 시학은 시에 관한 담론이라기보다는 그의 비평 자체가, 비록 형식은 다르지만, 마치 유사-시를 읽는 기분이 들게 한다. 만년의 한 인터뷰에서 스스로도 고백하고 있듯, 바슐라르에게 있어 시, 시를 읽는 일은 생의 마지막 순간까지도 그의 유일한 소일거리이기도 했다.[1)]

때문에 바슐라르의 철학에 따라붙는 이런저런 평가들은 많지만, 시의 탐험이야말로 그의 사유의 중심에 위치하고 있다는 것만은 부인하기 힘들 것이다. 5장에서 우리가 〈바슐라르와 詩〉라는 주제로 바슐라르와의 대화를 꾀해보려는 이유가 여기에

---

1) "Bachelard parmi Nous ou l'héritage invisible"(1961년/1972년) 참조.

있다.

바슐라르에게 시란 무엇인가? 그의 정의대로라면, 시는 "순간의 형이상학"이다. 바로 이 '순간'에 시와 독자, 시의 우주와 독자의 존재가 상통한다는 것이 바슐라르의 시에 대한 기본 믿음이다. 그가 왜 이토록 시(의 세계)와 순간에 집착하는 것인지 「시적 순간과 형이상학적 순간」이란 글에서 먼저 한 구절을 인용해보기로 하자.

> "시는 순간을 탐구한다. 시는 순간만이 필요하다. 시는 순간을 창조한다. 순간 밖에는 단지 산문과 노래가 있을 뿐이다."[2)]

바슐라르는 어떤 의도로 일상적 의미의 '지속(순환)-시간'이 아닌 '순간-시간'을 시작(詩作)과 시의 본질로 특화시키고 있는 것일까? 우리는 여기서 바슐라르가 한 편의 (탁월한) 시 앞에 철저히 알몸의 단독자(l'homme seul et solitaire)로 서고자 한다는 것을 간파해야 한다. 〈한 편의 탁월한 시 앞에선 바슐라르〉! 바슐라르는 '언어(표현)의 꽃'인 시를 여느 예술작품들과 구분하고, 다시 이를 순간과 한 판 모험을 벌인 것이다. 한 편의 탁월한 시 앞에 선 단독자에게 획일적 삶의 시간(le temps de la vie)은 거추장스러운 방해자일 수밖에 없다. 이 삶의 시간은 시적 대상에로 다가서려는 몽상하는 주체 바슐라르에게는 '환영'일 뿐이

2) DR, 232.

다.[3] 그래서 삶의 시간, 즉 지속-시간은 바슐라르의 입장에서 볼 때는 반시적(反詩的)인 시간에 다름 아니었던 것이다. 바슐라르가 말한 시적 순간은 이런 점에서 비현실적, 비사회적 층위에 속한 것일지도 모른다.[4] 그런 만큼 철저히 개인(주관)적인 차원에 머문 것이라는 비판을 받을 수도 있다. 그러나 '개인적' 차원에 머무는 것이 과연 바슐라르 비판의 빌미가 될까? 결코 그렇게 생각되지 않는다. 그 이유는 무엇보다 순간의 시가 독자에게 우주를 관통하게 하는 깊이와 존재와의 통합을 가능케 한다는 점 때문에 그렇다. 오직 한 편의 시와 바로 그 시의 독자인 바슐라르만이 존재하는 찰나를 한 번 상상해보라.

바로 이 찰나의 순간에 바슐라르 주위에 존재하는 모든 것이, 사르트르의 말대로, 무화(néantiser)될 것이다. 그렇다면 모든 것이 무화되고 남은 것은 바슐라르와 시의 독대(獨對), 그리고 둘 사이의 긴장과 침묵뿐이지 않는가!

그렇다. 그 침묵의 순간에 존재하는 것은 오직 '그와 시'뿐이다. 그가 '지금'이란 바로 그 '순간'에 읽고 있을 '그의 시'뿐이다. 그리고 결국 그 순간을 장악하고 있는 것은 시이다. 때문에 "시

---

3) "실체로 여겼던 지속은 단지 우리로 하여금 환영(fantôme)을 쫓아가게 할 뿐이다. 지속과 실체는 정말 어찌할 수 없는 상반 관계로서, 한 편이 다른 한 편에 대해 같은 작용을 한다. 마치 거짓말의 우화처럼 서로 상대방을 실망시키는 것이다 - G. Bachelard, *L'intuition de l'instant*, Denoël/Gonthier, 1932, p. 33.

4) 물론 삶의 시간이 일반적으로 '의미의 세계'의 중심을 이루고 있다는 것은 누구도 부인할 수 없는 '사실'이다. 의미의 세계는, 바슐라르의 말에 약간의 주석을 보태건대, '산문'의 세계며, '노래'처럼 철저히 다중이 공유하는 세계다. 그런데 바슐라르는 이와 같은 산문의 세계를 부인하고 '순간의 시'를 선택한다. 그 이유는 '순간의 시'가 독자에게 존재론적 초월을 인도하는 반면, 산문은 단지 의미의 공유라는 사회적(인식론적) 차원의 담론을 생산할 뿐이라고 보았기 때문이다.

는" 그 어떤 것의 개입도 방해도 불허하며 오직 "순간만이 필요하다"고 바슐라르는 본 것이다.

> "우리 자신 안에 길들여 있는 단순한 것, 강한 것, 항구적인 것, 그 모든 것들은 순간의 산물이다."[5]

바슐라르에게 있어 순간은 이렇듯 모든 존재를 새롭게 탄생시키는 요체이자, 모든 존재를 현상적으로 설명하는 이론이 아니라 내재적으로 규명하는 원리이다.[6] 바로 이러한 '순간'을 '재창조'하는 일, 이러한 순간을 한 편의 시를 독서함으로서 확보하는 일, 이것이 시의 독자 바슐라르가 포착하려고 했던 순간의 진정한 의미이다. 시인과 같은 제2의 창조가 시의 독자인 바슐라르 본인에게서 이루어지기 위해서는 오직 순간 밖에 필요치 않았던 것이다.[7]

그렇게 바슐라르는 그가 읽은 시편들과 하나 되어 마침내 '그의 시', 바로 그 시가 펼치고, 전달하는 우주를 내재화, 자기화한 것이다. 그리고 바로 그 때 바슐라르는 몽상하는 자아의 최대 환희와 행복을 느낀 것이다.

이 창조적 순간에 바슐라르 자신과 그가 대하는 시와의 상호

---

5) G. Bachelard, *op. cit.*, p. 34.
6) *Ibid.*, p. 27 참조.
7) "즉, 독자는 시인의 시에 대하여 작가와 동일한 창조적 의식의 권위를 가지고 몽상을 하게 되는 것이다. 이러할 때 독자는 작가와 동일한 경지에 놓이게 된다" - 홍명희, 『상상력과 가스통 바슐라르』, 살림, 2005, p. 60.

삼투가 일어나는 것은 물론이며, 그 스스로는 마침내 시신(詩身)이 된다. 그리고 그의 시혼(詩魂)은 지각, 인식, 사유 등 거추장스런 지식의 잣대들을 떠나 새로운 시의 우주로 진입한다. 시의 우주와 한 몸이 되어 천상을 자유롭게 비상하게 된 바슐라르, 그에게는 존재하는 것은 오직 시뿐일 것이요, 그 시가 뿜어내는 시향(詩香)에 취해 그 자신도 시가 되고 말 것이다.

시와 한 몸이 된 바슐라르! 이렇듯 바슐라르는 보들레르나 랭보, 말라르메나 엘뤼아르, 그리고 로트레아몽 등의 시를 읽으며 그들의 시와 분리되지 않은 경지를 체험한다.[8)] 한 편의 시를 통해서도 이렇게 새로운 우주와 한 몸이 될 수 있었던 바슐라르, 이런 그에게 시계바늘이 가리키는 시간, 양적인 시간, 즉 세속적 삶을 서로 통제하고 통제받기 위해 요청된 시·분·초가 얼마나 거추장스럽게 느껴졌겠는가. 그가 볼 때 이런 시간은 세계, 존재와의 직접 통교(通交)를 가로막는 늘어진 시간, 죽은 시간, 여분의 시간, 아무 내용이 없는 시간으로 비쳤을 것이다. 보다 구체적으로 말해, 이러한 일상적 의미의 시간은 그가 『지속의 변증법』이나 『순간의 직관』 등에서 일관되게 추구했던 존재에의 접근, 새로운 우주의 체험을 가로막는 장애물에 불과하다.

따라서 일상적 의미의 시간, 단순히 연속될 뿐인 시간(la

8) 물론 보다 냉정하게 이야기하면, 바슐라르와 시는 서로가 역(逆)이자 짝이며, 서로는 짝이자 역이다. 역인 것은 그가 읽은 시가 타인의 시이기 때문이다. 바꿔 말해, 그는 어디까지나 독자의 신분이다. 그러나 짝인 것인 이미 그들의 시와 그가 이미 둘이 아니기 때문이다. 둘이 아니라는 것은 바슐라르의 시적 독서(la lecture poétique)의 역할이 얼마나 큰 것인지를 말해준다. 보다 상세한 언급은 J. Plessen, "Bachelard et le langage", *Bachelard*, Union Générale d'Editions, coll.《10/18》, 1974, pp. 211~212 참조.

continuité simple du temps)은 철학자, 형이상학자가 고민하고 탐색해야 하는 본질적 시간이 아니라고 바슐라르는 강조한다. 하지만 일상적 삶 속에서 범부인 우리는 여전히 시계 시간으로부터 벗어날 수 없다. 이를 바슐라르가 몰랐을 리 없다. 그래서 더더욱 〈순간이 전부〉라는, 〈순간에 모든 것을 걸었던〉 바슐라르만의 독특한 시간 개념이 우리에게 한 편으로는 낯설고, 다른 한 편으로는 매우 값진 것으로 여겨지는 것이다. 그것이 우리에게 '낯선' 것은, 그럼에도 불구하고, 순간만이 시간의 전모가 아니기 때문이요, 그럼에도 '값진' 것은 바슐라르처럼 그런 순간의 깊이, 탁월한 시들이 보여주는 우주의 숨결을 대개는 경험하지 못한 채 허겁지겁 일상적 시간에 쫓겨 살아가고 있기 때문이다.

바슐라르가 "철학자들의 절반 정도는 결코 형이상학자가 될 수 없다"고[9] 경고한 것도 바로 이 후자를 겨냥한 일타가 아니고 무엇이겠는가. 바꿔 말해, 그가 "철학자들의 절반 정도가 결코 형이상학자가 될 수 없다"고 말한 것은 일반적으로 많은 철학자들이 '영원' 또는 '지속'의 노예가 되어 '순간'을 간과했다는 사실을 의미한다. 그러나 바슐라르에게 있어서는 순간 없는 영원과 지속은 씨도 뿌리지 않은 채 열매부터 기대하는 것과 다를 바 없다. 바슐라르에게 있어 영원과 지속은 어디까지나 순간의 영원이고 순간의 지속일 뿐이다.

바로 이러한 순간에 대한 편견을 뒤엎고 바슐라르는 순간에

9) G. Bachelard, *Fragments d'une poétique du feu*, P.U.F., 1988, p. 33.

자신의 모든 것을 걸고, 순간을 그의 새로운 사유의 벡터로 삼은 것이다. 그리고 순간을 시와 연결시켜, 마침내는 형이상학과 시를 동격으로 놓기에 이른다.

> "시는 순간화된 형이상학이다. 때문에 비록 한 편의 짧은 시라 할지라도, 그 속에는 우주의 비전과 영혼의 비밀, 존재와 대상들의 비밀이 동시에 부여되어야 한다."[10]

바슐라르의 말을 다시 반복하건대, 〈시는 순간화된 형이상학이다.〉 이를 돌려 말하면, 시가 곧 형이상학 중의 형이상학이란 말과 다르지 않다. 그러기에 바슐라르는 시 속에는 반드시 "우주의 비전과 영혼의 비밀, 존재와 대상들의 비밀이 동시에 부여되어야 한다"고 요청하고 있는 것이다. 결국 이는 한 편의 시에는 한 권의 형이상학 텍스트를 충분히 상쇄하고도 남음이 있다는, 바슐라르의 확신을 엿볼 수 있는 대목이기도 하다. 한 편의 시 속에 만일 그가 요청한 것처럼 우주의 비전과 영혼의 비밀, 존재와 대상들의 비밀이 구족(具足)되어 있다면, 이보다 더 효과적이고 '경제적인' 형이상학적 텍스트가 있을 수 있겠는가.

이런 의미에서 바슐라르가 「시적 순간과 형이상학적 순간」에서 말하고 있는 시(Poésie)를 김 아무개나 박 아무개가 쓴 X, Y, Z와 같은 시 정도로 간주해서는 곤란하다. 왜냐하면 그에게 '포

10) DR, 224.

에지'는 소위 일반적인 형이상학, 그 텍스트들이 요구하는 "원칙, 방법, 증거를 모두 거부"한데서 출발하고, 그런 형이상학적 텍스트들이 노정한 "속이 텅 빈 말들을 공격"하며, 그런 텍스트들을 읽는 독자에게 저자의 생각을 전염시키려는 설명과 의미의 '산문'을 침묵케 하는데 목표가 있기 때문이다.[11]

바로 이런 점에서 〈순간화된 형이상학으로서 시〉는 바슐라르에 의해 문자 그대로 '새로운' 형이상학을 여는데 필수적인 매자(媒子)의 역할을 부여받고 있다. 다음 인용문에서 재삼 확인할 수 있듯, 바슐라르는 상식적 시간(삶의 시간, 횡적 시간, 순환적 시간)과는 완전히 '다른' 시간, 즉 '순간'에 닻을 내림으로써 종국에는 전대미문의 수직적이며 우주적 시간(temps *vertical et cosmique*)과 시를 하나로 통합시키기까지 한다.

> "모든 참다운 시 속에서, 우리는 정지된 시간, 척도를 따르지 않는 시간, 즉 강물이나 지나가는 바람처럼 수평적으로 사라져버리는 상식적 시간과 구별되는 '수직적'이라고 부를 수 있는 시간의 요소들을 발견할 수 있다."[12]

바슐라르에게 있어 이 수직적 시간은 그러니까 한 인간이 번

11) *Ibid.* 사르트르도 『문학이란 무엇인가』 제1장에서 시와 산문을 구분하면서 바슐라르와 유사한 이야기를 한다: "의미를 가지고 '기호'가 지배적인 힘을 행사하는 영역, 그것은 산문이다. (…) 〔반면〕 차라리 시는 전혀 말을 '사용'하지 않는다고 하는 편이 옳을 것이다. 오히려 시는 말에 '봉사한다'고 하고 싶다."(김붕구 역, 문예출판사, 1996, pp.14~15) - 박치완, 「사르트르와 시」, 『시인 세계』 제12호, 2005 참조.

12) DR, 224~225.

민과 질곡의 지상계, 속계(俗界)에서 벗어나 드넓은 우주로 나아갈 수 있는 유일한 순간이다. '시'를 매개로 인간이 '지상 위에서 사는 동물'로서는 맛볼 수 없었던 자기초월을 체험하게 되는 것도 이 때이다. 그 순간 "시간은", 바슐라르의 언급대로, "더 이상 흐르지 않는다. 그것은 용솟음친다(Le temps ne coule pas. Il jaillit)."[13)]

용솟음치는 시간, 시계 시간으로부터 철저히 단절된 시간, 이는 이미 시간이라는 척도, 즉 일직선으로 흐르거나 또는 순환하는 그런 상식적 의미의 시간의 고리를 초월한 '시간'이다. 용솟음치는 시간은 이런 점에서 "정지된 시간"이자, 시간의 자체의 정지라고 할 수 있다. 바꿔 말해, 상식적 시간에 종지부를 찍고 우주적 시간의 시작을 알리는 '시간 아닌 시간(le temps non-temporel)'이다.

바로 그 '순간'을 몸소 체험하기도 했었을 '바슐라르'는 그 찰나적 순간에 스스로 시간이란 기호, 개념을 완전히 초탈하게 된다. 한마디로 말해, 이승의 온갖 고민과 번민을 잊고서 우주적 시간 안으로 진입하게 된다. 이 우주적 시간 안에서 그는 세상의 모든 번뇌는 물론 카르마(業)까지도 일소(一掃)시켰을 것이다. 대자연, 우주에 소속된 '형이상학적 인간'이 된다는 것은 바로 이런 의미에서 불교에서 말하는 일종의 '해탈'의 경지와 크게 달라 보이지 않는다.

---

13) DR, 227.

따라서 형이상학적 인간은 이 "용솟음치는" 순간에 자기 변혁 및 도약을 위해 주어진 절호의 기회를 붙들어야 한다. 바로 그 순간에 시간 자체가 비로소 정복될 수 있기 때문이다. 형이상학적 인간에 의해 이렇게 정복된 시간은 "죽어가는 시간 속에서 살아갈" 뿐인 범부들에게 얼마나 신선하고 경이로운 세계겠는가. 바슐라르 그러니까 바로 이 순간의 빛에 인도되어, 그것을 마치 시지프스처럼 하나의 십자가로 짊어진 것이다.

물론 바슐라르가 말한 이 우주적 시간, 즉 순간이 누구에게나 주어지는 것은 아니다. 앞선 인용문에서도 확인했듯, 그에 따르면 오직 시인에게만 이 절대-순간을 탐구하고 창조할 수 있는 능력이 부여되어 있다. "시간을 먹는 시인"[14], 로트레아몽처럼 상식적 의미의 수평적 시간에 저항해 "그 스스로 〔자신만의〕 시간을 정하고, 〔바로〕그 시간을 〔스스로가〕 창조"했을 때, 또는 보들레르처럼 시인 스스로가 그런 "내밀하고 내적인" "시간 속에 살고 있지 않고는"[15], 이 우주적·수직적 시간의 깊이와 비밀은 공유되기 힘들 것이다. 그런데 시인-바슐라르는[16] 그러한 시간들을 창조한 "참다운 시(le vrai poème)"를 접하면서, 그 스스로가 바로 이런 창조적 순간을 하나의 '은총'으로 접대한 것

14) G. Bachelard, *Lautréamont*, J. Corti, 1939, p. 8: "어떤 시인들은 공간을 먹어치우고 흡수한다. 그들은 항상 소화할 하나의 우주를 지니고 있는 것 같다. 그보다 훨씬 수가 적은 또는 다른 시인들은 시간을 먹어치운다. **로트레아몽은 시간을 가장 잘 먹는 시인들 중의 한 사람이다**." - 진하게 표시한 부분은 필자 강조.

15) *Ibid.*, pp. 9, 56 참조.

16) G. 풀레, 『비평과 의식』, 조한경 역, 탐구당, 1990, p. 179: "바슐라르는 시인이 되기 위해 과학자가 되려 한다는 것이다. 그는 말하자면 **시인인 동시에 과학자**이다." - 진하게 표시한 부분은 필자 강조.

이다.[17] '무명(無明)의 상태에서 잃어버린 낙원의 시간', '신성한 시간', '시간에 대한 의식이 지워진 시간'을 되찾은 것이다.[18]

지금까지 우리는 〈시가 곧 순간의 형이상학〉이라는 바슐라르의 주장에 대해 살펴보았다. 바슐라르의 이러한 주장에 대해 동의하든 부정하든 그것은 각자의 자유다. 그러나 바슐라르가 새롭게 열구(熱究)한 '순간' 덕에 우리는 시와 형이상학, 이 둘을 동일 지평에서 연구해야 한다는 화두를 물려받았다. 더욱이 시적-형이상학적 순간(l'instant poético-métaphysique)이 우리에게 진정 새로운 우주를 선사할 수 있다고 믿는다면, 바슐라르와 더불어 각자의 꿈꾸기는 계속되어야 할 것이다. 아래에서 우리는 바슐라르의 시에 대한 열정을 객관적(과학적) 사고와의 대비를 통해 재차 부각시킴으로써 그에게 있어 시적 몽상의 세계로의 전환이 얼마나 간절한 것인지를 소개해보려 한다.

---

17) 〈은총의 찰라〉는 엘리아데의 다음 글에서 착안한 표현이다: "시간을 측정하는 것은 〔산스크리트어로〕 크사나, 즉 '순간'에 의해서다. 그런데 이 단어는 '은총의 찰나'라는 의미도 가지고 있다. (…) 인간이 시간에서 탈출할 수 있는 것은 바로 이 은총의 찰나를 매개로 해서이다." - M. 엘리아데, 『이미지와 상징』, 이재실 옮김, 까치, 2000, pp. 95~96.
18) G. Bachelard(1932), *op. cit.*, pp. 47~48 참조.

2. 객관적(과학적) 사고를 초월한 詩, 그리고 시적 몽상의 세계

"시적 표현의 법칙 자체는 사고를 초월한다는데 목표를 둔다."[19]

"상상하기 위해 우리는 철학을 폐기처분시켜야 한다."[20]

이 두 인용문은 우리에게 바슐라르에게 있어서는 시가 철학보다, 상상력이 사유보다 선행하고, 존재론적 차원에서 고차의 세계를 지향하고 있음을 확인시켜주는 구절이다. 바슐라르가 이렇게 세계를 '상상력'을 통해 '시적'으로 '이해'해야 한다고, 특히 후기에 이르러서 보여준 일대 방향전환은 그가 초기 사상에서 보여준 태도와 비교할 때 상충하는 부분이 있다는 것이 주지의 사실이다. 그렇다면 왜 이렇게 바슐라르가 과학에서 철학으로, 철학에서 다시 시로 방향전환을 하게 된 것일까? 이는 그의 학문 여정에 있어 필연적인 선택이라 할 수 있는가? 아니면 하나의 우연한 사건 또는 임시변통적인 행동일 뿐인 것인가? 단도직입적으로 말해, 바슐라르가 그의 몸에 밴 철학과 과학이란 영지(領地) 대신 시와 몽상(상상)이라는 속지(俗地)를 선택한 것은 결코 우연이 아니다. 바슐라르 스스로 "그것은 하나의 계시였습니다"라고 고백할 정도였으니[21], 그에게 있어 몽상과 포에

---

19) AS, 12.
20) PE, 211.
21) P. Quillet, *Bachelard*, Seghers, 1964 참조.

지는 그동안 그가 천착했던 철학과 과학의 영역과는 다른 깨달음에 기초한 것임이 분명하다. 물론 과학과 철학에서 추구하는 '객관적 사고'의 중요성을 누구보다 잘 아는 자가 바슐라르이다. 그런데 흥미롭게도 그는 객관적 사고의 정상에서 바로 몽상이 시작된다는 사실을 깨달은 것이다. 깨달은 것이다. 『부정의 철학』에서의 다음 구절을 보라.

> "다른 곳이 아닌 바로 그 곳〔객관적 사고의 정상〕에서 신비한 몽상은 탄생한다. 몽상은 사고 속을 모험하며, 모험 속에 사고한다. (…) 몽상은 사고에 의한 사고의 계시를 추구한다."[22]

이렇듯 바슐라르는 "모든 것이 과학에서 가능한 것이 아니"[23]라는 것을 인식하게 됨으로써 '깨어 있는 꿈', '몽상하는 의식'의 중요성을 새삼 깨닫게 된 것이다. 주지하듯, 꿈과 몽상은 과학의 영역에서는 말할 것도 없고, 주류 철학에서 명석·판명함의 대명사인 의식의 대(對)로 거부되었다. 보다 직접적으로 말하면, 꿈과 몽상은 명석·판명한 의식에 의해 사유권역 밖으로 '잘려나간' 것이나 다름없는 상태였다.[24] 그런데 바슐라르는 근·현

---

22) G. Bachelard, *La philosophie du non*, P.U.F., 1949, p. 139.

23) G. Bachelard, *La formation de l'esprit scientifique*, J. Vrin, 1938, p. 221. 객관적 사고의 대명사인 근대과학의 특권적 지위가 무너지고 있음을 바슐라르는 같은 책에서 다음과 같이 적고 있다: "혼란, 다양, 비정상을 몰아냄으로써 우리는 항상 존재의 테이블로 되돌아가는 경향이 있다. 그런데 현대물리학의 가장 충격적인 양상의 하나는 현대물리학이 오로지 혼란의 영역에서만 활동한다는 사실이다(*ibid.*, p. 58)."

24) J.-J. Wunenburger, "La pensée tranchante", *Revue de l'enseignement philosophique*, n° 6, 1988 참조.

대의 많은 철학자들이 초지일관 추구해온, 데카르트로부터 시작되어 훗설로 연결되는, 명석·판명함이란 '의식의 대로(大路)' 위에 과감히 꿈과 몽상의 씨앗을 뿌린 것이다. 그리고 이를 요의 의식과 재결합시켜 '꿈꾸는(몽상하는) 의식'이라는 '제3의 길'을 내기에 이른다.

이런 점에서 바슐라르의 꿈꾸는 의식, 몽상하는 의식은 철학 일반의 잣대로는 평가할 수 없는 "특수한 의식"[25]임에 틀림없다. 때문에 바슐라르가 염두하고 있는 의식(conscience rêvante, cogito du rêveur)은 무엇보다도 근대적 의미의 의식과 구분할 필요가 있다. 바슐라르의 몽상하는 의식, 꿈꾸는 의식은 근대의 전횡적·일방향적 의식을 겨냥한 것이기 때문이다. 부언컨대 바슐라르의 의식은 '대존재의 내부(à l'intérieur de l'Etre)'를 탐험(P. Ricoeur)[26]하는 의식이다. 대존재의 내부를 탐험함으로써 바슐라르는 우리 스스로에게 아직 때가 묻지 않은 채로 간직되어 있는 의식의 면면을 밝히고자 했던 것이다. 이 점에서 바슐라르의 몽상하는 의식, 꿈꾸는 의식은 근대적 의식은 물론이고 프로이트의 무의식과도 다른 노선을 취한다. 프로이트에게 있어 꿈이 여전히 독아론의 주위를 맴도는 것이라면, 바슐라르의 의식

---

25) 홍명희, 『상상력과 가스통 바슐라르』, 살림, 2005, p. 53. 부언컨대, "그것〔바슐라르의 특수한 의식〕은 (…) 합리적 의식과 무의식 사이에 위치하고 있는 의식, 현실 세계와 비현실 세계의 매개지대를 탐색하는 의식, 끊임없이 시적 몽상을 유발하는 의식, 존재 이전의 상태로부터 나오는 의식. 이러한 의식은 기존의 철학적 의식 개념으로는 설명될 수 없는, 새로운 카테고리로 분류될 자격이 있는 의식이다(*ibid.*, pp. 53~54)."

26) G. Durand, *L'âme tigrée*, Denoël/Gonthier, 1980, p. 28에서 재인용. 여기서 〈대존재(우주)〉란 표현은 대문자로 된 〈Etre〉를 강조하기 위해 필자가 아리스토텔레스나 하이데거의 존재, 존재자 개념과 구분하기 위해 사용한 것임.

은 대존재를 자신의 본래적 사유의 대상으로 모험하기 때문이다. 단적으로 말해, 바슐라르의 몽상하는 의식, 꿈꾸는 의식은 대존재, 즉 우주와 소통하는 것이 궁극 목표이지, 심리학이나 정신분석학에서처럼 한 개인(환자 따위)의 '병든' 소아(小我)나 치유하고, 그것으로 자위(自慰, 自衛)하는데 그치지 않는다.

다른 한 편 "바슐라르의 코기토는", 뒤랑의 설명대로라면, 모름지기 "과학과 함께하는 의식(con-science)이며, 〔대존재와〕 대화하는 인식(connaissance dialoguante)"[27]이라는 측면도 있다는 점을 간과해서는 안 된다. 뒤랑의 설명인즉 바슐라르의 꿈꾸는 의식은 철저히 그의 '인식론적' 고민의 소산이란 뜻이다. 그렇다고 해서 바슐라르의 인식론이 여타의 인식론들에서와 같이 주어진 대상을 배타적으로 규명하기 위해 체계화를 지향하거나 통일성을 갈구하지는 않는다. 이와 달리 그의 인식론은 철저히 '이해'에 기초하고 있다.[28] 이해에 주목했기에, 뒤랑의 위 해석대로, 바슐라르의 인식은 "대화하는 인식"인 것이고, 대화하는 인식에 기초하고 있기에 세계 개방적이며, 세계 개방적이기에 전통의 인식론에서처럼 자기 본위로 사유 대상을 포획하고 재단하지 않는다는 특징을 갖는다. 요인즉 대상과 함께 태어나는(co-naître) 것이 바슐라르의 인식론적 지향이라는 것이다.

---

27) *Ibid.*, p. 29.
28) H. Védrine, "Le profil épistémologique", *Bachelard, L'Arc*(numéro spécial), 1990, p. 61 참조.

이런 이유 때문에 바슐라르는 『부정의 철학』이나 『과학 정신의 형성』 등에서 전통의 그럴듯한 '객관적 인식'에 대(對)해 제동을 걸어, '부정하며 긍정해가는', '인식틀을 점진적으로 완성해가는', '앞서 세워진 인식틀을 끝없이 쇄신시켜가는' 것을 자신의 '방법'으로 삼았던 것이다. 어떻게 보면 사유 대상에 따라 자신의 '색깔(생각)'을 그 대상에 맞게 변화시켰던 것이 바슐라르의 전체 사유 여정이라고 할 수 있다.[29)]

바슐라르의 사유 여정은 전통 철학에 대한 프로메테우스적 저항, 근대적 의미의 폐쇄적 객관성 및 과학성에 대한 회의에서 시작된 것이기에 주관/객관, 무의식/의식이라는 기존의 이항 대립적 도식으로 평가하려고 해서는 안 된다. 이항 대립적 도식은 바슐라르에게 극복의 대상이다. 더더욱 바슐라르의 사유 여정은 과거주의자들(penseurs idéalistes)처럼 지식의 추구를 과거의 지적 기준들에로 환원시키거나 작금의 포스트모더니스트들(penseurs postmodernes)처럼 오직 감각만을 추동시켜 사람들에게 환상을 심어주는 대신 겸허하게 "미래를 시험"하는 도전[30)]이라는데 의의가 있다. 생각해보라. 만일 바슐라르가 개현(開

---

29) 바로 이와 같은 까닭에 H. 베드린은 바슐라르의 철학을 '다색의 철학(polyphilosophie)'이라고까지 정의하게 된다(H. Védrine, *op. cit.*, p.61). 다색의 철학은 자기 스스로 변모하며 쇄신해가는 철학이다. 그런 점에서 바슐라르의 철학은 곧 그 자체로 생명력(la Vie)을 가진 철학이라 할 수 있다.

30) PR, 7. 바슐라르의 상상력이 '미래지향적'이라는 설명은 바슐라르가 A. 쁘띠 장의 『상상력과 실현 Imagination et réalisation』을 분석하면서 언급하고 있는 다음 문장으로 대신하기로 한다: "〔쁘띠 장에 따르면〕 상상력은 (…) 미래와의 일치이다. (…) 상상력은 뒤따르는 미래의 두드러진 형태들을 어루만져 주어야 한다. 상상력은 저항하는 것과 굴복하는 것을 구별하기 위하여 미래에 대한 에너지를 결산해야 한다." - G. Bachelard(1939), *op. cit.*, p. 149.

顯)하려는 꿈과 몽상이 미래지향적이지 않다면, 그것이 우리에게 새로운 것으로 다가올 수 있겠는가. 만일 어떤 사람이 상상해낸 집에 뼈대나 지붕이 없다고 가정해보라. 또 그 상상의 집이 변덕스럽게 수시로 변형된다면, 그 집은, 문자 그대로, 공상·환상적인 것일 뿐, 궁극적으로 그나 또는 다른 사람이 살 수 있는 집일 수 없다. 이렇게 허구로 집을 임의로 지어보는 것은 '보봐리즘'이 그렇듯 자유다. 그러나 파스칼도 역정을 내고 있듯이[31], 이런 것을 일러 우리는 '상상력'이라 말하지 않는다. 바슐라르의 상상력은, 지네스티에가 정확히 지목하고 있듯, 철저히 '고행'을 동반한다.[32] 결국 누가 되었든 진정으로 상상하기를 원한다면, 자신이 무언가에 대해 능통하다고, 그것을 부동의 지식으로 소유해야 한다고 믿는 태도부터 버려야 한다. 바슐라르가 『공간의 시학』에서 진정한 상상력의 발동되기 위해서는 아는 것을 모두 "폐기처분시켜야 한다"까지 강조했던 것도 이런 연유가 아니고 무엇이겠는가. 『순간의 미학』에도 잘 나타나 있듯, "우리는 자신을 재발견할 만큼 철저하게 자신을 잃는 단계까지" 가야 한다. 그 때가 아니고서는 "그 무엇과도 바꿀 수 없는 또 그 무엇에도 방해받지 않는 비상, 텅 빔 속의 약동으로서 생성"[33]을 자

31) 주지하듯, 파스칼에게 있어서 상상력은 '이성의 적'이며, '거짓을 가르치는' '오류의 주범'이다. 그런데 재미난 사실은 이성이 상상력을 결코 완전히 제압할 수 없다는데 있다. 그가 볼 때 그 반대가 오히려 일반적인 경우였다. 여기에 파스칼의 역설이 있다. 왜냐하면 그는 신의 존재를 정작 이성에 의해서 아니라 감각(상상력)에 의해 맞이하고 있기 때문이다 - 보다 구체적 내용은 『팡세』(이환 옮김, 민음사, 2003) § 44 참조.

32) P. Ginestier, Bachelard, *Bordas*, 1968, p. 153 참조.

33) G. Bachelard(1932), *op. cit.*, pp. 49, 50.

신의 영지로 맞이할 수 없다.

상상력이 고행을 동반한다는 것은 결국 진정한 상상력의 발흥은 사유 주체가 알몸, 비운 마음(無心, 無欲)을 구족하지 않고서는 시발(始發)될 수 없다는 뜻이다. 뒤랑이 리쾨르를 인용해 강조하고 있듯, 바로 그 때가 아니고서는 우리가 "대존재의 내부로 육박할 수 없다." 바슐라르의 입을 빌어 재삼 강조하건대, "상상한다는 것은 스스로를 버리는 것이고, 새로운 삶으로 깊이 빠져 들어가는데"[34] 그 본래 의미가 있다.

이런 점에서 상상력은 "목적없이 행해지는 희열"과 구분된다.[35] 오히려 목표물을 정확히 겨냥한 '성년의' 포탄이 상상력인 것이다. 바슐라르도 A. 쁘띠 쟝을 인용해 강조하듯, "상상력이 집중될 수 있는 것은 단지 그 실현에 의해서 뿐이다."[36] 그렇다면 그 상상력의 포탄이 표적으로 삼는 곳이 어디이고, 대체 무엇을 실현하고자 하는 것인가? 주관과 객관, 의식과 무의식, 가시적인 것과 비가시적인 것, 현상과 본질, 물질과 정신을 구분하는 데만 익숙한 자들에 의해 씌여진 문헌, 텍스트들의 지도(指圖), 지형도(知圖), 그러한 나눔, 분리에 친숙하고 익숙해져 있는 우리들 자신이 표적이 아니겠는가. 이러한 습관적인 구분, 차별에 의해 주변으로 밀려나 있는 것들을 온전히 되살리는 일이 상상력이 실현하고자 하는 궁극 목표라는 것이다.

---

34) ER, 10.
35) G. Bachelard(1939), *op. cit.*, p. 151.
36) *Ibid.*

그렇기에 배타적인 이항 대립적 구도에 갇힌 서구 철학을 새로운 단계로 도약시키기 위해서 상상력이 감당해야 할 역할은 지대하고 막중하다 할 것이다. 상상력은 이러한 이항대립적인 편견들을 향한 도전과 도전에 따르는 '고행'을 견뎌내지 않고는 완성될 수 없다. 상상력은 이런 점에서 해체-재구성을 동시에 감행한다고 볼 수 있다. 단적으로 말해, 모든 이데올로기의 해체와 새로운 가치의 추구가 상상력의 목표라는 것이다.

바슐라르에게 있어 '새로운 가치'는, 앞서도 누차 강조했듯, 시의 발견에서 비롯된다. 시의 발견을 통해 바슐라르는 '제2의 주관성'에 천착했고, 그럼으로써 객관, 보편의 늪에서 해방될 수 있었다. 여기서 '제2의 주관성'은 '객관', '보편'의 이름으로 처단된 전통적 의미의 '낭만적 주관성'과는 확연히 다른, 아주 새로운 차원의 주관성이다. 바슐라르의 제2의 주관성은 일반적으로 우리가 머리 속에서 하나의 개념으로 또는 의미로 떠올릴 수 있는 그런 상식적 의미의 객관성이나 주관성을 극복한, 앞서 『물과 꿈』에서 이야기한 "새로운 삶의 주관성"이자, "깊이와 내면의 주관성"이다.

> "〔존재의〕 깊이를 꿈꾸면서 우리는 우리의 깊이를 꿈꾼다. 실체의 은밀한 기운을 꿈꾸면서 우리는 우리의 은밀한 존재를 꿈꾼다."[37]

『대지와 휴식의 몽상』에서도 확인할 수 있듯 바슐라르가 말

---

37) TR, 51.

하는 새로운 주관성은 철저히 몽상의 세계에 닻을 내리고 있다. 바슐라르에게 있어 몽상은 "사고 속을 모험하는 것", "모험 속에 사고하는 것"이다. 때문에 몽상의 세계는 객관적인 사유틀로 보자면 우리에게 아직 낯선 세계, 미지(未知) 중의 미지이다. 따라서 이 미지, 미개척지, 비사유지, 즉 시를 매개로 해야만 그 깊이에 다가갈 수 있는 몽상의 세계는 근대적 의미의 객관적 사고와 과학적 세계의 틀을 벗어나지 않고서는 체험이 불가능하다.

이렇게 몽상을 통한 사유의 "변화, 그것은 〔객관적 사고와 과학적 세계의〕 교체"를 목표로 한다. "교체, 그것은 이전에 차지했던 자리를 떠나 정반대의 자리를 차지하러 가는 것이다. 〔하지만〕그곳은 이전에 지키던 땅보다 덜 비옥하거나, 덜 풍부한 곳은 〔결코〕 아니다."[38)]

바슐라르의 『촛불의 미학』
한국어판 표지(동문선, 2008)

그렇다. 시적 사유를 낳고 담을 그릇이라 할 몽상의 세계는 객관적·과학적 사고에 비해 결코 "덜 비옥하거나, 덜 풍부한 곳"이 아니다. 문제는 몽상의 세계가 추구하는 주관성이 객관적·과학적 사고가 추구하는 세계에 비해 덜 비옥하고, 덜 풍부

38) G. 풀레, *op. cit.*, pp. 179~180.

하다고 믿고 있는 우리의 '습관적 지성'에 있으며, 그러하기에 우리는 그러한 습관적 지성의 안일함에서 깨어날 필요가 있다. 습관적 지성에서 깨어난다면, "이제 주관성을 탈피한 객관적 사고만 존재하는 것이 아니"라는 사실을 깨닫게 될 것이고, "과학적 객관화의 책임을 면제받는 순간 주관적 사고가 눈부시게 나타난다"[39]는 사실을 문자 그대로 하나의 '경이'로 받아들일 수 있게 될 것이다.

재삼 강조하자면 바슐라르와 더불어 우리에게 화두로 떠오른 것은 "이제 (…) 더 이상 객관성이 아니라, 주관성이며"[40], 이런 이유 때문에 바슐라르에게 있어서 한 편의 시(또는 다른 예술작품의 경우도 마찬가지지만)가 감상자들에게 그 의미가 정확히 전달되느냐의 문제보다 그것이 어떻게 감상자들에게 다가오느냐, 그 시가 어떤 세계를 열어 보이느냐가 훨씬 더 중요하고, 그 시를 체험함으로써 의미의 세계 너머에 존재하는 새로운 우주를 과연 맛보았느냐가 관건이 된다.

물론 우리 스스로가 객관성, 주관성 중 어느 쪽을 선택하느냐에 따라 바슐라르에 대한 평가는 판이하게 달라질 수 있다. 필자가 '제2의 주관성'이란 개념을 강조하면서 이를 통해 바슐라르가 전통의 주/객 도식을 극복한 것이라 본 이유는 그럼에도 그가 말한 '깊이'의 주관성이 전통의 주/객 도식을 철저히 상대화시키면서도, 몽상하는 주체를 무리없이 '새로운 주체'로 건립

---

39) *Ibid.*, p. 183.
40) *Ibid.*, p. 185.

했다고 판단했기 때문이다. 이 새로운 주체는 바슐라르가 『공기와 꿈』에서 언급하고 있는 '순수 상상력'의 주인이다.[41] 이 순수 상상력의 주인을 바슐라르는 『촛불의 미학』에서 "인간 존재의 미래(un avenir de l'être humain)"로 제시한 바 있다.[42] 시와 더불어 몽상하는 주체가 아니고서는 결국 의식(conscience dogmatique) 일변도의 철학에서 벗어날 수 없다. 틈새다 싶으면 고개를 들이미는 '객관적 사고'를 극복할 수도 없다.

3. 우주를 향해 열린 창, 언어-이미지

바슐라르에게 있어 시는 우주로 통하는 비밀의 문이다. 우리를 그 피안의 문으로 안내하는 시는 수사적 언어, 미메시스적 언어와는 다른, 주지의 언어-이미지로 구현된다.[43]

이 언어-이미지는 바슐라르에게 있어 제2의 주관성을 위한 모험과 탐색의 장을 열어주는 것이자 시-형이상학의 공동 무대라

---

41) AS, 12: "무한의 영역에서 상상력은 **순수 상상력**(imagination pure)으로 나타나며, 그곳에서 상상력은 자유롭고 유일무이한 (…) 〔것이다〕(필자 강조)."

42) G. Bachelard, *La flamme d'une chandelle*, P.U.F., 1964, p. 2: "자신의 활동적 몽상 속에서 행복하게 꿈꾸는 자는 존재의 진리는 물론 **인간 존재의 미래**를 품고 있다." 베르트랑 생 세르넹은 바슐라르에게 있어 과학과 상상력이 하나로 융합될 수 있는 지점이 바로 이 몽상 때문이라고 강조한다 - B. Saint-Sernin, "Science et imagination selon Gaston Bachelard", *Gaston Bachelard. L'homme du poème et du théorème*, E. U. de Dijon, 1986, p. 21.

43) 바슐라르의 핵심 개념이기도 한 이 〈l'image littéraire〉를 일반적으로 〈문학적 이미지〉로 번역하고 있다. 그러나 이 번역어에서 '문학적'이란 형용어가 바슐라르가 본래 이 개념을 통해 전달하고자 하는 의미를 다소 왜곡 내지 '세속화'시킬 가능성이 충분히 있다. 하여, 필자는 〈언어-이미지〉란 번역어를 감히 선택해본다.

고 할 수 있다. 그곳에 만일 우리가 바슐라르와 같이 동참하기를 원한다면, 우리는 박학(博學)의 박물관에 보관된 서적들을 통해 그동안 익히고 배웠던, '행복한 삶'과는 별 상관이 없는 것들을 과감히 버려야 한다. 그렇지 않고서는 우리가 '원초적 이미지'에 다가설 수 없다는 것이 바슐라르의 제언이다.

> "가장 연약한 것은 박학이다. 가장 중요한 것은 상상력이며, 가장 직접적인 것은 이미지이다."[44]

박학은, 바슐라르가 볼 때는, 한마디로 생명 없는 개념·이념의 허상일 뿐이다. 그런데 문제는 바로 이것들이 사람들의 생각을 좌지우지하고 속인다는데 있다. 속은 줄도 모르고 마치 신을 믿듯 이것들을 전혀 의심하지 않는 우리에게도 문제는 없지 않다. 그렇기 때문에 조르쥬 풀레의 분석대로 바슐라르는 철학이나 과학의 허념(fausse idéologie)일 뿐인 "공박적(攻駁的) 언어", "거짓 대상의 추구", "불순한 객관성"[45]을 과감히 버리고 "가장 중요한 상상력"을 통해, "가장 직접적인 이미지"를 새로운 언어(langage poétique)를 빌어 복원시키고자 했던 것이다.

그렇다면 시적 언어와 '이미지'는 어떤 관계가 있는가? 게다가 또 하필이면 '언어-이미지'인가? 여기에 약간의 혼동이 우리에게 생길 수 있다. 왜냐하면 '이미지'라는 개념이 우리에게 너무

---

44) AS, 70.
45) G. 풀레, *op. cit.*, pp. 173~74 참조.

도 익숙하기 때문이다. 이미지? 우리는 이미지를 흔히 이해하듯 감각을 통해 정신에 새겨진 대상으로 생각하기 쉽지만 바슐라르는 언어와 이미지를 연결시켜 우리의 상식과는 판연히 다른 이야기를 전개한다.

그가 말하는 이미지는 대체 무엇인가? 바슐라르가 말하는 이미지를 우리는 일차적으로 우리가 주위에서 늘 접하는 시각적 이미지와 구분할 필요가 있다. 즉, 오늘날 우리가 사진, 영화, 비디오 등을 통해 실생활 속에서 체험하는 그런 종류의 영상이 아니다. 또한 철학자들이 전통적으로 논의해왔던 초보적 수준의 인식 과정에서 형성되는 감각적인 인상이나 뭇 대상들의 단순 지각 및 재현과도 다르다.[46] 뿐만 아니라 문학·예술가들이 말하는 사물이나 자연의 미메시스도, 정신분석학자들이 말하는 무의식의 표출과도 다르다. 바슐라르에게 있어 이미지는, 굳이 정의하자면, 이와 같은 모든 것들의 근원이며, '집합'에 가깝다.[47]

때문에 〈image〉 또는 〈imagination〉에 대한 기존의 이해를 버리지 못한 상태로는 바슐라르가 말하는 바의 이미지의 세계에 진입하기 어렵다. 하여, 다시 묻는다. 바슐라르에게 있어 이

---

46) 이미지, 상상력과 인식 또는 지각에 대해 철학사적으로 어떻게 이해해왔는가에 대한 설명은 B. Lacorre, *L'imagination, le perception*, l'idée, Ellipses, 1995 참조.

47) 이상에서와 같은 부정어법에 만족하지 못하고 도대체 바슐라르가 말한 '이미지'가 어떤 것이냐고 물어올 독자가 있을 것으로 예상된다, 하여, 필자는 우회적으로 엘리아데의 다음 언급을 하나의 대답으로 제시할까 한다: "서양과 동양의 각종 신학과 형이상학은 이미지와 상징에 의해서 (…) 대립의 일치라는 존재 양상을 개념적으로 표현해보려고 필사적으로 노력했다. 따라서 의미작용의 **집합으로서의 이미지 그 자체가 진실한 것**이지, 이 의미작용 가운데 하나, 또는 관계되는 수많은 차원 중의 어느 하나가 진실한 것이 아니다." - 엘리아데, *op. cit.*, p. 18 - 진하게 표시한 부분은 필자 강조.

미지는 대체 어떤 것인가? 그에게 있어 이미지란 인간의 언어나 사고로 고정될 수 없는 '원초적인 무엇'이라고 잠정적으로 정의하기로 하자. '원초적 무엇'으로서 이미지에 대한 바슐라르의 우회적 설명은 『공간의 시학』의 다음 구절에 잘 나타나 있다.

> "이미지는 더 이상 사물의 지배하에 있는 것이 아니고, 무의식의 충동하에 있는 것도 아니다."

이 언급에 근거해볼 때, 이미지의 '주인'은 더 이상 사물 대상에 있지도 않고 사유 주체에 있지도 않다는 것을 알 수 있다. 이것이 바로 바슐라르가 말하려고 하는 이미지의 '거처(lieu)'라면 거처이다. 하지만 그 어디에도 고정되어 있지 않은 거처, 그러면서도 대상과 무관하지 않듯 주체와도 무관하지 않는 이미지!

이런 이유 때문에 근대적 의미의 주/객 도식으로 바슐라르의 이미지를 고정시키려는 태도는 P. 마그나르도 지적하듯 위험하다.[48] 왜냐하면 바슐라르가 말하려는 이미지는 대상과 주체 어느 한 축에 '전적으로' 속해 있지 않기 때문이다. 뿐만 아니라 아직 감각적인 것도 지적인 것도 아닌 상태다. 아니, 오히려 감각적인 것과 지적인 것 사이에서, 이 둘을 중개해주는 역할을 하는 것이 바슐라르가 제시하려는 '원초적인 무엇'으로서 이미지이다. 그러므로 만일 지성으로 무장한 자가 이와 같은 이미지를

48) P. Magnard, "La magie de l'image", *Gaston Bachelard. L'homme du poème et du théorème*, E. U. de Dijon, 1986, p.5 참조.

징검다리 삼아 세계를 이해하려 한다면, 그것은 이미 바슐라르의 의도를 간파하지 못한 것이라 할 수 있다. 만일 이렇게 이미지를 '이용'했다면, 그것은 이미 이미지의 원초적인 차원을 벗어나 부차적인 차원에서 이미지를 이해한 것이다. 때문에 바슐라르가 건립코자 하는 이미지는 전통적인 지성의 부차적 지위에서 탈피하여, 그 본래적 지위를 확보하는데 있다는 것을 간파하는 것이 무엇보다 중요하다.

그 본래적 지위란 이미 앞서 언급했듯 상반된 두 영역(대상/주체, 감각/지성)의 매개자로서 이미지이다.[49] 이 두 영역을 매개하는 것으로서 이미지는 아직 둘 중 어느 한 쪽에 전적으로 발을 담그고 있는 상태가 아니다. 이미지는 근본적으로 둘 중 어느 쪽에 속해 있어야 하는 것이 아니고, 두 축을 중재하고 연결시켜야 한다는 것이 바슐라르의 입장이다. 이런 논리대로라면 결국 "이미지에서 모든 모순들, 모든 논리적 불일치가 허용된다"는 말이 된다. L. 라보의 해석대로, 바슐라르의 "이미지는 〔이런 점에서 결국〕 모든 논리 규칙들에 대해 반대론을 펴고 있는 것이며, 관례들을 좌절시키고자 하는 것은 물론, 위험을 무릅쓰고 〔사유의 새로운〕 균형을 찾기에 안간힘을 쓰고 있다"[50]

---

49) 일찍이 베르그송도 이와 같은 주장을 『물질과 기억』에서 피력한 바 있다: "우리에게 있어 물질이란 '이미지들'의 총체이다. 이는 '이미지'가 관념론자들이 재현(représentation)이라고 부르는 것보다 더 한 존재이고, 실재론자들이 사물(chose)이라고 부르는 것보다 덜 한 어떤 존재 - '사물'과 '재현' 사이의 중간(mi-chemin)에 위치하는 존재 - 로 이해한다(*Oeuvres complètes d'Henri Bergson*, P.U.F., 1970, p. 161)." 베르그송과 바슐라르의 이미지 이해에 대한 상세한 비교는 F. Pire, *L'imagination poétique dans l'oeuvre de Gaston Bachelard*, J. Corti, 1967, pp. 188~191 참조.

50) L. Lavaud, *L'image*, Flammarion, 1999. p. 21.

고 보아야 한다.

바슐라르의 이와 같은 노력에 힘입어 B. 라코르의 “이미지가 인식 자체다”라는[51] 선언이 등장할 수 있었을 것이다. 부언컨대, 바슐라르적 의미의 이미지를 라코르의 언급과 결합시켜 새롭게 정의해보면, 이미지는 세계에 대한 인식 자체요, 나아가 지각 자체며, 이해 자체라고까지 확대 정의될 수 있다. 그리고 이는 결국 자연스럽게 “이미지 밖에는 아무 것도 없다”는 또 하나의 새로운 정의를 가능케 한다. 단적으로, 이미지가 바슐라르에게 있어서는 곧 세계 자체인 것이다.

이런 이유 때문에 바슐라르가 세계를 이해한다는 것은 곧 원초적 이미지를 이해한다는 말과 같다. 이제까지의 논의를 다시 한번 종합하건대, 바슐라르가 말한 이미지란 결국 인간의 지성과 사고에 의해 아직 때 묻지 않은 원초적 무엇으로서 대상/주체, 감각/대상을 다리 놓는 매개자이다. 또한 이 매개자로서 이미지가 인간의 세계 인식은 물론 지각과 이해를 결정하고, 그런 점에서 이미지는 바슐라르에게 있어 ‘세계의 거울’인 셈이다. 바로 이 ‘원초적 이미지’가 ‘순수한’ 언어, 자연어(langage naturel)와 결합해 우리가 본장에서 궁구하고 있는 언어-이미지인 것이다.

원초적 이미지와 언어-이미지, 둘 다가 순수하고 근원적인 것이기에 당연 오염된 기지(旣知)의 지성과 사고로 해명하기에는 벅찰 수밖에 없다. 이렇게 이미지 자체에 순수하고 근원적인 의

---

51) B. Lacorre, *op. cit.*, p. 6.

미를 부여함으로써 바슐라르는 "기존의 모든 나름의 특권을 가졌던 이미지들 밖에 자신의 독특한 이미지 이론을 세울 수 있었고"[52], 결국 탁월한 시로 구현된 언어-이미지 앞에 단독자로 설 수 있는 이론적 기초를 마련했던 것이다. 이것이 바로 바슐라르가 소위 미지의 언어-이미지를 자신의 상상력의 무대로 삼은 이유라 생각된다.[53] 『공기와 꿈』에서 이에 대한 바슐라르의 보다 직접적인 설명을 들어보자.

"언어-이미지에 선행하는 실재란 존재하지 않는다. 언어-이미지는 벌거벗은 이미지(l'image nue)에 옷을 입히는 것도 아니며 무언의 이미지(l'image muette)에 말을 부여하는 것도 아니다. 우리에게 말하는 것은 상상력이고, 우리의 꿈들이 말하고, 우리의 사고가 말한다. 인간의 모든 활동은 이렇듯 말하는 욕망을 가지고 있다. 이 말(parole)이 자기의식을 가질 때 인간의 욕망은 말하기에서 글쓰기로 바뀐다. (…) 결국 상상력 자체가 언어-이미지의 마술에 걸린 것인 셈이다. 문학은 그래서 그 어떤 인간 활동의 대용품이 될 수 없다. 왜냐하면 문학은 인간의 말하기와 글쓰기의 욕망을 완성한 것이기 때문이다. 이런 점에서 문

52) F. Pire, *op. cit.*, p. 201.

53) '언어-이미지'에서 "언어와 이미지는 〔서로〕 종속하는 개념이 아니라 서로 공존하는 개념이다." 즉, "언어가 이미지를 대체하는 것이 아니며", 이미지가 언어를 대체하는 것도 아니다. 오히려 "이미지는 사물의 전혀 다른 측면을 표현(홍명희, 『상상력과 가스통 바슐라르』, p. 75)"할 수 있도록 언어를 돕는 역할을 맡는다. 이런 까닭에 바슐라르에게 있어서는 "이미지가 없으면 언어도 없는 것이다(*ibid.*, p. 76)." 마찬가지로 이미지가 없으면 사고도 불가능하다. 바꿔 말해, 이미지는 바슐라르에게 있어 언어와 사고의 모태요 시의 근원이다.

학이야말로 상상력의 '분출을 대표한다고 볼 수 있다."[54]

앞서 우리는 "이미지 밖에는 아무 것도 없다"고 했다. 『공기와 꿈』에서 이를 다시 확인할 수 있었듯, 바슐라르에게 있어서는 이미지 밖은 물론, 이미지에 선행하는 것도 없다. 어떤 하나의 결여된 이미지가 있고 이를 보충해주는 또 다른 고차의 이미지가 있는 것이 아니다. 좀 과장해 말하면 바슐라르에게 있어서는 "이미지가 전부"라고 할 수 있다.

바로 이런 이유 때문에 "언어-이미지는 벌거벗은 이미지(l'image nue)에 옷을 입히는 것도 아니며 무언의 이미지(l'image muette)에 말을 부여하는 것도 아니"라고 바슐라르는 주장한다. 그 이유는 바슐라르에게 있어서 이미지, 더 구체적으로 말해 언어-이미지는 그 자체로 하나의 '자율적 실재'[55]인 것이다. 즉, 자율적 실재로서 이미지이기 때문에, 마치 실체 개념이 그러하듯, 정의(définition)를 위해 자기 이외의 어떤 것을 더 이상 필요로 하지 않는다. 언어-이미지는 바슐라르에게 있어 결국 그 자체로 완성된 존재이다. 이러한 언어-이미지들로 구성된 예술 장르가 바슐라르에게는 주지의 문학(시)이고, 그에게 "문학은 그래서 그 어떤 인간 활동의 대용품이 될 수 없다."

문학은 바슐라르에게 인간 욕망의 완성이자 상상력의 완성이다. 때문에 이와 같이 자율적 실재로서 구성된 문학 작품을 비평가가 분석한다(décomposer)는 것은 바슐라르의 입장에서 보

54) L. Lavaud, *op. cit.*, p. 182에서 재인용 - 부분 수정.
55) F. Pire, *op. cit.*, p. 139.

면 어불성설이다. 설사 분석을 감행한다고 해도 그가 거기서 얻어낼 수 있는 것은 언어로 재구성된 파생물일 뿐이다. 달리 말해 자율적 실재로서 이미지는 변덕스런 '인간'의 언어로 때론 이렇게 또 때론 저렇게 번역되거나 고리타분한 '지성'으로, '비평' 이란 명목으로 재구성될 수 있는 성질의 것이 아니란 뜻이다.[56]

따라서 우리가 바슐라르가 염두한 언어-이미지를 만나기 위해서는 무심한 마음의 상태로 이 자율적 실재, 즉 자립적인 실체인 '온전한' 이미지 안으로 들어가는(entrer dedans) 수밖에 없다. 바슐라르에게 있어 상상하는 것이 대상을 소유하는 것과는 무관한 것도 이 때문이다. 아니, 철저히 자기를 버리는 것이 우선되어야 한다. 바로 그 때라야 늘 외부 대상을 향해 독단적인 시선, 폭력적 담론을 행사하곤 했던 주체가 거듭날 수 있다. 주체가 무화되었을 때 언어-이미지는 비로소 활동하기 시작하고, 그 때 "결국 상상력 자체가 언어-이미지의 마술에 걸리게" 된다. 단적으로 말해, 인간의 상상력은 언어-이미지 안에서, 거기에 있는 자신의 내면을 성찰할 때 완성된다는 것이 바슐라르가 위 인용문에서 전하려는 메시지의 핵심인 것이다.

> "인간의 깊이, 다시 말해서 인간이 자신 속에서나 사물에서 혹은 우주에서 느끼는 깊이를 나타내는 위대한 이미지들은 모두 동형의 이미지들이다."[57]

---

56) *Ibid.*, p. 139 참조.
57) TR, 173.

인간의 깊이, 심연에서 바슐라르는 결국 모든 이미지들의 모태를 발견한 것이다. 여기서 중요한 것은 그것을 감지하는 인간의 깊이이고, 바로 그 깊이가 발현태가 서로 다를 수도 있는 이미지들을 수렴한다는데 있다. 바로 이 '깊이'가 바슐라르에게 있어서는 다름 아닌 이미지들의 놀이터요 모성적 근원(母根)인 것이다. 이미지가 이렇게 몽상가의 '깊이'와 결합함에 따라, 즉 몽상가의 영혼(psychè)과 합치됨에 따라, 앞서 우리가 설명했던 원초적 이미지는 전통의 이미지 개념과는 전혀 다른 차원의 '새로운 이미지'로 거듭나게 된다.

여기서 '새로운 이미지'는 몽상가의 내면, 즉 깊이에서 원초적 이미지가 시화(poétiser)된 상태를 말한다. 원초적 이미지가 이렇게 몽상가를 만나 '시화'라는 비약의 과정을 거쳐 비로소 '새로운 이미지'로 탄생된다.[58] '새로운 이미지'는 결과적으로 몽상가가 재창조한 이미지인 것이다. 이 때 몽상가가 창조한 언어-이미지는 곧 언어 자체의 창조이기도 하다.[59] 바슐라르에 따르면, 이런 비약 또는 승화 과정을 통해 한 편의 "원초적 시(poésie primitive)"라는 것이 탄생되며, 바로 이 원초적 시가 결국 "심원한 심리적 경험(expérience psychologique profonde)"[60]의 근간

58) 바슐라르에게 있어서 "인간 영혼의 모든 운동이 원초적 이미지와 새로운 이미지 사이에 기원을 두고 있다"는 Ch. P. 마리의 바슐라르 해석(*De Bergson à Bachelard. Essai de poétique essentialiste*, E. U. de Dijon, coll.《Figures Libres》, 1995, p. 133)은 이런 점에서 바슐라르의 이미지 개념에 대한 핵심을 지적하고 있다고 본다.

59) G. Bachelard(1939), p. 53.

60) *Ibid.*, p. 141.

이 된다고 말한다.[61]

자율적 실재(실체)로 이루어진 원초적 이미지가 비평가들에 의해 분석될 수 없다는 것은 위에서도 이미 지적한 바 있다. 이 원초적 이미지들로 이루어진 원초적 시는 그런 점에서 "사고의 표현"이라기보다는 차라리 "힘〔인간의 정신적 에너지〕의 표현"에 가깝고, 바슐라르의 표현대로라면 "돌연히" 탄생한 것이라고밖에 달리 설명할 길이 없다. 바꿔 말해, 원초적 시는 미리 세운 계획이나 구상 따위와는 무관하게 "순간적 언어"로 표출된 것이다.[62] 그런 만큼 "원초적인 시"는 원론적으로 말해 "독창적인 시"일 수밖에 없고, 또 이와 같은 이유 때문에 "원초적인 시보다 더 원초적인 것은 없다"[63]고 바슐라르는 결론짓는다.

이상에서 우리는 바슐라르의 『공기와 꿈』, 『반항의 시인, 로트레아몽』을 주 텍스트로 삼아 그의 언어-이미지에 대한 윤곽을 그려보았다. 그리고 그가 말하는 언어-이미지는 결국 원초적 시와 짝하여 규명되어야 한다는 사실도 확인했다. 바로 이 원초적 시가 앞서 우리가 살펴본 바 있는 '순간화된 형이상학'일 것이다.

---

61) 때문에 이 원초적 시는 그 어떤 비평이론으로도, 심지어는 바슐라르가 즐겨 사용하는 '몽상'이란 용어로도 재단되어서는 안 된다는 것이 바슐라르의 기본 입장이다. 다시 말해, 그 어떤 외적 접근으로부터도 독립적인 것이 이 원초적 시이고, "시적 원초성(primitivité poétique)"이 상실되는 것을 방지하기 위해 바슐라르는 『반항의 시인, 로트레아몽』에서 "책과 대가(大家)를 몰아내야 한다(*ibid.*, p. 54)"고까지 적고 있다. 바슐라르가 이렇게까지 말한 것은, 앞서도 이미 언급했듯, "책과 대가"는 상상력의 근본이라 할 '빈 마음(無心, 無欲)'에 역행하는 것이 일반적이고, 지성 또는 의식을 무기삼아 시를 마구 '훼손시키기' 때문이다.

62) *Ibid.* p. 97.

63) *Ibid.* p. 103.

이런 까닭에 바슐라르에게 있어 시의 이해는 단순한 '시'의 이해에 그치지 않는다는, 시가 우주를 꿈꾸게 하는 몽상의 근원이라는 사실을 거듭 상기할 필요가 있다. 이러한 바슐라르의 우주(Univers poétique)를 시효를 다해가는 아폴론의 정신으로 어찌 다 해명할 수 있겠는가. 이성으로 해명할 수 없다면, 전통의 이성보다 보다 유연하고 동시에 합리적인 새로운 차원의 이성이 필요하지 않겠는가. 이런 확신 때문에 바슐라르는 이미지의 고유한 역동성과 깊이에 착안해 그것들의 변화, 그것들의 다산성, 그것들의 원초적 삶을 재구성하는데 전력을 다했던 것이고, 그 역동성과 깊이가 가장 잘 표현된 무대가 바로 언어-이미지라 본 것이다.

4. 시를 통한 코페르니쿠스적 전회

많은 사람들이 바슐라르의 철학을 '코페르니쿠스적 전회'에 비유하곤 한다. 그의 전통 철학, 철학적 전통에 대한 비판은 『공간의 시학』의 다음 문장에 극명하게 표명되어 있다: "모든 가치들은 흔들려야 한다. 흔들리지 않은 가치는 죽은 가치이다."

이렇듯 바슐라르가 꿈꾸는 새로운 가치, 그가 세워보고자 하는 새로운 철학은 미래학에 가깝다고 할 수 있다. 그의 미래학은 그의 제자인 뒤랑의 표현을 빌리자면 〈전논리(la prélogique)〉나 〈~이거나, 아니면 ~이거나의 논리(la logique de tiers-exclu)〉, 즉 양자택일의 논리와는 전혀 〈다른 논리(la logique *autre*)〉[64]라고 할 수 있다. 바로 그 다른 논리로 바슐라르는 인문학의 미지를 '앞서' 개척한 것이다. 그 미지에 우리가 위에서 살펴본 〈순간화된 형이상학〉이 있고, 〈제2의 주관성〉이 있었으며, 〈언어-이미지〉와 〈원초적 시〉가 자리하고 있다.

그러나 어찌된 일인지 바슐라르가 그토록 옹호하고 두둔했던 시는 오늘날 "많은 독자들이 낙심하고 지쳐서, 인내심을 잃고 시를 외면하고 있는" 것이 주지의 현실이다. 굳이 바슐라르를 인용하지 않더라도 '시의 죽음'에 대한 이야기가 회자되기 시작한 것은 이미 오래전의 일이다. 어디 시만 죽었겠는가. 문학이 죽고, 인문학이 사경에서 헤매고 있다.

현실이 이와 같다면, 우리는 지나치게 바슐라르에게 경도되어 논의를 전개한 것이 아닐까? 하지만 필자는 그렇게 생각하지 않는다. 그럴수록 바슐라르가 꿈꾼 미래를 앞당기기 위해 우리 모두가 노력해야 한다고 생각하기 때문이다. "실망스러울 수밖에 없는 현실 세계에서 상상력의 세계는 보상적인 역할을 한다"고 했던가! "위기의 시대들일수록 상상력이 증폭되어 나타난다"[65]고 했던가!

---

64) G. 뒤랑, 『상상력의 과학과 철학』, 진형준 옮김, 살림, 2003, pp. 58, 67 참조. 뒤랑이 말한 〈다른 논리〉, 즉 상상계의 논리는 제3의 여건(le troisième donné)에 근거해 있으며 A와 -A로 구성된 양가적인 논리, 제3자 배제의 논리를 극복하고 A, -A에 B의 참여가 보장되는 논리이다. 뒤랑에 따르면, 바로 이 B로 인해 대립되는 것의 공통되는 특질을 공유할 수 있는 것이며, "태극에서처럼 대칭적으로 맞서고 있는 각각의 형상이 다른 쪽의 일부분을 포함하고 있는 것"과 같은 이치라 생각하면 된다고 설명하고 있다(*ibid.*, p. 92).

65) L. 보이아, *op. cit.*, p. 35.

이는 시인들의 예언적 상상력이 그 어느 때보다도 필요한 때란 뜻이리라. 시인들이 자신의 영혼과의 '투쟁'을 재기해 세상에서 요구한 것, 세속적인 것들을 물리쳐야 할 때다. 시가 많은 사람들로부터 외면을 받고 있다는 것은 곧 "삶 속으로 되돌아오고, 삶의 연속적 시간을 유순히 살아가려는 물리칠 수 없는 경향을 지닌"[66] 시가 삶으로부터 멀어졌다는 반증이다. 한 편의 시 속에 빛과 어둠이 공존하는, 온화함과 분노가 뒤섞여 있는, 이상과 현실의 목소리가 공존하는, 다양한 목소리로 휴머니즘을 환기시키는, 그런 시라면[67] 시를 외면했던 사람들이 다시 시에 관심을 갖게 될 것이다. 바로 그것이 '시적 영혼'을 소유한 자들이 최소한 자신이 소속된 당대를 위해 감당해야 할 역할이고 의무이다.

'시적 영혼'을 소유한 자들이 자신의 본분을 다할 때 인간-세계는 지금과는 다른 모습으로 변화될 수 있다. 그리고 그렇게 시인들이 본분을 다할 때, "인간 존재는 진정한 시에 의해 변신을 몸소 체험하게" 될 것이다.

> "시의 주된 기능은 바로 우리를 변형시키는 것이다. 시는 우리를 가장 빨리 변형시키는 인간의 노작이다. 여기에는 한 편의 시면 충분한 것이다."[68]

---

66) G. Bachelard(1939), *op. cit.*, p. 99.
67) *Ibid.*, p. 64 참조.
68) *Ibid.*, p. 105.

아무리 세상이 바뀌어도, 삶의 양상이 변해가도 상상력의 역할, 시의 기능은 축소되지 않을 것이다. 이것이 바슐라르의 상상하는 사유, 시와 함께하는 철학, 인간에게 우주를 선사하는 몽상이 우리에게 보여준 힘이고 용기이다. 바슐라르의 미래학으로서 상상력이 제자리를 잡아야 하는 이유이다. 현대처럼 물질이, 돈이 인간 위에 군림하고 있다는 것은 인간 스스로 자신의 본성을 살피지 않은 데서 생긴 인과응보라 할 수 있다. 따라서 오늘날과 같은 물질-이미지 중심의 시대, "시각 쾌락의 시대, 시각에 의한 세계 소유의 시대, 시각의 권력화 시대"에 직면해, 우리가 상상력의 이름으로 이것들에 저항해야 한다는 것은 아무리 강조해도 지나치지 않을 것이다.

바슐라르가 「시적 순간과 형이상학적 순간」은 물론 『순간의 미학』을 집필하게 된 결정적 계기를 제공하기도 했던 가스통 루프넬의 『실로에(Siloë)』의 한 구절을 인용하며 5장의 논의를 마무리할까 한다.[69]

"우리를 철학이나 문학, 예술상의 인습에서 해방시킬 수 있는 것은 '예술' 밖에 없다. 예술만이 우리가 겪는 정신적, 사회적 피로를 풀어줄 수 있으며, 낡아빠진 지각을 젊게 만들 수 있다. 그것은 천박한 표현들이 난무하는 곳에서 생동감 넘치는 감각과 현실적인 표상을 재건한다. 그것은 감각 속으로 진리를 안내하고, 감성 속으로 성실성을 유입시킨다. 그 활력은 시들지 않고, 그 투시력 또한 늘 살아 있다. 그것은

69) G. Bachelard(1932), *op. cit.*, pp. 97~98.

우리에게 감각과 정신을 어떻게 사용할 것인지 가르친다. 마치 우리가 돌연히 진실의 계시에 접하게 된 것처럼, 그것은 우리에게 우주를 보고 듣는 법을 가르친다."

제6장

시적 순간과 현존재의 시학

- 하이데거와 바슐라르의 십자가

제6장

시적 순간과 현존재의 시학

- 하이데거와 바슐라르의 십자가

1. 문제제기론적 관점에서 본 철학-이성/예술-감성, 그 뒤바뀐 자리

철학적 물음은, 사유자, 토양, 문화에 따라 종종 새로운 옷으로 갈아입곤 한다. 사실은 이것이 철학함의 골격과 색깔을 구성하며, 그 구체적 역사와 내용을 결정하는 것이라고 해도 무리한 주장은 아닐 것이다. 바꿔 말해, 철학함에 있어 과거 또는 현재의 어떤 철학자에 의해 주어진 '하나'의 대답, '그만의' 대답은 무시간적으로, 어디에서나, 누구에게나 옳고 타당하며 절대적인 것으로 받아들여지기 어렵다. 이는 철학자에 따라, 시대에 따라, 문화적 배경에 따라 철학적 물음과 대답이 얼마든지 다를 수 있다는, 다양할 수 있다는 증거다.

이런 점에서 이성이 기준이 된 절대·보편·추상적 진리에 대한 이제까지의 우리의 믿음은, 니체의 말대로, 이제는 어느 정도 상대화될 필요가 있다고 생각되며[1], 키에르케고르의 말대로라면, 버려야 할 환영인지도 모른다. 이러한 진리관은 모든 것을 설명하려고 하지만 정작은 아무 것도 설명하지 못하며, 키에르케고르는 그 이유를 우리의 실존적 문제, 존재의 고통을 등한시한데 일차적 원인이 있다고 강조한 바 있다.[2]

실존, 존재의 고통과 무관한 사유는 현실과 무관한 사유이며, 현실과 무관한 사유는 어디까지나 논리적 가능성으로서 '순수 사유(pensée pure)'일 수 있을지언정 결코 '구체적 사유(pensée concrète)'라고 보기는 어렵다. 순수 사유는 마치 수학이나 물리학이 그렇듯이 사유자 본인의 실존적이고 절박한 물음들을 배제시키며 오로지 철학적 체계를 세우려 할 뿐이다. 이 자리에서 우리가 철학적 체계가 보편적일 수 있다는 것을 부인하려는 것은 아니다. 문제는 그 체계가 과연 누구를 위한 것이냐는 것이다.

절대·보편·추상적 진리를 건립하려는 체계 중심의 순수 사유와 달리 구체적·실존적 사유는 결코 환영을 좇지 않는다. 환영

---

1) C. Sini, *La philosophique théorétique*, trad. de l'italien par Cl. Hausen, Mentha, 1992, p. 49 참조.
2) S. A. Kierkegaard, *L'existence*. textes choisis par J. Brun, P.U.F., 1962, pp. 24~25, 27 참조.

을 좇아 자신과 지금 서 있는 현실을 버리지 않는다. 사유자는 현실을 물음-구덩이로 바라보며 새롭게 물음을 제기한다. 타인들에 의해 미리 주어진 대답들을 현실에 비추어 다시 묻는 이유는 사유가 비체계적이라거나 논리성이 모자라서가 아니다. 새로운 물음의 제기는 기존의 사유가 지금의 현실을 반영하지 못하기에 다시 제기되는 것이다. 그리고 이렇게 새롭게 제기된 물음도 또 다른 사유자에 의해 다시 문제시될 수 있다.

이렇듯 모든 철학적 물음은 시간 속에서 변모하며 구성과 해체의 과정을 겪게 된다. 바로 그 과정에서 철학은 철학으로서 명맥(命脈)을 유지해가는 것이다. 세계(대상)에 대한 하나의 해석은 언제든 다르게 해석될 수 있고, 구성은 해체를 받아들이면서 철학은 비로소 하나의 역사를 만들어 간다. 한 곳에 그정된 역사가 아닌 시간과 공간에 따른 변화의 역사를 갖게 된다고나 할까. 이것이 메이에르가 말하는 물음으로서 철학, 즉 문제제기론(problématologie)의 핵심이다. 그러니까 문제제기의 도정 속에서 화두로 떠오르면 생(生)하는 것이고, 무관심 속에서 잊혀지면 멸(滅)하는 것이 철학의 역사이다.[3)]

이와 같은 메이에르의 입장에 견주어보면, 철학은 모름지기 끝없는 탐구의 과정이지 결코 대답이 이미 주어지고 결정된, 커피자판기의 커피처럼 버튼만 누르면 답이 나오는, 그런 것일 수 없다. 철학자 또한 왜라는 물음의 탐구자이지 '그럴듯한' 대답을

3) M. Meyer, *De la problématologie*, P. Mardaga, 1986 참조.

'그럴듯한' 방법에 담아 내놓는 '쪽집게 강사'가 아니다. 철학자에게는 '되돌아가야 할 곳'이 이미 정해져 있는 것이 '아니며' 오직 그 앞에서 제기되고 있는 구체적 물음들, 이것이 그가 해결해야 할 사유의 질료인 것이다. 모름지기 철학자는 바로 이러한 물음들 때문에 존재하는 것이며, 이것들이 바로 철학자의 존재 이유이자 철학 자체의 존립근거이기도 한 것이다.

이런 새로운 문제의식을 갖고서 우리는 다음과 같은 물음을 제기해볼까 한다: 예술(좁은 의미의 詩)은 여전히 철학의 사생아일 뿐인 것인가? 혹, 플라톤의 『국가』를 읽은 적이 있다면, 이 물음에 반사적으로 다음과 같은 답을 내놓을지 모른다. "사생아!", 라고 말이다. 철학의 사생아인 예술(작품)은, 플라톤 식으로 이야기하자면, '이상적으로' 존재하는 이데아에 대한 이중, 삼중의 가공 과정을 거쳐 모사(模寫)해 놓은 것에 불과하다. 바로 이 점에서 예술작품의 존재와 가치는 서양철학의 전통에서 보자면, 이제까지 그 어떤 해석도 가해지지 않은 채 오직 보편적 이성의 시각 하에서 폄하될 수밖에 없는 불운을 타고났다고 할 수 있다. 하지만 이는 예술에 대한 서양 철학자들의 너무도 관행적인, 스스로에게 전혀 질문을 던지지 않는 채 내놓은 '대답'일 뿐이다. 정작 예술작품의 직접적 당사자들인 창의적 예술가들은 예나 지금이나 추상적 이성의 틀을 깨면서 구체적이고, 직접적인 자신들의 감성을 표출하면서[4] 이러한 철학적 정의나

4) 사실 플라톤이 공화국에서 추방시키고자했던 것은 〈시인〉이 아니라 정확히는, 〈감성〉이라고 보는 것이 옳을 것이다. 이 글에서 필자가 사용하는 〈감성〉이란 용어는 불어

요구와 무관하게 언제나 노작(勞作)에 전념하면서 '이성의 무의식'이라고 할 수 있는 '감성'을 대변하고 있기 때문이다. 철학자 플라톤 또는 그의 추종자들의 요구대로 감성이 제거된 상태에서는 예술행위 자체, 즉 창작이라는 것이 근원적으로 불가능하다. 그래서 우리는 다음과 같이 다시 묻지 않을 수 없다: 과연 이 시대에도 우리는 "감성을 죽이고 이성을 고양해야 한다"며, 이를 기준 삼아 '예술-작품론'을 논해야 하는가? 오늘날의 시점에서 보면 그 역, 즉 "이성을 죽이고 감성을 고양해야 한다"고 말하는 것이 더 호소력이 있지 않을까?

분명 "탈규범시대, 탈중심의 시대, 다양성의 시대"[5]라고 할 수 있는 오늘날엔 전자보다는 후자를 지지하는 사람들의 수가 적지 않은 듯하다. 조금 더 과장해 말한다면, 우리는 이성·철학의 시대가 아닌 문예(文·藝)의 시대에 살고 있다. 문·예의 시대의 특징은 끝없는 자기창조, 자기표현에 그 핵심이 있지 과거의 이념들, 개념들, 체계들의 모방에 있지 않다. 니체 이후 프랑스의 소위 포스트모던 철학자들은 물론이고 현대미학의 여세나 추이 또한 이성보다 감성을 중시해야 한다며, 이성의 틀 내에서 평화스럽기만 했던 담론의 장을 들썩이고 있는 상황도 이런 점에서 보면 우연은 아니다. 이를 역사적 관점에서 평가한다면, 근대 이후 과학화되고 도구화된 이성에 대한 맹목적인 흠모가

〈sensation, sensibilité, sentiment, émotion〉등 〈이성〉의 추론, 추상화 능력을 제외한 인간의 제 능력 모두를 포괄하는 그런 개념으로 폭넓게 사용하고 있음을 밝힌다.

5) 신승환, 「진리 이해의 지평으로서의 예술」, 『하이데거의 예술철학』, 한국하이데거학회 편, 철학과 현실사, 2002, p. 227.

오히려 자기 파괴를 낳고 부작용을 일으킨 원인이라고 할 수 있다. 달리 말해, 과학과 이성은 우리에게 진리를 가르쳐주지 않고 단지 그런 규약과 인위적 법칙들을 만들어내 오히려 인간의 자유로운 행위를 제약한다. 이 때문에 좁게는 빛이 아닌 어둠(밤, 무지)으로 비유되는 감성의 반란, 넓게는 온갖 '비이성적인 것들', '불확실한 것들'의 역란(逆亂)이 도처에서 제기되고 있는 것 아니겠는가.[6]

어쨌든 오늘날의 관점에서 보자면 감성은 이제 철학자들이 그토록 오랫동안 믿고 강조해왔던 것과는 달리 이성의 통제권 밖에서 활동하기를 원한다. 오히려 통제될수록 그 본성에 따라(par nature) 반발하는 것이 감성이다. 이런 점에서 우리는 획일적·일차원적 이성, 이에 의해 아무런 이유나 근거 없이 오직 이념적으로 억압받아왔던 감성을 상상력을 통해서 되살려야 한다는 시대적 주문과 요청으로부터 자유롭지 못한 것 같다.[7]

물론 감성이 전부라는 것은 아니다. 단지 "감성을 되살리자!"는 것이다. 필자의 이러한 소박한 주장은, 소극적인 측면에서 보자면, 고래(古來)의 신적 이성 또는 근대의 도구적 이성에 대한 저항에 그치겠지만, 넓게 보아서는, 즉 파스칼식으로 말해,

---

6) 참고로 *Magagine Littéraire*(n° 312, 1993)에서는 〈확실성의 종말〉이란 특집을 오래 전에 다룬 바 있다.

7) 여기서 필자가 염두한 〈상상력〉은 사뮤엘 코울리지(S. Coleridge)의 철학적 상상력에 근거한 풀이이다. 그는 『문학전기』(U. P. of Princeton, 1983)에서 칸트를 응용해 보편적인 것과 특수한 것, 이성적인 것과 오성적인 것, 감각적 인상들에 의한 것 모두가 정신의 상이한 국면일 뿐이라고 정의하면서, 다름 아닌 〈상상력〉이 이것들을 융합시키며 서로가 서로를 지탱하게 한다고 말하고 있다.

보다 가슴의 논리에 충실한 "섬세의 정신(l'esprit de finesse)"으로 기존의 이성의 폭을 넓히고 살찌우며 그 깊이를 감성과 더불어 정련시켜야 한다는 함의를 갖고 있다. 이 세련된 정신은 우리의 "감성을 회복"하지 않고는 성취될 수 없다. 감성의 회복은 "우리가 더 잘 보고, 더 잘 듣고, 더 잘 느끼는 법을 배워야 한다"[8]는 S. 손탁의 제안과도 맞닿는다. 사실 인간의 감성은 본래 외눈거인의 이성이 그랬듯이 자기와 대상을 임의로 조작하지 않고, 이와 반대로 인간의 행위와 사고를 '살리고', 사실은 주인인 인간의 본능적 자기발현 및 창의적 자기표현에 충실할 수 있도록 도왔다. 그렇다면 감성에 대한 억압만을 일삼았던 철학적 이성 또는 합리적(과학적) 방법이 문제라면 문제이지, 모든 인간에게 공속적이며 보편적인, 근원적이며 원초적인, 실존적이며 구체적인 일종의 '예술적(시적) 감성'이 결코 현대의 우리가 직면한 다양한 사회적 문제들을 야기한 원인것이라고 보기는 어렵다. 따라서 자기 변모를 꾀해야 하는 것은 감성이 아닌 이성과 이성의 허울이다. 다시 말해, 이성에 대한 우리의 허위 믿음이 문제인 것이다. 단적으로 말해 보편·추상의 가면을 쓰고 변화와 생성을 멀리해 온 이성이 자기 변신을 꾀해야 한다는 뜻이다. 자기 변모를 두려워하지 않는 이성은 변화와 도전을 두려워하는 전통의 이성과 달리 '변화'와 '머무름' 사이를 자유로이 오가면서 스스로 균형을 잡아가는 "창의적 이성"이다.[9] 부언컨

---

8) S. 손탁, 『해석에 반대한다』, 이민아 옮김, 도서출판 이후, 2002, p. 34.
9) G. Bachelard, *Etudes*, présentation de G. Canguilhem, J. Vrin, 1970, p. 91 참조.

대 바슐라르의 이성에 대한 새로운 정의에 따른다면 감성은 결코 이성의 타자로서 사유의 적이라고 할 수 없다. 감성은 얼마든지 이성의 파트너일 수 있으며, 필연코 파트너여야 하기에, 전통의 폐쇄적인 이성이 염려하는 바처럼 그렇게 배제 또는 통제되어야 할 이유가 하등 없다. 감히 말하건대, 인간의 감성 활동은 이성 작용에 앞서 있다. 이성보다 먼저 촉발되며 작동되는 것이 바로 감성이다. 감성은 사실 및 대상 인식에 있어 이성보다 앞서 느끼며, 그러하기에 감성은 제 상상력의 모태인가 하면 모든 사고 활동 및 예술 활동의 원동력이기도 한 것이다.[10)]

이제 철학과 예술, 이성과 감성의 이제까지의 주종적 관계를 다음과 같이 문제제기론적으로 재정의하는 일이 불가피해 보인다: "철학이 예술의 사생아이지 예술이 철학의 사생아가 아니다", 라고. "이성이 감성의 사생아이지 감성이 이성의 사생아가 아니다", 라고.[11)]

물론 현대의 철학자들 중에서도 우리와 같은 고민을 했던 철학자가 없지는 않았던 것 같다. 오늘날과 같이 이성·기술·과학 일변도로 전력 행보(行步)하게 될 지적 파행과 비인간적, 기계적 사유에 대해 근본적인 물음을 제기하고, 이에 대해 노골적으로 비판을 가했던 지난 세기의 철학자를 들라면, 우리는 어렵지

---

10) 최봉영은 「감각」(『우리말 철학사전 3』, 지식산업사, 2003)이란 글에서 감각, 느낌, 이해가 동근원적이지만, 그럼에도 인간의 인식(활동)은 자연· 문화환경에 적잖은 영향을 받는다고 주장한다.

11) 신승환은 앞의 논문에서 쉘링을 이용해, "이제 예술이 '철학의 목표이며 미래'가 되고, 시(詩) 지음이 '철학과 여타 학문, 도덕과 관습을 구별하는' 규준"이라고까지 강조하고 있다(*ibid.*, p. 283).

않게 하이데거나 바슐라르를 머리에 떠올릴 수 있을 것이다. 이들은 인간, 세계에 대한 절반의 믿음, 즉 이성만으로 세상을 이끌어가려는 오늘날의 세태를 앞당겨 염려해, 비유컨대, 스스로가 '감성의 십자가'를 지려했던 철학자들이 아닌가 싶다.

이들이 짊어지려 했던 감성의 십자가는 '눈앞에 존재하는 사물들'에만 집착하고 있는 시대와 이러한 시대정신을 이성보다는 훨씬 '부드러운' 감성으로 다시 감싸고, 또 점점 기심(機心)에 익숙해져 가는 인간과 세계를 이로부터 해방시키기 위한 것이었다고 판단된다. 사물이 주인이 된 세계에서는, 하이데거 식으로 말해, 존재자가 모든 것을 지배하는 세계에서는, (자연)세계와 짝하고 '벗'이 되어야할 인간이 역으로 사물(기술·문명)의 지배를 받게 되고, 정작 자신의 설 자리마저 잃어버릴 것이기 때문이다. 인간이 인간으로 존위(尊位)되지 못한 곳, 그곳에서 인간은 필경 사물이나 기계의 노예로 전락하기 쉽다.

그런데 그 실상은 어떠한가? 본의(本義)와는 정반대로 기술·과학·문명은 인간과 세계를 이롭게 하는 것이 아니라 위기로 내몰고 있지 않은가![12] 이런 이유 때문에 6장에서 우리는 하이데거와 바슐라르자의 철학관, 예술관(특히, 시에 대한)을 살펴보면서, 이들이 과연 어떻게 그리고 왜 새로운 철학을 감성, 예술과 더불어 일구어가고자 했는지 살펴보고자 한다. 하이데거와

12) 다시 말해, 인간과 세계를 이롭게 한다는 데서 출발한 기술· 과학· 문명은 '합리적 방법'을 무기로 인간과 세계를 자신의 '이론틀' 밖으로 몰아내고 있다. 하이데거와 바슐라르의 과학비판은 공히 이러한 과학의 구획정리와 과학주의를 겨냥한 것이라 할 수 있다.

바슐라르를 등에 업고 이런 시도를 감행하게 된 결정적 이유는, 아래에서 다시 언급하겠지만, 철학과 예술 사이, 이성과 감성 사이에 매개되어야 할 창조적 상상력의 중요성에 대해 살펴보기 위해서이며, 부가적으로 '죽어가는 인문학', 그렇게들 말하곤 하는 인문학을 되살리는 데 있어서도 창조적 상상력이 기여하는 바가 클 것이라 판단해서다.

2. 하이데거에게 있어 철학(또는 예술)과 시의 관계

하이데거는 예술을 철학과 등위(等位)에 놓은 대표적 철학자이다. 이 둘을 등위시킴으로써 하이데거는 (존재)진리의 발현 방식이 "작품에의 성향"과 다르지 않다는 점을 강조하고자 했다.[13] 즉, 진리가 진리로서 발현될 수 있기 위해서는, 다시 말해 존재가 은폐된 상태에서 비은폐의 도정 위에 놓이기 위해서는, 그것이 (예술)작품으로 정립하지 않으면 안 된다는 것이 하이데거가 예술과 철학을 등위시킨 근본 이유라 생각된다.

예술작품은 하이데거에게 있어서는 "비은폐성의 한 탁월한 가능성"[14]이며, 이렇게 예술작품이 "비은폐성의 한 탁월한 가능성"이라는 점 때문에 그의 존재의 본질에 대한 물음과 직접 연관되어 있고, 따라서 만일 우리가 그의 『예술작품의 근원』을 읽

13) 이기상, 『하이데거의 존재사건학』, 서광사, 2003, p. 208 이하 참조.
14) *Ibid.*, p. 209.

으면서 이 저서에서 하이데거가 혹 예술이론 또는 미(美)에 대해 뭔가 특별한 견해를 피력하고 있지 않을까라고 기대해서는 곤란하다. "예술이 무엇인가?"라는 하이데거의 물음은 전적으로 존재에 대해 묻는 것이며, "예술은, 존재의 의미가 거기에서부터 비로소 규정되는 존재사건에 속한다."[15] 이는 곧 하이데거가 "예술과 예술이 무엇인지에 대해 묻는 그러한 기존의 전승된 규정의 지평들", "미학의 각종 형식들과 예술에 대한 미학적 규정"을 거부하면서, "예술을 존재에 대한 포괄적 물음 안에서" 재정립하고 "예술의 본질에 대한 하나의 철학적인 물음"을 던지고 있다는 것을 뜻한다.[16]

물론 그렇다고 해서 하이데거의 예술에 대한 물음-대답이 단지 존재를 위해서만 제기되고 답해진 것은 아니다. 다시 말해, "예술은 결코 존재물음을 위해 소모되어 버리지"는 않고 오히려 "존재 일반의 본질에 대한 통찰에 이르는 하나의 탁월한 길"을 제시하기 위해 철학과 손을 잡은 것이다.[17] 이런 점에서 하이데거는, 넓게 보아, 反(또는 非)이성주의자라고 할 수 있으며 반(反)과학주의자라 평가받을 수 있다.[18] 굳이 그의 예술-존재론

15) F. W. 폰 헤르만, *op. cit.*, p. 22에서 재인용.
16) *Ibid.*, p. 22 참조.
17) *Ibid.*, pp. 22, 23 참조.
18) K. Gründer같은 이는 그래서 하이데거의 『존재와 시간』 자체가 아예 "이미 과학(Modern Science)에 대한 비판"이라고 규정하고 있으며, 대상영역(Object-areas)에 몰두하기만 하는 근대의 과학으로는 하이데거가 말한 인간 실존의 문제, 실존의 세계와의 근원적 관계를 해명할 수 없다고 단정하고 있다. 하이데거가 1930년대를 전후하여 『형이상학이란 무엇인가?』, 『기술과 전향』 등에서 "과학은 인간 존재의 본질적 가능성"이라고 설사 과학에 대해 다소 긍정적인 평가를 하고 있는 경우라 할지라도, 이는 어디까지나 현존재의 실존적 토대를 해명하기 위한 이론적 태도임을 〔정확히〕 인식할 필요가 있다 - K. Gründer,

을 더 구체적으로 언급하지 않더라도 그가 다룬 다른 많은 철학적, 형이상학적 주제들이 그의 입장을 대변한다: 죽음, 염려, 공포. 기분, 불안, 느낌, 실존, 체험 등.[19] 그런가 하면 하이데거는 또한 반(反)전통주의자이자 탈(脫)형이상학자이기도 하다.[20] 주지하듯 그는 『형이상학이란 무엇인가?』에서 서양 형이상학사 2,500년의 '역사'와 대결해, 이를 통째로 물음에 부치거나, 심하게는 폐기선언까지 하고 있기 때문이다. 그러나 여기서 우리가 유념해야할 것이 하나 있다. 하이데거에게 있어서 "형이상학의 극복은 형이상학을 없애 버리지 않는다"[21]는 점이 바로 그것이다. 다시 말해, 그가 말한 폐기처분되어야 할 형이상학이란 존재자, 즉 사물 중심의 형이상학에 국한된다. 결국 서양 철학사 전체에 대한 하이데거의 새로운 철학사 읽기(읽어내기)는 "순수하고 단순한 철학사 지우기"만을 목표로 했던 것이 아니라는 것이다.[22] 오히려 그의 존재 사유는 전통의 존재자 중심의 사

"Heidegger's Critique of Science in his Historical Background", *Philosophy Today*, vol. 7, n° 1/4, 1963, p. 19 참조.

19) 하이데거의 철학에 대한 새로운 해석들이 진행되고 있는 가운데, 특히 김재철의 '기분' 개념에 대한 성찰은 우리에게 이제까지와는 전혀 다른 시각을 제공하고 있지 않나 생각된다 - 김재철, 「기분에서 이해되는 삶과 철학 - 딜타이, 볼노오 그리고 하이데거를 중심으로」, 『철학논총』제30집, 새한철학회 편, 2002.

20) G. Granel, "Remarques sur l'accès à la pensée de Martin Heidegger", *Le XXe siècle*(Histoire de la Philosophie VIII), sous la dir. F. Châtelet, Hachette, 2000, p. 180: "하이데거의 사유는 더 이상 형이상학에 속하지 않는다. 그의 사유가 그렇다고 해서 우리들에 의해 이미 이해된 차원에 속하는 것도 아니다. (…) 이렇게 하이데거의 사유는 형이상학에 속하지 않을 뿐만 아니라 그 어떤 다른 것에도 소속되지 않는다." 아니, 역설적으로 말해 이런 방식으로 하이데거 자신은 형이상학 자체에 접근하고 또 이를 초월해가려 했는지도 모른다 - J.-P. Cotten, 아래 책, p. 157, 158.

21) M. 하이데거, 『형이상학이란 무엇인가?』, 이기상 옮김, 서광사, 1994, p. 19.

22) J.-P. Cotten, *Heidegger*, Seuil, 1974, p. 158.

유에 "밑바탕을 파주고 토양을 마련해" 주려는데 궁극적 목표를 둔 것이다. 부언컨대 하이데거는 전통의 "형이상학은 〔이와 같은〕 존재의 진리를 사유하는 〔바로〕그 사유 안에서 극복된다"는 점을 강조하고자 했던 것이다.[23)]

따라서 하이데거에 대해 이야기하면서 만일 우리가, 작금의 데리다나 레비나스처럼, 그의 이성 철폐, 철학의 종말 또는 죽음 선언만을 강조하는 것으로 그의 철학적 폭과 깊이를 파악했노라고 착각하는 것은 위험하다. 이런 성급함은 하이데거에 대한 바른 접근·이해보다 오히려 곡해를 양산하기 쉽다. 결과적으로 하이데거의 反과학주의적, 反이성주의적, 반-탈 형이상학적 시도를 단순한 철학사의 부정이나 해체작업과 연관시키거나 동일시하는 것은 하이데거의 궁극적인 철학적 지향점이 무엇이었던가를 파악하고, 살렸다고 보기는 어렵다. 왜냐하면 오히려 그는 이러한 의도된 '전략'을 디딤돌 삼아 철학사에서 아직까지 사유된 바 없는 존재-사유를 제2단계로 개시하고, 이를 통해 궁극적으로는 예술과 함께 하는 철학을 세워보고자 했던 것이라고 생각되기 때문이다.[24)]

하이데거가 철학과 예술을 등위시키고자 했던 것도 바로 이

---

23) M. 하이데거, 『형이상학이란 무엇인가?』, 이기상 옮김, 서광사, 1994, p. 19.
24) 참고로, 프랑스 지성계에서 하이데거를 편견 없이 독서하기 시작한 것은 70년대 중반부터라고 할 수 있다(J.-P. Cotten, *op. cit.*, p. 157 참조). 이는 결코 과장이 아니며, 하이데거의 주 저서들이 80년대에 이르러서야 번역되고 있는 점이 이를 간접적으로 증명한다 하겠다 - 『존재와 시간』(trad. F. Fédier, Gallimard, 1986), 『현상학의 근본문제들』(trad. J,-F. Courtine, Gallimard, 1985), 『칸트의 〈순수이성비판〉에 대한 현상학적 해석』(trad. E. Martineau, Gallimard, 1982), 『인간 자유의 본질에 대하여』(trad. E. Martineau, Gallimard, 1987) 등.

와 같은 맥락에서 이해하지 않으면 안 되며[25], 마찬가지로 철학과 예술(시)이 존재를 매개로 재구성되고 있다는 사실 또한 간과해서는 안 된다. 그에게는 진리가 항상 존재로부터 비롯되기 때문이다.

1) 하이데거 사유의 단초인 존재 이해, 이성과는 다른 능력으로

하이데거 철학의 중심 개념은 두말할 것도 없이 〈존재〉이다. 그래서 우리는 이 자리에서 이에 대해 조금 더 언급할 필요를 느낀다. 그의 존재 개념을 먼저 이해해야만 우리의 화두인 예술과 철학의 상관관계에 대한 물음 및 제반 후속 논의가 가능할 것으로 믿기 때문이다.

존재 물음을 위해 하이데거는 존재자의 존재, 더 엄밀히 말하면, 존재자만을 위한 사유에 유폐되어 있었던 서양 형이상학의 파행적 흐름에 대해 근본적인 물음을 제기했으며, 자신의 고유한 '사유의 길'을 주지의 존재와 더불어(avec l'être), 존재 속에서(dans l'être) 새롭게 모험적으로 일구어 보고자 했다. 이것이 바로, 그롱뎅의 적절한 표현대로, "존재에로의 방향전환(le tournant dans l'être)"이자 또한 하이데거 철학의 시금석이기도

25) 하이데거에 있어서 철학과 예술(시)의 관계를 '등위'의 관계가 아닌 '공속'의 관계로 보다 적극적으로 규정하는 학자도 있다 - 윤병렬, 「하이데거의 횔더린 시(詩)-해석과 "다른 시원"」(『하이데거의 예술철학』, 한국하이데거학회 편, 철학과 현실사, 2002, pp. 169~208) 참조. 이 논문에 따르면, 사유와 시작(詩作)은 그 본질에서 시적(dichterisch)이기 때문에 서로 역운적으로(geschickhaft) 생기하는 존재의 진리를 건립하고 보전하며(Heidegger, *Holzwege*, p. 324), 바로 이런 맥락에서 하이데거에게 있어 "시작(詩作)하는 사유"는 "사유하는 시작"이기도 하다는 것이다(*ibid.*, pp. 185, 193 참조).

하다.

부언컨대 하이데거에 따르면 서양 철학사에서는 존재자의 존재자성(l'étantité)에 대한 사유를 〈존재 자체〉에 대한 사유와 혼동했다는 것이고, 이런 이유 때문에 그는 자신의 철학적 물음의 화두인 존재-물음, 이의 의미와 구조를 전통의 존재자를 위한 철학적 물음방식과 철저히 구분해 규명했던 것이다. 서양 철학사에서 '아직 사유된 바 없는' 그래서 구체적으로 '말해진 바 없는' 그의 〈존재 모험〉은 존재자를 위한 물음, 즉 우리 주위에 흔하게 널려 있는 사물 대상처럼 "그것은 무엇인가?"라는 고전적인 방식의 인식론적 물음을 통해서는 탐구·접근될 수 없다.[26] 하이데거가 말하는 존재는 우리가 (일상, 현실)세계에서 보는, 만나는, 소유할 수 있는 그런 '무엇'이 결코 아니다. 앞서도 언급했지만 존재는 이와 반대로 '그런 무엇', 즉 모든 존재자들의 존립을 위한 일종의 가능 근거이자 뿌리이다. 바꿔 말해, '그런 존재자들'을 존재하게끔 떠받치며, 그것이 존재자로서 '자리할 수 있도록' 자양분을 제공하는 것이 바로 하이데거가 말한 〈존재〉이다. 〈존재〉가 있어 비로소 존재자가 '무엇'으로 존재할 수 있다는 것이 하이데거의 존재자에 대한 존재론적 해명이다.[27]

하이데거와 더불어 새롭게 논의되기 시작한 존재, 존재-물음은 이렇듯 사물-존재자를 드러내고 밝히는 방식을 통해서는 밝

---

26) J. Grondin, *Le tournant dans la pensée de Martin Heidegger*, P.U.F., 1987, p. 101 이하 참조.

27) V. Cordonnier, *Heidegger*, Quinette, 1995, p. 4 참조.

혀질 수 없다. 역으로, 존재가 있어, 즉 존재로 인해 존재자가 존립 가능하며, 이를 우리(현존재)는 마침내 사유할 수 있게 된 것이다.

"이렇게 존재와 존재자는 뗄 수 없이 서로에게 함께 속해" 있다. 이러한 "함께 속함" 때문에 사실 존재는 이해되고, 존재자는 밝혀진다. 결국 "존재하는 존재" 때문에 존재자와 존재는 하나의 '관계'로 묶일 수 있게 된다.[28] 이렇게 하이데거는 "〔『존재와 시간』에서 또는 이후의 저서들 전반에서 서양 철학사에서 아직〕사유되지 않은 채 방기(放棄)된 것, 종래의 형이상학이 사유한 모든 것이 거기에 근거를 두고 있는, 뿌리를 내리고 있는 바로 그 잊혀진 근거를 사유로써 복원하려고 시도하는데서 자신의 고유한 사유의 길을 개척"한 것이다. 이런 점에서 하이데거의 존재는 모든 사유의 최종 근거이자, "존재, 그것은 최상의 것"[29]이란 명제가 성립된다.

사실 이런 이유 때문에 우리는 하이데거의 사유를 곧잘 사물-존재자와 관련해서보다는 "존재의 중심에서 〔다시〕열려야 하는 길"로 압축해서 설명하곤 한다.[30] 그리고 이런 시각에서 보았을 때, 서양 형이상학의 전체 역사가 이 존재라는 사유의 원천과 근본뿌리를 망각하고서 오직 사물-존재자에만 매달려 있었고, 매달려왔던 점이 역으로 밝혀지고, 결과적으로 그 한계가

---

28) 이기상, 『하이데거의 존재사건학』, 서광사, 2003, p.107. 이기상은 여기서 〈존재하는 존재〉 개념을 빌어 존재와 존재자의 관계를 상세히 설명하고 있다.

29) 이기상, 『존재의 바람, 사람의 길』, 철학과 현실사, 1999, p. 111.

30) V. Cordonnier, *op. cit.*, p. 3.

어떤 것인지 극명히 노정된다. 한마디로, 하이데거에 따르면, 서양 형이상학의 역사는 곧 '존재망각의 역사'였던 것!

〈서양 철학(형이상학)의 역사 = 존재 망각의 역사 = 존재를 은폐시킨 역사 = 존재 퇴거의 역사 = 감성없는 이성만의 역사!?〉

이처럼 하이데거와 더불어 '존재에로', '존재 속으로' 인도되고 새롭게 방향을 잡은 철학에서는 서양 형이상학 및 철학에 대한 근본 물음들의 재개, 제기를 통해 왜 존재가 서양 철학 및 서양 형이상학과는 다른 시작(l'autre commencement)이 필요한 것인지에 대한, 그 정당성에 천명으로 이어지게 된다.

그런데 이 서양 철학 및 형이상학과는 '다른 출발'은, 하이데거 스스로도 강조하고 있듯이, 〈시적 상상력 없이는 불가능하다〉는 점이 우리가 주목해야 할 부분이다.[31] 시적 상상력이 존재-사유를 위해 절대적으로 필요하다고 하이데거가 말한 이유는, 추측컨대 아직 존재가 사유로 설립되지 않아 우리가 이를 '창조'해내야만 하는 것이기 때문인 듯하다. 다시 말해, 그가 말한 존재는 이미 어딘가 있는 무엇을 차후에 '발견', '재현'하는 일과 다른 일종의 '발명'이라고 할 수 있다. 때문에 하이데거는 그의 철학의 전향적 의표(意表)를 존재로 삼았던 것이고, 이를 모태로 사유가 다시 '시작'되어야 한다고 본 것이다. 이 존재는 존재자를 위한 '어머니'요, 비유컨대, 각각의 나무들이 모인 숲과도 같

31) M. Heidegger, *Nietzsche*, II, Gallimard, 1971, p. 211 참조.

다. 그래서 하이데거는 감히 다음과 같이 말할 수 있었을 것이다: “각자는 자신의 길을 추구한다, 그러나 그 길은 숲 속에서이다”[32], 라고!

이에 사족을 조금 붙여보자면, 각자가 추구하는 사유는 그것이 고유한 만큼 다른 사람과 얼마든지 서로 다를 수 있다. 사유의 대상과 목표도 서로 같아야 할 아무런 이유가 없다. 바로 이 다름을 실현시키는 것을 사유의 각자성과 고유성이다. 그런데 하이데거에 따르면, 이 다름의 추구가 만일 존재자에로 귀착되거나 함몰되어서는, 다시 말해 그것의 토대·토양인 존재가 망각되어서는 결국 각자성과 고유성마저도 성취될 수 없게 된다.

하이데거의 ‘존재라는 숲’은 이런 점에서 분명 새로운 사유의 모태이자 방향제시라고 할 수 있다. 전통의 사물-존재자 중심의 철학처럼 뿌리도 내리지 못하고 이곳저곳을 배회하다 사라져버렸다면, 그의 철학은 존재로 인해 비로소 뿌리를 내리고, 존재의 보호를 받으며 성장할 수 있다는 점에서 말이다. 우리가 존재 물음을 통해서 하이데거가 새롭게 복원시킨 사유를, 물론 그 스스로의 명명이기도 하지만, 근본존재론(l’ontologie fondamentale, 기초존재론)이라고 평가한 이유가 여기에 있다.

하지만 그의 근본존재론은 멀리 보면 어디까지나 사유의 미래를 위한 존재-현상학(la phénoménologie à être)이기에, 이를

---

32) M. Heidegger, *Chemins qui ne mènent nulle part*(Gallimard, 1962) - F. Nicolas, “Ontologie et éthique du poétique chez G. Bachelard et M. Heidegger”, *Nature et morale*, E. U. de Dijon, 1999, p. 95에서 재인용.

그렇다고 존재의 현상들(des phénomènes d'être)에 관한 연구로 오인해서는 곤란하다.[33] 우리가 유념해야 하는 것이 바로 이것이다. 존재-현상학을 존재의 현상들에 관한 연구로 착각한다면, 그 연구는 필경 다시 존재자에 머물 확률이 높고, 십중팔구 "존재 속에서"가 아닌 존재자 속에서 마감되는, 빗나간 작업이 되고 말 것이다. 이런 이유 때문에 만일 우리가 고전적 의미의 이성의 능력에 기대어 하이데거의 사상에 접근하려는 것에는 한계가 있다.

이성은 오로지 눈에 보이는 것만을 보는데 급하다. 이성은 눈에 들어온 것, 인식된 것만이 존재하는, 존재해야 할(존재 가능성) 것의 전부라고 착각하는 수가 많다. 실제 사현상(詐現象)의 가립(假立)이 하이데거가 말한 존재-현상(現像) 자체의 존립을 방해하고 있는지도 모른다. 이성 중심의 기술·과학의 세계 '조작' 행위도 분명 존재자를 존재로, 가상을 실상으로 믿게 하는데 일조하고 있지 않나 싶다. 오죽했으면 하이데거가 우리의 시대상황을 일러 "대지와 대지 위에서 살고 있는 모든 존재자들과 인간들이 황폐화된 시대"로까지 진단했겠는가![34] 이성 중심적, 비인도적 기술·과학만능시대로부터 사유 자체와 인간을 구원해내기 위해서, 철학의 새로운 가능성을 "존재 속에서" 모색하기 위해서, 이 존재를 우리가 '본 것(보이는 것, 인식한 것)'으로

33) V. Cordonnier, *op. cit.*, p. 5 참조.
34) 박찬국, 「하이데거(에게 있어서 가능성)」, 『아카필로』 제3호, 산해출판사, 2001, p. 113 참조.

부터 해방시키기 위해서 말이다.

이 모든 하이데거의 노력은 결국 지성·이성과는 다른 능력, 즉 인식의 눈으로는 볼 수 없는, 보이지 않는 곳에, 지성·이성의 능력 밖에, 너머에 존재하는 존재를 새로운 형태의 사유-능력으로 접근해야만 한다는 주문과 관련이 깊다. 우리에게는, 하이데거의 유명한 개념에 빗대어 말하건대, 지성·이성으로부터의 '전환'이 절대적으로 필요한 시점이다.

2) 시인: 존재를 이해하는, 시원의 언어를 탐구하는 '특별한 인간'

하이데거가 말한 이와 같은 존재를 건사하기 위해 우리에게 필요한 것이 감성, 느낌의 능력을 회복하는 일 아니겠는가.[35] 바로 이 감성과 느낌의 능력 덕분에 우리는 존재의 두 발현태(드러내기도 하고 감추기도 하는)를 비로소 감지할 수 있는 것 아니겠는가. 단언컨대, 하이데거가 말한 존재의 이중적인 드러냄의 방식은 감성과 느낌을 통하지 않고는 감지되기 어렵다고 본다. 감성과 느낌 없이 존재를 봄, 존재의 목소리를 들음은 단지 존재를 머리로 '간신히' 붙든 것에 그칠 뿐이다. 이런 이유 때문에 하이데거는 서양 철학사에 "사유에 의해 창조된 것"은(『하

35) 물론 '감성'도 '느낌'도 '하이데거적 의미의 인간'에 대한 규정이라 말하기에는 무리가 있다는 것을 필자가 모르는 바는 아니다. 『인문주의 서한』에서 보듯 하이데거는 전통적으로 서양철학이 '인간'을 '이성적 동물'로 간주· 이해한 것에 견주어 '현존재'라는 용어를 새롭게 사용하면서, 현존재는 이성적 또는 감성적 또는 신적 또는 영적 등의 제한된 규정아래서가 아니라 존재의 현(現, 顯), 존재의 거기, 존재가 자기 자신을 드러내는 자리로서의 인간이라는 규정을 통해 탐구하기를 원하고 있기 때문이다 - 이기상(1999), *op. cit.*, p. 217 참조.

이데거 전집』제9권, p.313) 아무 것도 없다고 단언하지 않았겠는가.

만일 우리가 하이데거의 이러한 단언에 동의한다면, 사유에 의해 재구성되어야 할 내용은 당연, 이제까지 이성에 의해 꽈리 틀린 존재론의 역사를 풀어헤치고 그 속에 숨죽이고 있는 숨어 있는 존재를, 이성이 아닌 감성과 느낌의 도움을 받아 구해내야 한다. 존재를 존재 자체로 밝혀내는 일, 그것은 감성과 느낌에 의하지 않고는 불가능할 것이기에. 그리고 여기서 중요한 것은 이때의 존재는 더 이상 인식의 대상이 아니라 체험이라는 점이다.

체험된 존재는 감성적인 것이지 결코 이성에 의해 축조되거나 이해된 것일 수 없다. 존재가 인간에게서 밝혀지고 공유될 수 있기 위해서는 반드시 감성이 필요하다는 뜻이다. 이런 점에서 우리는 감히 말할 수 있다. 존재는 이성이 만들어 놓은 유리병에 갇혀 있는 골동품이 아니라고. 그런가 하면 스스로가 이 유리병을 깨고 자신을 드러내기도 하는 것이 존재이다. 바로 이러한 존재를 우리는 요행히도 '가끔' 체험한다. 어쩌면 이미 느끼고 있었으나, 이를 모르고 있었을 수도 있다.

또한 하이데거의 이러한 존재의 존재 방식인 이중의 삶 방식 또는 구조는 존재의 가장 친근한 '벗'이자 목자요 체험자인 현존재[36]의 본질적 특성과도 직결되어 있다. 하이데거에 따르면 오

36) 참고로, 하이데거의 〈Dasein〉은 불어로는 〈Da-sein, Dasein〉을 포함해 〈l'être-là, l'être-le-là, l'être-le-Là, l'être de la présence, la présence, l'étant, l'existant, la réalité-

로지 현존재만이 이러한 존재의 비밀스런 특징, 즉 존재의 의미와 진리를 이해하고 파악할 능력을 가지고 있다. 이때의 현존재는 물론 거리의, 시장의 뭇사람들이 아니라, 위험을 감수하고 굳이 표현하자면, 상당히 '특별한 인간'에 해당한다고 볼 수 있다.[37] 즉, 현존재만이 유일하게 존재를 접견하고 밝힐 수 있는 자이다. 또한 존재로부터도 때론 자유로운 존재가 바로 이 현존재이다. 즉 자기 존재와 존재를 동시에 초월하기도 하는 존재이기도 한 것이 현존재이다.[38] 하이데거가 『존재와 시간』(§4)에서 "근본 존재론은 현존재(l'être-là)의 실존적 분석에서 연구되어야 한다"고 말한 이유가 여기에 있다.

그런데 이 현존재에게도 빛과 그늘이 동시에 공존한다. "자신의 거기(son là dans le monde possible)", 즉 그가 머무를 곳을

---

humaine〉 등으로 다양하게 번역되고 있다. 이 개념 하나만 놓고 보더라도, 하이데거의 철학이, 필자를 포함해, 프랑스는 물론 한국에서도 얼마나 해독하기 어려운지를 충분히 짐작하게 한다. 그래서 원어 그대로 음차(音借)하는 경우가 생긴다. 그러나 이것도 여전히 문제를 안고 있다. E. 마르띠노의 하이데거 번역(*Inetprétation phénoménologique de la 〈Critique de la raison pure〉 de Kant*, Gallimard, 1982)에 대한 V. 데스꽁브의 힐문은 이런 점에서 우리에게도 퍽 시사적인 것으로 보인다: "마르띠노는 하이데거의 〈Dasein〉이 불어로 번역되기 어렵다고 생각했던지 아예 번역 자체를 시도하지 않고 있다. (…) 이는 이 〈Dasein)〉 번역될 수 없다는 뜻인가? (…) 왜 유독 〈Dasein〉만이 번역될 수 없는 것인가? 내가 알고 싶은 것이 바로 이것이다." - V. Descombes, "Une traduction de Heidegger", *Critique*, n° 430, 1983, p. 263.

37) V. Cordonnier, *op. cit.*, p. 4. 왜냐하면 "존재는 존재자들을 담지하며 〔보통의〕 인간에게 경이를 선사하면서도 〔보통의〕 인간에 의해 접근할 수 없는 지점에 머물고 있기" 때문이다. 다시 말해 존재는 보통의 인간에게서가 아니라 탁월한 존재 이해자인 현존재에 의해서만 접근 가능하다는 뜻에서, 필자는 본고에서 현존재를 '특별한 인간'이라 칭해보았다.

38) 여기서 '초월'은 특별한 의미로 이해하기보다 현존재만이 뭇사람들과 달리 '탁월한' 존재 이해자(l'étant éminent)란 의미 정도로 풀이하기로 하자. 참고로, 하이데거에게 있어서 〈초월〉 개념을 살란스키 같은 이는 현존재와 세계가 '쌍방적으로 결정(détermintion mutuelle)'된다는 측면에서 그것을 '초월적'이라고 표현하기도 한다 - J.-M. Salanskis, J.-M. Salanskis, *Heidegger*, Les Belles Lettres, 1997, p. 22 참조.

발견했을 때는 빛이며, 역으로 그가 머물 곳을 발견하지 못했을 때는, 개인적으로는 불안이고 근심이며, 집단에서는 소유를 위한 쟁투로 변하며, 공포와 전쟁, 죽음을 낳는다. 그리고 여기서 중요한 것은 자신의 '거기'를 찾은 자로서 현존재는 존재의 목자(牧者)요 경작자인 '특별한 인간'인 예술가들, 그 중에서도 특히 시인이 이에 해당한다고 하이데거가 지목한 점이다. 결국 하이데거가 시인 횔덜린을 위해 『횔덜린 시에 대한 해설』, 『예술작품의 근원』이란 저술들을 남기게 된 것도 이런 측면에서 결코 우연이 아니었을 것이다.

이상에서의 간략한 논의를 종합해보면, 시인(하이데거가 탐구한 트라클, 릴케나 횔덜린 같은)이란 이성만으로 사유하는 철학자는 물론이고 감성에 자신을 전적으로 맡겨 살아가는 그런 부류의 사람들과는 분명 '다른 인간'이라는 사실을 알 수 있다. 즉, 시인이란 존재에 대해 묻고 이해하는 '특별한 인간'이다. 하이데거에 따르자면, 시인이 특별한 인간인 까닭은 무엇보다도 그가 시원의 언어(Logos)를 탐색하는 자이기 때문이다.

시인이 추구하는 시원의 언어인 로고스는, 존재가 존재자의 가능 근거였듯, 모든 일상 언어의 가능근거이다. 따라서 하이데거에 따르면 시원의 언어는 필경 로고스에 근원하고, 로고스를 종착지로 삼아야 한다. 때문에 그렇지 못한 언어들로 씌여진 유사 시작품 또는 사이비 철학서 등은 하이데거의 입장에서 보았을 때는 존재의 진리를 밝혀내고 드러내는 것과는 거리가 멀다. 존재의 진리를 드러내지 못한 '언어뭉치들', 소위 (언어)작품이라고 하는 것들, 이것들은 모두 '말함의 본질'을[39] 망각한 것들로, 이것들은 오직 현세적, 시장적 세계에 자족하는 '그들(세인, 사람들)'을 위해 그저 유희거리가 될 뿐이며, 소위 '잡담'에 그칠 뿐이다. 그런데 불행히도 "우리는 그들이 즐기듯 즐거워하고 기뻐한다. 우리는 그들이 보고 기뻐하듯이 읽고 보며, 문학과 예술에 대해 비평한다."[40]

그들! 그들과 잡담함! 남과 비슷해짐으로써 편안함을 느낌! 그런 그들과 어울릴 수 있음으로 심적 안정을 구함! 이 모든 것들은 그러나 하이데거가 볼 때 "평균성, 공공성, 존재 부담의 면제"로[41] 특징되는 일상적 삶의 전형일 뿐 그것이 모든 인간이 근본적으로 기획하고 추구해야 할 본래적인 것은 아니다. 바로 여기에 하이데거가 말하는 철학자, 시인의 임무와 사명이 부여된다. 로고스로 존재를 존재 자체로 드러내 보여 주어야 할, 잡담으로 오염되어 가는 언어를 시원의 언어로 정화해야 할, 비본래적, 비독자적 삶의 스타일을 본래적, 자립적, 주체적으로 되돌려야 할, 각자를 '그들'에서 '자기 자신'으로 회복시키는 사명이 바로 그것이다.[42]

이런 이유 때문에, 다시 강조하지만, 하이데거에 따르면 철학

---

39) 주지하듯, '말함의 본질'은 하이데거의 글제이기도 하다. 여기서 하이데거는 "언어(Logos)가 존재하지 않는 곳에서는 그 어떤 것도 존재하지 않는다"고까지 강조하고 있다 - 배학수, 「하이데거에서 시와 언어의 관계」, 『하이데거의 언어사상』, 한국하이데거학회 편, 철학과 현실사, 1998, p. 198에서 재인용.

40) 이기상(1999), *op. cit.*, p. 260에서 재인용.

41) *Ibid.*, p. 264.

42) *Ibid.*, pp. 259~260 참조.

자, 시인의 책임은 지대하고 막중하다. 그 이유는 무엇보다도 철학자, 시인에게 존재가 이와 같이 지상에서, '그들'에 의해 농락을 당하며 망각되어 가고 있는 현실을 바로 잡아야 할 임무가 있기 '때문에', 그 어떤 부류의 사람들보다도 이러한 현실을 극복하고 미래까지를 염려해야 하는 자가 바로 철학자이자 시인이기 '때문에', 더욱이 '그들'에 의해 모로 가는 세상을 무관심하게 지켜보는 것은 책임 유기에 다름 아니기 '때문에', 존재의 근원을 시작(詩作)을 통해 우리에게 통지함으로써 인간의 기심(機心)을 순화시켜 자연세계와의 대화를 재개시키고 경이를 맛볼 수 있도록 할 수 있는 유일한 자가 바로 이들이기 ' 때문에', 그렇다!

『예술작품의 근원』에 등장하는 고흐의
《신발 한 켤레》(1886년 作)

특히 시인이 로고스를 통해 경작해야만 하는, 개현(開顯)하고자 하는 세계는 협소한 이성의 언어로 구축할 수 있는 세계와 비교될 수 없이 넓고 깊으며 심오하다. 시인의 세계는 이성의 언어로는 도저히 '그릴 수도 없는', '담을 수도 없는' 드넓은 바다요, 드높은 산과도 같다. 가없는 하늘, 변화무쌍한 구름과도 같다.

단적으로 말해, '그들'을 위한 일상의 언어로는 도저히 붙잡히지 않는, 붙잡을 수 없는 무한의 세계가 바로, 존재와 같은 뿌리를 하고 있는, 시원의 언어의 세계, 즉 '시적 세계'이다. 시원의 언어인 시어는 존재의 거처요, 휴식처이자 궁극적으로는 '존재가 머물 수 있는 집'이다. 그리고 존재와 시어가 짝하여 이루는 것이 이름 하여 '(시)작품'이다. 하이데거가 『예술작품의 근원』에서 "진리가 스스로를 작품에로 정립할 때 진리가 나타난다"고[43] 말할 때의 바로 그 작품이 이렇게 시인에 의해 창조된 시-작품인 것이다.[44]

이처럼 존재를, 언어 자체를[45] 시적으로 말하는 것(le Dire poétique)이 본업인 '특별한 인간'으로서 시인이 그리고 묘사하는 세계는 이성이 '재단하고 요리하려는' 세계와는 판이하게 다르다. 시인이 그리고 묘사하는 세계는 모든 인간이 자유롭게 뛰어 놀 수 있는 자연-대지요 젖줄인 어머니이자, 자기 자신을 근원에 바탕해 가꿀 수 있는 텃밭이자, 온갖 신비한 것들로 가득 찬 꽃밭과 같은 곳이다. 이렇게 세계의 시원은 마침내 시인에 의해 더듬이질되어 우리에게도 통지되며, 존재가 존재로 성(盛)할 수 있는 '마당'이 시인에 의해 닦이고 있는 것이다. 결국,

---

43) 이기상(2003), *op. cit.*, p. 239에서 재인용.

44) 하이데거에게 있어서는 시도 다른 예술작품과 마찬가지로 세계 개방, 즉 탈은폐 기획의 한 방식일 뿐이다. 다시 말해, 모든 예술은 '나름의 길과 방식'으로 존재의 개방을 작품 속에 정립한다. 그럼에도 불구하고 시가 '특출한 위치'를 차지하고 있는 것은 부인할 수 없다(상세한 논의는 배학수, *op. cit.*, pp. 196, 200 참조).

45) 하이데거에게 있어 로고스는 곧 언어 자체다. 그리고 언어 자체에 대해 말하고 있는 것이 다름 아닌 시다. 이를 정은해는 "시에서 언어 자체가 말해질 수 있다는 것은, 시인이 이미 언어에 대한 경험을 가졌다는 것을 함축한다"고 풀이한다 - 정은해, 「하이데거의 언어철학: 언어의 본질을 중심으로」, 『하이데거의 예술철학』, 한국하이데거학회 편, 철학과 현실사, 2002, p. 122.

존재는 자신을 세상에 드러내 보이기 위해서 시인을 필요로 하며, 마찬가지 이유로 시인도 존재가 있어 존재 세계의 진리, 성스러움을 맛볼 수 있게 된 것이다.

이런 점에서 시인의 시작(詩作)은 결국 세계의 시작(始作)을 밑그리는 작업인[46] 동시에 존재의 진리를 밝히는 순간이기도 하다. 그러므로 편협하기만 했던, 주인인 인간을 되려 지배하려 하는가 하면, 심지어는 도구처럼 여기기도 하는 '철학자들'의 이성, 이를 통한 자료·정보들을 수집하기를 우리는 이제 과감히 멈추고, 하이데거가 말한 시적 세계, 자연 세계, 태초의 원시 세계, 존재 세계에 입장(入場)해야 한다. 그럴 수 있을 때 최소한 우리는 원천어(Ursprache)로 건립된 존재를 머리로 '이해'하는 데 그치지 않고 가슴으로 '느끼며', 그것은 하나의 '가슴 떨리는' 체험 사실로 맞이할 수 있게 될 것이다.

하이데거는 분명 이런 점에서 우리가 직면해 있는 현재, 미래에 직면할 시대의 위기를 예견했던 점에서 탁월한 선지자요, 존재의 목자인 시인과 더불어 예술과 배타적이지 않은 철학, "이성을 넘어서며 이성의 다른 부분의 철학"[47]을 개척했던 점에서 시인-철학자라 할 수 있다.

---

46) 박치완, 「시와 철학, 그 미답의 경계를 위하여」 및 「포스트모던 시대의 詩作과 思惟 그리고 그 역할과 기능」(『외국문학연구』 제8호, 2001) 참조.

47) 신승환, *op. cit.*, p. 301.

3. '시인'이 염원하는 공간과 세계

하이데거가 우리에게 제시한 사방세계는 '존재의 빛'으로 충만해 있다. 존재와 로고스, 인간과 세계가 따로 돌지 않고 하나로 어우러진, 하늘과 땅이 교호하는, 그 과정에서 철학과 시가 탄생하고, 무엇보다도 그 곳에서 모든 인간이 존중되어야 하듯 존재가 가림 없이 자신을 드러낼 수 있는 그런 조화로운 세계!

만일 우리가 이런 하이데거적인 세계에서 살 수만 있다면, '그곳'은 문자 그대로, 여여(如如)한 낙원계(樂園界)가 아닐까 싶다. 즉, 하이데거가 염원하는 "세계는 그 안에 존재하고 있는 모든 것이 자신의 고유한 자리를 갖는 그런 벽이 없는, 열린 장소인 것이다."[48] 그래서 우리는 '그곳'이 더욱 그리운, 함께 그곳에 가보고 싶은, 누구나 그곳에서 가 살고 싶은 이상향, 일종의 '가능' 세계가 아닐 수 없다.

시인은 이렇게 우리와 같은 세계에 살면서 동시에 다른 세계, 미래에 올 세계에 거하며, 우리를 그곳으로 안내·인도하기 위해 불면의 밤을 지새운다. 존재를 시원의 언어로 밝히고 건립해 마침내 어둑새벽이 오면 존재가 그 진가를, 참 빛을 발할 수 있는 터전을 마련하기 위해서다.

존재의 빛으로 충만한 '그곳'엔 이성이 던져놓은 그물이나 경계 따위가 더 이상 위력을 행사할 수 없다. 시간과 공간 같은 세

48) 이기상(2003), *op. cit.*, p. 337.

속적 구분이 '그곳'에선 더 이상 아무런 의미가 없다. '그곳'에선 잘남과 모자람, 선함과 악함이 투쟁하지 않는다. 존재하는 모든 것들은 오직 '존재의 별-천지'를 위해 창조된 것들이다. 릴케의 말대로, "죽은 사람이나 미래의 사람들이 머물 곳을 찾으라고 한다면", 아마 이와 같은 "상상의 공간보다 더 적합한 장소가 도대체 어디에"[49] 있겠는가(WD/175)!

아직은 상상의 공간에 거하는 '존재'라는 말이 무슨 의미인가? 하이데거가 릴케 해석에서 잘 보여주듯, 이 상상의 공간은 시인이 밤을 지새우며 밝히려는 전적으로 질적인 공간이고, 인간과 세계의 내면공간이다. 그런데 바로 이 비인식적·불가시적 내면공간 속에 바로 하이데거가 추구했던 "보호받지 못한 존재"(WD/186)가 꿈틀대고 있다. 존재가 존재자에 익숙한 우리의 접근을 경계하면서 그곳에 움츠리고 있다고나 할까. 아니면 스스로를 이렇게 감추며 존재자로부터 이렇게라도 자신을 보호하고 있다고나 할까.

수와 양이 지배적인 세계로부터 보호받지 못한 것은 물론 존재뿐만이 아니다. 인간도 계산과 양화(量化)의 세계에 짓눌려 있기는 마찬가지다. "너무나 일찍 인간으로서의 고유한 본질을 포기해"버리고서, "기계의 시중을 들며 기계나 조작하면서" 만족하는 사이보그들처럼 말이다.[50] 이렇게 인간과 존재가 보호

---

49) 하이데거, 「무엇을 위한 시인인가(Wozu Dichter)?」, 『철학이란 무엇인가· 철학적 신앙 외』, 최동희, 김정우, 황문수 역, 삼성, 1990 참조(이하 본문에서는 이 글을 WD/123과 같이 페이지를 표기할 것이며, 인용은 『하이데거전집』제5권에서의 페이지를 가리킴).

50) 이기상, 『하이데거의 존재의 사건학』 제4장: 〈존재역운으로서의 기술: 사이버 시대에서의

받지 못한 세계를 일러 하이데거는 주체 없는 "대상성"의 세계(WD/176)라는 직언을 마다하지 않았다. 인간 주체는 고려 밖에 있고 대상(성)만이 성(盛)한 세계, 그 곳(것)에 짓눌린, 짓눌려 있는 인간! 그런데 인간의 주체(성)가 배제된 채로 대상(성)이 세상의 주인이 된 세계, 즉 대상이 지배적인 세계에서는 "우리에게 친숙한 온갖 것들이 소멸해"(WD/176)버리고 말 것이다. 급기야는 "더 이상 대상이 없는" 지경으로까지 사태가 악화될 것이다, 하이데거에 따르자면 오래지 않아 곧![51]

만일 이런 상황이 도래한다면 분명 분주하던 현실과 다채롭던 일상 모두는 '회색도시'처럼 고유한 자신의 색깔을 잃고 말 것이다. 따라서 이것들을 되살려내고, 이것들에 생명을 불어넣는 작업, 재활성화시키는 일이 철학자와 시인에게 중요한 임무로 부과된 것 아니겠는가. 바로 이러한 작업을 하이데거는 마음공간(Heraumes, 심정 공간)에서의 내성화(Er-innerung) 작업이라고 했다. 누차 강조하지만, 하이데거에 따르면 바로 이 일을 십자가로 짊어져야 하는 것이 시인과 철학자의 운명이자 소임이다. 대상에 짓눌려 죽어버린 인간의 감성의 촉수, 거칠게 숨을 몰아쉬며 죽어 가는 세계를 기원에서부터 되살리기 위해서...

릴케를 인용한 하이데거의 말대로, 그리하여 "불가시적인 것

인간의 사명〉 참조.

51) *Ibid.*, p.228 참조 - 하이데거는 『근거에 대한 명제』에서 '추상적 예술'에 대해 설명하는 자리에서 이와 같이 우리가 사는 시대가 "대상이 없는(잃은)" 세계임을 상기시키고 있다.

의 꿀벌"(WD/176)로서 시인(또는 철학자)은 '그들'처럼 눈에 보이는 것에 만족해서도 안 되며, 보이는 그것을 한탄만 하고 있어서도 안 된다. 눈에 보이는 것이 전부라고 착각하는 것, 그럼으로써 오히려 눈에 의해 가려진 것, 다시 말해, 보이는 것 너머에 존재하는 불가시적인 세계를 탐문해야 하기 때문이다. 시인은 이성을 빙자한 작위적이고 일방적인 조작행위로부터 "대상적 사물의 덧없음, 일시성을" 한 차원 승화시켜내야 하며, 그럴 때 비로소 스스로도 대상으로부터 진정으로 해방될 수 있다.

시인은 이러한 임무를 십자가로 떠맡아 오직 세계와 자신을 황폐화시키는데 에너지를 낭비하고 있는 인간들을, '그들'의 "마음 공간의 참된 내면으로 전회"(WD/176)시켜야 한다. 시인은 자신의 마음 공간 속에서 "가시적인 것의 꿀이 불가시적인 것의 거대한 벌집 속에 저장될 수 있도록"(WD/176) 온 힘을 쏟아야 한다. 마치 의인(義人)처럼, 또는 투사(鬪士)처럼! 릴케가 그렸던 상상의 공간, 존재의 빛으로 충만한 세계를 예비하며 "모든 것이 내면적인 것"(WD/177)으로 바뀔 때까지!

"이 내면성 속에서만, 다시 말하면, 단지 겉으로만 본다면 마치 보호받고 있는 것처럼 보이는 우리들의 주위에 놓여 있는 온갖 대상과의 관계로부터 벗어날 때만, 비로소 우리는 자유로운 존재"(WD/177)가 될 수 있다. 대상으로부터 자유로운, 아니 대상의 외피가 아닌 내면에서 자유로운 삶을 영위하기 위해, 진정으로 그런 날이 올 수 있기 위해, 모든 인간이, 특히 시인은 전투(全投)해야만 한다.

결국 하이데거에 따르면 '특별한 인간' 시인은 외적 대상과 더불어, 이 외적 대상을 소유함으로써 자유로운 존재가 되는 것이 아니라 반대로 자신의 내면과 대상의 내면 공간 안에서 자유로운 존재가 될 수 있다는 것을 확인할 수 있다. 그리고 바로 이 상호적 내면(내부)에서 "모든 존재자들이 무제약적으로 서로 전회한다"(WD/176-177)고 하이데거는 말한다. 그러므로 우리들 모두가, 아니 특히 시인이 도모해야 할 세계는 바로 이 내면 세계인 것이며, 이 공간에 아직 보존되어 있는 것들, 앞서 말한, 존재, 불가시적인 것들을 캐내고, 건져내는데 힘써야 한다. 하이데거의 존재란 이러한 존재 방식(존재자와의 관계에서 현존재를 통해 자신을 드러내는 방식)을 갖는다. 그러나 주지하듯 이것만이 하이데거가 말한 존재 세계의 전부는 아니다. 존재는 또한 "존재 자체에" "고유한 것에 의해서" 자신에게로 "되돌아가는 방식"을 취하기도 한다. 존재의 진리에로의 회귀가 바로 그것이다. 이는 존재가 "다른 것으로 옮겨"다니거나, 또 그럼으로써 자신의 지위를 높일 수 있거나 스스로의 지위가 "높아지는 것이 아니라, 스스로의 진리의 본질에 되돌아가야 함"(WD/177-178)을 말한다. 단적으로 말해, 존재의 존재에

하이데거가 찬사를 아끼지 않았던
시인 릴케의 모습

로의 회귀, 즉 진리의 근원에로의 회귀가 존재자와의 관계에서 드러나는 방식보다 하이데거에게 있어서는 더 본질적이고 긴요한 일이란 뜻이다. 존재는 이렇게 자신의 고유한 구역을 답사하게 되면서 비로소 "존재가 언어(로고스) 속에서 살고 있다"는 사실이 밝혀진다.

여기서 언어는, 앞 절에서도 이미 언급했듯, 하이데거에게 있어서는, "성스러운 곳(templum), 즉 존재의 집이다."(WD/178) 따라서 우리가 이 존재를 이해하기 위해서는, 그 존재가 최종적으로는 시원의 언어인 로고스, 즉 언어 자체를 통과해야만 한다. "존재는 언제나 항상" 이렇게 "언어에로 오는 길 위에 있다."

하이데거에 따르면 결국 시인은 궁극적으로 "존재의 영역을 모험"하며, 이 모험과정은 동시에 이 영역을 경작하는 일이기도 하다. 그리고 존재의 영역을 모험하고 일구는 시인의 작업은, 바꿔 말해, "언어를 모험하는"(WD/178) 일이기도 하다. 이런 전제 때문에 하이데거에게 있어서 시인이 머물고 있는 공간은 항상 '존재라는' 내면(화된) 공간이며, 그가 추구하며 살고자 하는 세계 또한 이 내면·마음 공간에서 건져 올린 '말로' 구현된 존재 세계이다. 이 내면·마음 공간에서 시인은 〈존재-말〉을 구사하며, 그의 창의적이고 자유로운 상상력을 통해 시인은 비로소 이를 시화(詩話)할 수 있게 된다.

하이데거에 따르면 이 시화는 단순한 '계산적 문장'이나 '이성적 설명' 작업과는 이미 그 차원이 확연히 다르다는 점을 기억해야만 한다. 즉, 인간이 언어를 소유해 이를 도구로 삼아 대상을 표상하는 것과 시화는 완전히 다른 차원에 속한다.(WD/178-179 참조) 시화는 이런 대상의 표상 작업과는 달리 오직 "가슴(마음, 심정)의 논리에 대응하는"(WD/179) 존재를 뜻 새기는, 존재의 뜻을 세우는 내성화 작업의 일환으로서, 설사 로고스로서 말함이 논리에 의한 조직이 필요할 경우라 할지라도, 이는 어디까지나 "현존재에서 일어나고 있는 근본 사건"에 관한 것이다. 즉, 내성화 작업은 이렇게 새로운 "형이상학의 내부"가(WD/179)가 아니고서는 가능한 일일 수 없다.[52)]

하이데거가 강조하고 있는 내성화는 이렇게 존재와 현존재를 내적으로 결합시킨다. 존재와 현존재의 내적 결합, 이것이 하이데게에게 있어서는 전통의 형이상학과 구분된, 이름 하여 "형이상학적 원초 사실"이며, 형이상학이 철저하게 현존재 관련적이라는 점에서, 이기상의 해석대로, 이는 분명 일종의 "근본사건"이다.[53)]

그런가 하면 모험적 시인에게는 존재 및 언어를 모험하는 일 외에도 "말함을 모험"해야 하는 일이 부가되어 있다. 즉, "말하지 않으면 안 되는 언어"를 찾아내야 하는 자가 최종적으로 하이데거가 강조하고자 하는 시인이다. 그 이유는, 『횔덜린의 시 짓기에 대한 해설』에서 잘 언급되어 있듯, "시 짓기〔poétiser, 詩

52) 여기서 필자가 "새로운 '형이상학'"이란 표현을 쓴 것은 일반적으로 우리는 하이데거가 '형이상학'을 근본존재론을 통해 극복했다고 이해하기 때문이다. 즉, 그에게 '형이상학'은 『형이상학이란 무엇인가?』란 책에서 정의하고 있듯, "강단철학의 한 분과도 아니며 임의적인 착상의 한 영역도 아니다. 형이상학은 현존재에서 일어나고 있는 근본사건이다. 그것은 현존재 자체이다."(이기상의『하이데거의 존재사건학』pp. 83~84에서 재인용)

53) *Ibid.*, 특히 제2장 참조.

化〕 자체가 비로소 언어를 가능하게" 하기 때문이다; "원초 언어는 곧 존재의 세움으로서의 시 짓기이다."[54)]

이런 이유 때문에 하이데거는 시인을 보통의 말하고 지껄이는, 농담하고 잡담하는, 이런 방식의 말함을 통해 자신을 타인에게 내보이며 우쭐대는 그런 뭇 인간들 "보다 모험적 사람들"이라고 강조한 것이다. 바꿔 말해, 범인들, 엉터리 시인들(poétereau) "보다 모험적인 시인"은 "표상된 가시적인 것을 마음의 불가시적인 것으로 변화시켰을 때(내성화를 통한 전향), 바로 그때가 아니고서는 "말하지 않으면 안 되는 언어"를 찾은 것이 아니며, 따라서 진정한 모험-시인으로서의 지위를 부여받을 수 없게 된다.

시인 르네 샤르와 철학자 마틴 하이데거.
이들은 랭보를 매개로 만나게
되었으며 시의 본질, 시와 사유의
관계에 대해 논의하며 친구가 되었다.
하이데거는 1966년 샤르의 초청으로
엑상프로방스대학에서 〈헤겔과
그리스인〉을 강연하기도 했다.

이상에서 우리는 왜 하이데거가 내성화를 강조하고 있는지, 또 어떻게 이 내성화라는 상상의 공간 속에서 대상적인 것들(존재자들)이 존재를 통해 재구성될 수 있는지에 대해 정리해보았다. 또 존재 자체를 열어 밝히고 드러내 보이기 위해 릴케 또는

54) *Ibid.*, p. 341에서 재인용.

휠덜린 같은 시인의 작업을 끌어들여 자신의 생각을 구체화시키고자 했는지, 우리는 하이데거의 고민을 충분히 이해할 수 있었다. 하이데거는 존재가 이렇게 오직 시인-사유자에게서만 사유되고 창작될 수 있다고 보았던 것이다.[55)]

도대체 모험이라고는 감행할 줄 모르는, 실존적 결단을 주저하는, 그래서 '계산적 문장'이나 '이성적 설명'이 온 세계를 온통 뒤덮고 있는 상황에서 시인은 어쩌면 이런 이유 때문에 더 적극적으로 우리가 직면한 당대의 궁핍에 맞서 대항해야 할 책무가 있는지도 모른다. 그런데 만일 우리가 미래를 위해 "말하지 않으면 안 되는 시인의 언어와 말"과 그의 시작(詩作)을 전혀 중요하게 생각하고 있지 않다면, 우리의 미래는 지금보다도 훨씬 더 외부·대상이 지배력을 행사하는, 가시적 존재자들이 날뛰는, 그럴수록 존재는 시대의 무대 뒤편으로 물러서는, 그래서 희망 없는, 대화가 단절된, 상상력이 마른, 단지 기계처럼 상대방에게 반응하는데 그치는, '꿈'이라는 말이 우리의 기억에서마저 사라진 세계 판도가 진행될지 모른다. 만일 그렇게 된다면 우리는, 르네 샤르(R. Char)의 예언대로, "시간의 부둣가에 가라앉은 난파선"처럼〔르네 샤르의 『전집』(Pléiade, p.736)〕, 죽은 것들을 다행으로 여기고, 죽어 가는 것들이나 애도하면서, 자신이 목숨을 부지하고 있다는 사실 자체를 한탄하는 그런 날을 맞이하게

55) 물론 하이데거는 "사유자는 존재를 말하고 시인은 성스러움을 이름한다"(『사유의 이정표』)고 구분하고 있다. 하지만 "언어 속에서 사유자와 시인은 함께 속한다."〔이기상 (2003), *op. cit.*, p. 341〕 이런 이유 때문에 필자는 〈시인-사유자〉로 표현하기에 주저하지 않았다.

되지 않을까?

역설적으로 말해, 정확히 이런 이유 때문에, 대자연과 존재를 건사하려는 시인을 이 시대 사유의 중심에 초대하는 일이 참으로 중요하다고 생각된다. 망각의 강을 건너, 파국을 헤치고 시인과 더불어 되돌아 올 존재를 위해, 존재와 함께 되돌아 올 시를 위해, 사방에서 시가 피어오르고 경청되는 우리의 미래를 위해...

4. 바슐라르에게 있어 '시적 순간'과 존재 이해

사상가이기에 앞서 한 사람의 위대한 모험가이자 연금술사이기도 했던 바슐라르는 위에서 우리가 살펴본 하이데거와 세계관에서는 물론이고 사유의 방식에 있어서도 적잖은 유사점을 보이고 있다. 바슐라르가 하이데거만큼이나 시/시인들을 흠모하고 이를 통해 자신의 철학적 깊이와 폭을 넓히는데 응용하려 했다는 점에서도 그렇고, 언어(로고스)를 매개 삼아 일종의 상상력의 철학, 이미지 현상학을 세우고자 했던 점에서도 그러하다. 특히 이 책의 제2장과 제3장에서도 이미 살펴보았듯 기술·과학에 전도된 당시의 지성계를 비판하면서 동시에 기술·과학에 대한 새로운 시각을 제시한 점에서도 그러하다.

논의를 경제적으로 진행하기 위해 우리는 바슐라르의 「시적 순간과 형이상학적 순간」이란 글로부터 논의를 시작해볼까 한다. 이 짧은 글에서 바슐라르는 〈시는 곧 형이상학이다〉라는 명제를 제시한다. 그리고 그에게는 이 시적 순간이 바로, 하이데거 식으로 표현한다면, 인간이 '저 존재(l'être-là)'를 맞이하고 '이해'하는 유일한 순간이기도 하다. 더 적극적으로 표현하면, 존재(-이미지)와 하나 될 수 있는 순간이 바슐라르에게 있어서는 바로 이 시적 '순간' 덕분이다.

> "시는 순간을 탐구한다. 시는 순간만이 필요하다. 시는 순간을 창조한다. 순간 밖에는 단지 산문과 노래가 있을 뿐이다."[56)]

바슐라르에게 있어서 시적 이미지를 통해 한 인간이 지각하고, 사유하고, 느끼고 감동 받는 바로 그 순간은, 보통의 일상적 시간, 다시 말해 우리의 일거수일투족을 통제하고 좌지우지하는 시계시간 또는 양화된 시간과는 완전히 다른 질적 체험의 차원에 해당한다. 바슐라르가 말하는 시적 이미지는 이렇듯 순간-시간-체험과 직접 연결되어 있다.[57)]

바슐라르의 독자는 바로 이것을 이해하는 것이 무엇보다 중

---

56) DR, 232. 물론 하이데거에게 있어서도, 바슐라르와 맥락은 조금 다르기도 하지만, 존재이해는 존재가 자신을 개시하는 순간과의 '황홀경적' 조우(relation extatique à l'éclaircie de l'être)에서만 가능하다는 점에서 '순간'이 중요하다고 할 수 있을 것 같다 - J. Grondin, "Prolégomènes à l'intelligence du tournant chez Heidegger", Les études philosophiques, juillet-septembre 1990, p. 334에서 재인용.

57) 바슐라르에게 있어서 〈이미지〉는 〈시적 이미지〉이며 동시에 〈정신적 이미지〉이기도 하다. 그러므로 우리는 이를 특히 일상생활에서 넘쳐나는 '시각적 이미지들'과 혼동하여 이해해서는 곤란하다. 다시 말해, 바슐라르에게 있어 이미지는 감각적 인상이나 이의 재현물 또는 문자 이해를 돕는 보조 수단, 메시지 전달을 위한 도구 등이 아니라 주체와 대상이 함께 변모해야 얻어질 수 있는, 이름하여 '창조적 이미지'이다 - 유평근· 진형준, 『이미지』, 살림출판사, 2001 참조.

요하며, 이 순간-시간에, 단지 기계적으로 순환할 뿐인 통상의 시간에서와는 달리, 인간이 존재를 이미지로 파악할 수 있는 유일한 기회가 주어지게 된다. 그런가 하면 순간-시간은 또한 바슐라르에게 있어 수직적·우주적 시간(temps *vertical et cosmique*)이기도 하다. 아마 이 점이 일반적으로 우리가 시간 논의에서 볼 수 없었던 바슐라르만의 독특한 시간 개념이 아닌가 싶다. 부언컨대 수직적 시간만이 한 인간에게 우주로 향할 수 있는 비밀 통로를 제공한다는 점에서 우주적 시간인 것이며, 바로 이 비밀 통로를 통해 인간이 무한 우주와 대화하며 정신적으로 자기 상승을 경험할 수 있는 '(절대)순간'을 맛볼 수 있게 된다.

바슐라르에 따르자면 이 수직적·우주적 시간에 초대된 인간만이 현실이라는 속지(俗地)를 벗어나 마침내 '형이상학적 인간'이 될 수 있다. 형이상학적 인간에게 있어 순간은 우주와 직통하는 계기이다. 이런 인간에게는 우주와의 상호소통이 자유자재(自由自在)롭기 때문에 '형이상학적'이라 말하는 것이다. 이처럼 바슐라르의 시적 순간은 형이상학적 순간이며 우주적 순간이라는 점이, 그에게 다가서려는, 그를 읽고자 하는 독자들이 일차적으로 이해하지 않으면 안 되는 중요한 관문이다.

만일 우리가 바슐라르가 말한 대로 시간을 순간으로 받아들인다면, 바로 이 순간이 인간으로 하여금 자신이 발 딛고 서 있는 현실계(le réel)을 벗어나 이름 하여 초월계(l'irréel, le surréel, l'imaginaire)에 가 닿을 수 있는 발판을 제공한다.[58] 그리고 이 발판은 다름 아닌 〈시적 이미지〉 때문에 가능하다. 이때의 이미지는 뷔넨뷔르제의 표현을 빌리자면, "탁월한 정신의 창"[59]으로서 우리를 사고의 심층으로 초대하고자 하는데 목표를 두고 있지, 일반적으로 우리가 이미지에 부여하는 의미처럼 겉-사고를 위한 형이상학적 보증서나 단순한 지적 장식물 역할을 위한 것이 아니다. 즉, 상반된 두 세계를 매개시키며 연결하는 창, 중개자로서 이미지가 활동하고 있다는 점[60]이 바슐라르 철학의 독특한 이미지론이다.

사실 이런 이유 때문에 바슐라르가 왜 시적 순간은 곧 형이상학적 순간이라고 강조했는지, 또 "철학자들의 절반 정도가 결코 형이상학자가 될 수 없다"[61]고 역설했는지, 그가 다른 철학자들을 비판하듯 마치 스스로에게도 이렇게 자문하고 있는지를 우리는 심사숙고해야 한다. 하이데거가 그랬듯, 진정한 형이상학을 겸비하지 못한 채 이러저러한 견해들만이 판을 치고 있는 현대 철학의 상황에 비추어볼 때 바슐라르 역시 하이데거와 마찬가지로 십자가를 스스로 지고 있는 셈이다. 논리나 유용성만을 따지는 일에 전념하고 있는 철학이 새로운 길을 찾기 위해서도

---

58) 그러나 바슐라르의 시에 관한, 존재에 관한 담론이 그렇다고 오직 현실 초월만을 일방적으로 지향하는 것은 아니다. 다시 말해, 그의 이미지 존재론은 어디까지나 현실을 재조명하기 위해 설정된 것이지 현실을 초월해 있는 것을 위함이 아니다 - J.-J. Wunenburger, *Philosophie des images*, P.U.F., 1997, p. 293 참조.

59) *Ibid.*, p. 296.

60) DR, 225 참조.

61) G. Bachelard, *Fragments d'une poétique du feu*, P.U.F., 1988, p. 33.

바슐라르가 지고 있는 십자가는 매우 유의미하다. 그가 살았던 시대는 물론이고 우리가 살고 있는 이 시대에도, 특별히! 왜냐하면, 바슐라르의 지적 그대로, 유용성이나 효용성만을 가치로 삼는 세계에서 형이상학은 날로 그 가치를 잃어가고 있고, 인간마저도 기술·과학의 노예가 되어 있는 상황이기 때문이다.

이런 상황을 정확히 예측했던 터라 바슐라르는 다음과 같이 경고했으리라: "시적 순간은 존재에게 가치를 부여하거나 아니면 가치를 떨어뜨리기도 한다."(DR/225)

우리는 이를 어떻게 이해할까? 진정한 형이상학자라면 분명 존재에 가치를 부여할 것이다. 반면 기술자, 과학자라면 존재의 가치를 떨어뜨릴 것이다. 이는 마치 하이데거가 존재를 은폐와 비은폐의 관계를 통해 설명하려 했던 시도와 다르지 않아 보인다. 즉, "존재에 가치를 부여하는" 경우가 하이데거와 더불어 우리가 위에서 살펴보았던 진정한 철학자-시인이라면, "존재의 가치를 떨어뜨리는" 경우는 아마 언어를 가지고 단지 말장난하는데 그치는, 다시 말해 시원의 원초어를 단지 탈낼 뿐인 거리의 시인들의 시원 흉내(모방)일 게다.

단적으로 말해, 하이데거에게서나 바슐라르에게서나 시원의 언어인 로고스를 이해하는 일, 이를 시화(詩化, 詩話)하는 일이 말처럼 그리 쉽지 않다는 뜻이다. 다시 말해 바슐라르는 모든, 누구나의 시 체험, 시를 통한 추체험이 곧바로 존재 자체를 이해하고 환대하는 것은 아니라고 보았던 것이다. 그가 「논쟁의 관념론」이란 글에서 우리에게 다음과 같이 당부하기를 잊지 않는 것도 마찬가지 이유에서라고 할 수 있다: 존재에 가치를 부여할 수 있는 "형이상학적 명상은 그러므로 인내를 가지고 오랜 훈련을 거쳐서 기도되어야 한다. [그 이유는 간단하다.] 존재를 해명함은 존재를 상실함 속에서 완성되기" 때문이다.[62]

이 인용문은 가의(加意)하지 않고서는 오해하기 쉬운 문장이다. 여기서 바슐라르는 존재를 밝히는 일이 존재를 상실함, 잃음으로써 완성된다고 말하고 있기 때문이다. 부언컨대, 바슐라르의 입장에 따르자면, 존재는 그래서 아무에게서나, 대충 파악되는 그런 것이라고 볼 수 없다. 정확히 존재는 어떤 이가 파악했다고 믿는다고 해서 파악된, 파악될 수 있는 그런 것이 아니란 뜻이다. 왜냐하면 존재를 붙들 듯 놓고, 놓듯 붙들어야 한다고 바슐라르가 강조하고 있기 때문이다. 그리고 이때라야 비로소 "인간과 존재는 서로에게 열릴 수 있다(l'homme est l'être entr'ouvert)"[63]는 것이다.

여기서 우리는, 바슐라르가 말하는 존재 역시, 하이데거의 존재 개념에서처럼, 자신을 드러내기도 하고 감추기도 하기 때문에, 이 '열림과 닫힘의 운동'(PE/200)을 정확히 아는 자, 즉, 부정적 코기토(*cogito* négatif)에 대한 가치를 스스로 터득한 자, 다시 말해, 데카르트처럼 코기토로 무용(武勇)한 확실성을 추구하는 데만 열중하지 않고, 그러한 집념 자체가 무용(無用)한 일일 수도 있음을 아는 자가 아니고서는 존재, 존재의 이미지를

62) G. Bachelard, *Etudes*, J. Vrin, 1970, p. 95.
63) PE, 200.

파악 내지 해명했노라고 감히 말할 수 없다는 것이다. 한마디로, 존재와 존재의 이미지를 서둘러 보고 만지며, 느끼고, 이를 성급하게 표현할 수 있다고 자만해서는 안 된다고 바슐라르는 우리에게 경고하고 있는 것이다. 왜냐하면 존재는 이 무용(武勇)한 코기토 앞에서는 진정한 존재의 이미지를 드러내지 않고 오히려 일그러진 존재자를 선보일 것이기 때문이다.

이런 측면에서 바슐라르가 존재를 설명하는 입장이, 과연 그가 하이데거와 직접적으로 사상적 교분을 가졌는지는 불투명하지만, 상당히 하이데거의 설명방식과 유사해 보인다는 점만은 부인하기 어려워 보인다. 다만 여기서 특기할 사항이 있다면, 바슐라르가 이야기하고 있는 존재는 하이데거의 '저 존재'와 같이 시인을 좌지우지하지는 않는다는 사실이다. 그래서 바슐라르는 존재를 해명하려는데 집착한, 다분히 '인간적인' 욕심, 즉 존재에 대한 이러한 과욕에 대해 다음과 같이 경고하고 있는 것 아니겠는가.

> "〔대개〕 존재의 결손(완벽하게 자신을 드러내지 않는)이 항상 〔우리의〕 착오를 불러일으킨다. 우리 자신에게서 존재를 파악하려는 형이상학적 노력은 그러므로 〔어쩌면 존재 자체(l'être pur)를 파악하려는 노력과 견주어 볼 때 그것이〕일종의 단념은 아닐지."[64]

---

64) G. Bachelard(1970), *op. cit.*, p. 97.

앞서의 인용문과 관련해 볼 때, 우리는 존재를 붙들 듯 놓아야, 아니 놓듯 붙들어야 하고, 인간이 존재를 붙들려고만 집착하며 만일 그 과정에서 자기의 능력의 부족을 느끼지 못한다면 존재와 결코 하나 되기가 어렵다는 것이 바슐라르의 입장임을 알 수 있다.

이렇듯 바슐라르도 하이데거처럼 존재의 가상들[65]이 아닌 존재 자체에의 접근 및 이해를 중시하고는 있다. 하지만 바슐라르는 하이데거처럼 단지 존재에 전적으로 일임하기보다는 이를 파악하고 감지하는, 지각하고 상상하는 시인의 긴장된 상상의 촉수, 노력을 중시한다. 다음 문장에서 우리는 이 점을 재차 확인할 수 있다.

> "만일 내가 내게서 이루 형용하기 어려운 경험을 통해 존재를 느꼈다고 한다면, 그것은 바로 내가 존재가 내게서 재생한 것임을 느낀 것이나 다름없다. 이렇게 존재를 재인함으로 〔우리는 마침내〕 존재를 인식한다. 바꿔 말해, 이는 곧 존재를 존재와 비존재 간의 동요(흔들림) 속에서 이해한 것이란 뜻이다. 〔이는 곧〕 내가 무(無)라는 오지(un fond de néant)에서 존재를 목격했다는 것과 다를 바 없다."[66]

이렇듯 바슐라르의 상상력의 철학, 이미지의 현상학에서는

---

65) "존재는 더 이상 그의 가상들을 평온하게 맞이하지 않는다. 존재는 이 가상들과 줄곧 투쟁한다."(*ibid.*, p. 96)

66) *Ibid.*

전반적으로 모든 것이 철저히 '새로운' 사유-주체의 노력에 의해 마련되고 준비되어, 하이데거처럼 연역적인 방식이 아니라 다소 귀납적으로, '세워진다'. 존재보다는 (인간)주체에 중심이 있다고나 할까. 물론 바슐라르가 말하는 주체는 단단하고 안정된 사유 토대로서 데카르트나 칸트적 의미의 주체(sujet pensant)가 아니라 무(無)라는 오지에 자신을 내맡겨 대상을, 문자 그대로, '극적으로' 맞이하고자 한다는 점이 차이이다. 즉, 주체가 無라는 오지에 자신을 내맡김, 이로부터 주체에게 "형용하기 어려운 경험"이 가능해진다는 점이다. 때문에 바슐라르는 '자신을 이해함'이란 곧 "존재(-대상)를 존재와 비존재 간의 흔들림 속에서의 자기 이해"라고 설명하고 있는 것이다.

그렇다고 해서 이 동요 속에 결코 부정적 의미만 있는 것은 아니다. 이는 어디까지나 바슐라르가 의도한 전략으로 이해해야 하며, 그 요지는 〈주체 ↔ 대상간의 상호운동〉을 강조하기 위함이요, 이러한 상호운동 속에서 주체와 대상은 상호 영향관계에 놓이게 된다. 이렇게 주체는 대상과 끝없이 대화하면서 '세워진다'. 즉 끝없이 새로워진다. 바슐라르에게 있어 이렇듯 모든 것이 '세워진다'는 말은 바로 이런 주체 ↔ 대상간의 흔들림 가운데서 새로워지는 것이며, 오직 이 과정 속에서 존재가 인간 주체에 다가오고, 또 그렇게 주체가 존재와 더불어 세워진다는 뜻이기도 하다. 그리고 이렇게 세워진 주체의 의해 존재는 비로소 '재탄생'된다.

존재는 이렇게 '나에게서' '재인'되는 무엇이지, 이미 나를 위

『과학 정신의 형성』을 참고해 그린 바슐라르 풍자화
〔*Charlie Hebdo - Capital*(rubrique "Coin Philo"de Management, n° 226),
dessin de C. Meurisse〕

해 미리 존재하고 있는 어떤 것이 아니다. 즉, 존재는 주체에 선행해 객관적으로 존재하는 것이 아니라 주체의 노력에 의해서 객관화되는 것이다.

바슐라르의 존재가 이렇듯 주체에 의해 흔들리며 "세워져야 한다"는 측면에서 하이데거의 '거기 있는 존재'와는 상당한 차이가 있다는 것은 두 말할 여지가 없다. 존재뿐만 아니라 바슐라르에게 있어서 "당연한 것이란 〔그 어떤 것도〕 존재하지 않는다. 〔다시 말해〕 본래부터 주어진 것이란 〔바슐라르에게는〕 없다. 〔그에게는〕모든 것은 〔새롭게〕세워지는 것이다."[67]

이처럼 바슐라르는 주어진 것의 수동성에 대립해서 자기 기

67) G. Bachelard, *La formation de l'esprit scientifique*, J. Vrin, 1938, p. 14.

투와 자기 산출의 '과정'을 진리 추구의 근본 화두로 삼았다. 바꿔 말해, 그에 따르면 진리는 전통의 철학에서처럼 앞서 존재하는 것으로 인간에게 주어져 있지 않다. 이와 달리 진리는 인간이 그 의미를 부여해 가는 과정에서 그때그때마다 획득할 수 있는 것이다. 이 과정에 객관성, 보편성과 같은 종착점은 전제할 필요가 없다.

> "아무 것도 우리에게 완전하게 그리고 결정적으로 주어진 것은 없다. 심지어는 우리 자신도 우리 자신이 잘 모른다. 우리가 추구해야 할 객관성의 방향은 그런즉 최초의 지표로 인식되지 않는다."[68]

따라서 바슐라르에게 '과정'은 문자 그대로 늘 열려 있는 가능성일 수밖에 없다. 이렇듯 바슐라르는 부정-극복의 과정으로서 물음 자체, 즉 묻는 과정 자체를 주어진 것에 그럴듯한 대답을 제시하는 것보다 훨씬 중요하게 생각했던 것이다. 어떻게 보면, 바로 이러한 바슐라르의 철학 정신이, 주지의 그의 새로운 과학 정신을 낳았을 것이고 또 바로 이러한 부정의 정신이 우리가 여기서 살펴보고 있는 그의 인문주의적 시 정신의 추구와도 무관하지 않다는 것을 기억할 필요가 있다.

---

68) G. Bachelard(1970), *op. cit.*, p. 87.

5. 상상력의 이름으로 폐기처분되야 할 철학-이성

우연인지는 몰라도 동시대인으로써 바슐라르(1884-1962)와 하이데거(1889-1976)는 당대가 안고 있었던 많은 철학적 문제들에의 천착과 고민 그리고 이의 극복에 있어 "거의 동일한 사유구도"[69]를 보여주고 있다. 앞서도 이미 언급했지만, 당대의 이성, 기술, 과학의 횡포에 대한 이들의 비판과 이들만의 새로운 과학관의 제시 그리고 시적 사유를 통해 철학을 보다 유화(柔和)롭게 재건할 수 있다는 믿음, 인문주의에 대한 재해석 등만으로도 우리는 이 두 철학자를 비교 연구하는데 충분한 의의가 있다고 생각한다. 이 두 철학자의 바로 이와 같은 철학적 관심과 지향이 보여준 유사성 때문에 필자는 6장에서 하이데거와 바슐라르 사상의 접점을 시론(試論)적으로 시도해볼 수 있었다.

이들에게 있어 핵심 이념이라고 할 수 있는 존재와 이미지는 각각 그리고 공히 사물-존재자 중심의 앎, 즉 상식적 의미의 지식에 대해 비판적인 태도를 취한다.[70] 존재와 이미지를 통해 이들은 존재자 중심의 사유를 탈피해 '근원적(원초적) 사유'에 이르고자 한다. 그리고 그 근원, 새로운 철학의 토대에 도달하는 것은 뭇사람들의 변덕스런 감각 또는 궁벽한 이성으로 무장된

---

69) P. Nouvel, "Bachelard et Heidegger lecteurs de Nietzsche", *Actualité et postérités de Gaston Bachelard*, sous la dir. de Pascal Nouvel, P.U.F., 1997, p. 91.

70) 여기서 우리는 하이데거의 '존재'나 바슐라르의 '이미지'가 존재자 중심의 "사유에 앞서 있다"는 점을 상기해야 한다.

철학자의 몫이 아니라, 존재와 이미지를 알아볼 수 있는, 들을 수 있는 시인-철학자의 몫이라는 공통된 의견을 가지고 있다.

이처럼 하이데거에 있어서나 바슐라르에게 있어서나 세계의 기원에 가 닿을 수 있는 자는 오직 '특별한 인간'인 시인뿐이다. 시인이 추구하는 공간, 시인에 의해 비로소 열릴 수 있는 시간, 바로 그곳에 전통의 철학에서는 밝혀지지 않은 내밀한 상상의 공간이 숨어 있다고 이들은 강조한다. 상상의 공간은 마치 어린이가 세계를 첫 대면할 때 느끼는 그런 신선함으로 가득 찬 공간이다.

하지만 그렇다고 해서 이 두 사상가의 철학적 지향점에 전혀 차이가 없는 것은 아니다. 이미 앞에서 살펴보았듯, 한 사람은 존재의 현상학을, 다른 한 사람은 이미지의 현상학을 기획하고 있기 때문이다. 이로부터 두 철학자의 사유의 길이 갈린다. 즉, 하이데거는 존재 현상학을 위해 언어(음성적)를 중시한 반면 바슐라르의 이미지 현상학에서는 이미지(언어적)를 우선시하고 있기 때문이다. 이들에게 있어 '존재'와 '이미지'는 이들 사유체계 내에서 보면 각각 '제일 실체'에 해당한다고 볼 수 있으며, 바로 이 차이가 두 철학자간의 통약불가능한 차이를 만든다는 것만을 여기서 언급해두기로 하자. 왜냐하면 이런 차이보다 더 중요한 이들의 메시지는 다름 아닌 철학과 시, 시와 과학이 넘나들 수 있는 통로를 우리에게 제시했다는데 있기 때문이다. 무엇보다도 이들 이전에는 이 두 영역을 이토록 모험적으로 중개하면서, 이 두 영역 사이의 막힌 경계를 자유로이 넘나들었던 철학자가 없었다고 감히 말할 수 있다. 설혹 있었다 해도, 이들만큼 직접적이며 구체적인 고민을 통해 깊이 있는 연구 결과물들을 후대에 남긴 경우는 그리 쉽게 발견되지 않기 때문이다. 이런 이들의 창의적 상상력, 기존의 텍스트들에 대한 해체적 해석이 없었던들 그들의 사상이 오늘날 이토록 철학 영역 밖에서 회자될 수 있는 영광의 기회를 누리지도 못했을 것이다, 그들에게는 머나먼 오지에 불과한 한국에서까지, 뒤늦게.

이런 간단한 설명만으로도, 왜 상상력이 문학, 예술의 전유물이라는 편견을 버려야 하는지 그 이유를 충분히 설명했다고 본다. 돌려 말해 철학에서도 상상력에 대한 재고가 필요한 시점이란 뜻이다. 코울리지의 말대로 상상력은 사유의 '어머니'요, 이 어머니로부터 정신의 상이한 국면일 뿐인 감각적인 것, 오성적인 것, 이성적인 것이 비로소 구분될 수 있을 뿐이다. 상상력이 이것들 모두를 '아들'로 낳았으며, 서로는 한 어머니에 의해 생육(生育)되는 것이다. 이를 바슐라르 식으로 부언하자면, 상상력은 곧 사유 자체가 가능하기 위한 유일한 힘, 즉 에너지이다. 다시 말해 우리에게 상상력이라는 에너지가 없이는 근본적으로 사유 자체가 불가능하다는 것이 바슐라르의 기본입장이다. 이런 이유 때문에 그는 만년에 행한 한 라디오 강연("Dormeurs éveillés")에서 다음과 같이 강조할 수 있는 것이리라.

> "꿈꾸는 의식이 우리에게는 사유하는 의식보다 훨씬 더 어렵다."

굳이 부언하자면, 이는 바슐라르 본인에게 있어서도 꿈꾸기가 사유하기보다 더 어려웠다는 말이 아니겠는가. 꿈꾸기가 사유하기보다 더 어려운 근본적 원인은, 아무도 꿈꾸기 자체를 하나의 사유로 인정하려들지 않기 때문 아닐까. 이런 경우를 일러 "한 번 검은 물이 들면 원래의 흰색을 되찾기가 어렵다(墨悲絲染)"고 하던가!

결국 바슐라르의 언급대로, "너무나도 자주 상상력은 사유의 부차적 능력으로 간주되었다. 결국 인간 영혼에 역동적으로 기능하는 상상력이 무엇인지에 대해 우리는 충분히, 분명하게 고민하지 않은 것이다." 그렇다. 바슐라르의 지적대로 철학에 익숙한 우리 모두는 상상력에 대해 거의 무지한 상태나 다름없다. 그런 결과 "전통적으로 철학은 인간이 사유한다는 점에만 집착"했는지 모른다. 여기서 우리는 바슐라르가 이 언급을 통해 사유와 몽상 중 몽상만을 강조한다고 이해해서는 곤란하다. 중요한 것은, 그의 지적대로, 철학에서 몽상이 망각되었다는 바로 그 점에 있다. 다시 말해, 몽상이 철학에서 망각됨으로써 철학은 '사유만을 다시 사유하면서' 쳇바퀴를 돈 것이다. 물고 물리는 개념의 순환, 이 과정에서 철학은 몽상을 '거식'하고 걸신들린 자처럼 오직 추상적인 개념들의 단속에만 몰두하면서 세월을 낭비한 것이다. 그럴수록 철학은 자신의 피와 살을 잃게 되고, 급기야는 오늘날처럼 뼈만 앙상한 몰골을 취하고 있는 것이다.

바슐라르의 다음 언명은 그래서 우리에게 매우 시사적이다.

> "꿈은 〔결코〕 사유의 포기가 아니다. 꿈은 이와 달리 활동적이며 사유를 준비하는 힘이다."

그러므로 우리는 먼저 바슐라르의 주문대로 '사유를 다시 사유하는' 타성적이고 습관적인 태도부터 버려야한다. 망각된 몽상의 중요성과 가치가 바로 여기에 있다. 메마른 사유가 유(柔)해질 수 있는 길이 상상력에 있기 때문이다. 이렇게 바슐라르가 타성적이고 습관적인 사유에 저항했던 이유는, 재차 강조하지만, 순전한 몽상만을 위해서가 아니다. 오히려 그의 근본 의도는 사유와 몽상(상상력), 이 둘 간의 관계, 이 둘의 조화로운 균형 상태에서 철학을 재건하고자 한데 있었기 때문이다. 그에 따르면 인간은 사유하며 동시에 몽상한다. "그러므로 〔우리는〕사유와 몽상 간, 낮의 존재와 밤의 존재간의 역동론(le dynamisme)을 찾아내야 하는 것이다."

바로 이러한 사유와 몽상 사이, 낮의 존재(이성)와 밤의 존재(감성) 사이의 중간 지대 - 그곳에서 몽상이 사유에 영양분을 제공하고 또한 사유가 몽상을 밝히는 - 에서 바슐라르는 스스로 "깨어서 꿈꾸는 자", "투명한 의식으로 꿈꾸는 자"가 되고자 했던 것이다. 단적으로 말해, 바슐라르는 "상상력(예술)과 반성(철학)의 종합을 실현"하고자 했던 것이다. 이러한 변증법적 종합 안에서 이제 상상력과 반성, 몽상과 사유, 꿈과 의식, 시와 과학은 칸트나 헤겔이 말한 바처럼 서로 대립(對立)하거나 반립(反立)하지 않고 상호 단힘과 열림 속에서 상보(相補)적인 관계를 유지·회복하게 될 것이며, 이 상보적인 관계의 내밀화로 철학은 새로운 휴머니즘의 단계로 비약할 수 있게 될 것이다.[71)]

상상력 개념이 바슐라르에 이르면, 마치 하이데거가 존재 망각을 이야기했듯이, 서양 철학사에서 몽상, 상상력이 망각되었다는 사실을 확인할 수 있다. 또한 이러한 사실로부터 상상력에로의 사유전환을 통해 비로소 사유 자체가 온전해질 수 있다는 바슐라르의 결론에 동참하게 된다. 그렇다. 바슐라르의 말대로 서양 철학사에서는 전적으로 상상력이 망각되었다. 상상력이 망각됨으로써 인간 존재는 자신을 변화시킬 수 있는 "가능성의 힘"마저 상실한 것이다.[72)] 이는 오직 이성(적 사유)이라는 반쪽만을 기형적으로 발달시켜 온 결과라 아니 할 수 없다.

문제는 그런데 현대의 인간들이 자기반성 내지 자기구제에는 힘쓰지 않고 설상가상으로 이성, 빛, 논리의 수렁에 갇혀 계속해서 효용성, 효율성, 경제성만을 따지고 있다는데 있다. 24시간 휘황찬란하게 온 세계를 뒤덮고 있는 것이 무엇인가? 이성, 빛, 논리의 사자(使者)들 아닌가! 그 사자들의 유혹을 뿌리치지 못하고 현대인들은 낮이고 밤이고 부산하게 움직인다. 또 마치

---

71) G. 뒤랑은 이러한 스승의 생각을 "Science et conscience dans l'oeuvre de Gaston Bachelard"에서 〈제3의 변증법〉이라 평가하고 있다 - G. Durand, *L'âme tigrée*, Denoël/Gonthier, 1980, pp. 13~39. 여기서 제3의 변증법이란 의식과 과학이 상보적이어야 한다는 것을 의미한다.

72) 리쾨르는 상상력에 대해 다음과 같이 강조하고 있다: "상상력은 인간의 가능성이라는 관점에서 관망하고 탐험하는 기능을 가지고 있다." 그런가 하면 리쾨르는 상상력에 구원론적 기능을 부여하기도 한다: "상상력을 변환시킴으로써 인간은 그의 현존을 변화시킬 수 있다." - K. J. Vanhoozer, *Biblical Narrative in the Philosophy of Paul Ricoeur*, Cambridge University Press, p. 24에서 재인용.

그래야 생존하는 것으로 착각한다. 이들이 하는 일은 물론 뭔가를 생산하는 일이다. 지칠 줄 모르고 돌아가는 생산라인! 붉은 빛의 〈on〉! 그런데 생산의 결과로 쌓여 가는 것들이 과연 무엇인가? 과잉 생산된 쓰레기더미뿐 아닌가. 우리의 휴식의 공간을 잠식해 가는 '생산'의 쓰레기들, 산과 들과 강물과 파란 하늘과 함께 했던 상상력의 공간엔 온통 숨이 턱턱 막히는 쓰레기들뿐이다. 그 결과 별을 보기 위해 외딴시골을 찾아가야 하고, 안심하고 마실 수 있는 물을 찾아 깊은 산중으로 들어야 하는 시대, 이렇게 우리 인간은 자연의 정복자로 폼을 재다가 스스로가 만든 이기(利器)의 노예가 되어 정작 자신에게 소중한 것들을 모두 잃고 말았다. 아니 정확히는 빼앗겼다. 상상력이 망각됨으로써 현대인들은 감옥과도 같은 '네모난 세계'에 갇히게 된 것이다.

새로운 사유의 길을 개척하지 않으면 안 되는 이유가 여기에 있다. 하이데거와 바슐라르가 공들여 내어놓은 길이 21세기를 위해 더듬이질을 하고 있는 우리에게 건네는 메시지가 바로 이것이 아닐지!? 사실 이런 이유 때문에 감성은 이제 더 이상 이성의 감옥에 유폐되어 있을 것이 아니라 인간의 '다른 인식의 샘'으로서 철학의 무대에 새롭게 등극되어야 한다. 그래야 마땅한 새로운 '개념'이 감성이다. 이성보다 원초적인 인식, 존재이해는 우리에게 이러한 감성의 능력이 있어 비로소 가능하다. 사실, 상식적으로 이야기해 인간은 지성의, 지성을 위한 수단, 자동기계가 아니라 우선, 먼저, 감성적 동물(homme-sentissant, désirant, voulant, pensant)이 아니던가! 감성적 동물로서 인간은 자신의 위격(位格)을 위계(位階, 危計, 僞計)로 뽐내거나 폼잡지 않는다. 역으로 말해, 이성만의 인간, 감성 없는 인간은 그저 움쩍거리는 기계일 뿐이다. 따라서 기계-인간이 이해한 존재며 형이상학은 논리요, 개념 형식에서 벗어날 수가 없다. 하지만 생각해 보라. 과연 우리는 감성으로 존재에 다가가는가, 아니면 지성(이성)으로 존재를 이해하는가?

이상에서의 논의를 통해 만일 이제 '꿈꾸는 의식', '감성적 사유'를 중시해야겠다고 맘먹은 독자가 혹 있다면, 우리의 목표는 성공한 셈이다. 그러나 필자는 철학을 하는 사람들이 이를 쉬 받아들이리라 생각하지 않는다. 하여, 이제까지의 여정을 바슐라르의 다음 문장으로 대신하면서 6장의 논의를 마칠까 한다.

> "상상들로 가득한 나이(l'âge d'imaginer)일 때,
> 인간은 어떻게 그리고 왜 상상하는지 말할 줄 모른다.
> 어떻게 상상하는지를 말할 수 있을 때,
> 그것은 더 이상 상상하는 것이 아니다.
> 그러므로 상상하기 위해 우리는
> 철학을 폐기 처분해야 한다,
> 올된 지적 성숙만을 자랑하지 말고..."(PE, 211)

L'espace poétique bachelardien et l'imagination du désintéressé

제7장

시적 공간과 자연의 호명

- 마그리트의 회화 분석

제7장

시적 공간과 자연의 호명

- 마그리트의 회화 분석

"인간은 자신의 감각적 존재의 특성들을 직접적으로 인식하고 느낄 수 있다. '나는 느낀다'의 불명확성은 '나는 본다'의 명확성에 선행한다. 인간은 모호한 감정에 사로잡힌 자신의 실체에 의해 본인이 하나의 실체라는 것을 의식한다."
- *La formation de l'esprit scientifique*

"그림이 말하는 내용은 결코 하찮은 것이어서는 안 된다. 그것은 화가가 살고 있는 시대에 사람들의 마음을 빼앗는 가장 고매한 사상이라야 한다." - M. 그로써, 『화가의 눈』

1. 사유공간의 시학화

인터넷의 일상화와 정보화 사회로의 돌입 이후 인문학은 점점 그 영토를 상실하고 있으며, 그에 비례하여 현대기술문명은 더 넓은 공간을 확보해가고 있다. 그런데 바로 그 투쟁의 공간 안에서 주도권을 쥐고 있는 것은 다름 아닌 자본이다. 오늘날

자본은 경제처럼 지식도 성장되고 혁신되기를 바란다. "경제에 기반한 지식(the knowledge base of the economy)"만이 소위 자본의 요구하는 "신지식(new knowledge)"인 셈이다.[1] 한 국가 내에서 또는 국가 간의 관계에 있어서도 바로 이 신지식의 전유를 위한 투쟁은 끊이질 않고 있다.

오늘날 모든 학문은 이렇듯 전지구촌을 활동무대로 하는 거대시장 안에서 유용한 형식으로 재편되기를 강요받고 있으며, 그 중 인문학이 가장 큰 피해자라 할 수 있다. 학문의 권위를 시장이 결정하는 시대, 더 정확히 말하자면 학문이 초국가적·탈문화적 자본의 끝없는 조종을 받는 시대가 온 것이다. '경제적 가치(economic value)'가 있는 '자본 지식(knowledge capital)'만이 현대가 요구하는 지식의 위상이라고나 할까.[2] 작금의 '창조적 지식'이며 '지식기반사회'라는 유행어도 그 내면을 들여다보면 철저히 상업적인 효용성, 다시 말해 다분히 '비학문적인 요구'에 의한 것임을 알 수 있으며, 자본으로 모든 것이 환원되는 이러한 상황에서 인문학의 위기 극복이란 말이 헛헛하게 느껴지기만 한다.

인문학의 위기와 현대기술문명의 승리는 동일한 사태에 대한 두 가지 서로 다른 표현이다. 국내외를 불문하고 인문학의 위기가 담론의 핫 이슈가 된지 거의 반세기가 지나고 있지만, 현대기술문명의 세력 확장에 대한 비판은 거의 이루어지고 있지 않

---

1) J. Hartley, *Key Concepts in Creative Industries*, Sage, 2013, p. 127.
2) *Ibid.*, p. 130 참조.

고 있다. 그 이유가 뭘까? 기술문명의 저변 확대는 어쩌면 인문학이 본래 자리를 재전유하기 어렵다는 결정적 암시는 아닐지? 이런 상황에서 인문학이 과거의 영예를 되찾거나 재점화할 수 있을 것이라는 장밋빛 방안 제시는 대중없는 웅변으로 그치는 것은 아닌지?

그러나 그렇다고 해서 침묵으로 일관하고 있을 수만은 없지 않은가. 이에 7장에서 우리는 인문학의 위기 극복을 위해 철학과 예술이 공동 대처할 수 있는 새로운 사유공간, 즉 '비자본적·비기술공학적 공간'이라 명명하고, 이를 '사유공간의 시학화'라는 주제로 나름의 대안을 모색해볼까 한다. 이 새로운 공간에 대한 모색은 바슐라르의 『공간의 시학』(1957)과 마그리트의 《폭포》(1961)라는 서로 다른 두 작품을 연결시켜 비평작업을 진행하면서 얼개를 잡아보려 한다.[3)]

인간의 행복은 물질 또는 자본의 소유나 외적 허식이 결정하는 것이 아니라 개별자가 스스로 느끼는 내밀성과의 함수관계를 통해 결정된다. 타자에게 비춰지고 타자에 의해 평가받는 행복은 '나의 행복'을 수치화하고 계량화하는 것을 전제로 한다.

---

3) 바슐라르에게 있어서는 회화, 즉 시각 이미지보다는 시적(언어적) 이미지가 상상력이론의 핵심이라는 것은 주지의 사실이다. 그러나 사후 저작인 『꿈꿀 권리』에 보면 바슐라르가 회화(샤갈, 고흐)나 판화(플로꽁)에 대해 남다른 애정을 갖고 있었음이 확인된다. 고흐를 분석한 다음 글을 보면 이를 재삼 확인할 수 있다. "회화만큼 직접적으로 창조적이고, 명백하게 창조적인 예술은 없다. 위대한 화가의 예술적 위력에 대해 생각해 볼 때, 색체는 하나의 창조하는 힘이다. 그는 색체가 물질에 작용하고 또 그것이 물질의 참다운 활력이라는 것, 그리고 색체가 물질과 빛 사이의 항구적인 힘의 교환에 의해 살아가는 것임을 잘 알고 있다. 그러기 때문에 원초적인 몽상의 필연성에 의해 화가는 인간으로 하여금 여러 원소들, 즉 불, 물, 하늘의 공기, 지상의 실체가 갖는 놀라운 물질성에 결합되도록 하는 커다란 우주적인 꿈을 새롭게 하는 것이다(DR, 38)."

하지만 생각해보라, 어떻게 인간의 행복이 수치화·계량화될 수 있겠는가? 행복이 수치화·계량화될 수 없다면, 결국 우리는 '과학적', '통계적'이라는 형용사와 '소유'라는 명사에 의존해 인간의 행복을 논한다는 것 자체가 어불성설이라는 것을 깨닫게 될 것이다. 개인은 사회나 국가가 작동되는 기본 단위체다. 각 개별자가 내밀한 행복감을 느낄 때 사회·국가 역시 행복한 공동체를 이룰 수 있다. 이런 점에서 사유공간의 시학화, 즉 내밀성의 탐구만이 작금의 수치화와 계량화를 통해 개인 및 공동체를 평가하려는 악폐(惡弊)를 극복하고, 소위 '행복한 세계'를 앞당길 수 있지 않을까?

7장에서 우리가 내밀성과 무한세계의 탐험가 바슐라르의 상상력 이론을 응용해 마그리트의 《폭포》를 분석해보려는 이유가 여기에 있다. 마그리트 역시 회화라는 장르를 통해 단지 그림그리기에만 몰두하지 않고 자신의 창의적 사상을 그림에 담아 감상자와 공유하기를 희망했던 대표적 화가이다. M. 그로써도 『화가의 눈』에서 적시하고 있듯, 화가는 오직 그림만을 그리는 자가 아니다. 요인즉 화가가 자신의 작품을 통해 감상자들을 사로잡으려면 최소한 사상과 비전을 겸비해야 한다. 우리가 마그리트를 선택한 두 번째 이유는 그가 20세기 초중반에 시도된 거의 모든 사상과 예술 실험의 중심에 서 있었고, 바로 그런 상황에서 마그리트도 바슐라르와 마찬가지로 근대적 사유 질서를 해체·재구성하여 나름의 고유한 예술세계를 제시한 화가라 할 수 있기 때문이다.

마그리트가 우리에게 보여준 작품들은 대개가 '가시적인 대상으로 표현된 비가시적인 세계의 전달'에 목표를 두고 있으며, 그는 이를 소위 '신비(mystère)'라고 부연한 바 있다.[4] 결국 본고에서 우리가 선택한 그의 만년작인 《폭포》의 경우도 일종의 '신비-표현'이라고 감히 말할 수 있으며[5], 그런즉 《폭포》에서 시니피앙에 해당한 숲(또는 이중의 숲)을 우리가 일견(一見)에 파악하고 눈을 돌려서는 안 된다. 왜냐하면 감상자인 우리가 다다라야 할 시니피에는 기본적으로 숲이 아니기 때문이다. 하나의 풍경으로서 '숲'이 감상자 앞에 제시된 이미지라면, 화제(畫題)가 이끄는 '폭포'의 시니피에는 감상자에게 제시된 이미지 이면에서 읽어내야 할 '신비'의 다른 이름인 것이다.

마그리트의 대부분의 작품들이 그렇듯, 《폭포》 역시 외양인 이미지와 화제의 불일치를 통해 감상자들에게 지적 충격과 흥미를 동시에 유발하고 있다. 부언컨대 《폭포》는 숲이라는 대상의 직접적 표현 같지만 그가 감상자에게 전달하려는 메시지는 정작 숨겨져 있는 작품이다. 자연-풍경화의 일종으로 그려진 그림 같아 보이지만, 그 속에 감추어진 메시지는 현대기술문명에 의해 '파괴된 자연', '잃어버린 인간의 자연(본성)의 회복'을 위해 숲이라는 자연-대상을 감상자 앞에 호명함으로써 피폐화된 우리의 삶의 공간을 되돌아보게 한다고나 할까. 모든 예술은

4) M. Foucault, *Ceci n'est pas une pipe*, Fata Morgana, 1973, p. 88.
5) 파케도 이점을 직시하고 있다: "사실 그[마그리트]의 유일한 깃발은 항상 사물들과 세계의 신비에 있고, 그 신비는 모든 사람과 각자의 것이다." - M. Paquet, *René Magritte. La pensée visible*, Taschen, 2000, p. 8.

비극적 상황에서 탄생한다고 했다. 1961년 작품인 마그리트의 《폭포》도 예외는 아니다. 이 시기는 '작가들의 세기'라고 할 정도로 문학, 철학, 예술 영역할 것 없이 '신세계'가 모색되던 때다. 마그리트의 가시적인 세계와의 부단한 사고실험이 여느 철학서 못지않은 사상적으로 주목받는 것도 결코 우연의 소산이랄 수 없다.

2. 마그리트, 가시적인 세계와의 사고실험

제1, 2차 세계대전의 경험은 사람들로 하여금 이성에 대한 근대적 믿음을 불신케 했으며, 새로운 방향의 인문학적 모색에 도화선을 당겼다. 초월세계, 이상세계나 유토피아에 대한 형이상학적 담론들은 다각도로 그 정당성을 의심받기 시작했고 비합리, 광기, 신체, 욕망 등에 관한 담론이 봇물처럼 쏟아져 나온 것도 우연의 결과라 할 수 없다. 급기야는 20세기 중후반을 전후로 철학과 형이상학의 종말(M. Heidegger, J. Derrida), 인간의 죽음(M. Foucault, R. Barthes), 초월성의 종언(J. Baudrillard) 등이 선언되기에 이른다. 살바도로 달리나 르네 마그리트로 대표되는 초현실주의나 다다이즘 등의 등장도 이러한 시대적 흐름과 맥을 같이 해 등장한 예술운동이라 할 수 있다.

여기서 우리가 주목해야 할 것은 이들 모더니즘의 끝자락에 위치한 신(新)경향의 철학자, 예술가 및 인문학자들의 전통-해체적 취향과 궤를 같이 하면서도 마그리트는 자신의 화가로서의 목표를 일상적이고 자연적인 대상들의 신비를 포착해서 표현하는, 다소 고전적인 노선을 취했다는 점이다. 더 직접적으로 표현해, 그에게는 사물들의 신비를 화폭에 담아내기 위해 '이성의 논리'가 아닌 "시적인 논리"[6]가 필요했던 것이고, M. 빠게는 마그리트의 이러한 작업 스타일과 이념을 일러 "통상적 지각의 전복적 사용", "명증성에 대한 명증성의 대체"라고 평하고 있다.[7]

이와 같은 예술에 대한 새로운 관점, 작업 스타일 때문에 마그리트의 캔버스는 단지 그가 재현하고자 하는 대상을 단지 옮겨 담는 그릇에 그치지 않고 일종의 공간의 시학화를 꾀할 수 있었던 것이며, 사유공간의 시학화를 지향할 수 있었던 것이다. 이 점에 있어서 마그리트는 막스 에른스트, 살바도르 달리, 이브 탕기 등과 경향 상으로는 동일한 초현실주의 노선을 공유했다고 할 수 있지만 그들과는 분명 다른 길을 걸은 셈이며, 소위 인간의 욕망, 관능, 쾌락 등 신체를 추거(推擧)하기 위해서 "이성을 괄호에 넣어버린" 채 "최악의 문화적 야만"을 생산할 뿐인 현대의 무정부주의적인 미학 노선과도 다른 길을 걸은 것이다.[8] 마그리트에게 일상적이고 자연적인 대상들의 신비는 화가가 불어넣은 것이 아니라 그 대상들로부터 주어진다는 점 또한

6) M. Paquet, *op. cit.*, p. 23.
7) *Ibid.*
8) P. Ardenne, *Extrême esthétiques de la limite dépassée*, Flammarion, 2006, pp. 436~437.

유념할 필요가 있다. 여기에서 마그리트만의 독특한 미학적 관점의 전환을 엿볼 수 있다. 즉 그림은 화가가 일방적으로 한 공간, 즉 캔버스 안에 일상적이고 자연적인 대상들을 채워 넣는 것이 아니라 화가는 단지 그 대상들 안에 숨겨진 이야기를 묘사하는데 그친다는 점이다. 메를로-퐁티도 앙드레 마르샹(André Marchand)을 인용해 적시하고 있듯, 많은 화가들은 이렇게 "사물(les choses)이 자신들을 주시한다(regarder)"[9]고 고백하곤 한다. 그렇게 일상적이고 자연적인 대상들은 화가에게 말을 걸어오며, 그렇게 주어진 신비를 마그리트는 '있는 그대로'가 아니라 '기하학적'으로 표현하는데 주력한 것이다. 한마디로 일상적이고 자연적인 대상들의 신비를 최대한 시각화·감각화시킨 것이다.

이러한 마그리트의 전략에는 이중의 부정이 숨어 있다. 첫째는 기하학적으로 시각화·감각화된 대상들을 우리가 지각하는 바 그대로, 즉 상식적으로 이해해서는 곤란하다는 점이다. 둘째는 마그리트에 의해 기하학적으로 묘사된 이미지 내에 감추어진 반성적 이미지(철학적 의미)가 무엇인지를 읽어내야 한다는 점이다. 바로 여기에 마그리트 회화의 핵심이 있다. 파케가 명시하듯, 마그리트는 이렇게 두 세계를 동시에 한 편의 그림 속에 포함시킨 것이다.

"마그리트는 충격적 이미지**와** 사유(l'image-choc *et* la pensée)를 화

9) M. Merleau-Ponty, *L'Oeil et l'Esprit*, Gallimard, coll.《folio/essais》, 1964, p. 31.

폭 안에 연루시킨다. 그리하여 단순한 이미지**와** 반성된 비전, 시선**과** 시선의 시선이 작품을 구성하는 핵심 요소가 되게 한다. 이러한 이중의 요구는 그의 작품들 각각에서 병합되어(unir) 나타난다."[10]

이렇듯 마그리트의 대부분 작품들 속에는 일종의 '철학적 유희', 즉 수수께끼가 숨겨져 있다. 철학적 유희가 개입되었다는 것은 마그리트가 자신의 그림을 여느 화가들처럼 명증성 또는 우연성에 의뢰하지 않았다는 뜻이며, 그림을 그리는 것보다 그에게 더 중요한 것은 '왜'라는 물음에 있었다는 말이 된다. 여기서 우리는 마그리트가 당대의 초현실주의 화가들과도 다른 노선을 취했지만, 충격적 이미지의 제공을 단지 우연성에 기대어 묘사하는 신표현주의 화가인 F. 베이컨 등과도 길을 달리했다는 것을 알 수 있다.[11] 따라서 마그리트의 이와 같은 이중의 부정 전략을 간파하지 못한 채 마그리트의 《폭포》를 접한 감상자라면 그 그림에 전혀 흥미를 느끼지 못할 것이다. 그 이유는 일차적으로 화폭 속 '어디'에도 폭포가 존재하지 않기 때문이다.

---

10) M. Paquet, *op. cit.*, p. 23. 원서에서 강조된 접속사(et)를 인용문에서 '진하게' 표시하였음.
11) 베이컨에게 있어서 그림은 '우연'의 소산이며, 창작도 지성(이성)을 통해서는 '설명'할 수 없다는 입장이다. 그래서 아르셍보와는 베이컨에게 인터뷰에서 다음과 같이 묻는다: "그렇다면 그림을 창작하는 것은 무엇입니까?" 그러자 베이컨이 대답하기를, "모르겠습니다. (…) 그것이 어디로부터 탄생하는 것인지 저는 모릅니다." 이런 까닭에 베이컨은 "가장 중요한 것은, 음악을 듣고 시를 읽듯이, 그림을 바라보는데" 있으며, 감상은 "〔그림을〕 이해하거나 식별하기(comprendre ou connaître) 위한 것이 아니라 무엇(quelque chose)인가를 느끼는데 있다"고 술회하고 있다. - F. Bacon, *Entretiens avec Michel Archimbaud*, Gallimard, coll.《folio/essais》, 1996, p. 61. 같은 맥락에서 베이컨은 화가에 대해서도 다음과 같이 정의하고 있다: "화가에게 중요한 것은 그림을 그리는데 있고, 그 밖의 다른 데 있지 않다."(*ibid.*, p.146). 베이컨의 회화에 대한 평가는 질 들뢰즈, 『감각의 논리』, 하태환 옮김, 민음사, 2008 참조.

마그리트의 《폭포》(유화/75×81cm/1961년 作)

우리가 《폭포》에 아무리 시선을 집중시켜보아도 폭포에 대한 실마리는 찾을 수 없다. 때문에 우리는 이 그림에서 시각화·감각화된 대상으로서 《폭포》에서 벗어나 화가가 장치해 놓은 미학적·철학적 의미가 무엇인지에 관심을 돌려야 한다. 이는 곧 마그리트가 염두한 것은 기호학적으로 볼 때 폭포의 시니피앙(드러나 있는 외연)이 아니라 폭포의 시니피에(감추어져 있는 심층 의미)에 있음을 시사한다. 요인즉 화폭 속에 현재(顯在, 現在)하는 숲이 아니라 부재하는 폭포를 밝혀내야 하는 것이 감상자의 몫이라는 것이다.

이런 까닭에 《폭포》는 감상 대상으로서 그림-이미지의 위상을 이미 이탈해 있다고 해도 과언이 아니다. 하지만 마그리트

스스로는 줄곧 우리에게 다음과 같이 천명하고 있다는 것을 잊어선 안 된다. "당신들이 상상하는 폭포와 실제 자신이 이 그림을 통해 표현하려고 했던 폭포는 둘이 아니다", 라고! 보는 만큼 보이는 것이 지각과 인식의 한계라 하던가. 그런데 우리들은 종종 보이는 것만이 존재하는 것의 전부라고 착오한다. 그러나 《폭포》에는 기실 폭포는 '실재'하지 않는다. 어떤 감상자들은 "뭐 이런 그림이 있어?"라 억정을 내며 등을 돌릴 수도 있다. 역설적으로 말하자면, 마그리트는 정확히 이러한 우리의 상식적 태도에 경종을 울리고 있는 것이다. 그의 대부분의 작품들은 이렇게 우리의 사고습관, 지적 편견을 뒤틀고 뒤흔든다. 그렇게 함으로써 마그리트가 노린 것은 결국 비가시적인 것, 즉 형이상학적 신비를 가시적인 형태를 통해 새롭게 보여주려는 것이다. 나름의 철학을 가진 몽상가 마그리트가 동료, 상식편애적 지성인들 사이에서 늘 고독할 수밖에 없었던 이유이다.

그래서일까? 마그리트는 스스로 화가이기를 거부한 적도 있다. 그는 오히려 '생각하는 인간'이기를 원했으며, 음악과 글을 통해 음악가와 작가들이 대중들과 생각을 나누듯, 자신의 작품을 통해 새로운 사유 세계를 제시하고 교류하는 사람이기를 원했다. 그를 굳이 '화가'라고 해야 한다면, 그는 "사상과 시각적 사유의 화가"[12]인 셈이며, 『이것은 파이프가 아니다』의 저자인 푸코와의 인연도 이렇게 맺어진 결과라 할 수 있다.

---

12) M. Paquet, *op. cit.*, p. 19.

따라서 우리가 《폭포》를 접하면서 일차적으로 경계해야 할 것은 보이는 대로(숲)가 그가 표현·제시하고자 하는 바의 전부라고 착각하지 않는데 있다. 이 그림에서 자신이 발견할 수 없는 것(폭포)을 존재하지 않는다고 자신이 아닌 마그리트에게 묻는 감상자는 그 물음을 재고할 필요가 있다. 이성, 빛, 논리의 세계는 존재하는 세계의 절반에 관여할 뿐이다. 오직 사각(四角)의 세계만을 고집하는 이성, 빛, 논리의 사각(射角)으로 포착되지 않은 비가시적인 세계, 즉 신비의 세계도 엄연히 존재하고 있다. 이성, 빛, 논리가 요구하는 명증성은 예술의 세계에서는 통용되지 않는다. 반데카르트주의자 바슐라르가 강조한대로, 예술의 세계에서 인간의 의식은 모호해도 좋고, 의식이 모호할수록 상상력은 더욱 활발히 활동한다.[13] 그런데도 이제껏 상상력은 명증성의 후계자인 "과학이라는 (…) 영역 밖으로 쫓겨나", 다시 말해 비과학적이고 비이성적이라는 비난을 한 몸에 받으며 '오류의 주범'으로 여겨져 "저주받은 운명"을 겪어

『이것은 파이프가 아니다』를 집필할 당시의 푸코

13) PR, 20: "철학자로서 40년을 살아오는 동안 나는 철학이 데카르트의 〈나는 생각한다, 고로 존재한다〉와 더불어 다시 새로운 출발을 했다는 말을 들었다. 분명 나도 이 근본적인 과제를 이야기해야 했다. (…) 하지만 만일 당신이 바로 '꿈을 꾸는 존재'임을 확신하느냐고 몽상가에게 묻는다면, 데카르트의 독단이 뒤흔들리지 않을까?"

야 했다.[14] 2, 3장에서 상상력이 기술과 과학뿐만 아니라 철학적 이데올로기에 맞서 일종의 대항력(對抗力)을 발휘해야 할 때라고 필자가 주장했던 것도 이와 같은 이유 때문이었으며, 이것이 바로 상상력의 '당대적 역할'이자 '현실 참여적 소임'이 아닐까 싶다. 상상력은 이런 우리의 새로운 해석에 따르자면 분명 '새로운 휴머니즘'의 이정표이자 인간과 자연의 관계 회복에 기여할 수 있는 부분이 크다 하겠다.[15] 따라서 마그리트의 《폭포》에서 우리가 '창의적 상상력'을 발휘해[16] 읽어내야 하는 것이 있다면, 그것은 바로 그려진 것을 통해서는 결코 드러나지 않은 비가시적인 세계이다. 그런데 앞서도 언급했듯 가시적인 것과 비가시적인 것이 마그리트에게 있어서는 결코 분리된 둘이 아니다. 결국 감상자인 우리도 그가 장치해 놓은 '겹'의 세계를 자유롭게 여행할 수 있어야 하며, 그 중 하나에만 시선을 고정시킬 때 마그리트가 애초에 장치해 놓은 사고실험은 왜곡될 수 있다.

요인즉 숲이 그려져 있을 뿐인 《폭포》 속에서 우리는 실제 폭포의 의미를 발견해야 하고, 이런 요구에 부합하기 위해서는 먼저 폭포는 '위에서 아래로 떨어지는 물'이라는 상식을 깨야 한

---

14) G. 뒤랑, 『상상력의 과학과 철학』, 진형준 옮김, 살림, 2003, p. 23.

15) 이런 이유 때문에 뒤랑은 바슐라르의 휴머니즘을 '새로운 휴머니즘'이라 평가한다 - G. Durand, *L'âme tigrée. Les pluriels de psyché*, Denoël/Gonthier, 1980, pp. 36～39 참조.

16) 바슐라르에 따르자면 생산적 상상력과 재생적 상상력은 실재와 지각 그리고 기억의 문제와 직결된다. 반면 그가 역점을 둔 창의적 상상력은 비실재(l'irréel) 또는 비가시적인 것(l'invisible)과 직결되어 있고, 바로 이를 시적 언어를 통해 이미지로 형상화하는 작업, 바로 그것이 바슐라르가 역점을 둔 창의적 상상력의 요점이다. 보다 상세한 언급은 박치완, 「바슐라르와 시 - 객관적(과학적) 사고의 극복과 순간의 형이상학으로서 시를 위한 몽상」, 『프랑스학연구』 제33권, 2005 참조.

세잔의 〈큰 소나무가 있는 생트 빅투와르 산〉
(1885~1887년 作)

다. 물론 '숲'과 '폭포'는 그 명명과 그 지시체가 이미 서로 다르다. 그런데 마그리트는 자신의 사고실험을 통해 사물에 대한 명명과 지시체가 '같다'거나 '유사하다'와 같은 상식적 논리에 의탁해서 그림을 그렸던 것이 아니다. 푸코도 정확히 언급하고 있듯, 마그리트는 오히려 "유사성의 한없는 연속을 가능한 한 멀리까지 뒤쫓으면서도, 그것이 무엇과 닮았다라고 말하려고 하는 모든 확언으로부터 그것을 가볍게 해준다."[17] 그 결과 마그리트는 '부재하는 현전'으로서 제3의 대상, 즉 일종의 의미로서 폭포뿐만 아니라 실제 폭포도 우리에게 사유해보라고 권유하며 눈앞에 숲을 드러내 보인 것이다.

이와 같은 견지에서 보자면, 마그리트는 일상적이고 자연적인 대상들을 대하는 태도가 세잔과 큰 차이를 보인다는 것을 알 수 있다. 세잔의 시도가 회화의 본질을 자연-대상에서 찾고, 자연 자체를 자신이 원하는 작품으로 완성시킬 수 없어 본인에게 고통만을 안겨줄 뿐이라는 점에서 '시지프스'와 비교할 수 있다면[18], 마그리트의 시도는 '키메라'와 진배없다고 할 수 있다. 상

17) M. Foucault, *op. cit.*, pp. 59~60.
18) 에밀 졸라의 세잔의 그림 세계에 대한 평가는 이런 점에서 퍽 인상적이다: "그림을

식적으로 종잡기 힘든 그만의 독특한 회화철학을 감상자가 해석해주기를 '희망'하면서, 본인은 늘 '비전', '자유', '신비' 운운하면서 감상자 앞에서 딴전을 부리고 있기 때문이다. 가세트의 말대로라면, "그림은 어디까지나 그림이어야 한다. 그림에 관념이 있다면 그건 색깔과 빛과 형태가 되어야 할 것이다." "아무리 멋들어진다 해도 그림이 우리에게 제공하는 철학은 나쁠 수밖에 없다."[19] 그러나 마그리트의 경우는 가세트가 노리는 과녁에서 벗어나 있다. 왜냐하면 마그리트는 충분히, 그의 대표작인《빛의 제국》(1954)에서 보듯, 색깔과 빛과 형태에 대해 고민했던 화가라고 할 수 있으며, 관념에 매몰되지 않고 관념의 시각화를 그 누구보다 잘 성취하고 있기 때문이다. 게다가 관념의 시각화의 경우도 화폭을 벗어나 그 관념 자체에 대한 문제제기로 우리의 관심을 이동시킨다.《이것은 사과가 아니다》(1964)만 해도 그렇다.[20]

그리는데 이렇게 창조의 고통이 따르다니! 그는 (…) 리얼리티를 포착하기 위해 (…) 늘 투쟁했지만, 언제나 패배로 끝나고 말았다. 그는 열과 성을 다하여 캔버스 위에 자연의 모든 것을 옮기려 했지만, 끝내는 그 천재적 작품을 완성하지 못하고 근육통만 느낀 채 완전히 소진되고 말았다. 다른 화가들을 만족시키는 적당한 방법이나 기술은 그에게 회환과 분노만을 가져다 줄 뿐이었다. 그는 그 따위 방법이나 기술은 허약하고 비겁한 것이라 잘라 말했다. (…) 별 볼일 없는 사람, 아무도 알아주지 않는 사람, 문둥이처럼 소외당한 사람, 이 얼마나 우울하고 처량한 광경인가! 이 세상에서 큰 업적을 이루기 위해 그토록 오랫동안 고통과 희망을 반복하면서 견디어 온 것이 겨우 이거라니! 오, 하느님!"(미셸 오, 『세잔』, 이종인 옮김, 시공사, 2001, pp. 133~134에서 재인용)

19) 오르떼가 이 가세트, 『예술의 비인간화』, 안영옥 옮김, 고려대학교 출판부, 2004, pp. 121~122.

20) 파케도 해설하고 있듯, "분명, 우리는 이 사과[즉 마그리트에 의해 그려진 사과]를 먹을 수 없다. [그래서 그려진 사과는 우리가 먹을 수 있는 사과가 아니다. 그런데 마그리트는 이렇게] 진정한 양식(le vrai bon sens)이 무엇인지를 고민했고, 브르통도 언급하듯, 마치 위대한 시인들처럼, 우리의 양식을 [새롭게] 이해한 것이다." - M. Paquet, *op. cit.*, p. 9.

마그리트가 이 작품에서 노린 것은 결코 관념이 아니다. 오히려 그는 우리가 널리 이해하고 있는 관념들을 뒤튼다. 그 관념들을 뒤틂으로써 마그리트는 철학적 담론의 생산을 시도한다. 《변증법 예찬》(1936), 《철학적 램프》(1936), 《대화의 기술》(1950), 《설명》(1954), 《헤겔의 휴가》(1958), 《규방 속의 철학》(1966)과 같은 작품들이 이를 대변한다. 이런 까닭에 우리는 오히려 마그리트의 '딴전'에서 그가 얼마나 당대의 미술계와 사상계에 대해 불만이 많았는지, 도전적일 수밖에 없었는지, 그 이유와 방법을 정확히 파악하는 것이 중요하다 하겠다.

《폭포》에서도 결국 "《폭포》는 폭포가 아니다"라는, "《폭포》에서 폭포를 보려거든 '폭포'라는 개념을 먼저 지우라"는 상식과 양식을 정면으로 거스르는 질문을 우리에게 던지고 있는 셈이다. 아무 생각 없이 그의 그림에 다가선 감상자의 뒤통수에 대고 "당신은 폭포라는 '말'을 알고 있는가?"라며 말이다. 하지만 그는 여기서 그치지 않는다. 파케의 설명대로 마그리트가 우리에게 제시한 "각각의 이미지에는 화제〔개념〕가 있고, 각각의 화제에는 그 이미지가 있다. 게다가 이 둘은 서로 어깨를 기대 서로를 보완하며 결국은 같은 실재(une même réalité)를 참조케 한다."[21] 가시적인 세계와의 사고실험에 평생을 심침(深沈)한 마그리트는 이상주의자가 아니라 사실주의자이며 대상과의 신중한 대화자였던 것이다.

21) *Ibid.*, pp. 71, 74.

이러한 마그리트의 본의를 존중한다면, 우리는 다음과 같이 이야기해야 옳다. 어떤 감상자가 하나의 미술작품을 즐긴다는 것은 이제 더 이상 감상의 대상으로 주어진 그림과 그 그림의 화제를 놓고 씨름하는 문제로 귀착되지 않는다. 마그리트가 염두했던 것은 오히려 자신의 그림 속에 철학적 의미로 그려진 이미지, 전달하려는 메시지가 감상자와 원활히 공유되느냐에 달려 있다.

여기서 우리는 미술작품의 의미가 공유되는 순간은 최소한 이성의 판별기능보다는 창의적 상상력의 기능이 중요하다는 점을 분명히 하고자 한다. 감상자에게 하나의 예술작품이 전달하려는 진리는 명제적 진리가 요구하는 바처럼 진위 판별에 의존한 진리의 추상성, 부차성을 늘 초월한다. 정확히 표현하자면 이성, 빛, 논리를 초월해 비가시적인 '저편'의 세계를 현실의 '이편'으로 옮겨오고자 하는 것이 모든 예술가가 꿈꾸는 바라고나 할까.[22] 바젱이 마그리트의 상상력을 "편협한 실용주의나 데

마그리트의 《이것은 사과가 아니다》(1964년 作)

22) TR, 27 참조.

카르트 식의 과학적 정의로부터 해방시키는데 주력하려고 했다"[23]고 평가한 것도 같은 맥락에서 이해된다.

그렇다. 명증성과 실용성의 요구로부터 자유로워야만 우리는 비로소 예술세계로 진입할 수 있고, 그 때 비로소 모든 예술세계는 기본적으로 명증성과 신비, 이성과 상상력을 동시에 겨냥한다는 것을 이해할 수 있게 될 것이다. 예술은 단지 신비와 상상력만을 옹호하지 않는다. "도 적고 있듯, "예술이 제 기능을 발휘하려면, 이 두 개의 세계〔물질과 정신(관념)〕중 하나로부터 출발해서 다른 세계로 향해 가야 한다."[24]

이를 '있음(有)'과 '없음(無)'에 빗대어보면 어떨까. 주지하듯, 동일성의 논리는 파르메니데스 철학의 기본명제이기도 한 "있는 것은 있고, 없는 것은 없다"로 요약된다. 이 경우 有와 無 사이에는 결코 교류나 접점이 예비되어 있지 않다. 즉 이 명제 속에는 기본적으로 상호 교류의 영역이 예비되어 있지 않다. 말을 바꾸면 철저히 상대, 즉 타자를 배제하는 논리다. 반면 상상력이 전제하는 새로운 논리는 타자도 배려하고, 분리된 양자를 다시 연결시키려는데 목표를 둔다. 수사법을 구사해 설명해보자면, "있는 듯 없는, 없는 듯 있는" 정도로 정의될 수 있을지 모르겠다.

상상력의 논리를 이렇게 정의하고 보면, 이는 有, 無의 공통

23) L. Bazin, "Le Principe d'orientation: Surréalisme et idéographie", *RiLUnE*, n° 8, 2008, p. 124.
24) 가세트, *op. cit.*, pp. 110~111.

지평, 즉 분리된 양자의 모태(母胎)를 새롭게 전제하고 동시에 有는 有대로, 無는 無대로 그 가치를 인정하는 논리라 할 수 있다. 동일성의 논리가 無가 아닌 有만을 위한 논리라면, 상상력의 논리는 결국 통상적인 이성이 판관이 된 논리로는 담보할 수 없는 無를 有와 연결시켜 둘을 하나의 '맞짝'으로 통합시킨다는 것이 특징이다. 이를 마그리트의 사고실험에 적용해보면, 그는 《폭포》에서 결국 가시적인 것과 비가시적인 것, 그려진 이미지와 그려진 이미지 너머에 존재하는 것을 그림 안에 동시에 그리고자 했음을 의미한다. 바르트가 문학에서 "환상이 없고, 형용사가 없다면 아무 것도 일어나지 않을 것"이라 했듯[25], 회화에서도 역시 "모든 것을 '표현'으로 말하고, 그렇게 표현된 것과 화제가 반드시 일치해야만 한다"고 요구한다면, 더 이상 그림은 감상의 대상이 될 수 없고, 예술작품의 존재 자체도 위협받지 않을까?

따라서 우리가 한 폭의 그림을 감동과 울림으로 접하며 공감할 수 있기 위해서는 주어와 동사가 주도권을 행사하는 명제적 진리관에서 과감히 벗어나야 할 것이다. 마그리트의 회화에는 가시적으로 표현된 것 속에 늘 비가시적인 신비, 형이상학적 진리, 시적 공간이 모색되고 있다는 것을 잊어선 안 되는 이유가 여기에 있다.

---

25) R. 바르트, 『중립』, 김웅권 옮김, 동문선, 2004, p. 133.

3.《폭포》, 자연의 호명

자연은 인간의 거울이다. 투정부리는 어린아이처럼 인간은 자연을 끝없이 괴롭혀 왔지만 자연은 늘 그 자리에 그대로 존재한다. 그 자리에 그대로 존재하며 문명의 이기에 지친 인간을 어머니처럼 받아준다. 이런 점에서 자연은 '위대한 인간'이기도 하다.

자연풍경이 사람들에게 친밀감을 선사하는 것도 이 때문이리라. 어린 아이에게도 성인에게도 자연과 자연풍경은, 예나 지금이나, 삶의 터전이자 모든 생명체의 근원이다. 자연과 풍경은 어린 아이 때나 성인이 되어서나 인간에게 없어서는 안 될 생활환경의 중요 구성 요소이며, 사회문화의 뿌리를 형성하기도 한다. 바로 이 점을 우리에게 환기시키는 것이 마그리트의 철학-풍경화로서《폭포》라고 하면 지나친 해석일까?

바슐라르의 말대로, 만일 "한 사람 한 사람의 화가마다에 자신의 낙원이 있다"[26]고 한다면, 마그리트는 자신의 낙원을 세잔에게서처럼 자연 자체나 총체적 자연을 사실주의적으로 그리는 데서 찾기보다는 차라리 그 이면, 아니 자신의 내면적인 철학적 질문 해소에 무게 중심을 두고서 자연-대상을 자유롭게 활용했던 것 같다.[27] 자연의 공간이 하루가 다르게 문명의 이기(利器)

---

26) DR, 15.

27) 이런 점에서 가세트의 세잔에 대한 다음 평가는 퍽 시사적이다: "세잔은 그다지 그림을 잘 그리지 않았다. 화가로서 천부적 재능이 부족했다. (…) 세잔은 '실현한다'라는 말을 입에 달고 살다시피 했다. 그에게 있어 이 말은 예술가의 기능에 있어 알파이자 오메가이다.

들에 의해 잠식되어가고 있는 시점에서 마그리트는《폭포》를 통해 "자연이란 우리에게 무엇인가?", "폭포란 무엇인가?"라는 근원적 질문을 던지고 있는 것이다. 그리고 바로 이 물음의 형태를 빌어 결과적으로 마그리트는 우리에게 "인간이란 무엇인가?"라고 되묻고 있는 것이다. 마그리트는 그러니까 자연을 파괴함으로써 점점 이기화(利器化) 되어가는 인간의 본성을《폭포》와 같은 작품을 통해서라도 환기시켜보고 싶었는지 모른다.

자연은 인간이 다가설수록 스스로를 감춘다고 했던가! 자연은 기다리는 사람에게는 은혜를 베풀지 않는다고 했던가! 하지만 자연과 인간이 언젠가는 서로를 두 팔로 껴안을 수밖에 없는 날이 멀지 않는 미래에 다가올 것이다. 그날을 최대한 앞당길 수 있기를 고대하면서 마그리트는,《대전쟁》(1964)을 통해 진정 인류에게 평화가 어떤 것인지를 깨우쳐주듯[28],《폭포》

마그리트의《대전쟁》(1964 作)

'실현한다'는 말은 자체적으로 사물이 아닌 것을 사물화한다는 뜻이다. (…) 그러니까 '실현한다'라는 것은 하나의 사물을 복사하는 게 아니라 사물들의 총체를 복사하는 것이 될 게다. 그러한 총체는 우리 의식에 하나의 관념으로 존재할 뿐이기 때문데 진정한 의미의 사실주의자는 단지 관념을 복사하는 셈이다." - 가세트, *op. cit.*, pp. 111~112.

28) 파케는 마그리트의《대전쟁》에 대해 헤라클레이토스의 '갈등은 모든 사물의 원조(le père de toutes choses)'다 라는 경구를 인용해 가시적인 것과의 내적 갈등을 대전쟁이라 부연하고 있다.

〈재구성1〉: 두 공간과 두 시간대의 교차

를 통해 우리 앞에 '자연'을 호명해놓고 있는 것이다.

화중유철(畵中有哲)이라 했던가! 자연을 화폭에 호명시킴으로써 마그리트가 전달하려는 철학적 메시지는 그렇다면 무엇일까? 필자의 연심(戀心)에 포착된, 그의 숨겨둔 메시지는 놋쇳빛의 액자가 전체 그림의 중심에 자리함으로써 《폭포》가 결국 두 장의 그림으로 나뉠 수 있다는데서 착목(着目)된다. 여기서 '두 장의 그림'이란 배경이 되어 있는 밖의 그림과 놋쇳빛 액자 안의 그림을 말한다. 그리고 기본적으로 두 장의 그림 간에는 공간의 분할뿐만 아니라 실제 서로 다른 두 시간대가 장치되어 있다. 아침(또는 해질녘)과 정오로 말이다. 하지만 주지하듯 "흐르는 강물에 발을 두 번 담글 수 없다"는 헤라클레이토스의 말대로, 서로 다른 두 시간대는 현실세계, 일상의 논리에서는 한 곳에 동시에 존재할 수 없다. 즉 아침은 정오일 수 없으며, 정오는 해질녘일 수 없다. 그런데 마그리트는 이 두 서로 다른 시간대를 하나의 화폭 속에 버무려놓았다. 바로 여기에서 우리는 마그리트의 철학적 메시지를 읽어낼 수 있다. 즉 그는 시간과 공간에 대한 상식적 이해에 도전하고 있는 것이다. 따라서 우리는 마그리트가 장치해 놓은 '시니피에'를 일차적으로 '서로 다른 두 시간대와 공간이 교차하면서 만들어낸 시적 공간'이라 명명해볼까 한다.

유심히 이 그림을 성찰하다보면, 밖의 그림은 영락없이 자연 전시장이요, 안의 그림은 이 자연 전시장 안에 걸린 한 폭의 자연 풍경화와 같다는 느낌도 든다. 전시장의 벽이 너무도 강한 녹색 톤이어서 정작 전시된 그림이 오히려 돋보이지 않는 듯하다. 하지만 이러한 강한 녹색의 침범을 잘 방어해주는 역할을 하는 것이 있다. 놋쇳빛 액자가 바로 그것이다.[29] 한 폭의 그림을 자연 전시장에 걸려고 마음먹은 마그리트의 지기(志氣)가 돋보이는 처리다. 마그리트는 이렇게 단순 평면화로 비칠 가능성이 높은 그림 속에 감상자들을 위한 이야기의 공간을 배려해 놓았다.

이런 그의 철학을 간파한 감상자라면 《폭포》를 보면서 필경 두 장의 그림, 아니 두 장으로 된 하나의 그림이라는 것을 어렵지 않게 발견할 것이다. 그리고 특히 액자 안의 숲을 대하면서 감상자들은 자신의 과거 기억들을 회상하게 될 것이다. 이는 감상자들마다

〈재구성2〉: 대화로서 폭포

29) 에셔의 《하늘과 물》이나 《낮과 밤》이 그렇듯 마그리트의 《폭포》도 우리가 일반적으로 상반된 것이라 생각하는 것을 한 화폭에서 소화해 보여주고 있다. 이것이 바로 상상력과 예술의 세계가 현실의 세계 또는 논리의 세계와 다른 점이다. 예술작품 속에서는 이렇듯 모순을 배제시키지 않고 오히려 적극 이용하며 살릴 수 있다는 장점이 있다. 《폭포》에서는 놋쇳빛 액자가 그 매개 역할을 하고 있다.

다르게 보유하고 있을 과거의 이야기들을 화가의 화폭 안으로 끌고 들어와 결국 화가와 대화를 나누게 되는 셈이므로, 결과적으로는 시간 이동과 공간 이동이 동시에 일어나게 된다. 액자 안의 그곳이 어딘들 상관없다. 연인과 거닐었던 남이섬일 수도, 온 가족이 지난해 여름 함께 휴가를 보냈던 광릉수목원 근처일 수도 있으며, 아니면 조계산 선암사의 홍매화를 구경하러가는 산책길 주위여도 상관없다. 여기서 중요한 것은 장소가 어디냐의 문제가 아니다. 오히려 마그리트가 형상화시켜놓은 이미지 안에서 감상자인 '나'와 직접 관련된 이야기가 있느냐, 없느냐가 관건이다. 혹 '나'와 관련된 이야기가 있다면 마그리트의《폭포》에서 공간과 시간, 특히 어떤 특정 공간에 얽힌 특정 시간에 대한 추억을 회상하게 될 것이고, 없다면 언젠가 가보고 싶은 곳을《폭포》를 통해 계획하면 될 것이다.

《폭포》가 숨겨놓은 비밀-이야기는 이것으로 끝이 아니다. 필자는 제2의 의미를 이젤의 머리(부분)에 손을 맞잡고 담소하는 듯이 보이는 두 사람(사랑을 속삭이는 연인일수도, 오랜만에 만난 초등학교 동창일 수도 있는, 아니면 군입대를 했다가 막 휴가 나온 아들을 반기는 어머니일 수도 있는, 그것도 아니라면 외나무다리에서 만난 논적(論敵)일 수도, 마그리트와 필자일 수도 있는)의 형상에서도 발견한다. 이를 '대화로서 폭포'라고 명명해볼 수 있지 않을까 싶다.

한 사람은 이상 세계에서 또 한 사람은 현실 세계에서, 한 사람은 화가로서 또 한 사람은 감상자로서, 한 사람은 화폭 안에 또 한 사람은 화폭 밖에 존재하기에 이렇듯 그 대화는 무한히 생산·재생산될 것이다. 그리고 바로 이 대화로서 폭포가 자연의 호명에 대한 보다 구체적 해명이 아닐까 싶다. 마그리트의 《폭포》가 성급하게 '숲'이라는 이미 우리가 상식적으로 이해하고 있는 그런 이미지로 전락해서는 안 되는 이유이다.

어쩌면 이런 이유 때문에 우리는, 바슐라르가 주문한대로, "느린 명상, 기도하는 명상"의 자세로 《폭포》를 접해야하는지 모른다.[30] 감상자 앞에 주어진 이미지와 화가의 의도를 동시에 심찰(深察)하지 않고서는 결코 그 '신비'를 읽어낼 수 없다는 뜻이다. 한 편의 그림은 이렇게 심찰의 과정에서 그것이 내포하고 있는 의미들과 뉘앙스들을 하나 둘씩 드러내기 시작한다. 모든 것을 한 눈에 볼 수 없듯 의미들과 뉘앙스들도 결코 한 눈에 들어오지 않는다. 지속적 심찰의 과정 없이는 그 어떤 그림도 감상자의 것이 될 수 없다. 감상자가 그림을 '본다(감상한다)'는 것은 그림을 통해 자기 자신을 재발견한다는 것을 의미하며, 그 때 그림은 작가의 품에서 벗어나 오롯이 감상자의 것이 된다.

물론 마그리트의 《폭포》는 '하나의 평범한 이미지'이다. 그런데 그 '이미지'가 여느 이미지들과는 차원이 다르다는데 우리의 관심을 집중할 필요가 있다. 버클리의 표현을 빌리자면 《폭포》는 '시각적 그림'이 아니라 '촉지적 이미지'인지 모른다. 마그리트의 《폭포》를 해석하는 과정에서 감상자가 그의 시각화된 이

30) G. Bachelard, *La flamme d'une chandelle*, P.U.F., 1961, 서문 참조.

미지에 매몰되어서는 안 되는 이유가 여기에 있다.[31] 만일 그 '이미지'가 화가의 손을 떠나 감상자들에게 말문을 떼기 위해 스스로 의지하며 꿈꾼다고 한다면, 우리는 당연 이 이미지를 시각에 의존해 평가할 수 없다. '자연'이라는 외형의 옷을 걸친《폭포》는 이렇듯 우리가 접한 많은 이미지들〔대표적으로 성상(聖像)과 같은〕이 그렇듯, 스스로 의지하며 꿈꾸는 주체로 우리에게 다가선다. 역설적으로 말해 "이미지란 그저 우리가 그 안에 있는 내용을 인식(해석)해야 하는 대상으로서 고정되어 수동적인 상태로 존재하는 것이 아니다." 오히려 많은 이미지들은 자신을 우리가 해석해줄 것을 요구하고 자신의 추상성을 어떤 방식으로든 파악하게끔 우리를 유혹한다.《폭포》도 그 중 하나이다. 이렇게 이미지가 주체로서 인간에게 말을 걸어올 때, 그 때의 이미지는 정신인 동시에 물질이며, 추상적인 것인 동시에 구

31) 주지하듯, G. 버클리는 회화를 빛, 명암, 색에 비중을 둔 시각적 그림(peinture visible)과 망막에 투사된 촉지적 이미지(tangible image)로 구분한 철학자이다(*La Théorie de la vision défendue et expliquée*, 1733). 그에 따르면 시각적 그림은 특정 대상(objet particulier)에 대한 화가의 관점이 명시적으로 드러나 있다. 반면 촉지적 이미지는 마치 봉사가 대상을 이해할 때 그러하듯 그 이미지를 보고 표현된 시니피앙과 숨겨진 시니피에를 상상하고 이해하며 포착해야(imaginer, comprendre, embrasser) 한다. 그런데 버클리가 중요하게 생각한 것은 바로 상상력이 그 대상의 의미를 읽어내는 단초라고 보았다는 점이다 - P. Hamou, *La vision perspective(1435~1740)*, Payot & Rivages, 2007, p. 387 참조. 하무의 설명대로 버클리가 이렇게 시각적 그림과 촉지적 이미지를 구분한 것은 당시 학계를 지배하고 있던 케플러의 시각이론(théorie de la vision), 즉 '그림'은 망막에서 생산된 '물리적 사건'이고 '이미지'는 이성적 존재에 의해 생산된 '정신적 작품'이라는 편견을 크게 일신시킨 계기가 되었다고 한다. 요컨대 버클리는 그림의 고유성을 빛과 색으로 표현된 시각성에서 찾았고, 반면 이미지의 경우는 화폭이라는 공간 속에 드러난 형상성과 규모(dimension), 위치(localisation) 등을 인간의 지성이나 이성에 의존해 설명하기보다는 촉지적 대상(l'existence tangible)의 불투명성에 빗대 설명했다(*ibid.*, p. 480) 참조). 우리가 7장에서 마그리트의《폭포》를 단지 시각성에만 초점을 맞추어 평가해서는 안 된다고 보는 까닭도 여기에 착안한 것이다.

체적인 것이자, 형상인 동시에 내용이다. 따라서 이미지의 이러한 이중성과 복합성에 대한 정사(靜思)는 필수적이다.[32]

화가가 그려놓은 자연풍경이 현실세계에 '실재'하는 것은 아니다. 마그리트가 그리려고 했던 폭포도 '실재'로서 폭포에 그 목표가 있지 않고 그가 부여코자 했던 철학적 메시지에 비밀이 숨어 있다. 때문에 그가 전달하려고 하는 메시지가 《폭포》라는 형식을 빌리고 있다고 해서 우리는 현실세계의 폭포에 준해 그것을 심문하려 해서는 안 된다. 물론 《폭포》에 대한 필자의 '자유 해석(over-interpretation)'도 필자가 이 그림에서 파악하고 느낀 바를 사적이고 미적인 경험에 비춰 해명한 것이다. 하지만 중요한 것은 그 어떤 예술작품에서든 그것을 우리가 감상하려 할 때, 그 작품에 가시적으로 드러나 있지 않은 시니피에, 즉 시니피앙의 심연을 포착하는 것이 관건이라는 것을 잊어선 안 되며, 이 겉으로 직접 드러나 있지 않은 신비와의 대화를 기대하기에 예술가들 역시 자신의 작품 의도를 제대로 평가해주는 감상자나 비평가를 만날 때 행복한 것인지 모른다.

예술가의 창조적 코기토와 감상자의 꿈꾸는 코기토가 작품을 매개로 대화를 나누는 것, 그보다 더 수준 높은 감상이 있을 수 있을까. 그렇다고 한다면 우리는 이제 비가시적인 것, 초현실적인 것이 가시적인 것 밖에, 실제적인 것 밖에 존재하는 것

32) 박치완·김성수, 『비주얼 컬쳐 시대의 이해』, 한국외국어대학교 지식출판원, 2015, pp. 31~36 참조.

이라고 단정(斷定)해서는 안 될 것이다.[33] 그리고 특히 소재가 마그리트의 《폭포》에서처럼 자연이라면, 우리의 시선을 그 가시성에만 고정시켜서는 비가시성이나 신비를 경험할 수 없다. 《폭포》에서처럼 자연이 자연-자연의 옷을 걸치고 있을 때, 우리는 시각적 '봄'의 차원을 넘어서 마음과 영혼으로 그 심의(深意)를 '관(觀)'하는 태도가 요구된다. 더더욱 현대문명에 찌든 인간을 자연-자연의 신비에로 안내하고자 하는 것이 마그리트의 목표였다고 한다면 말이다.

인간의 자연화를 자연의 시학화를 통해 도모했던 작품이 《폭포》에서 마그리트가 의도했던 바라고 한다면, 자연과 인간이 본래 하나인 공자연성(co-naturalité)에 도달하는 것, 그것이 마그리트의 풍경-철학의 제시하려는 궁극적 목표라 할 수 있지 않을까! 인간의 자연화, 즉 자연과 유리됨으로써 주체가 망각하고 있는 본성(자연)을 회복하는 것, 비록 우리가 현재 디지털 시대에 살고는 있지만, 가상(가공)적 세계 속에서, 스마트한 디지털기술의 유혹에 빠져, '문화'라는 치장을 한 무수한 상품들에 둘러싸여, 스스로를 즉자화, 사물화시키는 아둔함에서 벗어나는 것이 그 어떤 일보다 시급하기에 자연을, 비록 《폭포》라는 인공적 자연의 형태를 취하고는 있지만, 우리 앞에 호명한 것이

33) 바슐라르에게 있어서도 가시적인 것/비가시적인 것, 현실적인 것/초현실적인 것은 분리된 둘이 아니다. 장-자크 뷔넨뷔르제의 해석에 따르면 이 둘은 상상력에 의해 매개되고, 상상력이 전자의 세계를 후자의 세계의 원천에 통합할 수 있게 해준다 - J.-J. Wunenburger, "La pensée tranchante", Revue de l'enseignement philosophique, n° 6, 1988, p. 266 참조.

아니었을까!

4. 마그리트와 자연의 비밀, 그 역설적 표현

《폭포》의 비밀코드, 비밀-이야기가 하나냐 여럿이냐는 이제 중요한 물음이 아니다. 이보다 더 중요한 것은 오히려, 칸트의 정의대로, "상상력이란 부재하는 것을 현존하게 한다"(『순수이성 비판』)"는 주장에서 찾아야 할 것이다.[34] 역설적으로 말해, 감상자인 우리의 상상력 덕분에 《폭포》에 내재된 마그리트의 철학적 비전은 부분적으로나마 맛볼 수 있었다. 본고에서 우리가 제시한 2가지 의미의 '폭포'는 이제 잊어도 좋으리라. 얼마든지 다른 의미들도 함유하고 있을 수 있다는 뜻이다. 뿐만 아니라 화제가 《폭포》가 아닌 《숲》이라도 괜찮을 것이다. '폭포'는 "이러저러한 형태여야 한다"는 상식적인 '설명'의 요구로부터 해방되는 것이 더 중요하기 때문이다.

---

34) 한나 아렌트, 「상상력」, 『칸트 정치철학 강의』, 김선욱 옮김, 푸른숲, 2002, p.149. 칸트에게 있어 상상력은 다음과 같이 두 가지 기능이 있다: i) 일차적으로 '부재하는 것'을 현존하게 하는 기능 또는 이를 지각하는 기능이며(이것이 주지의 상상력의 재현적 기능이다), ii) 이와 달리 상상력의 생산적 기능은 '없는 것'을 만들어내는 예술적 기능에 해당한다. 특기할 사항은 이렇게 칸트가 『순수이성 비판』에서 상상력의 기능에 대해 적극적으로 고민했다는 점이며, 상상력을 통해 감각과 오성의 종합을 시도 했다는 사실이다. 아렌트의 다음 설명에서도 이점이 잘 부각되어 있다: "우리의 감각은 지식의 보조로서 뿐만 아니라 다양성 속에서 동일성을 인지하기 위해서도 상상력을 필요로 한다. 상상력은 그 자체로서 모든 지식의 조건이다. 통각에 선행하는 〈상상력의 종합작용은 모든 지식, 특히 경험 가능성의 근거이다〉(『순수이성 비판』, A 118). (…) 상상력이 없다면 - 인식될 수 있는 - 세계의 객관성도 없게 될 것이고 (우리가 논하는) 소통 가능성도 존재하지 않을 것이다."(*ibid.*, p. 156)

실제 마그리트에게 있어 폭포는 '아래에서 위로 솟는 물'에 해당한다. 〈폭포 = 아래에서 위로 솟는 물〉? 마그리트의 이러한 발상의 전환은 《오아시스》라는 작품에서도 확인된다. 다시 말해 마그리트에게 있어 '물'은 위에서 아래로 흐르지만 않고, 반대로 아래에서 위로 상승한다.[35] 우리의 '유식한 무지'를 깨지 않고서는 마그리트의 《폭포》는 물론이고, 그의 다른 작품들도 제대로 감상할 수 없는 이유가 여기에 있다. 실제 그의 많은 작품들이 호락호락 그 실체를 드러내지 않는 이유도 마찬가지다.

마그리트의 《오아시스》
(1925~27 作)

마그리트의 작품들은 이렇듯 늘 가시적인 형태를 취하고 있지만 정작 그가 우리에게 제시하려는 예술세계는 간접적으로 제시된다. 바로 그 간접적인 세계를 감상자가 사유할 수 있도록 유도하는 것이 마그리트의 전략이다. 요인즉 《폭포》에서 가시적으로 발견된 이런 저런 시니피앙을 붙드는 것으로 만족할 일이 아니란 뜻이다. 마그리트의 '녹색의 축제'에 먼저 마음을 내

35) 마그리트의 《오아시스》에서도 물은 전혀 발견되지 않는다. 그런데 뿌리를 모래톱 깊숙이 박고 있는 세 그루의 나무를 통해 그는 우리로 하여금 사막에 물이 존재하고 있음을 상상하게 만든다. 즉 이 그림에서도 '상상의 물'이 곧 '오아시스'로 은유되어 있다. 즉 세 그루의 나무 안에서 물이 비가시적으로 흐르고 있고, 그러기에 《오아시스》는 비로소 '오아시스'라는 내용-의미를 담보하게 된다. 이렇듯 마그리트에게 있어서는 대개 나무가 물로 상징된다. 이를 《폭포》와 연결시켜보면, '폭포'는 결국 '아래에서 위로 솟는 물'을 표현하고 있다는 것을 알 수 있다. 바꿔 말해 물은 하강이 아닌 상승의 꿈을 꾼다. "물이 위로 흐른다"는 마그리트의 상상력은 상식을 깨는 대반전이라 할 수 있다.

어 동참하고, 그 속에 함장된 다면·다층적 세계를 창의적 상상력을 통해 하나 둘씩 습득해가는 것이 감상자의 몫이라고나 할까.

"사유하기 전에 꿈꾸어보라"고 했던가! 바슐라르는 "모든 풍경은 의식의 광경이기에 앞서 꿈의 경험"이라 했다. 바슐라르가 "사람은 (…) 꿈에서 본 풍경만을 바라본다"[36]고 했던 것도 이 때문이다. 그런데 우리 주위엔 꿈꾸지 않은 자들, 즉 이성, 빛, 논리의 세계에서 벗어나는 것을 두려워하는 이들, 다분히 수학적이고 계량적인 세계에 전적으로 의존해 살아가는 사람들이 부지기수다. 네모의 세계에 익숙해진 이들에게 "유순한 영혼"을 기대할 수 없다.[37] 무한쟁쟁을 통한 쟁취를 마치 게임처럼 즐기는 이들이 바로 인문학을 시장의 요구에 따라 재편하야 한다고 주장하는 자들이다. 자본의 소유만이 유일한 행복의 조건이라 믿는 자들이다. 바로 이들이 예술은 '소비'하는데 본의가 있다고 떠벌이며, 예술작품을 심지어는 "양말 한 켤레나 정원의 안락의자"와 같은 '세속적 상품'과 유사하게 취급한다.[38] 팝 아티스트인 앤디 워홀의 《브릴로 박스》가 잘 보여주듯, 이들에게 "시장은 더 이상 적이 아니다."[39] 이들은 단지 "상품으로서의 미술, 아니면 미술로서의 상품"을 제작하며 "소비자 자본주의"의 전령

---

36) ER, 6.
37) G. Bachelard, *op. cit.*, p. 11.
38) J. 보드리야르, 『소비의 사회』, 이상률 옮김, 문예출판사, 2002, p. 148
39) 엘리너 하트니, 『포스트모더니즘』, 이태호 옮김, 열화당, 2003, p. 43.

Pop Art를 통해 세계미술계를 뒤흔들어 놓은 앤디 워홀

이기를 자처한다.[40] 그러나 예술작품이 삶을 윤택하게 하고 존재의 전환을 가능케 한다고까지 믿는 사람들에게는 이성, 빛, 논리의 세계만이 전부가 아니다. 이성, 빛, 논리의 세계와는 '다른' 예술세계가 엄연히 존재한다. 바로 이 다른 세계는 창의적 상상력을 통해 '내밀한 공간'과 '존재의 비밀'의 개척에 앞장섰던 바슐라르가 주문한 대로 "우리는 우리 자신 속에 숨겨져 있는 것"[41]을 원상회복시킬 필요가 있다. 즉 '나'에게 주어져 있으나 작동되기를 멈춘 상상력을 재작동시켜야만 실재세계가 예전과 다른 모습으로 다가올 것이란 뜻이다. 그리고 바로 그 때 인간은 가상 세계나 환상의 세계가 아닌 실재 세계에서 '새로운 인간'으로 거듭날 수 있다. 핼 포스터의 통찰력있는 지적대로, 여기서 다른 세계는 다름 아닌 상상력이 복원한 '실재세계'이다.[42]

현대기술문명과 소비자본주의는 우리의 생활세계 전체를 상

---

40) *Ibid.*, pp. 43~45 참조. "〔이들 팝 아티스트, 시뮬레이셔니스트는〕 왼쪽이 오른쪽이고, 오른쪽이 왼쪽이라고, 진실이 허위이고, 자본이 도덕보다 더 중요하다고 주장한다. (…) 시뮬레이셔니스트의 신념은 정치가 가상이고, 모든 뜻있는 행동이 불가능한 세계를 제시한다."(*ibid.*, p. 50)

41) TR, 260.

42) H. 포스터, 『실재의 귀환』, 이영욱·조주연 옮김, 경성대학교출판부, 2010 참조. 여기서 '실재세계'는 곧 우리의 일상세계이자 생활세계이며 현실세계를 의미하기도 한다.

품화/자본화하고, 기계화/디지털화시켜 자신들에게 유리한 방식대로 세계를 지배·통제하려는 데만 혈안이 되어 있다.[43] 문제는 물리적·지리적 공간은 물론이고 인간의 정신적·시적 공간까지도 이러한 상품과 자본의 논리가 점유하고 있다는 사실이다. 이들이 현실공간은 물론이고 형이상학적·미학적 공간까지도 상품화/자본화시키고 있기 때문이다. 7장에서 우리가 이제까지 설명한 사유공간의 시학화는 정확히 이러한 세태를 직시해 정신적이고 시적인 공간과 비가시적 공간에서의 인간의 행복에 대해 이야기해보려는데 목표를 두었다.

'사유공간의 시학화'라는 목표를 가질 때 비로소 인간은 자신과의 내밀하고 심도 깊은 대화, 수치화·계량화가 불가능한 공간에 진입할 수 있고, 그 속에서 '나'를 형성하고 타인과 '윤리적 관계'를 사회문화적으로 넓혀나갈 수 있다. 인간의 자기초월은 외부적인 세계에 의해서가 아니라 바로 자신의 내부에 잠자고 있는 심연의 세계를 재발견함으로써 시작된다. 예술작품은 세계와 인간을 재발견하는데 있어 중요한 촉매재이다.

현대문명비평가, 모더니티이론가 등으로 평가받는 짐멜은 "〔인간의〕 영혼이 자기 자신의 길"로 들어서지 못하고 '문화'라는 '이념'의 노예가 되는 것, 그것을 "문화의 역설"이자 "문화의 비극"이라 했다.[44] 오늘날 우리는 인간에 의해 창조된 문화가

43) E. W. 사이드, 『문화와 제국주의』, 정정호·김성곤 옮김, 창, 2011 참조.
44) 최성환, 「문화 해석과 해석 문화: 합리적-합의적 문화 이해의 해석학적 기초」, 『문화와 해석학』(한국해석학회 편), 철학과 현실사, 2000, pp. 20~21에서 재인용.

오히려 인간의 삶과 사고, 취미와 욕망까지도 좌지우지하면서 인간 위에 군림하려는 기기괴괴한 시대에 살고 있다. 하지만 진정한 인간의 문화는 화려하고 스펙터클한 문화상품을 구매·소유하거나 경제적 가치만을 높이는 것으로 대치(代置)되지 않는다. 인간의 자연화(본성 회복)라는 과정과 별개로 진행된 문화화는 '인간'이라는 주인을 되레 문화로부터 "시킬 뿐이다.

문화인(a cultured man)은 자연인(a natural man)일 때 진정으로 자신을 성장시켜준 문화의 심층에 뿌리를 내리고 그 문화를 구원(救援)할 수 있는 자라 할 수 있다. 인간과 자연의 관계가 그렇듯, 문화와 자연도 결코 대비나 갈등 개념으로 이해해선 곤란하다. 기술과 과학, 경제와 소비가 모든 것을 지배하는 21세기에도 여전히 인간은 생로병사의 법칙에서 벗어날 수 없는 바, 결국 자연의 일부일 수밖에 없는 존재다. 자연은 인간의 얼굴이요 거울이다. 훼손되고 파괴된 자연의 회복, 나아가 자기 자신에 대한 회복 없이는 개인도 사회도 국가공동체도 행복할 수 없다. 화가 마그리트가 《폭포》를 통해 우리에게 시적 공간을 제공하려고 했던 것도 어쩌면 이런 까닭에서 비롯된 것이 아닐까. 문제는 이 너무도 당연한 진리를 외면하며 살아가는 우리에게 있다.

제8장

상상력과 삶, 노동의 의지와 휴식의 이완

제8장

상상력과 삶,
노동의 의지와 휴식의 이완

1. 상상과 접목된 자연: 4원소로서 대지의 고유함

바슐라르의 철학은, 충분히 알려져 있듯 두 가지 방향으로 분기되어 있다. 당시 물리학, 수학, 화학의 성과들을 살피면서 인간 정신이 어떻게 스스로를 혁신하는지를 보여준 인식론과 과학철학 그리고 자신이 향유했던 문학작품에 담겨진 시적 이미지들을 다루는 상상력 연구가 그것인데, 8장은 지금까지 살핀 그의 시론과 상상력의 철학을 인간과 자연의 관계에 대해 초점을 맞추어서 다루어보고자 한다.

누군가는 인간과 자연의 관계를 다루는데 일종의 문학비평을 검토하는 작업이 현대의 우리에게 어떤 도움이 될 수 있는지 물을지도 모르겠다. 그러한 물음에 대해 우리는 먼저 상상력에 주의해야 한다고 말하고 싶다. 인간의 정신활동에서 상상이 특정한 역할을 하는 것에 대해서는 이견의 여지는 없으리라 생각한다. 그렇다면 인간이 사물 및 자연과 맺는 여러 관계들 중 하나로서 상상, 상상력을 주목하는 것은 매우 자연스러운 것이다.

상상력이라는 인간의 활동 속에서 자연은 불가분적 관계에 있는 대상이다. 주지하듯 '스스로 그러함'의 의미를 가진 '자연(自然)은' 인간의 인위적 조작(인식 및 지각활동을 포함한)에 영향을 받지 않는다. 그럼에도 인간이 자연을 바라보며 상상하는 그 순간 자연은 어떤 형태로든 인간과 접목된다. 즉 인간에 "접목된 자연(la nature greffée)"[1]이 된다. 그런데 상황은 인간에게도 마찬가지라 할 수 있다. 인간으로 하여금 '시적 언어'로 자연에 작은 가지를 덧붙이고 그 가지에 꽃을 피우게 자극하는 것은 결국 자연이기 때문이다. 이처럼 상상하는 인간과 자연은 서로에게 이끌리고 작용하는 상관적 존재다.

"상상하는"이라는 형용사에서 "상상"이 무엇인지 말하기 위해서는 바슐라르가 말하는 상상력에 대한 간략한 설명이 필요하겠다. 전통적으로 상상력은 이미지들을 형성하는 인간능력으로 이해되었다. 상상력(l'imagination)이란 말은 이미지(l'image)와의 불가분의 관계에 있다. 그런데 여기서 상상력이 수

1) ER, 15.

행하는 기능이 무엇인지에 따른 차이를 보인다. 인간의 중요한 작용 중 하나인 '지각'이란 측면에서 생각해보면 상상력은 지각 활동의 필수적 인 종합을 수행하는 요소인 동시에, 사물을 보고 난 뒤에 그 이미지를 재생하는 주요한 능력으로 간주되었다.

그렇지만 바슐라르가 보기에 상상력은 이와 다른 역할을 수행하는 것으로 보이는데, 그 대표적인 예가 문학에서 표현된 시적 이미지들이다. 지각과 존재하지 않는 대상을 재현하는 기억의 영역이 아닌 창조라 불러야 마땅한 이미지들이 시에는 넘쳐흐른다는 것을 고려할 때, 양자를 동일한 차원에서 생각할 수는 없다. 다시 말해 "지각된 이미지와 창조된 이미지는 매우 다른 두 개의 심리적 심급들이며, 그렇기에 상상된 이미지에 어울리는 특별한 용어가 필요해 보인다."[2] 바슐라르는 인간의 지각에서 수행하는 역할 이외의 활동에서 상상력의 진정한 역능을 발견한 것이다.[3]

상상의 기능이 지각에서의 역할만이 아니라는 점을 주의할 때, 상상력에 관한 바슐라르의 주장들을 충분히 수용가능하다. 시적 이미지들은 지각에 의해 형성된 최초의 이미지가 아니라 작품을 접한 독자의 상상의 힘에 의해 변형된 이미지들이다.[4]

---

2) TV, 3.

3) 카플란은 다음과 같이 바슐라르의 상상력을 평했다. "바슐라르의 상상력에 대한 일반적 개념은 상상력이 지각의 단순한 재생산이라는 것에 대항하여 정신의 창조적 기능이라는 점을 분명히 밝혀낸다." - E. Kaplan, "Gaston Bachelard's Philosophy of Imagination: An Introduction", *Philosophy and Phenomenological Research*, vol. 33, n° 1, 1972. p. 2.

4) "상상력이란 오히려 지각에 의해 받아들여진 이미지들을 변형시키는 능력이다. 무엇보다 최초의 이미지로부터 우리를 해방시키고, 이미지들을 변화시키는 능력이다(AS, 7)."

시적 상상력은 지각에서 종합하고 재생하는 역할만이 아니라 이미지를 변형하는 기능을 수행한다. 인간은 자신이 감각을 통해 수용한 잡다한 인상을 하나의 이미지로 만들어야 할 필요가 있다. 최초의 지각을 설명하는 이론들은 상상력이 이와 같은 종합을 수행한다고 간주해왔다. 최초의 이미지를 구성하는 것이 상상력의 역할이었던 것이다. 그런데 시적 상상력은 이미지를 '구성'하는 힘이 아니라 이미지의 '운동성(la mobilité)' 자체를 나타내는 것이다. 상상하는 인간과 자연이 서로에게 이끌리는 이유는 이 운동성에 있다. 시적 상상력을 통해 인간은 자연을 바라보며 그것을 변형시키고 싶은 충동에 이끌린다. "시란 본질적으로 새로운 이미지들에 대한 갈망이다. 그것은 인간의 정신 현상을 특징짓는 새로움에 대한 본질적 요구와 상응한다."[5] 물론 여기서 바슐라르에게 상상력이란 어디까지나 시에서 숨 쉬는 이미지들로 국한된다는 점을 이해할 필요가 있다.

인간과 사물 및 자연을 매개하는 시적 상상력에 천착했던 바슐라르는, 엠페도클레스가 그랬듯, 자신의 상상력 이론을 4원소(불, 물, 공기, 대지)를 통해 전개해나간다. 바슐라르에게 4원소는 존재-우주의 기본 원소이면서도 동시에 상상력을 촉발시키는 핵심 요소라 할 수 있다. M. 망쉬에 따르자면 바슐라르는 이렇게 4원소를 통해 자신이 느낀 "세계 전체가 가진 다채로움"을 표현하고자 했던 것이다.[6] 그리고 이러한 4원소에 대한 상상

---

5) AS, 8.
6) 각 원소들에 대한 상세한 분석은 M. Mansuy, *Gaston Bachelard et les éléments*, J. Corti,

은 '물질에 대해 상상하는 작용'으로서, '물질적 상상력'을 통해 원소들 간의 종합이 이루어진다. 그의 이야기를 직접 보기로 하자. "물질적 상상력, 4원소에 관한 상상력은 하나의 원소만을 두둔하는 경우에조차 모든 원소들이 결합된 이미지들과 함께 놀길 좋아한다(aimer à jouer)."[7] 말하자면 상상하는 인간에게 세계는 늘 네 개의 원소들로 결합되어 있으나 그렇다고 해서 이것이 전부가 아니다. 이어지는 문장에서 나타나듯 4원소가 결과적으로는 하나의 실체가 되길 꿈꾼다는 점 때문이다. "물질적 상상력은 결합의 이념을 필요로 한다."[8] 결국 바슐라르가 말하는 물질적 상상력은 이중의 활동을 보여준다. 모든 원소들은 세계를 구성하는 실체가 되고자 하지만, 다른 원소들과의 관계 하에서 서로 결합하여 다양성을 드러내려 한다.

바슐라르의 4원소론을 형상화한 이미지
(출처: Wikipédia - Gaston Bachelad)

우리는 이러한 이중적으로 활동하는 4원소 중에서 '대지(la terre)'에 주목해보고자 한다. 대지에서 이루어지는 이중적 활동은 다양성을 드러내려는 외향적 경향과 단일성

1967 참조.

7) ER, 126.

8) ER, 126. 이렇듯 바슐라르가 말하는 물질적 상상력은 이중의 활동을 보여준다. 단일성(unité)과 다양성(variété)이 그것이다.

에 이르려는 내향적 경향으로 대별되는데, 바슐라르는 두 권의 대지에 대한 시학에서 이를 각각 '의지(la volonté)'와 '휴식(le repos)'이라는 상반된 축으로 제시한다.

대지라는 원소에서 상상력이 외향적 경향과 내향적 경향을 보이는 이유는 무엇보다 대지가 가지고 있는 특성 때문이다.[9] 먼저 대지는 불, 물, 공기와 다르게 아주 안정되어 있다. 불은 우리에게 아주 강렬한 힘과 열기를 보여준다. 그렇기에 우리들은 열정과 불을 그토록 쉽게 동일시하는 것일지도 모른다. 어디든지 옮겨가며 자신을 퍼뜨리려는 불의 끝자락은 많은 이들에게 내재된 깊은 생명력에 대해 상상하게 하였다. 그리고 물은 흐른다는 특성으로 인해 우리의 시간과 결부되어 생각되었다. 혹은 그 흐름 속에서 깊숙하게 가라앉는 것들은 우리의 심정과 기억에 연관되곤 했다. 공기는 우리가 쥐었다고 생각하는 그 순간 손에서 빠져나가며, 비상하는 자유로운 특성을 갖는다. 이 세 가지 원소들은 모두 유동적이라는 특성을 갖는다. 그런데 "대지의 실체와 더불어 물질은 매우 많은 확고한 경험을 가져오고, 또 형태에 있어서도 매우 선명하고, 명백하며, 현실적이기에 물질의 내밀성(l'intimité)에 닿으려는 몽상이 어떻게 실현될 수 있는지를 거의 알 수 없는 것이다."[10] 바슐라르의 대지의 견고한 표면은 다른 원소들에 비해 물질적 상상력의 활동을 잘 포착

---

9) 물론 이러한 원소의 다양성과 단일성을 추구하는 이중적 경향은 대지만이 아니라 다른 원소들을 다룬 시학들에서도 발견된다.

10) TV, 2.

할 수 없다고 생각할 수 있다. 그러나 바슐라르는 바로 이러한 이유 때문에 대지는 물질적 상상력의 두 경향을 아주 잘 보여준다고 말한다. 그리고 이것이 대지에 관한 연구를 두 권으로 나눈 이유이기도 하다. "우리의 연구를 두 권의 책으로 나누기로 결심한 이유는 연구의 진행 속에서 정신분석에서 매우 분명하게 구별되는 외향과 내향이라는 두 운동의 뚜렷한 흔적을 인정했기 때문이다."[11] 대지의 표면이 견고하며 유동적이지 않다는 것은 물질적 상상력의 적극적인 두 활동을 자극한다. 이 점에서 대지는 물질적 상상력의 두 활동을 뚜렷하게 살필 수 있는 원소로 이해되며, 우리가 자연과 인간의 관계를 대지의 시학을 통해 반성하려는 이유라 하겠다.

대지의 시학을 검토의 대상으로 지정한 이유를 해명했다면, 이제는 진행 순서에 대해 간략히 제시하고자 한다. 먼저 대지가 자극하는 인간의 상상력의 두 축에 대한 정리가 우선적으로 이루어져야 하는데, 우리는 이를 각각 '맞서는(contre)'와 '안에(dans)'라는 큰 구도 내에서 정리해보고자 한다. 양자는 '외향성'과 '내향성'이라는 반대되는 형식으로 나타나는데, 인간에게 창조의 행복과 생명력을 회복하는 행복으로 이끈다는 점을 같이 제시하고자 한다. 그런데 이 상반된 두 축은 흥미롭게도 대지라는 하나의 원소로 종합되어 있다. 우리에게 일과 휴식의 상보적으로 삶을 구성하듯, 창조의 행복과 회복의 행복이 순환하듯 두

11) TV, 9.

축은 대지에 종합되어 있다. 그 점에 대해서 우리는 상상력이 갖는 종합의 특징과 그 가치를 조명해보고자 한다. 마지막으로 이러한 대지의 시학을 통해 상상하는 인간과 자연의 관계에 대해 다시 한 번 생각해보도록 하자.

2. '맞서는(contre)' 대지: 의지와 일, 창조의 행복

우리의 상상력을 외부로 향하게 하는 외향성의 운동은 대지 위에서 이루어진다. 여기서 바슐라르가 말하는 '외향성(l'extraversion)'은 정신분석학에서 규정하는 것과 다르다. 이를 설명하기 위해서는 대지의 특성을 떠올려야 한다. 대지는 안정되고 견고한 형태와 함께 경도(硬度)를 가지고 있다. 우리가 직접 한 줌의 흙을 움켜질 때 느끼는 것은 대지의 저항이다. 대지의 저항은 우리를 '맞서(contre)' 나타난다. 만지든, 손에 쥐든, 압력을 가하든, 충격을 주든 간에 우리가 대지를 형성하는 그 어떤 것과 관계하는 모든 행위에는 인간이 가진 근육의 긴장을 동반한다. 이런 점에서 보면 대지는 인간에게 저항하며, 인간은 대지의 저항에 대항한다. "외향성"은 이와 같은 "맞섬의 심리학(la psychologie du contre)"[12]을 말한다. 대지가 갖는 적대성은 대지를 상상하는 우리에게 직접적인 영향을 준다. 우리가 어렵

12) TR, 2.

지 않게 볼 수 있는 연한 진흙과 단단한 암석은 굳기의 차이가 있더라도 우리가 그것을 만지고 주무를 때에 즉각적인 저항의 감각을 가져다준다. 물론 다른 세 원소들이 우리에게 대항하지 않는 것은 아니다. 그러나 대지의 저항은 고정되고 안정적인 상태에서 일어난다. 약동하고 흐르는 다른 원소들에 비해 대지의 적대성은 너무나도 견고하고 정직하다. 우리의 상상력을 외부로 이끄는 적대적인 대지는 '맞서는(contre)' 대지인 셈이다.

맞서는 대지는 인간에게 '의지'의 상상력을 불러일으킨다.[13] 단단한 물체를 쥐는 것을 넘어서 우리가 떠올린 형태를 부여하기 위해 그것에 더욱 강한 힘을 가할 수 있는 것이다. 저항에 대하여 이전보다 강한 힘을 가하는 것은 물체를 길들이고 복종시킴을 의미한다. 인간은 자신에게 대항하는 대지를 스스로의 힘으로 지배하고자 한다. 무엇인가를 길들이고 복종시키고, 지배하는데 있어 육체의 힘만큼 원초적인 것은 없어 보인다. 또한 그것은 가장 직접적인 의지를 깨닫게 하는데, 힘을 가하기 위해 긴장하고 있는 자신의 근육만큼 명료하게 자각되는 것은 그리 많지 않기 때문이다. 근육의 긴장은 원초적이면서 능동적인 작용이다. 저항에 맞서 실현되는 인간의 공격적 의지인 셈이다. 바슐라르는 로트레아몽의 시를 음미하면서 근육의 긴장에서 나타나는 가치들의 급변을 다음과 같이 말한다. "수동적인 감

13) 바슐라르는 이때의 상상력에 대해 다음과 같이 말한다. "상상력이란 실체의 내밀성에 속성들을 증가시키는 원동력이다. 또한 상상력은 회피하는 것이 아니라 아낌없이, 모순이 아니라 대립에 도취하는 존재 이상의 의지이다(TV, 26)."

각이었던 것이 갑자기 의지가 되며, 기다림이었던 것이 갑작스럽게 도전이 된다."[14] 대지의 저항은 우리의 의지를 불러일으키며, 그 의지는 능동적이며 강렬한 힘, 복종시키려는 힘이다.

그런데 이 지배의 의지가 대지의 저항에 대응하는 강렬한 힘이라고 말하는 것으로 충분하지 않다. 상상하는 인간은 물리적이고 역학적 대상으로서 대지가 아니라 변형되는 이미지들로 결합된 대지와 함께 한다. 근육의 긴장과 같은 육체적 체험은 두드러진 주관적 체험이 된다. 이러한 체험에 사로잡힌 인간은 대지에 자신이 상상하는 형태를 부여하고자 한다. 마치 단단한 광석의 표면을 연마하는 것처럼 말이다. 우리가 추적하는 것은 "충격, 타격에 만족하지 않고 물질의 내밀성 자체를 지배할 것을 약속하는 맞섬의 심리학"[15]이다. 충격과 타격은 그 자체로는 폭력적인 공격성이다. 어떤 시인은 의지의 자유로서 순수한 폭력의 시를 추구했지만, "순수한 폭력은 인간적인 것이 아니다."[16] 그렇다. 대지를 상상하고 그 이미지들의 가치를 파악함에 있어 순수한 폭력은 어울리지 않는다. 인간은 힘을 통해 대지를 파괴하려는 것이 아니다. 그렇다면 어떻게 충격과 타격에 만족하지 않고 대지라는 물질의 모든 것을 지배할 수 있을까? 이 물음에 대한 바슐라르의 대답은 다음과 같다. "내밀한 단단함을 몽상하는 사람에게 화강암은 하나의 도전의 형태이며, 그 단단함은 무기나, 도구나, 인간적 술책

---

14) G. Bachelard, *Lautreamont*, J. Corti, 1939, p. 108.
15) TV, 21.
16) TV, 14~15.

의 힘이 없이는 되갚을 수 없는 무례함이다."[17] 충격과 타격은 순수한 폭력이지만, 도구와 인간적 술책에 의한 것이라면 그저 폭력이라고 볼 수 없다. 인간은 도구를 통해 단단한 물질을 다듬고 깎는다. 그 작업은 자신이 생각한 형태를 부여할 때까지 지속된다. 우리는 이러한 활동을 '일(le travail)'이라고 말한다. 대지의 저항에 대응하는 인간의 의지는 무엇보다 일이라는 활동으로 나타나는 것이다.

저항하는 대지와 인간의 일 사이의 관계를 생각하면서 우리는 저항의 정도에 따라 다른 방식의 일이 인간에게 주어진다는 것을 알 수 있다. 저항하는 대지의 세계는 우리에게 고유한 질서가 있음을 보여준다. "물질의 질서에 있어서, 긍정과 부정은 부드러움과 단단함으로 말해진다."[18] 어린 시절에 찰흙, 점토를 주물렀던 경험과 아무리 힘을 가해도 그 내부를 보여주지 않는 단단한 암석은 물질의 긍정과 부정에 관한 좋은 예시가 될 수 있다. 손으로 용이하게 형태를 부여할 수 있는 부드러움의 긍정은 저항이 완화된 상태를 말한다. 물론 부드러움은 전적인 긍정을 말하지 않는다. "부드러운 것의 감춰진 적의는 곡선적인 공격성이다."[19] 인간은 근육을 긴장시키고, 상황에 따라 필요한 간단한 도구의 활용만으로 부드러움을 지배할 수 한다. 인간은 부드러운 물질을 주물러서 형태의 끝을 매듭짓는데, 이러한

17) TV, 21.
18) TV, 18.
19) TV, 27.

일의 종류로서 도기 제조와 같은 공예와 혹은 위의 공복을 충족시키고 미각적 즐거움을 주는 밀가루 반죽을 생각해볼 수 있다. 대지가 자신을 너그럽게 내어주는 부드러움은 우리에게 행복을 일깨운다. 연약한 물질에 형태를 부여하며 느끼는 행복은 창조의 행복이다. 우리는 형태를 다잡은 도기가 불 속에서 단단해지는 모습을 보면서, 반죽된 밀가루가 화덕 위에서 부풀어 나가는 모습을 보며 느끼는 소박한 행복을 어렵지 않게 떠올릴 수 있다. 많은 창조신화들에서 신이 부드러운 흙으로 인간을 반죽하고 빚는 장면을 볼 수 있는 이유는 아마 부드러움의 긍정이 주는 원초적 행복이 반영된 것이 아닐까? 연약한 저항을 손쉽게 굴복시키는 행복, 형태를 부여하는 행복이라는 두 가지 행복이 부드러움을 통해 나타난다.

그렇다면 단단함에 있어서는 무엇을 생각해 볼 수 있을까? 부드러움이 긍정이라면, 단단함은 부정이다. 그리고 그 부정은 부드러움과 같이 우회적이고 은밀한 것이 아니라, "직접적인 공격성"[20]이다. 단단한 광석은 인간에게 완강하게 저항한다. 완강한 저항은 인간으로 하여금 "직접적인 적대관계뿐 아니라, 계속 되풀이되는 음흉한 투쟁의 계기"[21]를 일깨운다. 손으로 깨지지 않는 호두의 겉껍질에 집착하는 어린아이가 부모에게 건네받은 호두망치로 과실을 만날 때까지 껍질을 부수려는 과정은 단단한 물질에 대한 인간의 투쟁을 쉽게 일깨운다. 단단한 물질을

20) TV, 27.
21) TV, 36.

지배하기 위해 인간에게 중요한 것은 도구다. 단단함을 대하면서 도구의 중요성은 부각된다. 우리의 손이 비어있다면 단단한 물질에 대한 일의 의지는 자극되지 않는다. 그때의 물질을 우리는 그저 바라 볼 뿐이다. 그런데 손가락으로 힘 있게 도구를 쥐면서 우리는 단단한 것을 지배하고자 하는 의지가 활성화됨을 느낀다. 구멍을 뚫고 겉을 갈고 절단하는 동작을 할 수 있다는 것을 느끼며, 그것을

엘리아데의『대장장이와 연금술사』. 대장장이는 대지만이 아니라 모든 원소를 지배하는 창조적 활동을 수행한다.

실행하고자 한다. 석공과 목수의 일을 바로 그것이다. 오랜 기간 나무와 돌을 다루어 온 솜씨 좋은 기술자들에게 도구란 자신의 육체와 쉽사리 구분되지 않는다. 그들에게 도구란 단단한 물질을 다루기 위한 육체나 다름없다. 근육의 긴장과 에너지를 전달하는 자신의 몸인 것이다.

그렇지만 인간에게 맞서는 대지의 저항을 지배하려는 인간의 의지를 생각하면서 빼놓을 수 없는 것은 무엇보다 대장일이다. 대장장이는 대지를 상상하는 외향성의 첨단이며, 지배 의지의 완성이라 할 수 있다. “우리들은 물질적 상상적의 관점에서 완성된 솜씨의 역학적 가치들을 나타내는 기회를 갖는다. 4원소

를 이용하는 대장장이의 일이야말로 인간에게 조물주의 역능(les puissances d'un Démiurge)을 부여하는 영웅적인 일이기 때문이다."[22] 대장장이는 앞서 이야기한 모든 일의 종합하는 솜씨를 갖고 있다. 다른 이들이 분별할 수 없는 광석을 캐고, 정련을 통해 금속을 뽑아내고, 금속을 달궈 모루 위에 올려 망치질을 하고 담그는 모든 작업은 대지에 대한 완전한 지배를 보여준다. 대장간은 이 모든 과정이 이루어지는 신성한 장소이며, 잘 정돈된 도구들은 지배의 의지를 실현하는 대장장이의 육체라 할 수 있다. 대장장이가 도구를 다루는 솜씨는 숙련을 요한다. 자칫 단조로워 보일 수 있는 동작에도 능숙하게 힘을 조절하고 정확한 지점에 타격을 가해야 하는 것이다. 그렇지 않다면 쇠는 원하는 형태를 잡지 못할 것이며, 그 전의 모든 과정은 헛일이 된다.

대장장이의 일에 대지의 원소뿐만이 아닌 모든 원소들이 참여한다는 것을 우리는 어렵지 않게 예감할 수 있다. 화로에서 불을 피우고, 그것을 일정하게 유지하기 위해 공기를 힘차게 들이마시고 내뱉는 풀무, 쇳물을 만들며 쇠의 단단함을 누그러뜨리는 불, 담금질이라는 과정을 통해 철의 내부에 불을 가두는 물. 이처럼 대장일에는 4원소가 모두 참여하는 것이다. 대장장이의 모든 일을 보면서 그들이 누구보다 창조에 어울림직하다고 느끼는 건 자연스럽다. 대장장이는 대지의 저항뿐만 아니라

22) TV, 12.

다른 원소들을 지배하면서 창조를 수행한다. 그들의 망치와 모루가 신성한 상징으로 여겨진 것은 우연이 아니다. 망치와 모루야말로 대장장이의 일이 집약되어 눈앞에 생생하게 나타나는 창조의 순간을 보여주기 때문이다. 때문에 대장장이는 특정 문화권에선 특별한 지위와 존경을 받아왔다. 다음과 같은 종교사 연구는 우리의 주장을 예증한다. "신화적인 대장장이는 경작에 필요한 도구를 가져왔으며, 그로 인해 창조라는 신성한 작업의 협력자, 문명을 개화한 영웅이 되었다."[23]

창조적인 역능을 가졌다는 점에서 대장장이의 일을 부드러운 물질에서 느꼈던 창조와 동일시하려 한다면, 너무 성급한 일이 될 것 같다. "대장장이의 창조는 진흙 반죽으로 만든 창조와는 매우 다르며, 전설적인 도기제조공과 전설적인 대장장이를 변증법적으로 관계지울 수 있을 만큼 차이가 있다"[24]는 바슐라르의 지적은 우리에게 두 창조 사이에 큰 차이가 있음을 알게 한다. 물론 대장간에서 망치를 두들기는 대장장이의 손길에서 창조가 이루어진다. 그렇지만 신이 인간을 빚는 일이 부드러운 물질에 의한 손쉬운 일이었다면, 대장장이의 일은 단단한 물질을 복종시키는 힘겨운 일이다. 이를 위해서는 쇠와 같이 벼린 솜씨와 일의 단계에 알맞은 도구들이 동시에 필요한 것이다. 부드러움에서 느끼는 창조가 신적인 것이라면, 대장장이의 창조는 더욱 힘을 집중시키고 근육을 사용할 것을 요구하는 인간적인 창

23) M. Eliade, *Forgerons et alchimistes*, Flammarion, 1977, p. 75.
24) TV, 176.

조인 셈이다. 그렇지만 이 구분이 창조의 행복까지 구분하는 것은 아니다. 신이 6일 동안 자신의 창조한 피조물을 보고 느꼈던 행복과 일을 통해 자신이 제작한 연장을 미소와 함께 바라보는 대장장이의 행복은 의지의 상상력이 도달하는 창조의 행복에서 보면 다르지 않은 것이다.

3. '안으로(dans)'의 대지: 휴식과 물들이기, 회복의 행복

이제 외향성과는 반대로 우리의 상상력을 끊임없이 내부로 향하게 하는 내향성의 심리에 주목해보자. 견고함을 가진 대지가 어떻게 상상력을 정반대의 축으로 이끌 수 있을까? 이러한 생각 자체가 모순적인 것이 아닌지 우리는 의구심을 가질 수밖에 없다. 대지는 과연 자신의 견고한 장막을 걷고 깊숙한 심층으로 우리를 들어오라 할 수 있을까? 바슐라르의 다음과 같은 설명을 들어보기로 하자. "그러나 심층의 이미지들이 적대적인 표명만 하는 것은 아니다. 그 이미지들은 또한 기꺼이 맞이하는 모습을, 초대하는 모습을 갖는다."[25] 대지는 인간에게 저항을 통해 능동적인 상상을 하게끔 자극하지만, 동시에 상상이 '안으로(dans)' 들어갈 수 있다고 말한다.

우리가 살필 휴식처, 도피처, 동굴과 같은 이미지들은 대지가

25) TR, 2.

제공하는 심층과 깊이의 이미지들은 '안으로(dans)'의 상상력이 다루는 이미지다. 바슐라르는 '의지'와는 정반대로 파고들어 가는 운동을 다음과 같이 설명한다. 인간은 사물의 내부를 보려는 호기심을 가지고 있다. "어원적으로 수사관과 같은 공격적 호기심(la curiosité aggressive, étymologiquement inspectrice)", "불법침입의 호기심(la curiosité d'effraction)", "깊은 호기심(la la curiosité profonde)"[26]이 인간에게 있다는 것은 어린아이가 장난감을 억지로 해부하려는 데에서 볼 수 있다. 그것은 단순히 사물을 파괴하려는 성향이 아니라 심층의 것을 보고자 하는 능동적이고 강력한 호기심이다. 표면이 아니라 심층을 보려는 호기심은 응시하고자 하는 능동적인 의지가 나타나는 것이다. 대지를 '안으로(dans)'의 심리, 상상의 내향적 과정으로 살피고자 하는 우리의 계획은 여기서 실마리를 얻는다. 심층의 응시는 인간에게 제공된 겉을 보는 게 아니라, 그 장막을 능동적으로 걷어버리면서 내부를 응시하고자 하는 강력한 의지인 것이다. 따라서 자신의 안으로 들어오라는 대지의 권유, 그 상상적 과정을 통해 인간이 자신의 내부로 돌아가는 것은 스스로의 상상력에 의한 셈이다.

물론 이를 위해서는 물질로서 대지가 우리를 안으로 이끄는 무엇인가를 가지고 있다고 말할 수밖에 없다. 이미지는 완강하고 항구적인 적대성이 아닌 또 다른 본성을 갖는데, 바슐라르는

26) TR, 8.

그것을 '내밀성(l'intimité)'이라 부른다. 아늑하고 쾌적한 장소를 칭찬하기 위해, 관계의 긴밀하고 따뜻한 상태를 표현하기 위해 사용하는 이 말은 인간과 근본적으로 깊이에서부터 맺어진 은밀하고도 친밀한 관계를 떠올리게 한다. '안으로(dans)' 침입하는 행위는 분명 우리의 능동적 의지로 이루어진다. 그런데 안으로 침입하고, 내부에 집착하면서 우리는 어느 순간에 그것과의 일체감을 느끼게 된다. 모닥불 옆에 앉아있을 때 어느덧 그 아늑함과 온기에 녹아내리는 상상이 들 듯, 물의 부력에 몸을 내어주고 떠 있을 때 자신과 물을 잘 구분할 수 없다는 상상이 들 듯, 청량하게 운동하는 공기를 마시고 뱉으면서 자신의 내부가 공기와 같은 상태가 되었다는 상상이 들 듯, 인간은 원소들과 하나가 된 상태를 종종 느끼곤 한다. '휴식'의 상상력은 이처럼 내부에서 느끼는 내밀성과 일체감을 제외하고는 말할 수 없다.

여기서 바슐라르는 채색과 염색의 차이에 대해 생각해보자고 말한다. "채색이 표면상의 매혹이라면, 염색은 심층의 진실임을 우리는 직감하게 된다."[27] 캔버스 위에 물감으로 색을 '입히는' 행위가 표면에 특정한 색을 부여하는 것이라면, 염료를 통해 색소를 직물에 정착시키는 것은 깊은 곳에서부터 전체를 완전하게 물들이는 것이다. 표면 위에 활기차게 서로의 고유함을 주장하는 색들의 조화는 독특한 즐거움을 준다. 하지만 인간의

27) TR, 33.

상상력을 이끄는 것은 심층을 보려하는 응시에의 의지이다. 질료의 전체를 물들이고, 이윽고 뿌리에까지 침투하여 정착하는 염색의 과정은 대지의 내밀성을 생각하는 우리에게 영감을 준다. "물들이는 미덕(la vertu teignant)", "우러나는 미덕(le vertu infusant)"[28]은 자신의 상상력으로 대지를 삼투하고자 하는 인간의 의지이다.

대지의 내부로 들어갈 때, 우리가 떠올릴 수 있는 주도적인 가치는 '휴식'이다. 인간이 안으로 들어가는 것은 위험과 시련에서부터 벗어나 숙고하며 활력을 재충전할 수 있는 장소로 가기 위함이다. 따라서 저항하는 대지를 지배하기 위해 활발하게 일하는 '의지'의 몽상이 대지 위에서 이루어졌다면, 내부로 침투하는 '휴식'의 몽상은 표면에서 내부로 이행해야 한다. 상상력이 대지의 정수까지 도달하도록 스며들고, 뿌리내려야 하는 것이다. 그런데 우리는 '휴식'이란 표현에 주의할 필요가 있다. 휴식이란 말에는 시간적인 한정이 있다. 우리가 휴식을 취할 때는 하던 일을 멈추고 '잠깐' 쉬는 것이다. 휴식은 언젠간 끝나야 하는 상태이다. 우리가 생명력을 가지고 활동하는 한에서는 그렇다. 누군가가 영원히 쉰다면 그것은 죽음을 말하는 또 다른 표현일 뿐이다. 이처럼 휴식에는 언제나 한정이 담겨있다. 그 한정은 우리들이 휴식처에 있다 하더라도 바깥으로부터 완전히 분리될 수 없다는 것을 말한다. 정확히 말하자면 우리들이 바깥과의 완

28) TR, 34~35.

전한 분리를 원하지 않는다. 죽은 이를 땅에 매장하는 관습은 그를 우리의 세계로부터 분리시키는 것이다. 그러나 우리는 바깥으로 나갈 수 없이 고립되는 것을 원하지 않는다. "피신처와 두려움 간의 변증법은 열림을 필요로 한다. 우리는 보호를 받고자 하지만, 갇혀버리길 원하는 것은 아니다. 인간 존재는 바깥과 안의 가치를 동시에 알고 있다."[29] 피신처와 두려움이 하나가 되기 위해 열림이 필요하다는 바슐라르의 지적은 휴식에는 안도감과 긴장이 함께 한다는 것을 말한다. 이처럼 우리가 대지에서 주어지는 휴식의 이미지를 좇을 때, 상상력이 침투하는 그만큼 나올 수 있는 열림을 필요로 한다는 점을 유의하도록 하자.

이런 이행방식을 생각할 때, 우리에게 처음으로 떠오르는 휴식처, 도피처는 집이다. 대지의 표면과 맞닿아 있는 집은 인간이 외부의 위협으로부터 안식을 취하는 동시에 우리의 내부로 들어갈 수 있게 하는 공간이다. 특히나 위협에로부터의 보호는 집이 가진 주요한 기능인데, 어두움이 그리고 밤이 찾아올 때 집의 보호는 절실해진다. "추위와 더위, 폭풍과 비에 응하는 집은 우리에게 자명한 보호처이며, 그리고 우리는 각각의 회상 속에서 이 단순한 하나의 주제를 활성화할 수 있는 수천 가지의 이본(異本)을 가지고 있다."[30] 우리는 휴식의 상상을 자극하는 집에 대해서는 길게 다루지 않고자 한다. 집에 관한 풍요로운

29) TR, 186.
30) TR, 112.

논의는 위대한 공간을 노래하는 시학에서 다루는 것이 더 적합할 것이다.[31]

이제 원초적인 휴식처, 피난처를 좇아 좀 더 내려가 보도록 하자. 집은 어디까지나 대지의 표면과 맞닿아 있다. 지하실은 우리에게 대지로 내려가는 특별한 느낌을 주지만, 이것은 어디까지나 건축물이다. 대지 안으로 침투하는 인간의 상상은 인간적인 창조에 도달하는 의지의 방향과는 정반대로 더욱 우주적이고 원초적인 방향으로 나아간다. 이런 점에서 동굴은 우리에게 집보다 깊게 파고들게 하며, 우주적인 생명력을 회복하게 하는 장소로 보인다. 동굴은 원시인들의 시기에서부터 지금까지 인간의 몸을 숨길 수 있는 은신처, 위험을 피할 수 있는 피난처로 이해된다. 어떠한 때에도 일정하게 유지되는 온도는 아마 원시인에게 최적의 피난처였을 것이다.

물리적 자연의 여러 가지 요인들로 생겨나는 동굴은 고대에서부터 신성한 장소로 이해되었다. 문명이 태어나고 인공적인 주거지를 만드는 것이 가능해짐에도 불구하고, 오랫동안 동굴은 신비로운 힘이 깃들어 있는 공간으로 이해되었다. 오늘날에도 종유석이 뻗어 나있는 동굴 내부의 광경은 우리에게 무엇인가 자연적인 힘을 느끼게 한다. 인간에게 집이 자신이 살아온

---

31) 앞에서 다루었듯 바슐라르는 『공간의 시학』 의 1장과 2장에서 "집"에 대해 상세히 다루고 있다. 피난처이자 휴식처로서의 집, 그리고 집과 세계의 관계는 "휴식"의 상상력에서 다루는 내용과 다소 중첩된 부분도 있다. 자세한 것은 PE, chap. Ⅰ~Ⅱ 참조. 보다 자세한 분석은 C. Younès, "La métaphore de la maison dans *La poétique de l'espace*", *Gaston Bachelard: Science et poétique, une nouvelle éthique?*, Hermann, 2013 참조.

삶의 시간들이 응집되어 있는 곳이라면, 동굴에는 인류의 시간들이 응축되어 있다. 동굴이 대지의 자궁으로 묘사되고 초자연적 힘이 모여 있는 신성한 장소라는 원시인들의 생각은 대지의 내부에 담긴 생명력에 대해 상상하게 한다. 이에 대해선 종교사가의 연구 결과를 즉각 인용하도록 하자. "방대한 양의 석기시대 신화 중에, 우리의 관심을 끄는 것은 다음 두 유형의 신앙이다. 돌에서 태어난 인간에 대한 신화와 대지의 태내에서 돌과 광석이 발생하고 성숙했다는 신앙이 그것이다."[32] 동굴이 모든 우주를 낳았다는 원시신화나 동굴에서 신탁을 받는 종교들을 이해하기 위해선 동굴의 생명력을 느껴야 한다. 이런 점에서 동굴에 거주하고자 했던 원시인들의 의지는 그저 피난처이기 때문이 아니라, 대지의 생명력을 느끼고 충전하는 우주적인 휴식을 위한 것이었다. 그리고 대지의 깊숙한 곳에서 생성된 이미지들은 지금도 대지를 죽어있는 상태가 아닌 생명력의 총체로 이해하게 만드는 것이다. 진정으로 대지적인 상상은 동굴에서부터 시작된다. "동굴 속에 거주함은 대지적인 명상을 시작하는 것이며, 모성적 대지의 바로 그 가슴 속에서 대지의 생명력과 함께하는 일이다."[33]

휴식의 이미지들을 따라 대지 안으로 침투하는 상상력에서 마지막으로 다루고 싶은 이미지는 '뿌리'이다. 뿌리는 식물에게 대지의 수분과 자양분을 공급하는 역할을 수행하는 부분을 말

32) M. Eliade, *op. cit.*, p. 35.
33) TR, 209.

하는 동시에 사물이나 현상의 근본을 비유적으로 표현하기도 한다. 대지의 표면을 걷어버리고 심층으로 들어가는 상상하는 인간에게 뿌리는 모든 시적 가치들이 종합되어 있는 '근본적인 이미지'라 할 수 있다. 뿌리의 이미지에 대한 바슐라르의 평가는 다음과 같다. "뿌리에 대한 갖가지 이미지들에 관한 조사를 오랫동안 연구할 심리학자가 있다면, 그는 인간 영혼의 전체를 탐사할 수 있을 것이다."[34] 뿌리는 그 현실적 모습은 물론 자유로운 은유로서도 상상력에 관한 모든 문제를 설명할 수 있어 보인다. 그리고 이는 대지의 내밀성을 다루는 연구에서도 마찬가지이다.

우리가 뿌리와 대지와의 관계를 생각할 때, 그것은 무엇보다도 역동성으로 나타난다. 대지를 꿰뚫고 들어가는 힘은 물질의 안으로 침투하는 인간의 상상력과 하나가 된다. 뿌리는 동물들이 닿을 수 없는 깊이까지 대지를 찌르고 뻗어나간다. 무성한 나무에 비해 아주 작은 풀을 뽑는 아이들은 종종 작은 풀이 어떻게 그리 깊고 엉킨 뿌리를 갖는지에 대해 놀라기 마련이다. 하물며 양분을 저장하기 위해 단단해진 덩이뿌리를 볼 때의 놀라움은 어떻겠는가. 뿌리는 표면 위로 자라난 식물의 모습보다 더욱 내밀하게 대지와 연결되어 있다. 땅 속에 살았던 인간들이 포도나무의 뿌리를 통해 지상으로 올라왔다는 아파치족의 신화는 뿌리에 대한 인간의 경탄과 연관되어 있다.

---

34) TR, 290.

식물이 대지에 뿌리를 내리는 것은 양분을 흡수하기 위함이다. 모성적 대지와 연관하여 생각한다면 뿌리는 무엇보다 생명력을 흡수하는 것이다. 인간은 대지의 생명력과 만나고 그 기운을 충전하기 위해 동굴로 되돌아가야 한다. 하지만 뿌리내린 식물은 그 자신이 이미 생명력과 항상 같이한다. 뿌리를 통해 건강을 회복하고 더 나아가 회춘할 수 있다는 믿음은 우리에게 낯선 것이 아니다. 인삼은 여러해살이풀의 '뿌리'를 말하는 것이 아니던가. 이 점에서 뿌리는 휴식의 상상력이 도달하는 생명력의 회복과 분명한 연관을 보인다. "우리는 뿌리의 이미지가 대부분의 대지적 원형과 연합됨을 입증하는 예들을 쉽사리 증가시킬 수 있을 것이다."[35] 바슐라르는 왜 뿌리는 태고적 이미지에까지 닿는 원형과 연합된다고 했을까? 그 실마리는 뿌리의 나이에 있다. 매해마다 꽃은 새롭게 태어나지만 뿌리는 나이를 먹는다. 오래된 뿌리와 새로운 꽃의 관계는 인간의 상상력에도 깊은 인류의 시간만큼이나 오랜 뿌리가 있다는 것을 알려준다. 우리는 우리보다 오래 산 뿌리들을 만난다. 심층의 생명력을 찾아 파고드는 뿌리의 이미지가 인류가 지나온 시간만큼 나이를 먹었다고 말해도 이상하지 않은 것이다. "많은 몽상가들에게 뿌리는 깊이로의 축이다. 뿌리는 우리를 먼 과거로, 우리 인류의 먼 과거로 돌려보낸다"[36]는 문장을 대지의 심층에 자리 잡은 뿌리의 이미지를 상상하지 않고는 받아들일 수 없다.

35) TR, 297.
36) TR, 300.

뿌리가 가진 또 다른 역동성은 깊이가 아니라 위로 찌르며 뻗어나가는 힘이다. 나무는 뿌리로부터 공급받은 영양분으로 자신을 성장시킨다. 우주적 생명력을 흡수하는 뿌리는 세계 전체를 떠받치는 축이며, 우주가 하나의 나무로 묘사되기도 한다. 이러한 우주적 상상력의 결과들은 생명의 나무란 형태로 수많은 신화들에서 공통적으로 발견된다. 생명력의 정수는 뿌리의 부분에 있는 것만은 아니다. 인간은 나무에서 맺는 과실을 통해 생명력과 일체감을 느낀다. 잘 익은 과일은 우주적 생명력이 지상에서 응축된 결과이다. 과일을 증류하여 만든 술이 생명력을 담고 있다는 사고방식을 우리는 어렵지 않게 찾을 수 있다. 브랜디는 지금도 생명의 물이라 불리지 않는가. 여기서 우리는 '휴식'에서 느끼는 행복이 무엇인지 이해할 수 있다. 휴식은 인간을 위협에서부터 보호하는 동시에, 생명력을 회복하게 한다. 휴식이 인간에게 주는 것은 생명력의 회복된다는 행복이다. 그것은 인간적인 차원에서부터 우주적인 차원으로 이행하는 행복이라 할 수 있다.

4. 대지의 양면적 가치: 외향성과 내향성의 종합

우리는 지금까지 대지와 상상하는 인간과의 관계를 두 가지 상반된 축인 외향성과 내향성으로 검토하였다. 두 가지 축은 대지의 견고함에 대해 인간의 상상력이 정반대의 방향으로 작용하며, 각각 '의지'와 '휴식'의 상상을 일깨운다. 바슐라르가 대지에 대해 두 권의 책을 저술할 수밖에 없던 이유는 이와 같은 대립적인 축을 동시에 설명하기엔 한 권의 책으로는 부족함을 느꼈기 때문이다. 그렇다면 두 축을 간략하게 정리하면서 이들이 대지라는 하나의 원소로 종합되는 것의 의미를 생각해보도록 하자.

인간의 상상력을 외부로 향하게 하는 외향성의 운동은 대지의 저항에서부터 시작된다. 우리에 '맞서(contre)' 일어나는 저항은 인간으로 하여금 대지를 지배하고자 하는 의지를 일깨운다. 인간은 지배를 통해 대지를 복종시키며, 이는 일이라는 활동으로 나타난다. 그리고 그 일이란 부드러움과 단단함이라는 양 극에 따라 나누어진다는 것을 우리는 보았다. 대지의 안정된 견고함은 우리의 지배하려는 의지를 자극한다. "사실 대지의 물질들은 우리가 호기심과 용기의 손으로 그것을 잡을 때, 우리에게 일하고 싶다는 의지를 불러일으키는 것 같다"[37]는 바슐라르의 말은 이러한 관계를 잘 정리한다. 일하고 싶은 의지를 통해 인간은 자신의 힘으로 대지를 변형시킨다. 일하려는 의지는 무엇보다 적극적인 것이다. 일은 변형으로서, 즉 새로운 것을 제작하는 창조로 나타난다. 대지의 저항을 극복한 인간에게 주어지는 달콤함은 창조의 행복인 것이다. 이것이 상상하는 인간과 대지가 맺는 대항의 관계이다.

37) TR, 1.

이에 반하여 상상력을 내부로 끊임없이 침투시키는 내향성의 운동은 심층을, 깊이를 보려는 인간의 또 다른 의지로부터 시작된다. '안에서(dans)'라는 전치사를 통해 알 수 있듯이, 인간은 평탄하게 자리 잡은 대지를 상상력으로 침투하고자 한다. 이 과정에서 대지는 인간을 적대성보다는 내밀함의 길로 안내한다. 그래서 내향성의 과정은 외향성과 정반대의 짝이라 할 수 있는 휴식으로 나타난다. 대지의 안으로 자신의 상상력을 스며들게 하는 인간은 자신을 보호하며, 회복하게 하는 대지의 안정감을 느낀다. 집만큼 인간에게 이를 잘 느끼게 하는 것은 없을 것이다. 그렇지만 인간의 상상력은 여기에서 만족하지 않고 더 깊은 심층으로 파고들어간다. 모성으로의 회귀를 의미하는 동굴에서부터 대지의 생명력의 정수와 하나가 되고자 하는 뿌리에 이르기까지 상상력은 멈추지 않는다. 대지를 침투하는 인간에게 주어지는 행복은 휴식을 통한 생명력의 회복이다. 인간과 대지가 맺는 내밀의 관계는 새로운 활력을 충전하는 것이라 말할 수 있겠다.

정반대로 작용하는 물질적 상상력의 두 축은 대지라는 하나의 원소에 의한 것이다. 여기서 우리는 당혹감을 느낀다. 어떻게 하나의 원소가 상반된 작용을 자극할 수 있단 말인가? 바슐라르는 우리의 급작스런 당황을 예견한 듯이 다음과 같이 말한다. "결국 모든 이미지들은 두 극 사이에서 스스로를 전개하며, 우주의 유혹과 내밀성의 확신에서 살아간다. 따라서 만일 우리가 이미지들에게 외향성과 내향성이라는 이중적 운동을 부여하지 않는다면, 양면적 가치를 끌어내지 않는다면, 우리의 연구는 꾸며낸 것이 되리라. 각각의 이미지는 이 연구의 어떤 부분에 있어서라도 그것만의 가치를 부여받아야 한다. 가장 아름다운 이미지들은 때때로 양면적 가치의 중심이다."[38] 정신분석학에서 양가성이라고 불리우는 양면적 가치는 사물이나 사람, 상황에 대해 상반되는 감정이나 태도가 동시에 나타나는 것을 말한다. 사실 상상력이 변형시키는 이미지들을 연구하는 시학에서 이러한 양면적 가치가 나타나는 것은 자연스럽다.[39] 인간은 대지의 저항으로부터 의지를 자극받고 일을 통해 적대성을 지배하고자 한다. 그런데 여기서 일이란 육체의 측면에서 보면 에너지를 소모하는 것이다. 인간은 소모된 에너지를 충전하기 위한 휴식을 필요로 한다. 인간의 삶에서 일과 휴식은 균형을 이루는 것이다. 창조를 위해 근육을 잔뜩 긴장시켜 망치를 두들기는 대장장이도 어두움이 드리우면 자신의 휴식처로 돌아가 긴장을 이완시키고 깊은 수면을 취한다. 전적인 일도 전적인 휴식도 없다. 일과 휴식은 서로를 보충한다. 대지에 의해 이루어지는 상상의 두 방향인 외향성과 내향성은 결국 하나의 상보적 관계를 형성하는 것이다. "전치사 '맞섬(contre)'의 기호 아래에서 저술된 대지의 상상력에 대한 우리들의 첫 연구는 전치사 '안

---

38) TV, 10.

39) "정신분석학 용어에서 차용한 양면적 가치는 바슐라르에게 상상력의 근본적인 법칙이며, 양면적 가치는 이성에 의해 구별되었던 자신이 본질적으로 비-모순의 규칙임을 깨닫는다." J-J. Wunenburger, *Gaston Bachelard: Poétique des images*, Mimesis, coll. 《L'oeil et l'esprit》, 2012, p. 26.

에(dans)' 의 기호 아래 있는 이미지들의 연구로 완성되어야 한다"[40]는 "휴식"의 상상력의 서문은 외향성과 내향성이 서로를 보충하는 관계를 취한다는 통찰을 보여준다. 대지의 양면적 가치는 상보적 관계를 통해 하나로 설명되는 것이다.

외향성과 내향성의 상보성에 성급히 만족하지 말고 상상력이 갖는 종합의 미덕을 이야기하기 위해 숨을 고르도록 하자. 우리는 이미지들이 양면적 가치를 갖는 또 다른 이유를 이미지를 변형시키는 상상력에서 찾을 수 있다. 바슐라르는 상상의 영역에서 이루어지는 종합을 강조하기 위해 "이성의 변증법(la dialectique de la raison)"과 "상상력의 변증법(la dialectique de l'imagination)"[41]을 구분한다. 이성의 변증법이 "모든 가능한 영역을 망라하기 위해 모순들을 병치"한다면, 상상력의 변증법은 "모든 실제적인 것들을 포착하길 원하며, 나타나는 것보다는 숨겨진 것에서 더 많은 실재성을 발견"[42]하고자 한다. 따라서 종합이 이뤄지는 과정은 정반대이다. 이성의 변증법에게 종합은 궁극적인 운동인 반면, 상상력의 변증법은 최초의 과정이다. 상상력의 변증법을 통해 내향성과 외향성은 종합된다. 양면적 가치는 상상력의 입장에서 보자면 당연한 것이다. 물질적 상상력의 상반된 두 축의 상보성은 상상력의 변증법[43]을 통해 설명

40) TV, 2.
41) TR, 25.
42) TR, 25.
43) 뒤랑은 바슐라르의 사유에서 변증법의 중요성을 강조하면서 "과학과 상상적인 것 매우 대립되는 사실들"을 일반화된 시학 내에서 조직하는 "제3의 변증법(La troisième dialectique)"을 강조한다. G. Durand, *L'âme tigrée*, Denoël/Gonthier, 1980, p. 22. 뒤랑은

된다. 여기서 많은 이미지들이 양면적 가치의 중심이 되는 이유가 드러난다. 상상력은 하나의 이미지를 둘러싸고 대립적인 가치가 일어나는 것에 개의치 않고 변형해나간다. "뿌리는 신비한 나무이며, 지하의 나무, 뒤집힌 나무다"[44]라는 문장을 개념적으로 접근한다면 우리는 아무것도 알 수 없다. 뿌리는 역동성이 위로 뻗어나가듯이 아래로 대지를 꿰뚫으며, 우리의 눈에 나타나지 않는 곳에서 열매를 맺는다는 사실을 이해해야만 비로소 뒤집힌 나무로서 뿌리의 이미지에 참여할 수 있는 것이다. 이처럼 하나의 시적 이미지는 다양한 가치를 갖는다. 시적 이미지를 문법의 단위로서 단어로 접근하면 이 점을 납득하기 어려울 것이다. "시는 말의 의미를 이미지들의 분위기로 감싸면서 그 의미에 가지가 뻗어나가게 한다."[45]

개념의 정합성을 검토하는 영역에서 하나의 이미지 아래 양립불가능한 가치들이 모여 웅성거리는 광경은 볼 수 없다. 개념은 외연과 내포의 기준 아래 정확한 파악을 요구하기 때문이다. 개념의 엄격함을 요구하는 논리적 사고는 분명 그것만의 고유한 가치와 영역을 갖는다. 그것은 우리 사고의 법칙과 지침을 제시한다. 그러나 우리는 상상력의 영역에서 이미지들이 개념

바슐라르의 사유가 갖는 "제3의" 성격에 대해 주목해왔던 것으로 보인다. 바슐라르의 시학을 평하면서 "우리들 속에 있고 인간성의 특수성을 보여주기 충분한 제3의 영역이 있다"는 주장을 상대적으로 이른 시기에 했다는 점을 주목하자. G. Durand, *L'imagination symbolique*, P.U.F., coll.《Quadrige》, 1993, p. 73. 바슐라르의 전체 사유에서 변증법의 역할에 대해서는 J-C, Pariente, *Le vocabulaire de Bachelard*, Ellipses, 2001, pp. 11~12 참조.

44) TR, 292.

45) TV, 7.

을 넘어서 비약한다는 것을 자주 볼 수 있다. "상상력은 우선 우리를 무거운 안정성에서 벗어나게 하는 경솔함의 요소이다."[46] 상상력은 인간을 개념이라는 테두리 안에서 느끼는 안정을 벗어나게 한다. "상상하는 것, 그것은 떠난다는 것이며, 새로운 삶을 향해 비약하는 일이다."[47] 이처럼 상상력은 이미지에 다양한 가치들을 끊임없이 부여하면서 우리가 새로운 세계를 만나게 한다. 그리고 동시에 변증법을 통해 이들을 끊임없이 결합하고자 한다. 이것이 시적 상상력만의 고유한 영역이다.

마지막으로 외향성과 내향성의 상보성이 갖는 가치를 다른 측면에서 조명해보고자 한다. 이는 너무나 당연하기에 무심코 넘어갔던 것일 수도 있는데, 외향성과 내향성의 관계는 바로 대지의 남성성과 여성성 역시 상보성을 갖는다는 결론으로 우리를 이끈다. 저항을 공격하고 물질을 지배하고자 하는 일의 의지는 남성성을 두드러지게 나타낸다. 육체적 힘으로 자신에게 저항하는 물질에 정확한 형태를 부여하는 일은 "남성적 역동주의"가 지배하고 있다.[48] 대장간에서 뜨겁게 달아오른 철을 모루 위에 올리고 힘차게 망치질을 하는 대장장이의 일은 단련된 근육의 긴장을 떠올리지 않을 수 없는 것이다. 그에 반해 인간에게 도피처를 제공하고, 생명력을 충전해주는 휴식은 깊은 여성성과 즉각적으로 연결된다. 대지에 태초의 어머니의 위상을 부여

46) PR, 7.
47) AS, 10.
48) TV, 12.

하는 수많은 신화적 예시는 이 점을 입증한다. 그런데 이 양자는 대지의 원소에 의해 종합된다. 물론 이것은 단순히 성적인 구분을 위한 것도 아니고, 나누어진 성적 기질을 구태의연하게 합치려는 것도 아니다. "시적인 신비는 남녀 양성성에 있다"[49]는 바슐라르의 말처럼 시적 상상력의 세계에서 이미지를 하나의 성으로만 규정하는 불가능하다. 남성성과 여성성의 근본적인 종합은 특정한 이미지에 성적인 기질을 나누는 것이 어렵다는 사실을 말한다. 누군가가 대지는 여성적인 기질을 가졌다고 주장한다면, 그것은 대지가 갖고 있는 양성 중 하나의 측면을 강조한 것에 지나지 않는다. 상상력은 이미지를 다양한 가치들로 웅성거리게 만드는 것을 좋아한다. 외향성과 내향성의 상보성은 이미지들이 근본적으로 두 가지 성을 함께 갖는다는 것을 보여준다. 대지의 원소는 양성구유가 아니라 자웅동체인 것이다.

5. 대지와 상상하는 인간의 관계

우리들은 지금까지 바슐라르의 대지에 대한 두 편의 시학을 물질적 상상력의 이중적 활동인 '외향성'과 '내향성'으로, '의지'와 '휴식'으로 검토하였다. 세계를 구성하는 4원소 중 하나인 대지의 시적 이미지들에 대한 연구를 정리하면서 자연 전체와 인

49) DR, 226.

간의 관계를 확언하는 것은 어려운 일이다. 우리는 "무엇보다 시적인 몽상이란 자연에 대한 몽상이다"[50]라는 까르발료의 말처럼, 시적인 이미지들에서 나타나는 상상력의 측면에서 '접목된' 자연을 주목하고자 했던 것이다. 물론 어려움은 여전히 해소되지 않는다. 우리는 4원소 중의 하나로서 대지에 대한 두 권의 저서, 즉 '의지'와 '휴식'에 바쳐진 상상력의 연구서를 정리한 것에 불과하기 때문이다. 결론은 항상 새로운 연구를 시작해야 할 필요성을 제시하지만, 우리의 경우에는 더욱 그러하다. 아마 자연과 상상하는 인간의 관계 전체를 해명하기 위해서는 다른 원소들의 이미지를 연구하고, 더 많은 이미지들을 수집하고, 때에 따라서는 신화와 종교에 대한 방대한 연구들을 참조해야 할 것이다. 따라서 우리는 대지의 시학들에 관한 연구를 통해 자연의 한 원소와 '상상하는' 인간의 관계에 대해서만 제안할 수 있다는 것, 그리고 그것은 자연과 인간이라는 전체적 관계의 측면에서는 실마리의 역할만을 할 수 있다는 것을 미리 말해두고자 한다.

대지와 '상상하는' 인간의 관계에서 상상력의 중요성은 아무리 강조해도 부족하지 않을 것이다. 우리가 살핀 바슐라르의 대지의 시학들은 모두 상상력의 활동을 전제하고 있다. 그는 문학에서 관찰되는 시적 이미지만을 집요하게 다루었다. 상상력의 눈으로 볼 때, 대지는 자신과 어떤 관계를 맺고 있었는가? 인간

50) E. M de Carvalho, *Poésie et science chez Bachelard*, L'Harmattan, 2010, p. 154.

에 맞서 완강하게 저항하는 대지에서 의지의 상상을, 견고한 표면을 꿰뚫고 생명력의 정수를 찾고자 하는 휴식의 상상은 하나의 원소, 대지의 본성에 의해 자극되고 촉발된 것이다. 그런데 대지에 의해 불러일으켜진 상상력은 대지의 이미지에 여러 가치를 부여한다. 이러한 상상하는 인간과 자연의 관계에 대해 바슐라르는 다음과 같이 말한다. “시적 이미지의 수준에서 주체와 대상의 이원성은 무지개빛으로 반짝이며, 끊임없이 활성화하며 서로를 반사하는 역전(逆轉)의 관계를 맺는다.”[51] 대지와 상상하는 인간의 관계, 즉 상상력으로 맺어진 자연의 한 원소와 인간의 관계는 서로를 활성화한다. 상상력의 관점에서 볼 때 양자의 관계는 근본적으로 내밀한 것이다. ‘의지’와 ‘휴식’이라는 두 축만큼 우리의 삶을 잘 요약할 수 있는 것은 많지 않다.

상상하는 인간과 자연의 내밀한 관계에 주관적인 견해일 뿐이라는 반박이 충분히 가능할 것이다. 여기에 대해 우리의 입장을 변호하자면, 자연과 관계하는 방식의 차이라고 말할 수밖에 없다. 자연을 물리적 힘들의 관계로, 법칙들이 작용하는 현상들로 파악하는 자연과학의 입장에서 본다면 우리의 제안에 납득하기 어려울 것이다. 자연과학은 우리에게 물리적 힘들이 작용하는 관계와 법칙들의 총체로서 자연을 이해하게 해주었다. 이런 점에서 자연과학이 우리의 지적인 호기심을 충족시키고 물리적 법칙들에 경탄케 한다는 점을 의심할 수는 없다. 하지만

51) PE, 4.

인간은 지적 활동만이 전부인 것은 아니다. 주어진 것에 만족하지 않고, 그것을 경술하고 대담하게 색칠하는 상상력의 영역들 역시 인간에게 있는 것이다. 우리는 물리적 법칙들로 형성된 자연에 대한 경탄만큼, 상상력을 통해 대립적인 가치들이 종합되는 신비로운 세계에 감탄하는 것이다. 그렇기에 시적 상상력에서 "세계는 참되기 이전에 아름답다. 세계는 입증되기에 앞서 찬미된다"고 말할 수 있는 것이다.[52]

근대 자연과학의 혁신 이후 자연을 감싸고 있던 신비의 장막은 모두 걷어져 이제는 그 흔적을 찾기 어려워졌다. 연금술사의 돌, 4원소로 이루어진 세계는 합리성을 추구하는 과학에선 단절되고 정화되어야 하는 인간 정신의 장애로 이해되었다. 그렇지만 이러한 이미지들은 시의 세계에서 여전히 살아 숨 쉬면서 상상력을 통해 다채로운 색을 가진 자연을 창조하고 느낀다. 과학의 영역에서 시적 이미지들이 머무를 공간을 찾을 수는 없다고 해서 이들의 영역과 역할을 부정할 수는 없다. 왜 현대를 사는 인간은 상상력의 영역을 감지하기 어려워지고 망각했을까?

아마도 이러한 망각의 주요한 원인은 자연과학의 발전이라기보다 그 발전을 응용하고 도구를 통해 자연을 '부품'으로 간주하는 현대의 기술적 사고방식과의 연관 하에 있을 것 같다. 이러한 현대의 상황에서 상상력이 가질 수 있는 윤리적이고 치료적 효과를 생각해보는 것은 충분히 의미있는 일이다.[53] 마르쿠

52) AS, 192.
53) 예술 전체 차원에서 바슐라르의 상상력을 치료적으로 응용할 수 있다는 연구로서는 I.

제는 바슐라르를 자신의 저서에서 직접 인용하면서 상상력이 신경증을 치료하는 것과 전적으로 다른 영역에서 치료의 전망을 제시했다고 말한다.[54] 이 이야기를 우리의 제안으로 채용한다면, 자연에 가치를 부여하고, 그 접목된 이미지들 위에서 행복을 느끼는 것은 상상력의 영역은 여전히 인간에게 있으며, 이것은 기술문명에 대해 인간성의 균형을 맞춰준다고 말할 수도 있겠다. '의지'와 '휴식'이 현대인의 삶의 모든 조건을 구체적으로 설명하지 않는다 하더라도, 일하고 휴식하는 삶의 기본적인 형식에는 큰 변화가 없어 보인다. 물론 여기서 창조와 생명력의 회복이라는 이중적 행복을 느끼는 것은 어려운 일이다. 하지만 우리들이 여기에 대한 근본적인 갈망과 이끌림을 느끼는 것 역시 사실이 아닐까? 이처럼 상상력이 갖는 고유한 영역을 인정할 수 있다면, 인간이 일하고 휴식하는 대지와 상상하는 인간 사이의 내밀한 관계에 대해 전적인 거부는 어려울 것이다. 이처럼 자연과 상상하는 인간은 서로에게 활력을 불어넣으며 서로를 풍요롭게 하는 내밀한 관계에 있으며, 현대를 사는 우리에게 바슐라르의 상상력 이론의 유의미를 환기하면서 8장의 논의를 마무리하고자 한다.

Serlin, "The Relevance of Bachelard,'s Dynamic Imagination For Movement Art Psychotherapy", *The Arts in Psychotherapy*, vol. 19. 1992 참조.

54) H. Marcuse, *L'homme unidimensionnel. Essai sur l'idéologie de la société industrielle avancée*, Minuit, trad. M. Wittig, 1968, pp. 303~304.

L’espace poétique bachelardien et l’imagination du désintéressé

제9장

가스통 바슐라르와 상상력의 치유학

제9장

가스통 바슐라르와 상상력의 치유학

1. 이미지 시대의 부정성과 바슐라르의 상상력 이론

우리가 살아가는 지금은 범람하는 이미지들이 곳곳에서 우리들의 시선을 끌어당기는 시대라 할 수 있다. 과학과의 연대 속에서 비약적인 발전을 거듭한 기술을 매개로 이미지는 다양한 장치들을 통해 재현되며, 이런 점에서 이미지는 이 시대에 있어 중요한 사유의 주제이다. 바르트는 일찍이 현대 문명에서 이미지가 차지하는 중요성을 간파하면서 "이미지의 기호학"이란 문

제를 제기한 바 있다.[1)]

어원상 모사(模寫), 모방(模倣)과 깊은 관계를 맺고 있는 이미지는 감각을 통해 지각한 대상의 재현을 의미하며, 이런 점에서 이미지는 특정한 의미를 갖는 해석되어야 할 기호라 볼 수 있다. 특히 졸리는 시각적으로 고정된 이미지들이 의미를 지닌다고 보면서 "이미지는 소통의 도구이자 귀납과 해석의 역동적 과정에 의한 관념들의 표현"이라 규정한다.[2)] 이미지를 해석 가능한 기호로 간주하는 20세기 기호학의 이러한 연구 경향은 이미지가 새롭게 평가되는 지금의 시대에 걸맞게 기호의 지평을 지각과 의미의 상관관계 속에서 확장시키는 것이라 할 수 있다.

그런데 이미지가 무엇보다 지각을 통해 정신에 새겨지는 재현이라는 점을 고려한다면, 그것을 가능하게 하는 능력이 무엇인지에 대해 생각해 볼 수 있다. 철학적 관점에서 이미지는 지각을 이미지화하는 상상력의 산물로 이해되었다. 그렇다면 이미지의 시대인 지금 상상력이 주목받는 이유에 대해 충분히 짐작할 수 있을 것 같지만, 사정은 그리 간단하지 않다. 뒤랑에 따르면, 이미지와 상상력이 중시되는 지금의 시대는 모순적이게도 "사피엔스라는 인류에 위협"[3)]적이기 때문이다.

지금의 시대가 인간에게 위협하는 이유가 무엇인지는 이미지와 상상력의 위상에 대한 사상사적 맥락과 연관된다. 서구 사상

---

1) R. Barthes, "Rhétorique de l'image", *Communications*, n° 4, 1964. p. 40.
2) M. Joly, *L'image et les signes*, A. Colin, coll.《Armand Colin Cinéma》, 2008, p. 35.
3) G. 뒤랑,『상상력의 과학과 철학』, 진형준 옮김, 살림, 1997, p. 124.

은 "존재론적으로는 이미지를, 심리학적으로는 상상력의 기능을 '오류와 허위의 주범'으로 평가절하하는 오랜 전통"[4] 을 갖고 있다. 참된 실재를 추구하는 사상적 전통에서 이미지는 실재가 사라지고 남는 의식의 산물이며, 상상력은 이러한 이미지를 형성하는 정신적 능력으로 평가되어왔다. 이미지는 실재하는 대상의 불완전한 단편이기에, 상상력은 대상을 정확하게 포착하는 능력이 아니다. 이처럼 참된 실재를 추구하는 과정에서 상상력은 오류와 허위를 유발할 수 있는 위험성을 지니고 있기에 진리를 파악할 수 있는 합리적 능력의 주도 속에서 규제되어야 하는 부차적인 능력으로 간주되어 왔다.

오류와 허위를 범하지 않고 진리를 탐구하기 위해서는 인간에게 주어진 합리적 능력을 올바른 방법에 따라 인도해야 한다는 데카르트의 통찰 이후로 서구 문명은 객관적인 지식들의 체계를 확립해왔고 이를 통해 이전의 어느 시대보다 풍요로운 시기를 맞이한 것 같다. 여기서 우리는 이론과학의 혁신과 이를 응용한 기술들의 역할을 충분히 생각해볼 수 있다. 과학이란 무엇보다 세계를 끊임없이 객관화시켜 이해하려는 학문이다. 주관적 접근을 최대한 배제하면서 대상을 실험과 관찰을 통해 파악하는 자연과학은 물리적 현상들을 가능케 하는 법칙들을 발견해왔으며, 이러한 성과가 기술과 관계를 맺으면서 현재의 번영을 가능케 했다는 점을 부인할 수는 없다.

---

4) G. Durand, *Les structures anthropologiques de l'imaginaire*, Dunod, 10e éd, 1990, p. 15.

그런데 이러한 풍요와 발전을 현인류의 성숙함을 보여주는 유일한 지표라 할 수는 없다. 기술의 발전에도 불구하고, 현대는 인류사에 있어 그 성과를 활용한 가장 비극적인 사건들이 빈번하게 발생하지 않았는가. 이런 점에서 우리는 20세기 철학자들에게 과학과 기술의 연관 속에서 새롭게 출현한 세계상이 긴급한 사유의 대상이 되었던 것을 충분히 이해할 수 있다. 그 중에서 과학기술의 시대에 대한 비판적 입장들은 주로 기술의 성과는 인간에게 풍요함을 제공했지만, 그와 함께 심각한 부정성을 초래했다는 것에 근거한다.하이데거는 현대 기술의 본질은 그리스 시대의 없던 것을 밖으로 끌어내어 앞에 놓는 양식인 '포이에시스'와 달리 자연에게 더 많은 것을 내놓도록 촉진하고 '닦달(Ge-stell)'하는 것에 있다고 본다. 최대한의 효율성에 입각해 촉진하고 닦달하는 지금의 기술은 자연을 언제든 결과를 산출하기 위한 '부품(Bestand)'으로 환원시킨

1955년 스리지(Cerisy)에서 개최된 〈인간과 공간〉이란 주제의 학술대회장에서 만나 환담하는 하이데거와 보프레

다.[5] 이는 자연을 스스로의 생명력을 통해 생장하는 것으로 바라보던 종래의 입장과는 분명한 차이를 보인다. 현대 기술의 본질은 과학이 밝혀낸 법칙에 응용하여 최대한의 결과를 내놓도록 자연에게 재촉하는 것이기 때문이다.

이상과 같이 과학과 기술의 연대 속에서 나타난 새로운 시대는 자연을 인위적 산출의 대상으로 보는 관점으로 특징지어진다. 그런데 이러한 관점의 전환은 자연에서 그치는 것이 아니라 인간 스스로에게 향한다는 데에 더욱 심각한 것이다. 이 시대의 도처에서 우리는 이것을 확인할 수 있다. 현대인은 물질적 번영으로 인해 허용된 여가와 풍요에도 불구하고 더욱 경쟁에 노출되어 있으며, 경쟁과 성과의 순환적 구조 속에서 타인마저 경제적 가치로 환산하고 목적이 아닌 대상으로 간주한다. 이처럼 자연을 객관적으로 파악하고 이것을 응용하여 효율적인 결과를 산출해내는 합리적 태도는 인간의 삶에도 부정적 영향을 끼쳤으며, 그 결과로 현대인의 사회적 삶은 최소의 노력으로 최대의 결과를 획득해야 하는 효율성의 기준에 의해 평가된다. 지금의 문명을 가능하게 한 합리적인 능력은 인간에게 번영을 허락했지만, 동시에 인간은 물화(物化)와 소외(疏外)라는 새로운 문제와 마주하게 되었다.

---

5) 이상의 논의는 M. Heidegger, *Essais et conférence*, trad. A. Préau & J. Beaufret, Gallimard, coll.《tel》, 1958, pp. 26~28 참조. 하이데거는 선반, 작업대를 의미하는 독일어 〈Gestell〉은 자연을 특정한 목적에 맞게 최대한 결과를 산출하는 방식으로 환원하는 현대 기술의 특징이라고 본다. 하이데거의 주요 개념에 대한 국역은 이기상의 번역본을 따르고자 한다. 하이데거, 『기술과 전향』, 이기상 옮김, 서광사, 1993 참조.

인간의 물화와 소외는 지금의 문명의 풍요를 가능하게 한 과학기술의 태생에서 기인하는 문제기에 제도적인 규제만으로는 해결되기 어려워 보인다. 세계와 자신을 바라보는 관점이 전환되었다는 점에서 제도와 같은 인위적 기제들 역시 효율성의 척도를 벗어날 수 없기 때문이다. 그렇다면 인간에게 주어진 이러한 시대적 현실에 직면하여 어떤 대안적 사유가 가능한가? 많은 철학자들은 이런 맥락에서 예술의 역할을 주목했는데, 여기서 우리는 상상력이 지니는 힘을 재고하는 것을 한 가지 가능성으로 생각해 볼 수 있다. 상상력은 세계를 물리 현상의 법칙을 통해 설명하는 과학과는 전혀 다른 관점을 허락한다. 여기서 예술, 특히 시적 이미지를 통해 나타나는 인간 존재의 창조적 역능으로서 상상력을 강조한 바슐라르의 사유는 대안적 사유로서 고유한 가치를 갖는다.

인간은 자연을 최대한의 결과를 산출해야 하는 대상으로 보는 것만이 아니라, 그것의 아름다움을 느끼고 그것을 다양한 방식으로 표현할 수 있는 능력을 지니고 있다. 바슐라르는 이를 "세계는 참된 것이기에 앞서 아름답다. 세계는 입증되기에 앞서 찬미를 받는다"[6]는 표현을 통해 직접적으로 제시한다. 이러한 찬미는 다른 어떤 영역들보다도 예술에서 나타난다. 예술 작품들을 창조하는 중요한 원천은 바로 합리적 능력의 중시 속에서 배제되어왔던 상상력이다. 상상력은 객관적인 방법을 통해

6) AS, 192.

세계를 파악하는 것이 아니라 세계에 대해 느끼고 이를 자유롭게 표현할 수 있게 한다. 대상에 의미를 자유롭게 부여하고 변형시키는 상상력의 활동은 합리적인 인식의 영역에서는 규제되어야 하지만, 이것은 인간성 전체를 고려할 때 배제되어서는 안 되는 영역이라 할 수 있다. 또한 상상력이 의미를 변형시키는 능력이란 점을 고려한다면, 의미의 생산은 "주어진 의미의 변형"에서 유의미하다는 기호학적 성찰과도 무관하다 볼 수 없다.[7] 따라서 바슐라르의 상상력 이론의 검토하는 것은 이미지를 과학기술의 생산물과는 다른 존재적 측면에서 바라볼 수 있는 이점을 제공하는 동시에 이미지 기호의 연구가 인간성에 대한 치유의 차원으로 응용될 수 있는 가능성을 보여준다 할 수 있다.

본론의 마지막인 9장에서는 이상과 같은 문제의식 아래에서 바슐라르의 상상력 이론이 갖는 현대적 의의를 제시하려 한다. 먼저 그의 상상력 연구의 전기에 해당한다고 할 수 있는 4원소에 관한 연구를 재구성하여 인간의 삶의 구체적 측면들과 연관하여 다루고자 한다. 이를 위해 분명히 대립되어 보이는 불과 물, 공기와 대지를 각각 짝을 맺어보고자 한다. 이러한 상관관계는 상상력 이론이 인간의 실존과 밀접한 관련을 맺고 있다는 것을 드러낸다. 마지막으로 이러한 원소들을 총괄하는 창조적 상상력의 본질이 무엇인지 밝히고, 이를 통해 상상력 이론이 갖

---

7) A. J. Greimas, *Du sens*, Seuil, 1970, p. 15.

는 치유의 가치에 대해 간략히 제시하고자 한다.

2. 인간 정신과 실존의 운명: 불과 물

바슐라르의 상상력에 대한 연구는 사실 과학적 인식의 과정에서 정화해야 하는 주관적 확신들이 무엇인지 분석하려는 동기에서 출발한다. 현대 과학의 활동은 무엇보다 최초의 관찰과 상식으로부터 단절하면서 출발한다. 이들은 과학의 진보를 저해하는 동시에 과학적 성과를 받아들이기 어렵게 하는 장애이기 때문이다.[8] 따라서 상상력과 이를 통해 창조되는 이미지들을 분석하는 상상력 연구의 출발지점은 자신이 갖고 있는 믿음에 대한 반성이자 비판이라 할 수 있다.

이러한 문제의식에서부터 바슐라르는 객관적 인식을 저해하는 주관적 확신을 비판적으로 검토하고자 하며, 그 첫 작업으로서 불에 대한 이미지들의 분석을 시도한다. 불이라는 원소는 타오르면서 대상들을 순수하게 만드는 정화와 관련되어있다. "불이 물질들을 분리시키고 물질적 불순성들을 소멸"[9]시킨다는 다소 과학적인 설명은 비합리적인 주관의 확신들을 정신분석하면서 객관적 인식에 도달하려는 그의 의도에 부합하기 때문이

8) "과학적 진보의 심리학적 조건들을 찾을 때, 우리는 곧 장애라는 용어가 과학적 인식의 문제에 제기되어야 한다는 믿음에 도달한다." - G. Bachelard, *La formation de l'esprit scientifique*, J. Vrin, 1938, p. 13.

9) PF, 175~176.

다. 불꽃의 끝에서 불은 "정신이 된다."[10] 바슐라르의 인식론에서 물질계에 대한 객관적 인식을 이끄는 것은 스스로를 혁신하는 과학 정신이라는 점을 고려한다면, 불의 이미지에 대한 탐구에 그가 이끌렸던 이유를 짐작할 수 있다.

그런데 바슐라르는 불의 이미지들에 접근하면서 자신의 생각을 전환해야 함을 알게 된다. 불의 이미지들은 그저 정신으로의 정화를 제공하는 것만이 아니라 안락하고 감미로운 휴식을 제공하는 열기를 전하기 때문이다. 불을 응시하는 인식론자는 자신의 검증되지 않은 확신을 분석하고 정화해야 한다는 과업을 느끼지만, 그와 동시에 불이 주는 안락함 속에서 휴식을 취하고 있는 자신을 발견한다. "아궁이 속에 갇힌 불은 분명 인간에게는 제1의 몽상 주제이자, 휴식의 상징, 휴식에의 초대이다. (…) 분명 불은 주위를 훈훈하게 하고 안락하게 해준다."[11] 상상력의 관점에서 볼 때, 불의 이미지들은 인간에게 객관적 인식을 위해 정화되어야 하는 장애가 아니다. 오히려 불은 인간에게 따뜻한 열기와 격정적 사랑으로 다가온다. 선사 시대부터 불은 사랑과 다산을 상징했으며 이와 관련된 의식들은 이를 입증한다. 이처럼 불의 이미지들이 주는 주관적 정서를 다각적으로 분석하면서 바슐라르는 상상력이 인간에게 주는 기쁨을 깨닫게 된다. 이것은 인간이 자신의 구체적인 삶과 만나는 기쁨이다.

---

10) PF, 177.
11) PF, 36~37.

"그러나 객관적 인식에 대한 정신분석이 이루어진 후, 그 과학적 오류는 오류로 인정되지만, 그래도 여전히 즐거운 논쟁의 대상으로 남는다. (…) 하지만 그러한 객관적 인식이 주관적인 것에 대한 객관적 인식일 때, 우리가 자신의 마음속에서 인간의 보편적 특성을 발견할 때, 우리 자신에 대한 연구가 당당하게 정신 분석을 받으면서 우리가 도덕적 규칙들을 심리적 법칙들에 통합시킬 때, 그러한 기쁨은 더 강렬해지지 않겠는가! 그럴 때, 지금껏 우리를 불태워오던 불은 문득 우리를 밝게 비추어주는 불이 된다. 우연한 열정이 의도적인 열정이 된다. 사랑이 가정적이 된다. 불이 아궁이의 불이 된다."[12]

상상력은 분명 과학적 인식을 저해하는 장애이자 오류의 원인이지만, 그 장애는 인간의 또 다른 삶의 영역인 주관적 정서와 만나게 한다. 객관화된 인식을 위해 완고하게 자리 잡은 장애를 정화하기 위한 불은 상상력을 통해 구체적인 삶과 연결되면서 인간의 삶을 아늑하게 비추는 불이 되고, 바슐라르를 휴식으로 이끄는 아궁이의 불이 된다. 이제 우리는 주관적인 정서가 객관적 인식에 못지않게 인간에게 보편적이며, 삶의 영역을 차지하고 있음을 알 수 있다. 바슐라르는 상상력에 대한 분석을 통해 인간에게 명석한 인식보다 앞서 주어지는 모호한 느낌의 기쁨이 주는 고유한 가치를 통찰하게 된다. 이런 점에서 "'나는 느낀다'는 모호함은 '나는 본다'라는 명석함에 앞선다"[13]는 바슐

12) PF, 170~171.
13) G. Bachelard, *op. cit.*, p. 13.

라르의 선언은 인간에게 주관적 정서가 인식보다 선행한다는 것을 잘 보여준다. 이처럼 불은 인간에게 열정적 사랑을 일깨우면서도 아늑함을 느끼게 하는 원소라 할 수 있겠다.

물은 불과 대립되는 성질을 가진 원소이며 이들은 서로 양립할 수 없다. 불이 모든 것을 태워버리면서 순수하게 만드는 원소라면, 물은 모든 것을 수용한다. 그렇기에 물의 상상력에 접근하는 것은 정신분석이 아니라 "관여"[14]를 통해서 가능하다. 이것은 물의 본성과 깊게 관련되어 있는데 물은 표면에서는 물론 깊이에 이르기까지 모든 것을 반영하고 받아들이기 때문이다. "물을 계기로 삼거나 물질로 삼는 이미지들은 대지, 수정, 금속, 보석에 의해 제시되는 이미지들의 불변성과 견고성을 지니지 않는다."[15] 물은 오히려 불변성과 견고성을 지니지 않기에 모든 것을 반영하며 받아들인다.

그렇다면 물의 상상력에서 인간의 삶은 어떠한 양상으로 나타나는가? 먼저 바슐라르는 표면과 깊이를 나누어서 제시한다. 표면으로 상징되는 인간의 삶은 무엇보다 빛나며 경쾌하고 아름답다. 물의 표면은 빛으로 반짝거리며 대상을 반영한다. 거울로 비유되는 표면의 이미지는 우리에게 지나칠 정도로 익숙하지 않은가. 그런데 물의 반영은 평평한 연마된 유리판에 비추어지는 것과 달리 미세한 파문에도 비춰지는 이미지를 흐릿하게 한다. 또한 거울에 비추어진 상은 절대로 자신과 맞닿을 수 없

14) ER, 8.
15) ER, 29.

도록 분리되어 있지만, 물에 비추어진 이미지라면 사정이 다르다. 물이라는 물질은 대상을 반영하는 동시에 대상을 받아들인다는 점을 우리는 이미 언급한 바 있다. 따라서 거울과 달리 흐릿하게 보이는 물의 반영은 인간으로 하여금 그 상을 직접 만지길 욕망하며 더 나아가 사랑하게 된다. 바슐라르는 이를 나르시시즘에 통해 설명한다. 물에 비추어진 자신의 이미지를 사랑해야 하는 형벌을 지게 된 나르키소스의 일화는 인간과 무관한 신화의 단편만을 의미하지 않는다. "아마 그것은 하나의 이상을 향한 승화(sublimation)일 것이다."[16] 나르키소스가 사랑했던 물에 비친 자신은 있는 그대로의 자신의 모습이 아니라 흐릿하면서도 빛과 함께 반짝거리는 이상화된 이미지이며, 이는 현실 속에서도 이상적인 것을 꿈꾸고 사랑하는 인간의 삶을 의미한다. 여기서 나르시시즘은 정신분석학적인 자기애를 넘어서 인간의 운명을 의미하게 되며, 각자의 삶에서 마주했던, 그리고 마주하고 있는 현실과 그 속에서 꿈꾸는 이상을 투영하게 된다.

그런데 나르키소스는 결국 그 이상적인 자신과 하나가 되고자 샘물에 빠져 죽는다는 신화의 결말은 깊이로 끌어당기는 물의 특성을 잘 보여준다. 물은 모든 것을 그 심연의 밑바닥까지 받아들인다. 이런 점에서 상상력의 원소로서 물은 다른 원소들에 비해 깊이와 관련되어 있다. 그것은 불의 열기가 주는 아늑함과는 다른 침잠이며 빛도 투과할 수 없는 어둠으로 모든 것

16) ER, 34~35.

을 끌어당긴다. 그렇기에 물의 상상력은 죽음과도 깊은 연관을 맺는다. 그렇기 때문에 물은 표면의 빛과 아름다움에도 불구하고 동시에 '깊고', '잠자는', '죽은'이라는 형용사로 표현된다.[17] 밀레이의 그림에서 나타나는 오필리아의 죽음은 비극의 여주인공이 처한 운명을 이야기하는 것만이 아니다. 상상력의 원소로서 물의 관점에서 말하자면, 운명의 흐름 속에 떨어져 죽음을 맞이하는 것은 모든 인간에게 주어진 운명이기 때문이다. 다른 원소들보다 물의 이미지들은 무엇보다 인간의 운명과 관련되어 있다. "물은 항상 흐르며, 물은 항상 떨어지며, 그리고 항상 수평적인 죽음으로 끝난다."[18] 여기서 우리는 물의 상상력이 인간의 삶에 이미 관여하고 있다는 바슐라르의 분석을 이해할 수 있다. 우리는 표면에서 비추어지는 이상적인 것에 이끌려 살아가지만, 그와 동시에 심연으로 가라앉는 죽음으로 자신의 삶이 종결된다는 것을 알고 있다. 거기에는 "완만하며 고요한 우수(mélancolie)"[19]만이 있을 뿐이다. 이처럼 물은 표면과 깊이의 대립 속에서 이중적인 인간의 삶을 각자에 맞게 비추고 받아들여준다. 물은 이러한 대립을 통해 인간의 실존적 삶을 가장 잘 보여주는 원소인 셈이다.

불과 물은 대립된 원소들이다. 불은 자신과 관계하는 모든 것들을 불태우면서 하나가 되게 한다. 바슐라르에게 불의 활동은

17) ER, 63.
18) ER, 9.
19) ER, 10.

두 가지 방식으로 나타난다. 객관적 인식을 위한 정화와 열기와 사랑을 느끼게 하는 주관적이고 구체적인 삶을 일깨우는 아늑함이 그것이다. 이 두 방향은 어찌 보면 서로 양립할 수 없어 보인다. 라클로스가 지적했듯 "특히 바슐라르에게 있어 과학의 주체는 이미지들의 정련이라는 정화의 경험을 해야만 하고, 과학적인 미덕의 실행을 방해하는 경향"들을 배제해야 한다.[20] 역으로 '살균된 세계(le univers pasteurisé)'에서 행복할 수 없는 인간이기에 상상력을 복귀시켜야 한다는 바슐라르의 유명한 주장[21]은 과학적 인식이 작동할 수 없는 주관적 영역을 강조하는 것이라 할 수 있다. 그러나 바슐라르에게 두 영역이 서로 대립되었다는 것은 양립 불가능을 의미하지는 않는다. 인식론에 있어서도 양립할 수 없는 것으로 보이는 인식들을 종합하는 현대과학의 변증법적 활동을 강조했던 바슐라르는 인간의 정신과 상상력에 있어서도 마찬가지라고 말한다. "철학이 희망하는 것은 바로 그러한 시와 과학을 상보적이 되게 하는 것, 양자를 잘 어울리는 대립자로 결합하는 것이다."[22] 그렇기에 객관적 인식과 주관적 정서는 상호 보완하면서 인간성 전체를 구획한다. 물론 이것 역시 인간이 타고난 운명이다. "인간은 진정으로 지성을 열망하는 존재이다. 이 인식의 운명은 끝을 알 수 없다."[23] 인

---

20) F. Fruteau de Laclos, "Le sujet de épistémologie et l'objet de la phénoménologie, De quelques lignes tranquillement entremêlées dans l'entre deux-guerres français", *Le concept, le sujet et la science*, éds, P. Cassou-Noués et P. Gillot, J. Vrin, 2011, p. 51.

21) P. Ginestier, *Bachelard*, Bordas, 1968, pp. 10~11 참조.

22) PF, 12.

23) G. Bachelard, *L'activité rationaliste de la physique contemporaine*, P.U.F., 3e éd., 1977, p. 309.

식의 운명을 타고났듯 인간은 자신의 주관적 체험을 통해 살아간다는 사실 역시 분명하다. 따라서 인간은 인식과 상상적 삶의 운명을 동시에 타고난다고 볼 수 있다.[24]

불과 달리 물의 이미지들은 이미 인간의 삶을 비추고 받아들이기에 바슐라르는 객관적 인식과 그와 구별되는 주관적 삶의 이중적 운명을 깨닫게 하는 불과 달리 인간의 실존적 삶과 불가분의 관계를 맺고 있다고 본다. 물의 이미지들은 표면에서 비추어지는 상을 보며 심층에 대한 이상을 꿈꾸지만, 삶은 심연으로 가라앉는 죽음으로 끝난다는 것을 아는 인간의 실존과 연관되어 있다. 이상을 향한 열정과 모든 가능성들이 종결되는 죽음은 대립되어 보이나 이들 역시 서로를 보완하는 관계에 있다. 실존으로서 인간은 자신의 가장 고유한 가능성인 죽음을 자각할 수 있기에 자신의 본래적 삶을 결단하기 때문이다. 이상을 향한 갈망은 무엇보다 인간이 자신의 운명을 알고 있고 받아들이기 때문에 강렬한 것이라 볼 수 있다. 그렇기에 심연으로 빠져 죽음을 맞이한 나르키소스는 수선화로서 표면에 피어난 것이며, 수선화는 표면을 향한 사랑과 열정은 결국 심연의 죽음과 불가분의 관계를 맺고 있다는 점을 보여주는 징표인 것이다. 이러한 실존의 삶을 느끼면서 비로소 우리는 물의 상상력에 관여하는 바슐라르의 다음과 같은 언급을 이해하게 된다. "상상력은 어원

24) 뒤랑은 바슐라르 사상에서 나타나는 이러한 인간의 운명에 대해 "제3의 변증법(La troisième dialectique)"이라 요약한 바 있다 - G. Durand, *L'âme tigrée*, Denoël/Gonthier, 1980, p. 22.

학에서 제시하는 것처럼 현실의 이미지들을 형성하는 것이 아니다. 그것은 현실을 넘어선 현실을 노래하는 이미지들을 형성하는 능력이다. 그것은 초인간성의 능력이다."[25]

3. 역동적 상상력과 물질적 상상력에서 주어지는 행복: 공기와 대지

불과 물에 비해 공기와 대지의 상상력은 물질성의 측면에서 더욱 분명한 상호관계를 보여준다. 상상력의 네 가지 원소들 중에서 공기는 가장 가볍고 빈약하다는 특성을 갖고 있다. 무색투명한 기체인 공기는 생명체가 살아가는데 필수적이지만, 그에 반하여 가장 빈약한 물질성을 갖고 있다. 형태도 없으며 쥐어지지도 않고 가시적이지도 않다. "공기는 물질적 측면에서 보면 빈약하기 때문에 물질적 상상력이라는 관점에서 이뤄질 공기에 대한 고찰은 길지 않을 것이다."[26] 그런데 바로 가장 빈약한 물질성을 지니고 있기에 공기 속에서 인간은 적극적인 운동을 꿈꿀 수 있게 된다. 공기의 상상력은 다른 원소들에서 나타나지 않는 수직적이고 역동적인 삶으로 인간을 인도한다. 따라서 공기의 상상력에서 나타나는 이미지들은 무엇보다 "우리를 가볍

25) ER, 23.
26) AS, 15.

게 하고, 우리를 들어올리고, 우리를 상승시킨다."[27]

그렇다면 인간이 하늘을 날고자 하는 상승에의 욕망은 어떠한 삶을 의미하는가? 새를 바라보며 누구나 꿈꾸어봤을 비행의 꿈은 주어진 현실에서 벗어나려는 의도를 반영한다. "특히 공기의 현상들은 우리에게 상승과 비상과 승화에 관한 매우 일반적이고 중요한 교훈을 줄 것이다."[28] 바슐라르는 상승하고자 하는 인간의 열망이야말로 공기의 상상력에서 나타나는 '역동적 상상력'의 본질이라고 말한다. 그 본질은 "중력의 정복"[29]에 있다. 중력은 인간이 지상에 머무를 수 있게 하는 힘이지만, 그와 동시에 인간이 비상할 수 없게 하는 무게이다. 그래서 중력을 정복하는 공기의 상상력은 무엇보다 해방과 자유를 꿈꾸는 인간의 삶을 의미한다. 니체의 작품에서 나타나는 공기의 이미지를 분석하면서 바슐라르는 다음과 같이 말한다. "공기는 우리를 물질적 예속으로부터 해방시킨다. 따라서 그것은 우리들의 자유의 물질이다."[30]

그런데 인간은 끊임없이 자유를 열망하면서도 자신을 끌어당기는 중력에 의해 언제든 추락할 수 있다는 두려움을 갖고 있다. 수직적으로 작용하는 상상력에서 상승의 반대는 하강이며, 비상의 반대는 추락이다. 추락은 비상과 마찬가지로 공기의 상상력의 특징인 역동성을 잘 보여준다. 토마스 드 퀸시의 글을

27) AS, 52.
28) AS, 17.
29) AS, 111.
30) AS, 157.

분석하면서 바슐라르는 역동적인 추락에서 심연이 연역된다고 말한다. “나는 떨어진다, 고로 한 심연이 내 발 아래로 열린다. 나는 계속 떨어진다, 고로 심연은 깊이를 헤아릴 수 없다.”[31] 추락에 대한 이미지들은 자유의 행복을 위해 비상하려는 인간이 언제든 떨어질 수 있다는 불안이며, 그것에 대한 끝없는 공포가 심연을 창조한다.

바슐라르의 『공기와 꿈』.
공기는 인간에게 자유를 허락하지만,
동시에 지상으로 추락할 수 있다는
두려움이라는 양가성으로 다가온다.

대지는 공기와 맞닿아 있지만 결코 비상과 추락이라는 역동성을 가질 수 없다. 공기가 최소의 물질성을 가지고 있는 원소라면, 대지는 최소의 역동성을 가지고 있는 원소이기 때문이다. 대지는 무엇보다 아주 견고하며 안정되어 있다. 즉 인간에게 아주 직관적인 물질성과 안정감과 형태를 느끼게 한다. 바슐라르에게 대지의 상상력은 두 권의 책으로 나누어서 연구를 진행할 수밖에 없었다는 고백을 덧붙일 정도로 아주 특징적이고 분명히 대립되는 운동을 보인다.[32] 대지는 ‘의지(vonlonté)’와 ‘휴식(repos)’이라는 상반된 특성을 드러낸다. 이것은 대지의 특성이 인간에게 불러

31) AS, 112.
32) TV, 9 참조.

일으키는 두 가지 심리에서 연유한다. 우리가 흙과 바위를 만질 때 느끼는 것은 무엇보다 그 행위가 근육을 사용하게 한다는 점이다. 즉 대지는 인간에게 저항하는 적대적 방식으로 나타난다. 이것은 대지가 다른 원소들에 비해 명확한 형태를 지니고 있기 때문이다.

이러한 직접적인 저항은 인간에게 그것을 복종시키려는 욕망을 불러일으킨다. 우리가 돌의 질감을 느끼기 위해 움켜쥘 때 단단함을 느끼게 되며 그 형태를 바꿀 수 있는지 시험해보게 된다. 바슐라르는 이것이 대지가 인간에게 주는 의지의 상상력이며, 또한 '외향성(l'extraversion)'으로서 "충격, 타격에 만족하지 않고 물질의 내밀성 자체를 지배할 것을 약속하는 맞섬의 심리학(la psychologie du contre)"[33]이라고 말한다. 인류의 역사는 물질에 대한 지배력을 확장하면서 이루어져왔다. 특히 그 중에서도 대지의 요소들인 흙과 암석, 광물들을 인위적 노력을 통해 도구들을 창조한 것이 인류에게 얼마나 중대한 영향을 미쳤는지에 대해서는 누구도 부인할 수 없을 것이다. 이렇게 대지의 상상력은 인간이 의지를 통해 창조하는 행위와 직결되어 있다. 대지를 구성하는 물질들은 찰흙에서부터 금속에 이르기까지 다양하지만, 그것은 결국 끊임없이 대지와 세계를 변형시키고 창조하려는 인간의 의지를 자극하는 것이다.

그런데 대지의 안정성은 인간에게 반대 방향으로 향한 삶을

33) TV, 21.

깨닫게 한다. '내향성(l'introversion)'이라 말할 수 있는 "'안에(dans)'라는 전치사"[34]에 속하는 이미지들이 분명히 있기 때문이다. 바슐라르는 대지의 내부로 들어가려는 상상력에서 주요한 특성은 휴식이라고 말한다. 의지와 달리 휴식은 견고한 표면에서 내부로 스며들면서 내부의 생명력을 통해 회복하려는 상상력이라 할 수 있다. 표면을 부수는 것이 아니라 스며들려는 상상력은 그렇게 남성적인 의지의 상상력과 달리 세심하다. "(…) 세심한 상상력은 어디로든 스며들기를 원하는데, 그것은 단순히 우리 자신의 껍질 안으로 다시 들어가라는 권유일 뿐만 아니라, 진정한 은둔의 삶, 몸과 마음을 모아들인 내성적인 삶, 휴식의 그 모든 가치들을 체험할 수 있도록, 온 껍질 안으로 스며들라는 권유이다."[35]

껍질 안으로 들어오라는 표현에서 나타나듯이 휴식은 외부의 위협으로부터 잠시라도 벗어나 활기를 충전하기 위한 쉼이다. 다시 활동하기 위한 힘을 얻기 위해 잠시 동안 취하는 행복인 것이다. 휴식처가 주는 안식과 따뜻함은 인간의 삶에서 무엇보다 각별하다. "추위와 더위, 폭풍과 비에 대응하는 집은 우리에게 자명한 보호처"[36]이기 때문이다. 그런데 대지의 내향적 상상력은 보호의 처소로서 집을 넘어서 휴식의 근원에 닿는다. 바슐라르는 이 근원을 대지의 내부에 있는 생명력이라고 말한다.

34) TR, 2.
35) TR, 18.
36) TR, 112.

"동굴 속에 거주함은 대지적인 명상을 시작하는 것이며, 모성적 대지의 바로 그 가슴 속에서 대지의 생명력과 함께하는 일이다."[37] 고대인들에게 초자연적인 힘이 집결되어있고 그렇기에 신성하게 여겨졌던 동굴은 안정과 회복을 의미하였고, 이러한 사고가 반영된 신화들을 우리는 어렵지 않게 찾을 수 있다. 대지의 상상력에서 의지와 휴식은 인간의 또 다른 운명을 보여준다. 인간의 삶은 구체적인 차이에도 불구하고 누구에게나 의지와 함께 일하고 활기의 충전을 위해 휴식하는 과정의 끊임없는 반복이기 때문이다.

이제 공기와 대지의 상상력에서는 어떤 대립적인 운동이 양립하는지 정리해보자. 공기는 희박한 물질성으로 인해 원소들 중 가장 역동적이다. 또한 대지의 위에 있기에 무엇보다도 인간의 상상력을 가장 활발하게 일깨운다. 새처럼 가볍게 공중으로 솟아오르고 비행하는 꿈은 언제나 인간의 감성을 자극해 온 오래된 주제이다. 그렇기에 공기의 상상력은 인간에게 시간과 함께 영글어가는 성숙의 과정이 아니라 '비약'을 꿈꾸게 한다. "상상하는 것, 그것은 곧 부재하다는 것이며, 새로운 삶을 향해 약동하는 일이다."[38] 바슐라르가 공기의 상상력에서 보들레르의 '여행에의 초대'를 자주 언급하는 것은 그것이 새로운 삶을 향한 비약이기 때문이다. 공기의 이미지들은 인간을 쉬지 않고 운동하는 열린 상상력의 삶으로, 즉 끊임없이 새로워지는 삶으로 초

37) TR, 290.
38) AS, 10.

대한다. "꿈속의 비행에서는 우리가 다시 땅으로 되돌아온다 할지라도 곧바로 또 다른 새로운 충동이 우리에게 공기적 자유를 되돌려준다."[39] 그러나 인간에게는 상승의 자유와 상응하는 추락에의 두려움을 갖고 있다. 중력의 해방이 모두에게 자유를 느끼게 하는 것은 아니다. 오히려 중력에 익숙해진 인간은 자신이 지면에서 떨어져 있다는 것에 대해 현기증을 느끼기도 한다. 바슐라르는 젊은 나이에 스트라스부르 성당의 꼭대기에 올라간 이후 산과 탑을 좋아할 수 없게 되었다는 개인적 체험을 소개하면서, "끝없는 추락의 흔적이 내 안에 있다"[40]고 말한다.

여기서 추락의 이미지는 대지와 연결된다. 현기증은 견고하며 안정된 대지에서 벗어나 부유하는 공기 위로 비상하는 것에 대한 불안이다. 대지의 측면에서 본다면 상승은 오히려 하늘로의 도피인 셈이다. 그렇다면 지상에서는 어떠한 양가적 운동이 나타나는가? 대지는 공기와 정반대로 역동성의 희박하며, 견고한 물질성을 지니고 있다. 따라서 대지는 인간을 초대하는 것이 아니라 인간의 적극적 활동을 요구한다. 이와 같은 인간의 의지는 대지의 저항에 맞서 그것을 변형시키고 지배하려한다. 이를 위해서는 에너지를 소모하는 수고로운 과정이 동반되어야 하는 것이다. 그렇기에 소모된 활력을 회복하기 위한 휴식은 자연스럽게 의지적 활동에 상응하는 상보적 관계를 형성하게 된다.

바슐라르에게 공기와 대지는 불과 물과 달리 매우 대칭적이

39) AS, 38.
40) TV, 344.

며 또한 행복이 강조되는 것 같다. 공기의 상상력은 인간에게 끊임없이 현실의 제약으로부터 탈구하게 한다. 자유가 주는 행복은 반복적 과정으로부터 벗어나 새로운 삶을 향하기에 주어지는 것이다. 공기의 상상력에서는 불안을 불러일으키는 추락의 종착지인 대지는 그와 다른 행복을 갖는다. 그것은 대지를 복종시키기 위해 땀을 흘리며, 이러한 노동을 통해 창조하는 행복과 노동 뒤에 편안하게 회복에 빠지는 휴식의 행복이다. 공기의 상상력이 주는 행복이 가벼워짐을 통해 자신을 붙드는 대지의 구속으로부터 즉각적으로 비상하는 도취의 행복이라면, 대지의 상상력은 완강하게 저항하는 대지라는 터전을 새롭게 바꾸고 그 터전이 주는 생명력과 함께 하는 행복이다.

4. 존재론적-창조적 상상력과 행복의 치유학

우리는 지금까지 바슐라르의 상상력 이론의 전기라 할 수 있는 4원소를 주제별로 나누어서 검토해보았다. 이러한 구분이 실제와 부합하는 것인지를 묻는다면 그것은 상상력이란 역량을 과소평가하는 것이다. 바슐라르는 "상상력이란 지각에 의해 받아들여진 이미지들을 변형시키는 능력이며, 무엇보다도 애초의 이미지로부터 우리를 해방시키고, 이미지들을 변화시키는 능력"[41]이라고 말하지 않았던가. 4원소는 인간의 상상력을 구성하는 동시에, 인간의 심리를 자극하고 삶을 변화시키는 직접적인 원인이다. 물론 모든 인간이 동일한 원소의 이미지에 의해 자극되진 않는다. 각자의 구체적인 삶에 따라 작동하는 원인은 다를 수 있기 때문이다. 바슐라르가 정의하는 '상상력의 코페르니쿠스적 전회'는 이 점을 잘 보여준다. "대상물 전체 속에서 실체의 심오한 기호로서 특질을 찾는 대신에 그가 상상하고 있는 것 안에 깊게 참여하고 있는 주체와의 전적인 점착 속에서 특질을 찾아야 한다."[42] 그러므로 상상력의 원소들은 인간을 총체적으로 드러내며 구체적인 체험 속에서 살아가는 실존들의 삶에 차이나게 작용한다. 그렇기에 상상력은 무엇보다 각 실존들의 삶에 맞게 활동한다. 인간은 상상력을 통해 자신의 삶을 깨달으며 자신의 현실을 넘어서게 되는 것이다. 그렇기에 바슐라르는 상상력이야말로 인간에게 자신이 누구인지 알게 하는 중요한 능력임을 강조한다. "우리는 상상력이란 사물들 속에 옮겨진 주체 외의 그 어떤 다른 것도 아니라고 답할 것이다. 그러니 이미지들은 주체의 자취를 지닌다."[43] 4원소의 상상력은 각 원소들을 통해 인간의 현실과 그 현실을 넘어서는 인간의 고유한 능력으로서 상상력을 일깨워준다. 이는 현대의 인간이 망각해왔던 실존적 삶의 운명과 행복을 다시 회복시켜주는 것이라

---

41) AS, 7.
42) TR, 81.
43) TR, 3.

할 수 있다.

그렇다면 이러한 상상력이 인간성을 회복하는 치유학으로 기능할 수 있다는 것은 어떤 의미에서인가? 이에 답하기 위해 우리는 바슐라르의 상상력 이론에서 네 가지 원소로 나타나는 인간의 삶은 사실 하나로 총합되는 것임을 제시하고자 한다. 인식과 상상의 삶을 일깨우는 불, 이상과 죽음의 운명에 관여하는 물, 비상과 추락을 꿈꾸게 하는 공기, 의지와 휴식으로 굳건하게 놓여있는 대지는 인간의 삶 그 자체를 의미한다. 그렇다면 우리는 네 가지 원소들이라는 구분에도 불구하고 결국 하나의 상상력을 상정할 수 있지 않을까? 이러한 물음에 대해 4원소에 대해 탁월한 연구를 남긴 망쉬의 언급을 인용하는 것은 적절해 보인다. "삼원소의 혹은 4원소의 상상력들은 그것들의 세계의 전체적 종합과 비전을 탐사한다."[44] 물론 각각의 인간 실존은 특정한 원소에 의해 자극되는 경향들이 있다는 점을 부인할 수는 없다. 그러나 위대한 작가들의 상상력은 하나의 원소로만 국한되어 나타나지 않는다. 바슐라르에게 대지의 시인은 아닌 것으로 보였던 니체는 공기의 상상력 못지않게 대지와 깊게 연관되어 있다.[45] 또한 무엇보다도 물의 상상력에서 나타나는 심연의 죽음을 노래하는 포우 역시 무거움으로 향하는 추락의 이미

44) M. Mansuy, *Gaston Bachelard et les éléments*, J. Corti, 1967, p. 332.

45) AS, 147 참조. 이에 대해 망쉬는 "니체의 상상력이 대지의 이미지에도 연결되어 있다는 것 또한 마찬가지로 사실이다. 독수리와 마찬가지로 그는 뱀을 사랑한다"(AS, 337)고 지적하고 있다.

지를 분명히 보여준다.[46] 이처럼 위대한 작가들의 상상력이 여러 원소들을 넘나든다는 것은, 그 이미지들을 창조하고 또한 이들에 자극되는 인간의 상상력이 총체적 세계를 향해 있다는 사실을 보여준다. 바슐라르는 후기의 상상력 연구에 속하는 첫 저작인 『공간의 시학』에서 자신의 4원소에 대한 연구를 반성하면서 우리의 논의를 중요한 지점으로 이끈다.

> "사실 우리는 상상력에 대한 우리의 앞선 저작들에서 가능한 객관적으로 직관적인 우주발생론의 네 원리인 물질의 4원소에 관한 이미지들을 연구하는 것이 바람직하다고 간주하였다. 과학철학자로서 우리들의 습관에 충실하게 우리는 이미지들을 개인적 해석의 모든 경향들 바깥에서 검토하고자 했던 것이다. 과학적인 신중함을 위한 이 방법은 점차 내게 상상력의 형이상학을 세우는데 불충분한 것으로 보였다. '신중한' 태도는 그것만으로 이미 이미지의 직접적인 역동성을 따르는 것을 거부하는 게 아닌가?"[47]

여기서 바슐라르는 두 가지 사실을 말해준다. 먼저 4원소로 분할하여 검토했던 상상력은 하나의 기반에 근거한다는 것이다. 이미지들을 원소에 따라 신중하게 분류했던 자신의 작업이 오히려 이미지의 역동성 자체를 간과하게 했다는 그의 고백은 이를 잘 보여준다. 그렇다면 이미지를 형성하는 인간의 상상력

46) AS, 120~121 참조.
47) PE, 2~3.

이란 무엇인가? 이에 대한 바슐라르의 대답은 더욱 흥미롭다. 상상력은 인식의 차원과 지각 활동과의 연관 속에서만 규정되는 것이 아니다. 즉 이미지를 보고, 재생산하고, 기억하는 심리적 능력을 넘어서 인간 존재의 역량인 것이다. "우리는 상상력을 인간 본성의 아주 중요한 역량으로 간주하기를 제의한다."[48] 따라서 상상력은 인식론과 심리학에서 부여받았던 위상에서 벗어나 존재론적 의의를 갖는다고 말할 수 있다. 바로 이것이 '상상력의 형이상학'의 함축이라 할 수 있다.[49]

상상력이 존재론적 위상을 갖는다는 바슐라르의 입장은 '반향'과 '울림'에 대한 규정에서 구체적으로 제시된다. "현상학적 쌍형어(le doublet phénoménologique), 반향과 울림의 차이는 뚜렷해져야 한다. 반향은 세계 안에서 우리들의 삶의 여러 상이한 측면으로 흩어지는 반면, 울림은 우리들로 하여금 자신의 고유한 실존의 심화를 불러일으킨다."[50] 하나의 예술 작품에서 고유한 실존을 자극하는 이미지는 먼저 고유한 삶과 연관되어 나타난다. 그런데 인간의 상상력은 이것을 넘어서 그 작품의 이미지를 자신의 것으로 삼는다. 감동과 함께 다가오는 작품은 종종 우리의 삶을 그렇게 살고 싶게 만들지 않는가? 바슐라르는 자신의 체험을 통해 이를 설명한다. "시인은 나에게 그의 이미지의 과거를 알려주지 않지만, 그 이미지는 즉시 나의 내부에 뿌리를

48) PE, 16.
49) 이에 대한 상세한 연구로서 홍명희, 「이미지와 상상력의 존재론적 위상」, 『한국프랑스학논집』 제49집, 한국프랑스학회, 2005. 특히 pp. 426~428 참조.
50) PE, 6

Pontigny-Cerisy가 1939년에 촬영했던 바슐라르. 그는 1938년『불의 정신분석』을 출판한 이후로 4원소와 상상력 연구를 쉬지 않고 집필하였다.

내린다. 독특한 이미지의 전달가능성은 커다란 존재론적 의미를 갖는 사실이다."[51] 바슐라르는 이것을 상상력이 가져다주는 존재의 전환이라고 말한다. "울림은 존재의 전환을 가져온다. 시인의 존재는 우리들의 존재인 것처럼 느껴진다."[52] 그렇기에 예술 작품은 감상의 대상만이 아닌, 실존적 삶을 바꾸는 중대한 계기가 된다.

상상력이 이처럼 우리의 삶을 바꾸는 계기가 되는 이유는 무엇인가? 바슐라르는 인간 존재의 역량으로서 상상력의 본질은 바로 창조성에 있기 때문이라고 말한다. "창조적 상상력은 재생적 상상력와 전적으로 다른 기능을 갖고 있다. 심리학자들이 한 정신이 사회적 가치들에 의해 낙인찍힌 현실에 적응함을 특징짓기 위해 종종 언급하는 현실의 기능에 못지않게 심리적으로 유용한 비현실의 기능이 창조적 상상력에 속한다."[53] 인간의 상상력은 주어진 현실을 창조를 통해 넘어서게 한다. 한 실존에게 깊은 각인을 남긴 작품이 때로는 그 사람의 삶을 자체를 바꾸는

51) PE, 2
52) PE, 6.
53) TV, 3.

이유가 여기에 있다. 재생적 상상력이 지각과 기억을 위한 연상의 기능을 수행하는 수동적인 것이라면, 창조적 상상력은 주어진 현실을 넘어서게 하는 존재의 능동적인 역량이다. 창조는 한 작품을 탄생시키는 예술가에게만 나타나는 것이 아니라, 그 이미지에 자극되는 실존의 삶에까지 나아간다. 따라서 상상력은 항상 인간의 삶을 새로운 미래로 향하게 한다. "상상력은 그것의 생동하는 활동에 있어서 우리들을 과거와 현실에서 동시에 떨어져 나오게 한다. 그것은 미래로 열려있다."[54] 존재론적-창조적 상상력은 항상 열려있기에 고정될 수 없다. "상상력은 미래를 시험한다. 그것은 무엇보다 우리들을 무거운 안정으로부터 벗어나게 하는 무모함의 요인이다."[55]

바슐라르는 인식을 위한 '신중함'과 반대되는 '무모함'이 상상력의 본성이라고 말한다. 신중함이 현실을 객관적으로 파악하기 위해 요구되는 필수불가결한 준칙이라 한다면, 무모함은 현실을 넘어선 비현실과 미래로 자신의 존재를 끊임없이 내던지는 모험이라 할 수 있다. 바슐라르는 이러한 상상력의 모험은 인간에게 행복을 준다고 말한다. 인간은 상상력을 통해 자신을 늘 새롭게 창조하는데, "그 새로운 존재, 그것은 행복한 인간"[56]인 것이다. 물론 이러한 그의 입장은 다소 낭만적으로 비춰질 수 있다. 한 인간은 그 자신이 위치하고 있는 현사실로서 세계

---

54) PE, 16.
55) PR, 7.
56) PE, 12.

에서 결코 자유로울 수 없다. 지금을 살아가는 인간에게 그 현사실은 무엇보다 도구·기술중심적인 문명으로 인한 "닫힌 공간"이며 "효용성, 효율성, 경제성"을 최고의 미덕으로 여겨지는 각진 공간이 아니던가? 그런데 이러한 문명의 현주소는 서론에서 언급하였듯 인간의 편리를 위한 기술이 역으로 인간을 종속시키고 상상력을 마비시킨 도착적 상황에서 기인한다.

이런 상황에서 바슐라르의 상상력은 우리에게 비현실로 도약하는 행복한 상상력의 삶을 권유한다. 이미 언급한 바 있는 '여행에로의 초대'는 인간 실존이 자신의 삶을 새롭게 살아갈 수 있는 역량인 창조적 상상력이 주는 현실을 넘어선 행복으로의 초대를 의미하며, 그것은 인간이 상상력을 통해 자신을 넘어서는 '초인간'으로 나아감을 의미한다. 물론 인간 실존의 삶은 4원소의 상상력을 검토하면서 보았듯, 상반된 방향들 속에서 끊임없이 보완되는 관계에 놓여있다. 각 원소들의 이미지가 보이는 대립적 운동은 상보적 관계를 통해 인간 삶 전체를 전체적으로 반영하는 동시에 인간의 삶이 항상 긴장과 역동의 상태에 놓여있다는 것을 보여준다. 이처럼 상상력은 인간에게 자신의 삶이 무엇인지 알려주지만, 또한 인간을 새로운 삶을 창조하도록 이끈다. "상상력과 의지는 동일한 심층적 힘의 두 측면이다. 상상할 줄 아는 사람은 원할 줄 안다. 의지를 밝혀주는 상상력에 상상하려는 의지, 상상하는 것을 사는 의지가 결합된다."[57] 상상력

57) AS, 130.

은 인간 존재의 역량이기에, 상상할 수 있다는 것은 새롭게 살 수 있다는 것을 의미한다. 결국 '상상력의 치유학'은 인간이 본

프랑크푸르트학파의 일원이기도 한 마르쿠제(1898~1979)의 『일차원적 인간』은 1968년 프랑스에서 번역·출판되어 〈68 혁명〉에 영향을 미치기도 했다.

래 주어진 상상력을 통해 삶이 무엇인지 깨닫게 하고 새롭게 사는 행복을 누리게 하는 것이라 할 수 있다. 이런 점에서 바슐라르의 상상력 이론은 인간성을 구성하는 본래적 부분으로서 존재론적-창조적 상상력을 회복하고 새로운 삶으로 향하게 한다. "상상적인 삶—그것이 진정한 삶!"[58]이라는 그의 강조는 상상력의 존재론적-창조적 역량에 대한 우리의 논의를 한마디로 요약하며, 인간성의 결손이라는 지금 시대의 중대한 문제에 대한 치유로서 상상력을 제안하는 것이다.

5. 치유의 인문학으로서 상상력 이론

도구적·기술적 이성의 강조 속에서 물질적 번영을 이룩해 온 지금의 인간은 스스로가 초래한 문제로 인해 자신 역시 중대한 위협에 봉착했다. 자연의 자생력을 고려하지 않고 효율성의 추

58) AS, 288.

구아래 가능한 많은 것을 얻어내려는 태도는 인간 자신에게로 향하였고, 그 결과 현대인은 스스로를 착취하는 구조 내에 위치시켰다. 노력한다면 원하는 모든 것을 실현할 수 있다는 긍정을 극대화하는 지금의 문명은 경쟁의 구조를 극단화시키며, 인간이 자신을 한계를 넘어서까지 쥐어짜는 세련된 구조를 완성했다. 현대인은 이러한 구조 속에서 피로와 권태를 느끼고, 매체가 일방적으로 제공하는 이미지를 수동적으로 수용하게 된다. 상상력이 존재론적-창조적 역량이라는 것이 우리에게 쉽사리 닿지 않는 이유는 여기에 있다. 뒤랑은 지금의 세대가 마주하고 있는 삼중의 위협을 "이미지가 상상계를 질식시킬 때의 위험", "이미지가 집단의 가치들을 균등화시킬 때의 위험", "사회 전체를 구성하고 있는 힘들이 그 통제가 불가능한 문명적 혁명에 의해 포섭되고 침식당할 때의 위험"[59]이라고 진단한 바 있다. 수용하게 만드는 이미지는 인간의 존재 역량인 상상력을 가로막는다. 마르쿠제는 이러한 상황을 '일차원적 사회'가 보이는 특징 중 하나인 "미학과 현실간의 저속한 연합"[60]이라 요약한다. 저속한 연합은 상상력을 기술적 합리성을 통해 종속시키며, 그 결과 현대인은 상상력이 공상적인 것을 제공하는 능력일 뿐이며, 연합의 산물로서 이미지는 기술에 의해 현실화되어야 할 것으로 이해한다.

59) G. 뒤랑, *op. cit.*, pp. 125~126.
60) H. Marcuse, *L'homme unidimensionnel. Essai sur l'odéologie de la société industrielle avancée*, trad. M. Wittig, Minuit, 1968, p. 272.

합리적 능력으로서 이성에 의한 진보가 인간 정신의 자유를 위축시키는 이런 상황에서 마르쿠제는 바슐라르가 수행했던 연구의 탁월성을 다음과 같이 평한다. "우리가 상상력에 새로운 방향을 부여한다면, 그것은 치유적 힘이 된다. 치유적 힘은 노이로제의 치료에 요긴하지만, 이보다 더욱 특별한 부류의 실효성을 갖는다. 이 전망을 개괄한 것은 시인이 아니고 과학자였다."[61] 현대 사회는 상상력을 인간의 물질적 번영을 위한 하나의 도구로 이해하지만, 우리가 살피었듯이 상상력은 인간 존재의 역량이라 할 수 있다. 바슐라르에게 상상력은 현대인이 잃어버린 일부분이자, 진정한 삶을 가능케 한다. 바슐라르의 작업에 대한 마르쿠제의 평가는 현대의 기술편향적 문명에 의해 본래적으로 상상하기를 망각해버린 일차원적 인간에게 무엇보다 시급한 것이 상상력의 회복임을 말해준다.

그렇다면 바슐라르의 상상력 이론은 치유학으로서 어떻게 활용할 수 있는가? 이것이 9장의 마지막 물음이며, 인간의 존재론적-창조적 상상력을 강조한 그의 통찰을 발전시켜야 하는 우리의 과제라 할 수 있다. 즉 상상력은 실존으로서 각 인간에게 본래적 삶으로서 끊임없이 비현실을 향해 도약하는 행복을 일깨우지만, 어떻게 상상력을 사회 전반으로 확대할 수 있는가? 바슐라르는 이 문제에 대해서 "이처럼 상상계를 다루는 철학자라도 '대지로의 복귀'라는 문제와 대면하게 된다"[62]라는 소극적 입

61) *Ibid.*, p. 273.
62) TR, 111.

장을 표명할 수밖에 없었다. 그의 상상력 이론은 어디까지나 자신의 체험과 맞닿아서 새롭게 살도록 고무된 한 실존의 입장에서부터 탐색될 수밖에 없기 때문이다. 그렇다면 한 실존의 행복을 넘어서 타자와의 관계, 자연과의 관계, 사회 전체로 수평적으로 퍼져 나가는 상상력이야말로 우리 시대에 주어진 과제라 볼 수 있다. 우리는 이러한 문제 의식을 "윤리적 상상력"이라고 규정했다. 최근 활발하게 연구되고 있는 윤리적 상상력의 가능성[63]을 우리는 어떻게 현실화할 수 있는가?

이에 대한 한 가지 가능성으로서 우리는 상상력 이론의 '인문학의 치유 기능'을 간략히 언급하고자 한다. '힐링(healing)'이라는 말이 주목받고 있는 지금의 시대에 개인의 정서적, 정신적 문제와 이로부터 기인하는 사회적 문제들을 진단하고 치유하려는 인문학은 정신과에서 이루어지는 심리 치료와는 다르다. 인문학의 치유 가능성은 복원과 회복에 밀접한 연관을 맺고 있으며 '원래의 순수 상태로 혹은 온전한 상태로 되돌림' 혹은 '전체의 복원'이라는 의미를 갖고 있기 때문이다. 이러한 회복과 복원의 기능에 생각할 때, 바슐라르의 상상력 이론은 치유의 인문학으로서 충분한 가능성을 갖고 있다고 말할 수 있다. 지네스티에는 이 점을 일찍부터 간파했다. "바슐라르에게 있어 정신분석은 이해와 치유를 가능하게 한다. (…) 예술에 있어서 치유는 상상력의 발전의 연속을 가장 잘 따를 수 있기 위해 이해시키는데

63) *Gaston Bachelard. Science et poétique, une nouvelle éthique?*, sous la dir. de J-J. Wunenbeurger, Hermann, 2013 참조.

있다."[64] 환자의 고백을 통해 정신질환을 야기한 원인을 판단하는 것과 달리 바슐라르에게 있어 정신분석은 예술과 상상력의 영역이기에 자신이 직접 참여하고 그를 통해 새로운 삶을 사는 것이다. 심리학자인 셀린 역시 바슐라르의 상상력 이론의 치유 기능에 주목하여 "힐링은 그저 기억의 회복과 그것의 총괄만을 이야기하는 것이 아니라 [상상력의] 창조적 과정 자체와 함께 하는 것"[65]이라고 말한다.

지금의 시대를 살아가는 인간의 정신적·심리적 문제는 질병의 원인을 판별하고 이에 대해 처방하는 기존의 의학적인 접근으로 해결하기 어려운 한계를 보이며, '인문 상담'에 대한 연구가 활발히 이루어지는 이유는 여기에 있다. 인간에 대한 종합적 이해를 추구하는 인문학에 토대를 두는 접근은 개인의 정신적·심리적 문제를 듣고, 공감하고, 이해하려는 가능케 한다. 이러한 지점에서 바슐라르의 상상력 이론은 인간 실존의 삶을 일깨우고, 늘 새롭게 살아가게 하는 본래적 역량을 회복시킨다. 이런 점에서 바슐라르가 우리에게 제시하는 상상력의 철학에서 인문학적 치유의 기능을 충분히 기대할 수 있다는 잠정적 결론을 제안하는 것은 무리가 아니리라 생각된다.

---

64) P. Ginestier, *op. cit.*, p.140.

65) I. Serlin, "The Relevance of Bachelard's Dynamic Imagination for Movement Art Psychotherapy", *The Arts in Psychotherapy* 19, 1992, p. 191.

에필로그

에필로그

바슐라르는, 감히 말해, 나의 참 스승이다. 그래서 대학원 지도 학생들에게 바슐라르를 읽기는 하되 전공을 하지는 못하게 한다. 바슐라르에게 눈길을 한 번 주는 순간, 그로부터 자유로울 수 없다는 것을 잘 알고 있기 때문이다. 바슐라르의 텍스트는 연구의 대상이 아니라 공감의 파트너다. 따라서 바슐라르를 읽게 되면, 누구라도 스스로가 바슐라르가 되는 경험을 하게 된다. 바슐라르는 이렇게 그의 독자에게 꿈을 꾸게 하는 아주 특별한 매력을 지닌 철학자이다. 꿈을 꾼다는 것은 방향도 목표도 없이 무한 우주를 향해 내달리는 것이다.

물론 시학 관련 텍스트들에 국한되지만, 그의 글을 읽는다는 것은 곧 그와 하나가 된다는 것을 뜻하며, 따라서 독자는 금방 바슐라르로 빙의되어 그와 공저자(co-auteur)가 된 느낌을 갖게 된다. 그의 글을 다른 철학자들의 글처럼 눈으로 일견(一見)하고 손을 놓을 수 없는 이유가 여기에 있다. 바슐라르는 독자에게로 다가와 독자를 변화시키는 마력을 가지고 있다.

시, 시학에 관한 그의 글을 독서하다 보면, 어느새 소리 내어 읽고 있는 내 모습을 발견하곤 한다. 그렇게 시간 가는 줄 모르고 몇 차례 밤을 샌 적도 있다. 그의 글을 읽으면 읽을수록 정신이 맑아진다고나 할까. 그와 꿈꾸기를 공유하니 졸릴 수가 없다. 시간 가는 걸 잊는 것은 당연하다. 이것이 바로 바슐라르만의 마력, 매력이 아니고 무엇이겠는가!

2013년 한국외대출판부에서 출간한 『상상력과 문화콘텐츠』 표지

"아껴 읽는다"는 표현이 가능하다면, 나는 바슐라르를 아껴 읽는 편이다. 그래서 아주 가끔 바슐라르 텍스트를 들고 학생들 앞에 선다. 2011년 과 2012년 문화콘텐츠학을 전공한 대학원생들과 두 학기에 걸쳐 바슐라르의 상상력과 4원소론에 대해 강의한 적이 있다. 그 때 어떤 대학원학생이 나에게 '박슐라르'라는 별명을 붙여주었다. 바슐라르가 필자에게 빙의되어 있다는 의미로 이런 표현을 했을 것으로 생각된다. 모든 학생이 수업에 열성적이었고, '각자의 바슐라르'를 한데 모아 『상상력과 문화콘텐츠』를 출간했다. 그때 함께 했던 학생들이 가끔 묻는다, "요즘도 바슐라르를 강의하시냐?"고.

최근 몇 년간은 바슐라르를 강의하지 않았더니 바슐라르가 그립다. 이제 바슐라르의 『공간의 시학』을 다시 꺼내들 때가 된 모양이다. 나는 바슐라르를 『공간의 시학』을 통해 접했고, 이 책도 『공간의 시학』에 많은 부분 기대 있다. 『공간의 시학』, 일단 책 제목이, 시쳇말'로, "죽인다!" 공간의 시학? 한스 라이헨바

하의 『공간의 철학』을 읽으며 졸았던 기억이 생생하다. 대체 무슨 소리인지? 헌데 바슐라르의 『공간의 시학』은 판연히 달랐다. 일단 이 책은 필자의 사고를 정지시켰던 기억이 난다. 『공간의 시학』첫 문장에 그 증거가 있다.

> "과학철학의 근본적인 주제들에 전념하며 자신의 전 사상을 형성해 온 철학자, 스스로 그가 할 수 있는 한 단호히 현대 과학의 활동적 이성주의, 성장하는 합리주의의 축을 좇아온 철학자, 만약 그가 시적 상상력이 제기하는 문제들을 연구하기를 원한다면, 그는 그가 그동안 터득한 지식을 잊어버려야 하고, 모든 철학적 연구의 습관들과 단절해야 할 것이다."

주지하듯 인용문에서 거명된 '철학자'란 다름 아닌 바슐라르 본인이다. 우리는 바슐라르를 과학철학자, 시간(순간)의 철학자라고 평가하곤 한다. 푸코나 쿤에게도 영향을 미친 인식론적 단절(l'obstacle épistémologique, la coupure épistémologique)이라는 개념과 관련해 '역사적 인식론(l'épistémologie historique)'의 프랑스의 대표주자라는 평가를 하기도 한다. 실제 그의 정신을 잇는다는 학자들(G. Canguilhem, L. Althusser, G. Durand, F. Dagognet, D. Lecourt, P. Bourdieu, M. Serres 등)은 거의가 바슐라르의 상상력이나 시학보다는 과학-인식론자로서 바슐라르에 의존하고 있는 편이다. 그러나 위 인용문에서도 확인할 수 있듯, 바슐라르 본인은 과학, 철학과 단절하고 시적 상상력을 통해 자신만의 길을 새롭게 개척하고 싶었던 '철학-시인'이다. 『공간의 시학』에 이를 '결단한' 그의 의지가 분명히 표현돼 있다. 요즘 용어로 표현하면, 바슐라르는 시적 상상력을 통해 '자기튜닝'을 한 셈이다. 그래서 많은 바슐라르 연구자들이 '코페르니쿠스적 전환'이나 '혁명적'이란 표현을 바슐라르를 소개할 때 즐겨 사용하는지 모른다.

바르-쉬르-오브의 바슐라르의 생가 벽면
(왼쪽 흐릿한 부분이 바슐라르 얼굴)

바슐라르가 개척한 상반된 2길(과학/철학, 시적 상상력/문학비평)은 상식적으로 한 사람에게서 나온 자식이라고 할 수 없을 정도로 서로 충돌한다. 분명하게 구분된 두 길이기 때문에 종합(synthèse)도 수렴(convergence)도 기대할 수 없다. 바슐라르에게 있어 이 두 길은 정신의 두 활동처럼 서로가 서로에게 품을 내주지 않는다. 과학적으로 사유하는 것과 시적으로 상상하는 것은 정신의 적법한 두 태도이다.

그렇다면 그가 낸 두 개의 길 중 과연 어떤 길이 더 혁명적일까? 필자가 판단하기에는 당연 시적 상상력/문학비평의 길이 더 혁명적이다. 어쩌면 이는 한 때 문학 소년이기도 했던 필자의 선입견이 작용했을 수도 있다는 점을 감안하고 이해해주었으면 한다. 시적 상상력/문학비평의 길에 필자의 관심이 집중되어 있다는 것은 여기 한데 묶인 9편의 글이, 프롤로그에서도 이미 고백했듯, 바슐라르의 전체 사상을 아우른다고 말하기에는 부족한 점이 있다는 것을 의미한다. 하지만 이는 어디까지나 필자에게 주어진 시간의 제한 때문이며, 그런즉 나머지 반, 즉 바슐라르의 과학/철학에 관한 길은 후일을 기약할 수밖에 없다. 부언컨대 이 책에서 필자는 바슐라르 사상의 2축 중 시적 상상력과 문학비평을 임으로 선택한 것이고, 더 솔직히 표현하면 필자는 바슐라르와 함께하는 시간마저 논리, 합리, 이성 등과 같은 개념과 씨름하며 보내고 싶지 않았다.

즉심시불(卽心是佛)이라 했던가! 이 책에서 대부분의 글은 바슐라르의 텍스트에 준해 충실한 해석을 수행하려고 노력했지만, 몇 편의 글은 '물이다', '얼음이다', '수증기다' 따져 묻기보다 바슐라르가 이국(異國)의 필자에게 건넨 전언(傳言)을 필자가 직관적으로 붙들어 전개한 글도 있다. 대표작으로 제1장 〈바슐라르 읽기, 바슐라르와 더불어 꿈꾸기〉가 그렇다. 2004년 『세계의 문학』 측에서 일반 독자를 위한 글이니 각주 없이 써 달라고 해서 수필처럼 쓴 글이다. 그리고 제4장 〈무위-무한-무욕의 사고 실험으로서 상상력〉 또한 그렇게 필자의 직관의 힘을 믿고 쓴 글이다. 필자가 이런 아이디어를 갖게 된 계기는 필자가 바르 쉬르 오브(Bar-sur-Aube) 태생이 아니라 한국의 오지 출신인데다가 불교를 조금 아는 터에 가능한 착안이었는지 모른다. 그리고 국내에서 특히 상상력을 논하는 글과 책들이 '문학적', '사회적', '과학적', '해석학적'과 같이 상상력 앞에 수식어를 붙여 상상력의 활동 자체를 제한하려는 것이 못마땅하게 여겨졌던 탓도 있다. 그리고 제6장 〈시적 순간과 현존재의 시학 −하이데거와 바슐라르의 십자가〉를 쓰면서 필자는 바슐라르에게서 예수의 모습을 떠올렸던 기억이 난다. 한 사람의 철학자가 철학계 전체를 상대로 상상력을 학문함(philosopher)의 본령이라고 이야기한다는 것은 스스로 십자가를 자신의 어깨 위에 올려놓지 않고서는 불가능한 도전이라 생각했다.

이런 도전 정신 때문에 어쩌면 바슐라르는 스스로도 자신을 철학계의 반항아, 이단아를 자처했는지 모른다. 필자의 판단엔 현대프랑스철학자 중 철학-해체(déphilosopher)을 외친 최초의 철학자가 바슐라르가 아닌가 싶다. 그의 화살은 늘 객관적-과학적 인식(connaissance objective et scientifique)에만 골몰하고 있는 아카데미 철학(philosophie officielle)을 겨냥했고, 이러한 편견을 바슐라르는 '정신분석(psychanalyse de la connaissance objective)하면서' 그 원인이 어디에 있는지를 규명해보고자 했던 것 같다.

아카데미에서의 학문 활동을 지배·지휘하고 있는 '객관성', '명증성'은 바슐라르에게 있어 '상상력의 적'이다. 반데카르트주의자 바슐라르가 데카르트의 '의심의 방법'은 비판적으로 수용하는 이유가 여기에 있다. 상상력을 위해서는 "그동안 터득한 지식을 잊어버려야 한다." "모든 철학적 연구의 습관들과 단절해야 한다." 바로 여기에 바슐라르 사상의 두 번째 마력이 있다. 철학을 해체하기 위해 철학을 한다는 모순을 스스로 감당하려는 철학자, 그에게 가해지는 반격이 심심찮은 것도 이 때문이다. 캉귀엠의 '철학적 과학(science philosophique)'도 그렇고 뒤랑의 '신인류학적 정신(nouvel esprit anthropologique)'도 그렇다.

앞서 필자는 바슐라르를 "아껴 읽는다"고 했는데, 더 정확히 말하면 필자는 바슐라르가 "하지 말라"는, "제발 그만 하라"는 것을 여전히 계속하고 있으니 솔직히 그의 텍스트를 펼치기가 부끄러운 점도 없지 않다. 여전히 '나의 코기토'에 얽매어 상상력의 여행을 떠날 준비를 못하고 있다는 뜻이다. 코기트를 붙들고 바슐라르를 읽는다는 것, 이는 바슐라르가 개현(開顯)코자 했던 상상력의 여정과 정확히 반대되는 길이다. 이 책에서도 누차 강조했지만 상상력은 기본적으로 무한(無限)을 향해 나래짓하는 것이 그 본질이다. 평범한 한 인간이 더없이 행복할 수 있는 공간, 현실로부터 자유로울 수 있는 것은 바로 이 상상력의 무한-지대 때문이다. 그곳엔 무욕(無慾)의 상태가 아니고서는 근접이 불가능하다. 무언가를 행한다는 것(爲)이 아무 것도 행하지 않은 것(無爲)과 구분되지 않은 자리, 필자가 살아서 가닿아 보고 싶은 세계다. 바슐라르는 현재 그곳에 머물고 있을 것이다.

각자의 코기토로 인해 이전투구(泥田鬪狗)하고 있는 우리네 현실, 그래서 각진 세계, 네모난 세계가 둥글어지기 위해서는 먼저 스스로가 세계의 한 가운데 서서 둥근 존재가 되어야한다. 그래야 '둥근 삶'을 살 수 있고, '둥근 우주'와 하나가 될 수 있다. 그의 말대로라면 "세계는 둥근 존재 주위에서는 둥근 것"이

가스통 바슐라르와 딸 수잔 바슐라르

된다. 바슐라르가 『공간의 시학』 마지막 장(章)을 〈원(圓)의 현상학〉이라고 붙인 이유가 여기에 있다. 그의 말대로, "삶은 아름다운 것이 아니라 둥근 것이다." 이 책의 부제를 통해서도 암시했듯, 바슐라르가 그토록 강조한 상상력의 총화는 이렇듯 우리 모두가 상대에게 '둥긂'을 널리 퍼트일 때 완성된다고 할 수 있다. 바슐라르에게 존재는 둥근 것이다. 그에게는 '존재의 항구성' 또한 이 둥긂으로 유지된다. 둥긂은 전통적으로 철학자들이 설계한 X, Y와 같은 '것', 즉 개념이 아니라 하나의 '시적 공간'이고, 그 안에서 존재자인 인간들에게 감동을 선물하고 영혼에 울림을 주는 시가 있어 둥긂은 곧 행복의 대명사가 된다.

"시인의 목소리는 세계의 목소리(PR, 162)"라 했던가! 바슐라르의 '공간'이 '시적 공간'인 이유가 여기에 있다. 이것이 또한 바슐라르가 추구한 "존재의 진리(vérité de l'être)"이기도 하다. 다시 말해 존재는 이데아로, 실체로, 코기토로, 절대정신으로 세계를 저 멀리서 이성적으로 굽어보기만 하는 '것'이 아니라 둥긂의 형태로 자신의 상상력을 펼치는 존재자들에게 둥긂으로 화답하면서 그들을 포옹한다. 이렇듯 "존재의 진리"는 "세계에 존재함의 행복(bonheur d'être au monde - PE, 69~71)을 존재자와 공유된다.

바슐라르의 4원소론 중 대지(terre)가 중요한 이유가 여기에 있다. 상상력은 허구나 환상이 아니라 대지에 뿌리내리고, 대지가 비옥해질 때, 즉 대지의 자연성이 회복될 때 그 위에서 삶을 전개하는 인간이 행복해진다는 것을 바슐라르는 누구보다 잘 알고 있다. 현대처럼 가상세계에서 한 순간 행복해지는 것은 진정한 행복이 아니다. 대지는 주지하듯 경작의 대상이면서, 인간에게 가장 직접적인 요소이자 인간과 가장 근접해 있는 존재이며, 인간의 경험에 가장 친숙한 것이다. 그런 즉 대지, 즉 자연이 파괴되는 것만큼 인간에게 공격적인 것이 있을 수 없다. 인간, 인간성의 회복은 자연의 회복을 통해 가능하다는 주장을 이 책의 여러 곳에서 강조했던 이유도 여기에 있다.

이런 졸저를 낼 수 있는 기회를 준 참 스승 바슐라르에게 먼저 감사드린다. 그리고 이런 기회가 필자에게 주어진 것은 역사를 거슬러 올라가면 경희대학교의 프랑스어학과의 홍명희 교수가 계신다. 그는 2000년 「문학비평의 바슐라르적 접근」으로 박사학위를 받고서 귀국하면서 서울에서 복사해서 들고 온 책들을 모두 내게 건네주었는데, 그 중에 필자의 시선을 사로잡은 책이 있었으니, 그것이 바로 『공간의 시학』이었다. 사람들이 첫 사랑을 쉬 잊지 못하듯, 필자의 바슐라르에 대한 첫 사랑이 『공간의 시학』에서 시작되다보니 이렇게 손에서 쉬 놓을 수 없고, 이 책의 7할도 『공간의 시학』에서 착안한 것이라는 것을 밝혀둔다.

필자의 박사학위논문 발표 후 지도교수(필자 오른 쪽), 박희영 교수님, 심사위원, 동료들과 함께 파티장에서 (2000년 7월 5일)

바슐라르와의 인연은 그 밖에도 필자가 공부한 부르곤뉴대학교의 대학원철학과에서 1991년부터 바슐라르연구소(Centre Gaston Bachelard de recherches sur l'imaginaire et la rationalité, 당시 소장은 홍명희 교수와 필자의 지도 교수인 Jean-Jacques Wunenburger가 맡고 있었으며, 그는 현재에도 1984년 바슐라르가 태어난 바르-쉬르-오브에 본부를 둔 국제바슐라르연구회(Association International Gaston Bachelard)를 이끌고 있음)가 개원되어 운영 중이었고, 박사과정의 외국인 동료들 중 바슐라르 연구자가 꽤 많았는데, 이런 이유로 필자가 바슐라르를 직간접적으로 접할 수 있는 기회가 많았다. 그리고 현재에도 당 연구소에서는 바슐라르 관련해 다양한 학술·출판 프로그램을 운영하고 있다(http://www.u-bourgogne.fr/PHILO/CENTRE-BACHELARD/ 참조 - 연간지 *Cahiers Gaston Bachelard*를 비롯해, *Cahiers d'histoire de la philosophie*, 그리고《Figures libres》시리즈가 대표적이라 할 수 있다).

그리고 무엇보다도 필자의 박사학위논문 지도교수인 뷔넨뷔르제에게 감사의 마음을 전하지 않을 수 없다. 그는 너그러운 현인(賢人)이었으며 사려 깊은 스승이었다. 내 논문보다 내 시집(Mes mots sont mes maux)에 더 관심을 보였던 그다. 뵙고 싶은 마음 간절하지만 멀리 계시니 필자가 1999년 8월 15일 쓴 〈나의 스승(Mon maître)〉이란 시를 통해 그분에 대한 나의 모심(慕心)을 대신해볼까 한다.

Mon maître et mon être
Entre nous,
De secret, rien

Rien qu'un secret de silence,
Silence pour moi en parole
De mom Maître.

Silence long,
Maigres paroles,
Dialogue intuitif.

그리고 필자의 오늘이 있기까지 늘 다정다감한 시선으로 지켜봐주신 박희영 교수님께도 감사드리지 않을 수 없다. 뒤랑에게 바슐라르가 소크라테스였다면, 박 교수님은 필자에게 소크라테스였다. 올해 8월 외대 교정을 떠나시는데, 이제 교수님의 강의를 청해 들을 수 없으니 아쉽기 그지 없으며 어깨 또한 무겁다.

마지막으로는 제자이자 동학인 김윤재 박사에게 감사하는 마음을 전하지 않을 수 없다. 그는 이 책의 구성과 편집 그리고 자신이 공들여 쓴 8장과 9장의 원고까지 건네주며 이 책이 보다 짜임새 있는 글이 될 수 있도록 도움을 주었다. 그가 늘 곁에 있어 난 행복하다.

바슐라르 탄생 113 주년을 기념하며

참고문헌

1. 국내문헌(번역본 포함)

가세트(O. y), 『예술의 비인간화』, 안영옥 옮김, 고려대학교 출판부, 2004.

곽광수·김현, 『바슐라르 연구』, 민음사, 1976.

김무경, 「왜 일상에 주목하나 - 무의미한 일상을 '사회적 상징의 장'으로 인식하자」, 《조선일보》, 2004년 11월 11일자.

김성수, 「M.C.에셔의 원(圓), 신화와 대중문화」, 『글로벌문화콘텐츠』 제3호, 2009.

김억중, 「그 자리, 그런 집, 그런 사람, 그런 삶」, 『2008년도 추계학술발표회보』(한국프랑스학회), 2008.

그로써(M.), 『화가의 눈』, 오병남·신선주 옮김, 서광사, 1987.

나카무라 요시오, 『풍경의 쾌락』, 강영조 옮김, 효형출판, 2007.

노드롭(F. S. C.), 『사람 자연 그리고 신』, 안경숙 옮김, 대원사, 1995.

노르베리-헤지(H.), 『오래된 미래: 라다크로부터 배운다』, 김종철 등 역, 녹색평론사, 2001.

노양진, 「상상력의 윤리적 함의」, 『범한철학』 제41집, 2006.

다이슨(F.), 『상상의 세계』, 신중섭 옮김, 사이언스북스, 2000.

데리다(J.), 『글쓰기와 차이』, 남수인 옮김, 동문선, 2001.

도킨스(R.), 『이기적 유전자』, 홍영남 옮김, 을유문화사, 2002.

뒤랑(G.), 『상징적 상상력』, 진형준 옮김, 문학과 지성사, 1990.

______, 『상상력의 과학과 철학』, 진형준 옮김, 살림, 2003.

뒤끌로(D.) 外, 『프리바토피아를 넘어서』, 최연구 옮김, 백의, 2003.

______, 『상상력의 과학과 철학』, 진형준 옮김, 살림, 2003.

드보르(G.), 『스펙타클의 사회』, 이경숙 옮김, 현실문화연구, 1996.

드루아(R.-P.), 『사물들과 철학하기』, 박선주 옮김, 동문선, 2005.

들뢰즈(G.), 『대담』, 김종호 역, 솔, 1993.

______, 『감각의 논리』, 하태환 옮김, 민음사, 2008.

르페브르(H.), 『현대세계의 일상성』, 박정자 옮김, 기파랑, 2005.

마페졸리(M.), 『현대를 생각한다』, 박재환·이상훈 옮김, 문예출판사, 1998.

라도삼, 『비트의 문명, 네트의 사회』, 커뮤니케이션북스, 1999.

라이트 밀즈(C.), 『사회학적 상상력』, 강희경·이해찬 옮김, 돌베게, 2004.

류시천·윤찬종, 「에셔작품의 프랙탈 속성에 관한 연구」, 『디자인학연구』 제45호, 2002.

바네겜(R.), 『일상생활의 혁명』, 주형일 옮김, 시울, 2006.

바뱅(P.) 外, 『느끼는 시대, 오늘』, 이화숙 옮김, 성바오로출판사, 1993.

바슐라르(G.), 『촛불의 미학』, 이가림 옮김, 문예출판사, 1975.

______, 『꿈꿀 권리』, 이가림 옮김, 설화당, 1980.

______, 『물과 꿈』, 이가림 옮김, 문예출판사, 1980.

______, 『풍경』, 이가림 옮김, 열화당, 1982.

______, 『반항의 시인, 로트레아몽』, 윤인선 역, 청하, 1985.

______, 『부정의 철학』, 김용선 옮김, 인간사랑, 1991.

______, 『공간의 시학』, 곽광수 옮김, 민음사, 1993(동문선, 2003).

______, 『현대물리학의 합리주의적 활동』, 정계섭 옮김, 민음사, 1998.

______, 『공기와 꿈』, 정영란 옮김, 이학사, 2000.

______, 『촛불의 미학』, 이가림 옮김, 문예출판사, 2001.

______, 『대지 그리고 휴식의 몽상』, 정영란 옮김, 문학동네, 2002.

______,『순간의 미학』, 이가림 옮김, 영언문화사, 2002.

______,『몽상의 시학』, 김웅권 옮김, 동문선, 2007.

박찬국,「하이데거(에게 있어서 가능성)」,『아카필로』 제3호, 산해출판사, 2001.

박치완,「시와 철학, 그 미답의 경계를 위하여」 및「포스트모던 시대의 詩作과 思惟 그리고 그 역할과 기능」,『외국문학연구』 제8호, 2001.

______,「앙리 베르그송의 '있는 바 그대로의 것'에 대한 새로운 해석의 시도」,『대동철학』 제15집, 2001.

______,「하이데거와 바슐라르의 십자가」,『하이데거연구』 제8집, 2003.

______,「삼독기법으로부터 벗어나는 길 - G. 바슐라르의 상상력의 철학이 주는 교훈」,『불교평론』 제5권 제4호, 2003.

______,「바슐라르 읽기, 바슐라르와 더불어 꿈꾸기」,『세계의 문학』 제114호, 2004.

______,「동일성의 폭력과 차이의 허구」,『철학과 현상학연구』 제23집, 2004.

______,「기계-인간과 가상(환상)세계의 공포」,『대동철학』 제24집, 2004.

______,「일상어와 시어, 시와 선시 - 선시론의 정립을 위한 일 모색」,『유심』 제17호, 2004.

______,「바슐라르와 詩」,『프랑스학연구』 제33권, 2005.

______,「상상력의 힘과 현대문명 비판」,『비교문화연구』 제9권 제1호, 경희대학교 비교문화연구소, 2005.

______,「스펙타클의 지배와 인간의 (자기)소외」,『철학연구』 제33집, 고려대학교 철학연구소, 2007.

______,「데카르트의 〈코기토 논증〉, 과연 효과적인가?」,『프랑스학연구』 제40권, 2007.

______, 「바슐라르의 윤리적 상상력과 풍경의 상상학」, 『프랑스학연구』 제52권, 2010.

______, 「창의적 상상력과 이미지텔링의 관점에서 본 마그리트의 〈폭포〉」, 『글로벌문화콘텐츠』 제12호, 2013.

박치완·김성수, 『비주얼 컬쳐 시대의 이해』, 한국외국어대학교 지식출판원, 2015.

송종인·박치완, 「이미지의 이중성과 복합성」, 『글로벌문화콘텐츠』 제8호, 글로벌문화콘텐츠학회, 2012.

바르트(R.), 『중립』, 김웅권 옮김, 동문선, 2004.

배영달, 「이미지와 기호」, 『프랑스학회 2005년 봄-학술대회보』, 2005.

배학수, 「하이데거에서 시와 언어의 관계」, 『하이데거의 언어사상』, 한국하이데거학회 편, 철학과 현실사, 1998.

보드리야르(J.), 『소비의 사회』, 이상률 옮김, 문예출판사, 2002.

보이아(L.), 『상상력의 세계사』, 김웅권 옮김, 동문선, 2000.

볼츠(N.), 『구텐베르크 - 은하계의 끝에서』, 윤종석 옮김, 문학과 지성사, 1999.

뷔넨뷔르제(J.-J.), 「철학의 유혹」, 『오늘의 프랑스 철학사상(1960~1985)』 (크리스티앙 데깡 지음, 김화영 역), 책세상, 1991.

브뤼크네르(P.), 『번영의 비참』, 이창실 옮김, 동문선, 2003.

블레이처(J.), 『해석학적 상상력』, 이한우 옮김, 문예출판사, 1989.

비뇨(G.), 『분류하기의 유혹』, 임기대 옮김, 동문선, 2000.

사이드(E. W.), 『문화와 제국주의』, 정정호·김성곤 옮김, 창, 2011.

석지현, 『禪詩鑑賞辭典』, 민족사, 1997.

세르(M.), 『헤르메스』, 이규현 옮김, 민음사, 1999.

소르망(G.), 『진보와 그의 적들』, 이진홍·성일권 옮김, 문학과 인식, 2003.

손탁(S.), 『해석에 반대한다』, 이민아 옮김, 도서출판 이후, 2002.
송지홍(엮음), 『불교 설화 산책』, 불교시대사, 1992.
신승환, 「진리 이해의 지평으로서의 예술」, 『하이데거의 예술철학』, 한국하이데거학회 편, 철학과 현실사, 2002.
______, 『포스트모더니즘에 대한 성찰』, 살림출판사, 2003.
아렌트(H.), 「상상력」, 『칸트 정치철학 강의』, 김선욱 옮김, 푸른숲, 2002.
오(M.), 『세잔』, 이종인 옮김, 시공사, 2001.
오제키 슈지 외 엮음, 『환경사상 키워드』, 김원식 옮김, 알마, 2007.
와쓰지 데쓰로우, 『풍토와 인간』, 박건주 옮김, 장승, 1993.
윌버(K.), 『무경계』, 김철수 옮김, 무우수, 2005.
유평근·진형준, 『이미지』, 살림출판사, 2001.
윤병렬, 「하이데거의 횔더린 시(詩)-해석과 "다른 시원"」(『하이데거의 예술철학』, 한국하이데거학회 편, 철학과 현실사, 2002.
이기상, 『존재의 바람, 사람의 길』, 철학과 현실사, 1999.
______, 『하이데거의 존재의 사건학』, 서광사, 2003.
______, 「사이버 시대에서 존재중심의 사유 비판과 그 대안」, 『한국언어문화』 제25집, 2004.
이시영, 『이슬 맺힌 노래』, 들꽃세상(들꽃세상시집 4), 1991.
이정우 外, 『철학으로 매트릭스 읽기』, 이룸, 2003.
이지훈, 「바슐라르의 단절 개념」, 『철학연구』 제21집, 고려대학교 철학연구소, 1998.
______, 『예술과 연금술』, 창작과 비평사, 2004.
이찬규, 「가스통 바슐라르와 펠릭스 가타리: 생태학적 상생의 문화를 위하여」, 『한국프랑스학논집』 제62집, 2008.
이충훈, 「루소, 축제, 자연」, 『2008년도 추계학술발표회보』(한국프랑스학회), 2008.
정은해, 「하이데거의 언어철학: 언어의 본질을 중심으로」, 『하이데거의 예술철학』, 한국하이데거학회 편, 철학과 현실사, 2002.
정채봉, 『멀리가는 향기』(일러스트 김복태), 샘터, 1987.
지네스티에(P.), 『바슐라르의 사상』, 김현수 역, 금문당출판사, 1983.
지젝(S.) 外, 『매트릭스로 철학하기』, 이운경 옮김, 한문화, 2003.
진중권, 『진중권의 현대미학 강의. 숭고와 시뮬라크르의 이중주』, 아트북스, 2003.
진형준, 『상상적인 것의 인간학』, 문학과 지성사, 1992.
최봉영, 「감각」, 『우리말 철학사전 3』, 지식산업사, 2003.
최성환, 「문화 해석과 해석 문화: 합리적-합의적 문화 이해의 해석학적 기초」, 『문화와 해석학』, 한국해석학회 편, 철학과 현실사, 2000.
최종덕, 『시앵티아: 과학에 불어넣는 철학적 상상력』, 당대, 2003.
카뮈(A.), 『최초의 인간』, 김화영 옮김, 열린책들, 2006.
테인터(J. A.),《문명의 붕괴》, 이희재 옮김, 대원사, 1999.
파스칼, 『팡세』, 이환 옮김, 민음사, 2003.
푸코(M.), 『이것은 파이프가 아니다』, 김현 옮김, 민음사, 1998.
포스터(H.), 『실재의 귀환』, 이영욱·조주연 옮김, 경성대학교출판부, 2010.
폰 헤르만(F. W.), 『하이데거의 예술철학』, 이기상·강태성 옮김, 문예출판사, 1997.
페더스톤(M.), 『포스트모더니즘과 소비문화』, 정숙경 옮김, 현대미학사, 1999.
하이데거(M.), 『형이상학이란 무엇인가?』, 이기상 옮김, 서광사, 1994.
______, 『존재와 시간』, 이기상 옮김, 까치, 1998.
______, 『세계상의 시대』, 최상욱 옮김, 서광사, 1995.

하트니(E.),『포스트모더니즘』, 이태호 옮김, 열화당, 2003.
홍명희,「현대사회의 이미지의 위상」,『프랑스학연구』 제26권, 2003.
______,「이미지와 상상력의 존재론적 위상」,『한국프랑스학논집』 제49집, 한국프랑스학회, 2005.
______,『상상력과 가스통 바슐라르』, 살림, 2005.

2. 국외문헌

Ardenne(P.), *Extrême esthétiques de la limite dépassée*, Flammarion, 2006.
Arendt(H.), "La conquête spatial et la dimension de l'homme", *La crise de la culture*, Gallimard, 1972.
Bachelard(G.), *L'Intuition de l'Instant*, Stock, 1932.
______, *La dialectique de la durée*, P.U.F., 1936(1950).
______, *La formation de l'esprit scientifique*, J. Vrin, 1938.
______, *La psychanalyse du feu*, Gallimard, 1938.
______, *Lautréamont*, J. Corti, 1939.
______, *L'eau et les rêves. Essai sr l'imagination de la matière*, J. Corti, 1943.
______, *L'air et les songes. Essai sur l'imagination du mouvement*, J. Corti, 1944.
______, *La terre et les rêveries de la volonté. Essai sur l'imagination des forces*, J. Corti, 1948.
______, *La terre et les rêveries du repos*, J. Corti, 1948.
______, *La philosophie du non*, P.U.F., 1949.

______, *Le rationalisme appliqué*, P.U.F., 1949.

______, *Paysages. Etudes pour quinze burins d'Albert Flocon*, Eynard, Suisse, 1950.

______, *La poétique de l'espace*(1957), P.U.F., 1972.

______, *La poétique de la rêverie*, P.U.F., 1961.

______, *La flamme d'une chandelle*, P.U.F., 1964.

______, *Droit de rêver*, P.U.F., 1970.

______, *Etudes*, présentation de G. Canguilhem, J. Vrin, 1970.

______, *L'activité rationaliste de la physique contemporaine*, P.U.F., 3e éd., 1977.

______, *Fragments d'une poétique du feu*, P.U.F., 1988.

______, *Le nouvel esprit scientifique*, P.U.F., coll. 《Quadrige》, 1991.

______, *Gaston Bachelard(1884~1962).* Causeries, restauration: INA/Radio France, 1994.

______, *La philosophie du non*, P.U.F., coll. 《Quadrige》, 1994.

______, "Bachelard parmi Nous ou l'héritage invisible", 1961(réalisé par Hubert Knapp)/1972(réalisé par Jean-Claude Bringuier).

______, *Bachelard dans le monde*, sous la dir. de J.-J. Wunenburger, P.U.F., 2000.

Backès(J.-L.), "Sur le mot <continuité>", *Bachelard, L'Arc*, n° 42, 1990.

Backès(C.) & Pinaud(B.), "Le dernier alchimiste", *Bachelard, L'Arc*, 1990.

Bacon(F.), *Entretiens avec Michel Archimbaud*, Gallimard, coll. 《folio/essais》, 1996.

Barthes(R.), "Rhétorique de l'image", *Communications*, n°4, 1964.

Bazin(L.), "Le Principe d''orientation: Surréalisme et idéographie",

RiLUnE, n° 8, 2008.

Baudrillard(J.), *La société de consommation*, Gallimard, 1970.

Bennett(T.) & Joyce(P.) (ed.), *Material Powers. Cutural studies, history and the material turn*, Routledge, 2010.

Berçu(F.), "Les Paradis perdus de Proust et de Bachelard", *Bachelard, L'Arc*, 1990.

Bergson(H.), *La pensée et le mouvant*, P.U.F., 3e éd., coll. 《Quadrige》, 1990.

Bernard(M.-G.), "L'imagination parlée", *Bachelard, L'Arc*, n° 42, 1990.

Carvalho(E. M de), *Poésie et science chez Bachelard*, L'Harmattan, 2010.

Caïn(J.), "La nature n'a pas de sens", *Topique*, n° 54, 1994.

Conche(M.), "Penser la Nature", *Revue philosophique*, n° 3 2000.

Cordonnier(V.), *Heidegger*, Quinette, 1995.

Cotten(J.-P.), *Heidegger*, Seuil, 1974.

Descamps(Ch.), *Les idées philosophiques contemporaines en France (1960-1985)*, Bordas, 1986.

Descombes(V.), "Une traduction de Heidegger", *Critique*, n° 430, 1983.

Dorlac(F.), "Ecouter le murmure du monde", *Cahiers Gaston Bachelard*, n° 3, 2003.

Durand(G.), *L'âme tigrée. Les pluriels de psyché*, Denoël/Gonthier, 1980.

______, *Les structures anthropologiques de l'imaginaire*, Dunod, 10e éd, 1990.

______, *L'imagination symbolique*, P.U.F., coll. 《Quadrige》, 1993.

______, *L'imaginaire. Essai sur les sciences et la philosophie de l'image*, Hatier, 1994.

Eliade(M.), *Forgerons et alchimistes*, Flammarion, 1977.

Fruteau de Laclos(F.), "Le sujet de épistémologie et l'objet de la phénoménologie, De quelques lignes tranquillement entremêlées dans l'entre deux-guerres français", P. Cassou-Noués et P. Gillot, éd., *Le concept, le sujet et la science*, J. Vrin, 2011.

Gil(D.), *Bachelard et la culture scientifique*, P.U.F., coll. 《Philosophies》, 1993.

Ginestier(P.), *Bachelard*, Bordas, 1968.

Granel(G.), "Remarques sur l'accès à la pensée de Martin Heidegger", *Le XXe siècle*(Histoire de la Philosophie VIII), sous la dir. de F. Châtelet, Hachette, 2000.

Greimas(A. J.), *Du sens*, Seuil, 1970.

Grondin(J.), *Le tournant dans la pensée de Martin Heidegger*, P.U.F., 1987.

______, "Prolégomènes à l'intelligence du tournant chez Heidegger", *Les études philosophiques*, juillet-septembre 1990.

Gründer(K.), "Heidegger's Critique of Science in his Historical Background", *Philosophy Today*, vol. 7, n° 1/4, 1963.

Hamou(P.), *La vision perspective(1435~1740)*, Payot & Rivages, 2007.

Hartley(J.), *Key Concepts in Creative Industries*, Sage, 2013.

Heidegger(M.), *Essais et conférence*, trad. A. Préau & J. Beaufret, Gallimard, coll. 《tel》, 1958.

______, *Chemins qui ne mènent nulle part*, Gallimard, 1962.

______, *Nietzsche*, II, Gallimard, 1971.

Jacquard(A.), *Petite philosophie à l'usage des non-philosophes*, Calmann-Lévy, 1997.

Joly(M.), *L'image et les signes*, A. Colin, coll. 《Armand Colin Cinéma》,

2008.

Kaplan(E.), "Gaston Bachelard's Philosophy of Imagination: An Introduction", *Philosophy and Phenomenological Research*, vol. 33, n° 1, International Phenomenological Society, 1972.

Kierkegaard(S. A.), *L'existence*. textes choisis par J. Brun, P.U.F., 1962.

Kromicheff(E.), "La morale antique comme logique de la nature", *Annales Doctorales*, E. U. de Dijon, n° 2, 1999.

Laborit(H.), *L'homme imaginant*, Christian Bourgois Editeur, coll. 《10/18》, 1990.

Lacorre(B.), *L'imagination, le perception, l'idée*, Ellipses, 1995.

______, *L'imagination, le jugement, l'idée*, Ellipses, 1995.

Lalande(A.), "Une fausse exigence de la raison", *Revue de la métaphysique et de morale*, n° 1, 1907.

Lavaud(L.), *L'image*, Flammarion, 1999.

Lescure(J.), *Une été avec Bachelard*, Luneau Ascot Editeurs, 1983.

Magnard(P.), "La magie de l'image", *Gaston Bachelard. L'homme du poème et du théorème*, E. U. de Dijon, 1986.

Magritte(R.), *Les Mots et les Images*, Espace Nord, 2012.

Mansuy(M.), *Gaston Bachelard et les éléments*, J. Corti, 1967.

______, "Bachelard et le politique", *Gaston Bachelard, l'homme du poème et du théorème*, EUD, 1986.

Marcondes César(C.), "Ethique et vérité dans la connaissance de la nature", *Cahiers Gaston Bachelard*, n° 4, 2001.

Marcuse(H.), *L'homme unidimensionnel. Essai sur l'idéologie de la société industrielle avancée*, trad. de M. Wittig, Minuit, 1968,

Marie(Ch. P.), *De Bergson à Bachelard. Essai de poétique essentialiste*, E.

U. de Dijon, coll.《Figures Libres》, 1995.

Merleau-Ponty(M.), *L'Oeil et l'Esprit*, Gallimard, 1964.

______, *Le visible et l'invisible*, Gallimard, 1964.

Meyer(M.), *De la problématologie*, P. Mardaga, 1986.

Nicolas(F.), "Ontologie et éthique du poétique chez G. Bachelard et M. Heidegger", *Annales Doctorales*, E. U. de Dijon, n° 2, 1999.

Nouvel(P.), "Bachelard et Heidegger lecteurs de Nietzsche", *Actualité et postérités de Gaston Bachelard*, sous la dir. de Pascal Nouvel, P.U.F., 1997.

Paquet(M.), *René Magritte. La pensée visible*, Taschen, 2000.

Pariente(J-C.), *Le vocabulaire de Bachelard*, Ellipses, 2001.

Pire(F.), *L'imagination poétique dans l'oeuvre de Gaston Bachelard*, J. Corti, 1967.

Plessen(J.), "Bachelard et le langage", *Bachelard*, Union Générale d'Editions, coll.《10/18》, 1974.

Poincaré(H.), *La valeur de la science*, Flammarion, 1970.

Prigogine(I.) et Stengers(I.), *La nouvelle alliance. Métamorphose de la science*, Gallimard, 1986.

Quillet(P.), *Bachelard*, Seghers, 1964.

Ricoeur(P.), *La métaphore vive*, Seuil, 1975.

Saint-Sernin(B.), "Science et imagination selon Gaston Bachelard", *Gaston Bachelard. L'homme du poème et du théorème*, E. U. de Dijon, 1986.

Salanskis(J.-M.), J.-M. Salanskis, *Heidegger*, Les Belles Lettres, 1997.

Serlin(I.), "The Relevance of Bachelard,'s Dynamic Imagination For Movement Art Psychotherapy", *The Arts in Psychotherapy*, vol. 19.

1992.

Serres(M.), *Hermès IV -La distribution*, Munit, 1977.

Sini(C.), *La philosophique théorétique*, trad. de l'italien par Cl. Hausen, Mentha, 1992.

Stirn(F.), *Les grands penseurs contemporains*, A. Colin, 1998

Védrine(H.), "Le profil épistémologique", *Bachelard, L'Arc*, 1990.

Voisin(M.), "Bachelard moraliste", *Gaston Bachelard. L'homme du poème et du théorème*, E. U. de Dijon, 1986.

Wittgenstein(L.), *Culture and Value*, Univ. of Chicago Press, 1980.

Wunenburger(J.-J.), "La pensée tranchante", *Revue de l'enseignement philosophique*, n° 6, 1988.

______, *La raison contradictoire*, A. Michel, 1990.

______, *La vie des images*, P.U. de Strasbourg, 1995.

______, *Philosophie des images*, P.U.F., 1997.

______, *Gaston Bachelard, Poétique des images*, Mimesis, coll. 《L'oeil et l'esprit》, 2012

Dictionnaire d'analyse du discours, s. dir. P. Charaudeau & D. Maingueneau, Seuil, 2002.

Collectif, *Gaston Bachelard. Science et poétique, une nouvelle éthique?*, sous la dir. de J-J. Wunenbeurger, Hermann, 2013.

찾아보기

ㄴ

ㅁ

ㅂ

ㅅ

ㅇ

ㅈ

ㅊ

ㅋ

ㅌ

ㅍ

ㅎ

이 책은 교육부 및 한국연구재단의 대학인문역량강화사업(CORE) 지원에 의해
HUFS 인문학총서로 출판된 것임

공간의 시학과 무욕의 상상력

초판 인쇄	2017년 6월 13일
초판 발행	2017년 6월 20일
지은이	박치완 · 김윤재
발행인	김인철
총괄 · 기획	가정준 Director, University Knowledge Press
편집장	신선호 Executive Knowledge Contents Creator
도서편집	김민정 Contents Creator
전자책편집	최인우 Chief e-Contents Creator
재무관리	김은혜 Managing Creator
마케팅 파트장	백승이 Chief Marketing Creator
마케팅	박종원 Marketing Creator
발행처	한국외국어대학교 지식출판원 02450 서울특별시 동대문구 이문로 107 전화 02)2173-2493~7 팩스 02)2173-3363 홈페이지 http://press.hufs.ac.kr 전자우편 press@hufs.ac.kr 출판등록 제6-6호(1969. 4. 30)
디자인 · 편집	(주)이환디앤비 02)2254-4301
인쇄 · 제본	네오프린텍 02)718-3111

ISBN 979-11-5901-204-4 93100 정가 20,000원

*잘못된 책은 교환하여 드립니다.

HUEBOOKS는 한국외국어대학교 지식출판원의 인문학도서 Sub Brand이다. 한국외대의 영문명인 HUFS, 사람을 위하는 Humanism, 교육의 Education, 색조의 Hue의 다의적인 뜻으로 해석할 수 있으며, 인문학도서 출판에 대한 의지가 담겨있다.